博雅人文

徐贲 著

人文的互联网

数码时代的读写与知识

图书在版编目(CIP)数据

人文的互联网：数码时代的读写与知识 / 徐贲著. —北京：北京大学出版社，2019.7
（博雅人文）
ISBN 978-7-301-30239-2

Ⅰ.①人… Ⅱ.①徐… Ⅲ.①互联网络－应用－人文素质教育 Ⅳ.① G40-012

中国版本图书馆 CIP 数据核字（2019）第 008316 号

书　　　名	人文的互联网：数码时代的读写与知识 RENWEN DE HULIANWANG: SHUMA SHIDAI DE DUXIE YU ZHISHI
著作责任者	徐　贲 著
责 任 编 辑	张文礼
标 准 书 号	ISBN 978-7-301-30239-2
出 版 发 行	北京大学出版社
地　　　址	北京市海淀区成府路 205 号　100871
网　　　址	http://www.pup.cn　新浪微博：@北京大学出版社
电 子 信 箱	pkuwsz@126.com
电　　　话	邮购部 010-62752015　发行部 010-62750672　编辑部 010-62767315
印 刷 者	北京中科印刷有限公司
经 销 者	新华书店
	889 毫米 ×1230 毫米　A5　14.625 印张　370 千字 2019 年 7 月第 1 版　2019 年 7 月第 1 次印刷
定　　　价	79.00 元

未经许可，不得以任何方式复制或抄袭本书之部分或全部内容。
版权所有，侵权必究
举报电话：010-62752024　电子信箱：fd@pup.pku.edu.cn
图书如有印装质量问题，请与出版部联系，电话：010-62756370

目 次

前　言 / 001

导论　互联网时代的知愚识智 / 005
　　一　读写与知识 / 006
　　二　互联网时代与文艺复兴和启蒙运动 / 013
　　三　互联网时代的愚蠢与智慧 / 020

上篇　阅读·知识·学问

第 1 章　与时俱进的书籍和读写 / 029
　　一　书籍的"去优雅"和"去神圣" / 030
　　二　现代世界的读写 / 037
　　三　互联网时代的微贱写作 / 044

第 2 章　学习阅读由浅入深 / 053
　　一　纸上阅读与屏幕阅读 / 054
　　二　深度阅读离不开书籍 / 057
　　三　阅读的五个进阶 / 064
　　四　深浅有别的阅读 / 072

第 3 章　亦药亦毒的阅读 / 078

一　口语文化和书写文化 / 078

二　网络公共厕所和阴沟里的卢梭 / 085

三　网络时代的阅读"毒害" / 092

第 4 章　共同联网和个人知识 / 100

一　互联网时代的"知识" / 101

二　知识能"下载"吗 / 104

三　互联网时代的知识学习 / 110

第 5 章　数码时代的大学知识 / 119

一　书籍印刷和大学知识体制 / 119

二　数码时代的网上知识产品 / 123

三　数码时代的大学危机 / 128

四　知识的新旧交替和交融 / 134

第 6 章　网络上的知识与说理 / 140

一　区分网上的知识来源 / 140

二　网络知识不是书籍知识的数码化 / 144

三　网上百科的非原创性知识 / 149

四　网络上有争议的知识 / 153

第 7 章　"学问"因何贬值 / 159

一　什么是"学问" / 160

二　互联网的"功利阅读" / 164

三　互联网的"信息太多" / 170

四　学问因何而有价值 / 175

第 8 章　从鹅毛笔到键盘鼠标的学问技艺 / 182

　　一　古代的学问技艺 / 183
　　二　学问技艺的演化 / 189
　　三　笔记与记忆 / 195
　　四　记忆与写作 / 202

第 9 章　从百科全书到维基百科 / 209

　　一　知识信息处理与百科全书 / 210
　　二　百科全书可疑的"立场中立" / 219
　　三　启蒙和不自由的百科全书 / 226
　　四　互联网时代的维基百科 / 231

下篇　真实·自由·认知平等

第 10 章　真实为何依然重要 / 243

　　一　真实是怎样的"自明之理" / 244
　　二　作为道德伦理和政治价值观的真实 / 247
　　三　互联网时代更需要真实 / 253

第 11 章　知情公民和公民陪审 / 260

　　一　互联网上的信息和知识 / 261
　　二　知识信息与理解力 / 265
　　三　网络"知情公民"的认知缺陷 / 268
　　四　公民不及格 / 271
　　五　网络时代的美国陪审团 / 275

第12章　读写教育与人的启蒙 / 283

一　互联网阅读使大脑浅薄弱智吗 / 284

二　网络阅读争论的五个方面 / 288

三　从读写教育到人文启蒙教育 / 296

第13章　情绪联网时代的犬儒主义 / 306

一　互联网时代的犬儒主义 / 308

二　犬儒主义的"情感智力" / 310

三　犬儒主义的"自欺"和道德缺失 / 314

第14章　数码技术改变了交谈和情感智力吗？ / 323

一　私人交谈的公共生态环境 / 324

二　面对面交谈 / 328

三　同理心和同情 / 332

四　机器时代的情感智力教育 / 336

第15章　历史文化转型时期的隐喻 / 342

一　隐喻是一种怎样的语言认知 / 343

二　文艺复兴时期的"花园"和"花朵" / 348

三　启蒙运动想象的"黑暗"和"光亮" / 356

四　"机器"时代的隐喻 / 363

五　人与机器：谁是谁的隐喻 / 369

第16章　隐喻之惑："人造人"还是"人造奴"？ / 374

一　数码时代的机器人和机器奴 / 375

二　恶托邦的兽人与兽民 / 380

三　"人造人"会毁灭人类吗 / 387
　　四　保护机器人与保护人类 / 394

第 17 章　数码时代的交谈技艺和末日焦虑 / 401
　　一　谁害怕智能机器人毁灭人类 / 402
　　二　与智能机器人"畅谈人生" / 407
　　三　后奇点时代的物种、政治和对抗 / 414

第 18 章　机器智能测试告诉我们什么？ / 422
　　一　通俗科幻作品中的图灵测试 / 423
　　二　图灵测试的两种模式 / 427
　　三　测试机器还是测试人 / 430

第 19 章　互联网的真实、自由和认知平等 / 440
　　一　新型社会传媒与虚假信息 / 440
　　二　共同认知规则的公共价值 / 445
　　三　互联网时代的批判性思维 / 450
　　四　互联网的认知平等原则 / 454

前　言

我不是一个技术控。相比起技术的互联网（the technological internet），我更关心的是人文的互联网（the humanistic internet）。它所展现的现象和行为几乎涉及了所有的人文问题：历史、政治、社会、心理、认知、道德、价值观，它让我们能用不同于前互联网时代的方式重新思考人的思维、记忆、理解力、想象、审美、知识好奇、价值判断，尤其是人的自由意识和自主性（autonomy）。

自从人类有历史以来，人为了知道什么是人，只能同两种异类来比较，一种是动物（尤其是禽兽），另一种是天使。人既不是动物，也不是天使，因此人其实并不知道如何拿人与动物或天使来做比较，勉强比较的结果是，人对自己是什么一直只能获得一些非常模糊的概念。人工智能的机器人让人有了第三个维度的比较对象，人工智能是人自己创造出来的，所以人对人工智能的了解可以胜过动物或天使，人与机器人比较，其实是人与人的代理（proxy）的比较，这个比较让人对自己的认识有可能胜过人与动物或天使的比较。这第三维度的比较不再只是千百年来哲学家和神学家的事情，而是需要人文学科的思考者也来加入。这样的知识合作会为今后的人文研究和人文教育开拓出新的天地。

人文的互联网是一种以人为本的思考，它拒绝沉溺于互联网或计算机的技术世界，而是把技术和机器当作历史和现实世界的一部分。互联网对每位个体使用者都有重要的当下政治、社会和文化意义。如果没有人或者不是为了人，技术和媒介都不具有独立的存在意义，而且从一开始就不会诞生到人的世界中来。我对互联网抱有浓厚的兴趣，是因为它给我本人从事多年的人文阅读和写作带来了极大的便利。我在此讨论与互联网有关的读写和知识问题，是希望互联网也同样能给他人带来便利。

我也关心互联网的发展趋向和技术人士对互联网未来的乐观或悲观预言。我本来就对古代先知的预言或现代作家的恶托邦（dystopian）预言抱有同样的兴趣。自古以来，人类对预言就有一种神秘的敬畏之情，也许是人的天性所致。人的经验和智慧都太有限，与人难以穷尽的好奇心太不相衬。人只能用想象力来弥合有限经验和无限好奇之间的裂缝。

当今人们对互联网有两种对立的未来想象，一种认为互联网代表人类自由民主的未来；另一种则认为互联网带来的只能是浅薄、粗鄙和混乱。我不赞同这样的极端想象。从我们今天的经验来看，一方面，互联网不会自动带来自由民主；另一方面，虽然互联网上确实有不尽如人意的现象和行为，但互联网文化却是文艺复兴和启蒙运动之后又一次可能具有巨大积极意义的文化转型。

文艺复兴和启蒙运动文化转型都因为提升了人的自由意识和自主性而成为人类文明的重要里程碑。启蒙运动的伟大遗产是人的自由意志，互联网是人类自由意志的产物。互联网带来的后果是知识太多，而文艺复兴也是因为面临知识太多的问题，才酝酿出一系列至今仍然有效的处理知识积累的新方法。因此，人的自由意志和知识处理这两大节点将互联网时代与文艺复兴和启蒙运动在文化历史上联系到了一起。

互联网文化是否也能起到与文艺复兴和启蒙运动类似的历史作用呢？我无意对此做出预言，因为历史的进程充满了偶然因素，人并不具备及时识别转折点的能力。正因为如此，我更关注的是，当下时刻的不同利益和价值理念群体正在如何争夺对这一历史进程的主导权。

技术人士经常对互联网或数码科技的未来有所预言，一个似是而非的观点是：他们的专业特长让他们自动获得了预测互联网未来的资格。不幸的是，在这方面他们做得很糟糕，他们的预测甚至连大众科普的价值都不具备。例如，有涉入网络颇深的人士预言，"也许有一天我们连手机都不需要了，只需要一个传感器，或者贴在身上的一张贴纸、大脑中的一个芯片就可以联网"，却没有告诉我们要传感器做什么。是窥测个人思想暗藏什么"能量"，还是网上赚钱、爱国、购物、打车、玩游戏的意向，抑或是吃喝拉撒和性要求的低人权欲望？这样的传感器为什么不也装在家中宠物，或谁饲养的猪和羊身上？这就是我们要展望的数码化未来吗？

技术人士不具备预测未来的能力。这并不意味着他们的努力毫无价值。小说家同样无法预言人类的未来，但那些预言未来的恶托邦小说，却仍然是对我们这个时代最有价值的作品。

如果读者们相信作者的预言能力，可以把他当预言者来重视；如果他们不相信，那就不妨把他当作一个写小说的。因此，批评家安德鲁·马丁（Andrew Martin）说，在预言和想象性文学之间有一种"隐秘的亲缘类似"（secret affinity），介于预言和文学之间，预言未来的文学很少有长久被当作"伟大作品"的。

批评家瑞恰兹（I. A. Richards）说，"预言者担负着双重任务，他既要用自己的言辞影响未来，又要成为一个真实的预言家——一个不出差错的预言家"。这事实上是不可能的,也不是预言作家自己想要的。他们的文学是对世人的警示,他们预言可怕的未来,是为了让人们现在就有所行动,不要让这样的未来成为现实。他们使用的是预言的言辞,但是,如果他们真的能影响世人,阻止可怕未来的发生,那么他们的预言就会落空,他们自然也就不能成为真实的预言家了。

同样,技术控关于未来每个人头脑里都会有一个传感芯片的预言,最好是把它当作一个警示,而不是值得期待的科技展望。对互联网未来的展望或预言不应该是单纯技术性的,而是必须包含关于自由人类的普遍价值。如果说我们不把传感器的预言只是当作耸人听闻的诳语,那是因为我们反对这种传感器所包含的非人化价值观念。为此,我们现在就必须有所行动,用启蒙人文教育来提升人们的读写和知识能力就是这样的行动。在这个欲望亢奋、文化凋零,经济膨胀、思想萎缩的互联网时代,重申这种人文教育的自由意志和自主性理念,就是为了永远不让这样的传感器落到我们或我们的子孙身上。

于南帕萨迪纳

2017 年 10 月

导论　互联网时代的知愚识智

我们常说，互联网时代缺少的不是信息而是知识，不是知道而是思考，不是零碎的常识而是贯通的学识。我们甚至将此视为互联网时代的"知识危机"。但是，在互联网之前的任何一个时代，难道不都是这样吗？历史上有过一个信息和知识等量齐观，知道和思考齐头并进，常识和学识没有差别的时代吗？为什么我们在互联网时代才特别意识到这些欠缺和不足呢？我们是在什么特别的时代环境中关注这些现象并将之视为一种危机的呢？

今天，我们把这个危机问题提出来，予以特别的关注，是因为我们对知识与读写（literacy）的关系有了更深入的认识。许多互联网现象让我们看到，把信息直接当作知识，对知道的事情不加思考，用常识来代替学识，这样的事情每天都在千千万万上网阅读和在网上发声的民众那里发生。他们不是文盲，不是睁眼瞎，而是看上去已经具备了读写能力的人。他们上过学，其中不少接受过不低的教育，但是他们的读写能力不足以让他们分辨信息与知识、知道与思考、常识与学识的区别。为什么会出现这种并非"文盲效应"的不智和愚昧？他们的读写能力到底是哪里出了问题？是不是知识界和教育界长期沿用的陈旧

"读写"概念本身就有缺陷？这种陈旧的读写概念又是如何模糊了知识应有的智识目标？今天提出这些问题，就是为了让读写不再局限于识文断字，而是包括人的思维、记忆、理解力、知识好奇和价值判断。

一　读写与知识

互联网时代，我们特别关注"上过学的愚昧"或"识字的文盲"现象，是因为在这个现象里，"读写"的反面不是不识字的睁眼瞎，而是"愚昧"；不是没文化的草包，而是"不思考"和"无判断"。爱因斯坦说，"任何傻子都能知道，但重要的是理解"。他不认为人仅凭一点知识就可以避免成为傻子，也不认为大量知识就能解决知识不足的问题。他认为，"只拥有少许知识是一种危险，拥有太多知识也是一种危险"。[1] 爱因斯坦没能活到互联网时代，但他的睿见对互联网时代同时存在的信息过量和浅薄无知却是一个警示。这也就是美国哲学家迈克尔·林奇（Michael P. Lynch）在《失控的真相》一书里所追问的：为什么在互联网时代，你知道得很多，智慧却很少。就普通知识者而言，我们无须把林奇说的"智慧"等同为哲学沉思的睿智，而是可以将之视为知识者用批判性思考去获得的知识或者更高一些的学识。

知识（knowledge）由三个部分构成，第一，一个事物是真实的；第二，一个人相信这个事物是真实的；第三，他的相信是经过证实的。这样三合一的知识简称为"经过证实的真实相信"（justified true belief）。

---

[1]　"On knowing and understanding by Albert Einstein"，http://www.gurteen.com/gurteen/gurteen.nsf/id/X0012CF86.

20世纪以来,大多数对知识的分析都以这样的知识观念为出发点。这是一种对知识的严格界定。有时候,人们在不严格的意义上指称"知识",是一种"轻量"(lightweight)的知识,也就是"知道"(knows)。所谓轻量,也就是粗浅。一般人粗浅知晓的东西包括他们从生活经验获得的常识和技能,或是从日常信息渠道得到的关于这个世界上某些事物的零碎消息。知道不像知识那样值得信任,那样有分量。知道与严格意义上的知识的根本不同在于,由于知道没有得到证实,它还不是对事物值得信任的可靠认识。

知识的关键部分是证实。只有真实的,才能被证实。虚假的事物因为不真实,所以在认知上说,不可能成为知识内容。例如,2016年美国大选,希拉里·克林顿没有当选为总统,所以没有人可以相信她当选了总统。我们只能拥有关于真实事物的知识。对虚假的事物,我们可能对它拥有的唯一知识就是,它不是真实的。有时候,人们会对某个事物深信不疑,结果发现,它其实是不真实的。这个时候,他们只是知道,而不是有知识。

温伯格在《知识的边界》(*Too Big to Know*)中指出:"我们相信很多事物,但是它们中仅有一部分是知识",[1] 例如,我们由于宗教信仰、文化习惯或个人看法相信很多事实,并不属于知识那一部分。对许多以这种方式相信的人们,真实并不能证明知识,证明只能对思考者起作用。纳粹德国的民众深信他们的元首英明伟大,会带领他们进入辉煌的明天,后来证明是不真实的,但是,一直到今天仍然有人不承认这样的证明。一方面,真实并不需要每个人都视其为真实,另一

---

[1] 戴维·温伯格:《知识的边界》,胡泳、高美译,山西人民出版社,2014年,第69页。

方面，并不是所有的真实都能被确定为真实的。

严格意义上的知识不仅是具有较高可靠性的认知（因为内容是真实的），而且还包括这种认知拥有的其他潜在能力：知识明了自己要达到或推进怎样的学习目的，实现什么特定的价值（与真实一致的价值）。这也就是爱因斯坦所说的"理解"。理解不仅包括对知识信息真实性的辨别和验证，而且还包含求知的方向。当一个人"真正实现了理解，他就不仅可以辨别实际情况，而且知道为什么有些假说和解释行不通，还知道如何提出问题，找到解决方法"。[1] 这种理解能力是有意识的学习、思考和判断的结果，它使人的粗浅知识上升为具有思考、判断和批判能力的知识、学识和学问。

正是因为许多互联网使用者缺乏这些能力，有理由认为互联网时代存在着普遍的知识危机，而文字读写能力不足则是其主要表现。文字不仅仅是一种帮助人类交流的媒介，而且是一种帮助重构现代人类意识结构的文化工具。沃尔特·翁（Walter Ong）在影响深远的《口语文化与书面文化》一书中指出："完全意义上的文字就是经过编码的可见的符号，它充分地调动了语词的特性，所以语音精巧的结构和所指可以用符号表现出来，而且其复杂的特性也能够被表现得精确到位。再者，由于文字是可以看见的符号，它就可以产生更加精妙的结构和所指，大大超过口语的潜力。在这个平凡的意义上，文字过去是，如今仍然是人类技术发明中最重大的发明。文字不只是言语的附庸。它把言语从口耳相传的世界推进到一个崭新的感知世界，这是一个视觉的世界，所以文字使言语和思维也为之一变。木棍上刻画的痕迹和其他

---

[1] 迈克尔·林奇：《失控的真相：为什么你知道得很多，智慧却很少》，赵亚男译，中信出版集团，2017年，第203—204页。

记忆辅助手段固然导致文字的产生，但这些记号不能够像真正的文字那样赋予人类生命世界新的结构。"[1]

文字使人能够形成概念，因而能用逻辑推理和分析的方式来思考和辨析。读写的最终目的不是要学会辨认和解读像刻画在木棍上的痕迹那样的文字，也不是把文字只是当作一种辅助记忆的手段。读写是为了帮助人学会抽象思维、逻辑思考、合理分析和独立判断。

当然，这是我们今天对读写（literacy）的认识，在历史上，人们并不是这么理解读写的。美国教育史专家卡尔·基斯特尔（Carl F. Kaestle）在《读写史和读者史》一文中指出，"读写"一直是指"粗浅读写"（crude literacy），"指的是在未发展的层次（rudimentary level）上解码和明白书写文字的能力，那就是，看见书写的字，能够对应普通口语，说出这些字，明白它们是什么意思"。[2] 这也就是人们所说的"扫盲认字"，"脱掉文盲的帽子"。这种程度只是具备了粗浅读写能力，基本上是上过学的文盲。还有许多人受过比这要高的读写教育，但仍然不具备用文字进行思考、分析、理解和判断的能力，他们是陷入今天读写和知识危机的主要人群。

读写危机意识反映了读写概念内涵的变化。互联网时代的知识和读写危机意识开始形成于美国，这与美国是互联网的诞生地有关，虽然可能并不是最主要的原因。在美国，今天的知识和读写危机意识有它的前史，那就是美国社会在"二战"期间即已形成的读写困境，它可以追溯到更早的20世纪初期读写教育问题：如何通过学校教育来改善大多数人的读写能力（这是一个与如何帮助少数人克服阅读障碍不同的问

---

[1] 沃尔特·翁：《口语文化与书面文化：语词的技术化》，何道宽译，北京大学出版社，2008年，第64页。

[2] Carl F. Kaestle, "The History of Literacy and the History of Readers", *Review of Research in Education*. Vol. 12 (1985): 11-52, p. 13.

题)。20世纪初的美国乐观精神相信,在一个工业化的国家里,兴办公共教育就能把每一个孩子都培养成具有读写能力的成人。与这种乐观精神同时存在的是一种相对悲观的看法,那就是怀疑普及教育是否真的能解决所有人的读写问题。互联网时代的读写危机印证了这种怀疑的合理性。

第一次世界大战期间,美国人就已经意识到,读写教育的效果远没有乐观主义者设想的那么完美。美国军方在招募新兵时发现,许多上过学的新兵都不具备必要的读写能力,这引起了教育界人士对成人缺乏读写能力的关注。"二战"期间发生了同样的情况。美国和英国军方发现,"不具备功效读写能力"(functionally illiterate)的新兵比预料的要多。1942年,美军不得不推迟征招43.3万名新兵入伍,因为他们读不懂书面的命令和指示,因此"无法发挥军事功能或执行起码的任务"。[1]这再次引发了对成人读写问题的关注和讨论。

从实际军事需要来看待读写,读写是一种工作能力。一个士兵是否具备这种功效性的读写能力并不完全取决于他是否上过学,缺乏读写能力的士兵可能是一种上过学的文盲。他虽然不是大字不识一箩筐的那种文盲,但仍然不具备运用文字表达自己、清楚了解别人意思的能力,更不要说阅读内容复杂的文本了。功效性的读写概念是从经济活动或工作岗位作用来看待读写的必要性的。一个人虽然能识文断字,却可能不具备运用文字的实际能力。他不能充分与他人交流、合作协商、理解别人的意思、清楚和有条理地陈述自己的看法。一直到今天,改变这种实际

---

[1]　Tom McArthur, "Functional Literacy", *Concise Oxford Companion to the English Language*. 1998. http://www.encyclopedia.com/humanities/encyclopedias-almanacs-transcripts-and-maps/functional-literacy.

的读写无能仍然是优化现有读写教育的主要诉求。

然而,"二战"之后出现了另一种读写观,它所包含的不再是一个美国工作市场的老问题,而是一个国际社会的新问题。联合国教科文组织于1946年成立,之后立刻把扫除文盲确立为它的全球性任务。这个国际组织的创始人们认为,无知和不能读写曾经帮助法西斯和其他极权运动崛起,因此,必须把读写和教育确立为一项推进世界进步和建立民主秩序的基础工作。

这样看待读写的重要性,读写就不只是个人的工作能力或技艺问题,而是成为人类社会认清法西斯主义和极权主义本质,增强相应的抵抗能力的共同行动。历史的经验是,帮助法西斯崛起和施虐的不只是一些目不识丁的文盲,还有千千万万上过学,受过很好教育的人士。他们不是不会阅读或书写,但他们的读写能力却无助于他们思考善恶和辨别是非,也不能帮助他们在法西斯宣传欺骗面前有抵抗的意识和能力。他们的读写缺乏读写智力最本质的东西,那就是独立思考和判断的意愿和素质。

联合国教科文组织把读写与反法西斯联系在一起,赋予读写新的人文内涵。读写不只是识文断字,而且更是让人能够明事理、辨真伪、知善恶、断是非。唯有如此,读写才能体现更充分的人性,让人变得更优秀,以更正确的价值观来自我实现和自我成长。1946年,联合国教科文组织的第一任主席莱昂·布鲁姆(Léon Blum)呼吁从读写入手,"向愚昧发起进攻"。[1] 文盲或不识字只是愚昧的一个可能原因,但不是愚昧的全部原因。卡尔·基斯特尔在他的读写史和读者史研究

---

[1]　UNESCO, *Fundamental Education: Common Ground for All People*. New York: The Macmillan Co., 1946, p. 32.

中指出，"有些不具备阅读能力的人也能参与到读写文化中来"，他们在听能阅读者说话时也能有思考和判断的能力，"读写的世界和口头交流的世界相互渗透，这也是最近读写研究的一个重要课题"。[1]

联合国教科文组织关注读写问题的初衷表现了"二战"后国际社会由于战胜法西斯而特有的那种乐观主义：相信读写可以推动人类未来世界的进步发展。这个组织的第一任总干事（Director General）朱利安·赫胥黎（Julian Huxley）表现出一种类似 18 世纪启蒙运动的乐观热情，他相信，读写可以为人类进步做出贡献，照亮世界所有的"黑暗之地"。虽然他承认单凭读写还不能改变世界，但他认为，读写是"科学和技术进步"，也是人类"智力觉醒和心灵发展"所必不可少的。[2] 赫胥黎认为，人类的未来取决于人类共同理念的发展，他称之为"共同的价值尺度"（common scale of values）。推行读写教育是建立人类共同价值尺度的必要条件，只要人类当中还有许多人不具备读写的能力，那么构建人类共同理念的事业就必然落空。对此，弗兰克·菲雷迪（Frank Furedi）评论道："从历史的角度来看，教科文组织所代表的是一种最为雄心勃勃的计划，旨在推动阅读的人道主义文化（humanist culture）。"[3]

不幸的是，联合国教科文组织的这个希望很快就在冷战的现实政治面前破碎和落空了。战后东、西两大意识形态阵营从明争暗斗升级为公开敌视对抗。读写教育成为两大阵营在世界范围内，尤其是对第三世界争夺影响力的工具，在一些国家里更是用作对人民进行宣传洗脑和攻击其他国家的武器。教科文组织不得不改用一种不同制度国家

---

[1] Carl F. Kaestle, "The History of Literacy and the History of Readers", p. 13.

[2] UNESCO, *Fundamental Education: Common Ground for All People*, p. 32.

[3] Frank Furedi, *Power of Reading: From Socrates to Twitter*. New York, Bloomsbury, 2015, p. 181.

都能接受的读写话语,只是强调读写技能对于经济发展的必要性。1958年,教科文组织第十届全体会议的代表们决定放弃读写的人文主义观念,不再强调读写与人类共同价值的联系。1965 年,教科文组织更是将读写界定为一种功效性能力,"读写不再被倡导为一种人道目标,而是被当作一种人力资本投资,其目的是提高生产"。[1] 读写确实有其工作技能功效的一面,这就像普通教育不仅是为了立德树人,同时也是为劳动市场输送合适的劳动力一样。但是,不应该因此取消读写或教育的人文意义,因为教育的根本目标是人的自我实现和自我完善。

功效性读写观念从 20 世纪 50 年代开始就在支配着许多学校的读写教育,其影响一直延续到今天的互联网时代。然而,从 20 世纪 70 年代开始,许多有识之士就不断在重申读写的人文价值,从社会进步的角度来强调阅读对人的思想解放和启蒙的作用,或者从现代化进程的角度来坚持用读写教育开阔人的思想,增强人的理性。[2] 这种趋势正在互联网时代受到重视。互联网活动显示出来的知识欠缺现象和愚众行为再次让读写的智识培养和人文素质问题成为备受关注的焦点。这种关注与教育界开始重新强调人文教育(或通识教育)和更加重视批判性思维教育同时发生,是读写教育的积极发展。

二 互联网时代与文艺复兴和启蒙运动

在今天的互联网时代,我们正在见证人类历史的一个独特时刻。

---

[1] K. Levine, *The Social Context of Literacy*. London: Routledge and Kegan Paul, 1986, p. 32.

[2] Carl F. Kaestle, "The History of Literacy and the History of Readers", p. 14.

数码文化在我们日常和知识生活中的全面渗透让我们有机会用与前人不同的角度和方式去讨论一些古老的人文问题：人的认知、思维、记忆、读写、理解，理性和情感，道德和价值观念，理解和判断能力，人与机器的区别，人性和自我知觉。这个20—21世纪的独特历史机遇只有15—16世纪的文艺复兴和18世纪的启蒙运动能与之相比。

把互联网时代放在与文艺复兴和启蒙运动相关的历史背景中，让我们今天的自我反思有了两个重要的参照。第一个参照是文艺复兴所提供的巨量信息处理先例，第二个参照是源自启蒙运动的人的自由意识和理性。有效的信息处理和对自由价值的选择，这二者构成了我们今天认识互联网知识的两个关键方面，缺少任何一个，我们对互联网与知识关系的认识和评估都不可能完整。其结果是要么陷入技术进步决定论的泥淖，要么落入反机器主义的困境。

互联网时代的第一个历史参照是文艺复兴。文艺复兴时期的印刷革命带来了前所未有的巨量信息，由此也产生了将一般知识与人文学识区别处理的需要。今天的互联网也带来了空前巨量的信息，许多人担心信息过载，忧虑信息过载造成的知识和学识危机，他们代表着对互联网的强大反对声音。学术界和大学里的批评者们认为，互联网正在让学问贬值，没有学术含量的网上知识正在让人们变得思想浅薄。在翻译成中文的畅销书《浅薄》(*The Shallows*) 一书中，作者尼古拉斯·卡尔（Nicholas Carr）担心，数字信息的洪流不仅改变了我们的阅读习惯，更会改变我们的心智极限：为了跟上时代，我们囫囵吞枣，却失去了持续关注、深入反思、内在记忆的学习能力。像这样的担忧反映出我们的时代正在经历一场前所未有的思维变革，而在这场变革面前，我们的大脑、我们的观念和文化对现代技术带来的许多问题都应对不足或进退失据。

然而，从文艺复兴的历史参照来看，人们感觉到知识信息太多，开始应对不足和进退失据，这些都不是史无前例的全新现象。正如哈佛大学教授安·布莱尔（Ann M. Blair）在《知识太多》（*Too Much to Know*）一书中所揭示的，文艺复兴时期与今天的互联网时代有着惊人的相似，15世纪的欧洲，古登堡发明的印刷术正在兴起，成千上万的书籍开始流入市场，上百万本的书籍则刚刚印刷完毕，等待上架出售。当时知识界也有过与我们今天信息过载相似的经历：突然间，世界上的书本量远超过了任何一个人的消化能力，而且这种趋势没有结束的迹象。起初为信息新途径感到兴高采烈的学者们开始觉得丧气绝望。[1]

但是，在担忧之中，危机也酝酿出了其他东西，例如各种各样处理信息积累的新方法。其中包括早期的公共图书馆计划、第一部尝试列出所有付梓图书的通用书目、第一批给做笔记的方法提出建议的手册，以及比以往任何时代规模都更大更广的百科全书编纂工作。通过信息详尽的纲要和以字母排序的索引，读者无须通读全书便可从中自取所需。而大部头参考书的制作者们又实验性地用纸条从手稿和印刷品中剪贴和粘贴信息——数世纪后，这一技术成了现代文字处理的基础。了解古人如何应对当时的信息洪流，可以帮助我们更有信心应对因数码技术发展而出现的信息喷发，对信息加以积极利用，甚至开拓新的运用领域。

互联网时代的第二个历史参照是启蒙运动，它的核心是人的自由价值，正如18世纪启蒙哲人狄德罗所说，"每一个时代都有其典

---

[1] Ann M. Blair, *Too Much to Know: Managing Scholarly Information before the Modern Age*. New Haven, CT: Yale University Press, 2010.

型精神，而我们这个时代的精神就是自由的精神"。[1] 从本质上说，启蒙理性体现的是人的自由认知。启蒙运动与文艺复兴的不同在于，它是一个面向未来而不是过去的新知识时代。这两个历史性的文化转型之间存在着内在的精神联系。文艺复兴是向过去要自由的正当性，启蒙运动是向未来要自由的正当性。在基本精神上，两个运动并无二致。文艺复兴砸碎了中世纪思想专制锁链的最后环节，启蒙运动则为新思想大厦打下了新的基础并不断添砖加瓦。启蒙是一个多元的思想运动，众多启蒙开启者们之间的共同认识比他们相互之间的分歧更值得我们关注。正如美国历史学家安东尼·帕戈登（Anthony Pagden）在《启蒙运动：为什么依然重要》一书中所说，广义的启蒙被理解为主张所有的个人都有规划自己目标的权利，而不是任由他人代办。同样，人类不需要依靠什么神圣法则，也不需要指望什么放诸四海而皆准的"真理"。人类可以用自己的理性智慧找到最佳的生活方式。这是一种基于个人独立思考和可靠知识的自由选择，是人的权利，也是人的责任。[2]

启蒙运动因此成为现代自由观念和理性知识的一个源头，由此而来的是现代的平等、宽容、反教条以及对政治的世俗认知。启蒙还是一个全人类可以认同的价值观开端，由此生发了所有形式的普遍主义——从承认人类本质性的统一、反对奴役和种族主义的邪恶，到无国界医生（Médecins Sans Frontières）那种跨民族、跨国界的人道关怀。启蒙开创了这个世界至今还在缓慢形成的一些信念：所有

---

[1] 引自彼得·盖伊：《启蒙时代（下）：自由的科学》，王皖强译，上海人民出版社，2016年，第442页。

[2] Anthony Pagden, *The Enlightenment and Why It Still Matters*. New York: Random House, 2013, p. x.

的人都享有某些基本权利，女性在思考和感受上与男性没有区别，非洲人与亚洲人也没有什么不同。作为一个思想运动，启蒙成为许多现代学科的滥觞——经济学、社会学、人类学、政治科学和某些道德哲学——这些学科为我们今天理性看待、尝试和安排自己的生活提供知识向导。我们当然不能把蒸汽机和互联网这样的现代科学归功于启蒙，但是，"我们可以把这样一个世界归功于启蒙——一个普遍而言是世俗和实验的、个人优先的、对进步有信心的思想世界。而现代科技正是在这样的思想世界里被发明出来的"。[1] 18 世纪的启蒙思想家并不认为所有人都有启蒙的条件，但是，对所有做好启蒙准备的人来说，以理性为基础的认知是平等的，每个人都必须以理性来思考，没有例外。

互联网就是这样一个认知平等的世界的产物。互联网的理念是全人类自由、平等的知识分享。2017 年 7 月 1 日，联合国人权理事会通过一项名为《互联网上推动、保护及享有人权》（A/HRC/32/L.20 The promotion, protection and enjoyment of human rights on the Internet）的决议草案，目的是进一步保证互联网自由以及人们在互联网上享有与现实生活中相同的权利。根据《世界人权宣言》第十九条以及《公民权利和政治权利国际公约》第十九条，民众在互联网下拥有的权利在互联网上同样必须受到保护，尤其是言论自由。这项权利不论国界，可以通过自主选择的任何媒介行使。决议重申，"人们在线上必须能够享有与线下相同的权利"。国家必须"克制和停止任何阻止和干扰在互联网上传播信息的行为。这包括在任何时候关闭全部或部分互联网，特别是在人们急需获取信息的情况下，例如选举期间或是恐怖袭击之后"。这并不

---

[1] Anthony Pagden. *The Enlightenment and Why It Still Matters*, p. x.

是联合国人权理事会第一次通过有关互联网权利的决议，但更侧重于建立一个公开的互联网以达成发展目标，并且谴责任何阻止人们在网上表达自己意见的行为。[1]

从一开始，就有两种不同的自由理念包含在互联网的两个主要隐喻里："赛博空间"和"高速公路"。前一个是乌托邦式的自由意志主义或放任自由主义，后一个是法治社会有节制的自由观念。

不同的自由理念是互联网治理的一个核心问题。和任何其他公共空间一样，互联网不是一个任由个人随意自由行为的地方，而是一个必须有行为规则的公共场所。在美国一直存在着关于互联网应该是公用事业（public utility）还是私营企业（private enterprise）的争论。现有的共识是，互联网应该是公用事业，不应该成为任何个人、小团体或党派的专用品。因为互联网是公共场所和公用事业，所以需要有所治理，这就是互联网治理。

21世纪初，联合国分两个阶段举行了"信息社会世界峰会"（WSIS）。第一阶段于2003年12月在瑞士举行，第二阶段于2005年11月在突尼斯举行，其工作小组在会后提供一个关于"互联网治理"（Internet governance）的定义："互联网治理是各国政府、私营部门和民间社会各自发挥和应用的共同原则、规范、规则、决策程序和影响互联网发展和使用的方案"。[2]

互联网不是由任何个人、公司、组织或政府单独运营的。它是一个全球分布式网络，包含许多自愿互联的自治网络。它在没有中央管

---

[1] 《联合国人权理事会通过网络自由决议》，http://mp.weixin.qq.com/s/nDcDssehgCqFdcdwKHII6Q。

[2] "Report of the Working Group on Internet Governance (WGIG)", June 2005, p.4.

理机构的情况下运作,每个部分的网络都设置并执行自己的政策。其治理由分散的国际多利益相关方的网络进行,这些网络由民间社会、私营部门、政府、学术界和研究界以及国家和国际组织构成相互关联的自治团体。它们通过各自的角色协同工作,创建共享的政策和标准,并维护互联网的公共利益和全球操作性。

对互联网治理的定义和范围存在着许多争议,受到政治和意识形态很大的影响,也涉及对互联网自由的不同理解和解释,虽然不同方面都同意要有规则,但在规则的性质和目的上分歧极大。主要分歧涉及某些行为者(如国家政府、公司实体和民间社会)在互联网治理中发挥作用的权威和参与。[1] 但是,从原理上说,无论是作为公共场所或者公用事业,互联网都是一种"公共品"(common good),是一种在使用上非竞争性和受益上非排他性的创造物,如同电讯、邮政、公路、公安、国防、义务教育、福利服务。这是网络中立理念的由来。

网络中立的理念类似于政府中立的理念。政府以法律而不是自己的好恶或私利需要来管理国家。这样的法治才能保证个人在政府管理下的自由。法治指的不是政府以武断制定的法律来治理社会,而是政府的行为必须在法律约束之下,公正行使权力。撇开所有的技术细节不论,法治的意义就是指政府在一切行动中均受到事前规定并宣布的规则约束——这种规则使得一切个人有可能确定地预见到当权者在特定情况下会如何使用其强制权力,并据此知识来规划自己的个人事务。这样的法治之下才有真正的人民自由,这时候,自由意味着我们的所作所为并不依赖于任何人或任何权威机构的批准,而是为对所有

---

[1] Malte Ziewitz and Christian Pentzold, "In Search of Internet Governance: Performing Order in Digitally Networked Environments." *New Media & Society* 16 (2014): pp. 306-322.

人一视同仁的规则所限制。这样的规则必须用理性才能加以把握。这也是互联网上的知识活动——从理性公共说理、传播真实信息，到讨论公共事务、批评不公正和非正义社会现象——的合理性所在。这样的知识活动是每一个现代公民所拥有的自由权利，也是他的社会责任。

三 互联网时代的愚蠢与智慧

在互联网时代，抵御和消除愚昧比提升和造就智慧更为优先。"知愚识智"的策略是先知愚，后识智。愚蠢是智慧的反面，但这不等于说，不愚蠢就是智慧。在愚蠢与智慧之间有一大片灰色地带，既不是完全的愚蠢，也不能都称为智慧。学识可以成为愚蠢与智慧之间的一个转折点。"学"就是思考，学识就是通过思考而验证和确定的知识。学识（learning）不是一个结果，而是一个过程。知识只是了解，学识是进一步的理解，而智慧则是穷理。学识是以特定的方式（如批判思维或怀疑性思考）将了解到的事情确定为真实或真相。穷理则是在这个基础上追索事物和现象的根本道理，化繁为简，有所领悟。

在互联网时代，粗浅知晓的知识（或称信息）与深思熟虑的学识之间的区别变得比以往任何时候都更加明显，也越发重要。在互联网之前的漫长历史进程中，无论是在人类的口语时代还是文字时代，甚至是在持续了五个多世纪之久的印刷时代，无知与知识以及愚者与智者的区别一直被挤压在社会阶层的间隔之中。有知识的是那些能够熟练运用语言或具有读写技能的先知、诗人、僧侣、读书人、学者，他们同时是知识和学识的拥有者和权威人士。知识和文化曾经只是少数人才能享有,他们过的就是一种"有文化的生活"(cultured life)。对此约瑟夫·爱泼斯坦(Joseph Epstein)在《文化的生活》一文中说:"早期的文化标准要比我们现在高出很多很多。19世纪的时候,如果不掌握古希腊语和拉丁语,没有人会指望被看作有文化。在18世纪,乔治·华盛顿在法国旅游的时候发现他不会说法语而非常尴尬。人们很清晰地意识到自己的文化缺陷,意识到有文化的人应该拥有的那种知识的巨大差距:对拜占庭帝国历史的知识、对宗教音乐格列高利圣咏(Gregorian chant)的知识、对包豪斯建筑学派(Bauhaus)影响的知识等。做个有文化的人意味着知识和兴趣的全面性。当然,没有人掌握所有这些东西,没有人是真正的全才,这就是为什么谁也不是真正有文化的人,为什么文化本身仍然是个理想的原因。就像很多理想一样,文化虽然值得追求,却最终是可望而不可即的。"[1]

今天,"文化"已经平民化了,普通的知识更是如此。谁都可以上网阅读,获得各种社会、政治、文化的知识信息,知晓天下发生的事情。然而,正是因为供人们粗浅知晓的知识信息近在指尖,唾手可得,许多人不再愿意费力去寻求更可靠、更深入的学识。也正是因为网上的知识信息真伪混杂、真假难辨,因此才特别需要学识所强调的那种批判思考。批判思考要求所有的社会成员,而不只是他们当中的少数智者,验证从网上得来的信息和知识,并将此用作个人在社会和政治生活中的认知原则。每个人都必须学会抵御任何形式的外界操控,根据可靠的信息,自由而独立地对事物做出理性判断。

互联网时代的愚蠢不是完全无知,而是把需要验证、求实的知识

---

[1] Joseph Epstein, "The Cultured Life",这里用的是吴万伟的译文,稍有改动。http://www.aisixiang.com/data/105417.html。

信息不经思考就当成可靠而确定的知识。这种愚蠢让人很容易上当受骗，很容易被不实宣传误导或洗脑。愚蠢的症状包括：轻信、狂热、冲动、偏执、暴戾。遏制和消除愚蠢需要每个人从自己做起，因为我们无法阻止别人说谎欺骗、宣传洗脑或散播不实信息，但我们可以让自己不上当受骗，或者至少不那么轻信易骗。

许多互联网批评者认为，网络阅读肤浅、破碎、浅尝辄止、不思考、少理解、无判断；而这样的阅读造就了网上读者的轻信易骗、思想懒惰和愚蠢低能。无论这种情况多么普遍，都不能说网上除了这种情况就什么都没有了。对网络阅读全然负面的评估与事实并不相符，因为网上并不是没有严肃认真、深入思考的阅读。不说别的，许多对网络阅读的批评就都是在网络上发表和传播的，如果不期待网络读者认真对待，又何必多此一举？

对互联网的批评容易偏激，但并不意味着这种批评没有价值。美国政治学教授斯图尔特·索罗卡（Stuart N. Soroka）在《民主政治的负面性》一书中讨论了人类心理的负面倾向与民主政治和民主制度的共生关系。他指出，在像加拿大和美国这样的国家里，负面信息在政治行为和政治交流中起着特别重要的作用。因此，日常生活中人们对政治的看法显得非常负面。这是人的天性使然——人在认知上有"负面趋向"（negative bias），对负面事物的关注超过正面事物，负面信息也比正面信息更让人感兴趣，对人的影响也更显著。而且，负面印象在人的记忆中比正面印象保留得更为长久。负面批评不仅是人性的，而且是制度的，人们可以在制度设计中有意识地运用人性的这一自然特征。新闻媒体就是这样一种制度，它的报道偏重于负面内容，不仅是因为受众更关心负面消息，而且是因为媒体原本就是为监视错误而设计的一种制度。在代议制民主中，监督错误是新闻媒体的核心功能。同样，民主政治制度也是为监视错误而设计的，也是把负面消息看得比正面信息更为优先。政治制度的设计不仅要让民众能对政府有所监督，而且也要使政治制度本身具有内部监督的功能。监督是为了发现和排除错误，是一种预警机制。[1]

同样，批评网络或数码技术对人的认知、情感或其他方面会产生负面影响，这也主要是预警性的。一些已经翻译成中文的有关书籍都可以被视为这样的预警性著作。例如，《普鲁斯特与乌贼》和《浅薄》批评网络的破碎和浅层阅读，《重拾交谈》害怕人工智能可能毁掉人的恻隐心和亲密关爱，《失控的真相：为什么你知道得很多，智慧却很少》担心互联网会降低人的说理能力。这些都是本书在后面要讨论到的。这些批评都令人联想到美国作家吉利·曼德（Jerry Mander）在《消灭电视的四个理由》(*Four Arguments for the Elimination of Television*, 1978）一书里断言，电视会把人变成脑死的绵羊。波兹曼在《娱乐至死》(1985)中以类似的理由谴责电视毁掉了阅读文化。不过，波兹曼并不同意曼德"消灭电视"的主张，他认为，关键在于人自己要主动找到看电视的正确方式，不要被动地给电视愚弄成傻子。[2]

任何关于媒介技术的批判或争论其实都不只是针对它本身，更是针对它可能对人造成的某种伤害或侵犯。人们害怕的实际上并不是媒介技术自身，不是电视、电脑、互联网、智能手机，而是使人劣质化或非人化的愚傻、浅薄、冷漠无情，或是把人变成机器和螺丝钉或齿轮。

今天人们对人工智能前景的忧虑也是一样，有人说人工智能最终会控制人类，有人说不会。其实这两拨人之间的共同点远比分歧来得

---

[1] Stuart N. Soroka, *Negativity in Democratic Politics: Causes and Consequences*. New York: Cambridge University Press, 2014.

[2] 尼尔·波兹曼：《娱乐至死》，章艳译，广西师范大学出版社，2003 年，第 207 页。

重要。他们都害怕人类会因屈从于控制而失去自由，因愚昧无知而被残害、因意志衰退而被毁灭。他们害怕的其实不是人工智能，而是人类可能遭遇的不自由和人道灾难。然而，就算没有人工智能，不是还有其他并无多少技术含量的力量在使人类不自由，并把人类带向灾难和毁灭吗？高科技并不是导致这种灾难和毁灭的直接原因。

任何技术危机的实质都是人的价值危机。今天，有人发出了对电视、互联网、智能手机的警讯，应该看作是针对人类自身的价值困惑和面临的歧途，而不只是针对机器。忧虑和害怕科技可能对人性造成本质的伤害，或把人类带上万劫不复的歧途，这经常被称为"新卢德主义"（Neo-Luddism）。它不是单纯的反机器主义，也不同于历史上的卢德主义。19世纪英国纺织工人因为相信机器夺走了他们赖以为生的工作，愤怒地捣毁机器，这是历史上的卢德主义。它基于一种怀旧的幻觉，认为是机器破坏了人以往简单、和谐的良好秩序，造成了工人的失业和贫困。机器成为新兴资本主义制度的替罪羊。

新卢德主义与反机器主义的卢德主义是不同的。它提出的是更具本质意义的警告：科技正在让人们相信人与机器没有什么不同，技术至上论正在消弭"人为什么是人"这个根本问题的意义。大卫·奥巴赫（David Auerbach）在《不妨当一个卢德主义者》（It's Ok to Be a Luddite）一文中说，在我们今天这个科技时代里，应该保留卢德主义（新卢德主义）的一席之地，"长久以来，人类对自己保持着一种特别的、有特殊荣誉感的人的观念。科技不可避免会改变这个观念。一旦如此，人之为人的本质也会随之改变"。[1] 这是一种非常危险的可能。在数码、互

---

[1] David Auerbach, "It's Ok to Be a Luddite". http://www.slate.com/articles/technology/bitwise/2015/09/luddism_today_there_s_an_important_place_for_it_really.html.

联网和人工智能的科技时代之前，改变人性本质的危险计划就已经在一些现实的社会工程中得到了部分的实现，后果是灾难性的。

因此，我们今天需要新卢德主义，它的批判锋芒所指实质上不是互联网、智能手机、人工智能，而是任何要把人物化为某种工具的统治形式和社会工程。这些统治形式和社会工程必定要依靠剥夺人的自由和自由思想才能实现。互联网如今已经成为自由意志与权力控制反复博弈、持续争夺的重要阵地。互联网的自由意向注定它会有所抵抗，也注定它的自由意向会受到非常严厉的打压。

打压自由是任何强制性社会改造工程的条件。奥巴赫指出，技术之恶的根子不在于技术，而在于"汉娜·阿伦特关注的那种得力于工业革命成果的机械化极权主义。但是，许许多多低科技的（非人化）暴行从来就没有停止过"。相比用机器代替人，把人变成机器是更可怕的事情。"人生来就应该享有自由、平等和博爱，被当作目的而非手段。……（19世纪）卢德主义者反对资本家把他们当成可以与机器互换的劳工；今天的卢德主义者把技术视为一种威胁，是因为技术会取消每个个体人的价值，并把人变成功利主义的统计数字。"[1]

人的非人化和机器化并不是互联网时代才有的新危险，什么才是真正的人之为人？人与机器的区别究竟在哪里，这些也不是互联网时代才有的新问题。以前，哲学家只是在人与动物的区别中思考人的独特性，今天，多学科的思考者们则可以从人的记忆与计算机记忆、人的学识与互联网信息知识、人的智能与人工智能等对比来思考人为什么不应该是机器，人如何才能不成为机器。哈佛大学教授桑德尔（Michael Sandel）在《金钱不能买什么》一书里承认今天社会金钱万能

---

[1] David Auerbach, "It's Ok to Be a Luddite".

的现实，但是他还是要追问，不应该用金钱来做什么？[1] 同样，即使到了机器万能的时代，我们也还是要追问，不应该让机器代替人做什么？今天，机器尚未万能，我们更应该要问，机器永远不应该代替人做什么？我们拒绝相信机器在所有的事情上可以代替人，为什么？如何才能在任何情况下都拒绝放弃人的自由意志？哲学的思考并没有过时，但今天我们终于也可以在哲学之外，从科技的角度来重新思考许多关于人的问题。能否深入思考这些问题，能否从中悟出更深刻的道理，正考验着我们在这个新时代所需要的智慧。知识是人的知识，学识也是人的学识，无论是知识还是学识，最终的目的和唯一的希望都是，人类在未来能比今天更优秀，更智慧，更幸福。

---

[1] 迈克尔·桑德尔：《金钱不能买什么：金钱与公正的正面交锋》，邓正来译，中信出版社，2012年。

上篇

阅读·知识·学问

第 1 章　与时俱进的书籍和读写

9月8日是联合国教科文组织倡导的"国际读写日"（International Literacy Day），2017年的主题是"数码世界的读写"。今天的读写已经不再是传统的阅读与写作，而是包括了更多的学习素养内容，成为一种"新读写"（neo literacy）。根据联合国教科文组织的定义，读写指的是能够阅读和书写表达日常生活的简单文句。更准确地说，这种"读写"应该是指多方面的文化能力，包括认识、理解、解释、创造、通信、计算、表达、阅读各种印刷、电脑显示、光盘影像等资料的能力，也可以包括理解和运用与族群有关的符号系统。因此，以前人们所说的 literacy 现在经常翻译成"素养"。

数码时代会给读写素养带来什么样的变化呢？乐观者认为，它会迎来一个阅读民主化的新时代，让千千万万从来没有机会的人们加入到读写人群的行列中来。悲观者认为，普及读写的结果只能使阅读文化肤浅化、破碎化和琐屑化，最后导致书籍的死亡。对这两种极端的看法，图书历史专家、澳大利亚悉尼新南威尔士大学历史与哲学学院教授马丁·莱恩斯（Martyn Lyons）在《西方世界的阅读与写作史》一书里写道："今天对电子革命的反应与500多年前对印刷术发明的反应之间有着惊人的相似。同样是对技术影响的夸张语言：技术将改变世界，带来一个更美好的未来。与此同时，当年对印刷机影响的害怕也回响在今天对互联网的恐慌之中：互联网上处处隐藏着危险的网站，必须动用国家政府权力来管制网上的信息流传。"[1]数码技术对"信息变革"的催化作用也许会超过古登堡的印刷机，但是，过去的历史经验有助于我们今天处变不惊，对互联网的影响做出比较冷静的估计。迄今为止，我们有理由相信，数码变革带来的将既不是一个美好的乌托邦未来，也不会是一场毁灭书籍和文字阅读的历史性灾难。

一 书籍的"去优雅"和"去神圣"

数码时代对书籍的最大影响恐怕是加速了过去十多个世纪中书籍的"去优雅"和"去神圣"进程。美国肯特大学社会学荣誉教授弗兰克·菲雷迪（Frank Furedi）在《爱读书的傻瓜》一文中说，"书总是地位和优雅的象征。甚至对于讨厌书的人来说，它也是自我价值的展示"。从手稿时代到印刷时代，书的优雅象征似乎并没有太大的变化，菲雷迪问道，"在数字时代，爱读书还是向公众展示自己文化修养的标志吗？"[2]

书籍会失去它的优雅象征吗？这个问题经常被"印刷书籍会不会死亡"的问题偷换论题。有些人以怀旧的温馨之情坚持书籍存在的理

---

[1] Martyn Lyons, *A History of Reading and Writing: In the Western World*. New York: Palgrave Macmillan, 2010, pp. 185-186.

[2] Frank Furedi, "Bookish Fools", https://aeon.co/essays/are-book-collectors-real-readers-or-just-cultural-snobs#.

由，秘鲁经济学家拉米罗·德·拉玛塔（Ramiro Castro de la Mata）在《印刷书籍不会死亡》一文中动情地写道："印刷的书籍总是伴随着自己的栖息地：图书馆。图书馆是知识、智慧和反思的圣所。毫无疑问，没有什么可以取代我们坐在舒适的沙发上阅读印刷书的享受，每一次享受一页。数码书就像快餐，批量生产和快速消费。但是，印刷书却是一场多道菜肴的宴会，可以长时间地平静享受。印刷书是文明的顶峰，永远不会死亡。"[1] 数码时代的快餐阅读颠覆了传统的优雅阅读享受，文字本身的那种神圣性也随之消失殆尽。

文字的神圣也许是起源于它与精神信仰的维系，这种信仰最早是从敬神开始的，今天已经世俗化为文化精神。远古的人类在岩石、木头、黏土、莎草纸、龟壳、竹片上留下符号或图像，最重要的是记录和解读神意。解读与阐释象征和符号因此被视为超凡的能力和神奇的威力。菲雷迪对此写道，在三千多年前的古代美索不达米亚，"只有一小群经学家才能解读楔形文字，文字阐释者享有尊崇的地位。正是在这点上，我们拥有了显示读者享有象征性威力和特权的最早迹象。通过限制人们接触其神秘知识的途径，野心勃勃的经学家保护了自己作为令人艳羡的解经者的文化权威地位。在公元前 7 世纪，当耶路撒冷的约西亚王（King Josiah）资助撰写《旧约全书》的《申命记》时，为敬慕书籍设定了很高的门槛。国王约西亚利用《申命记》作者写的书卷巩固了犹太人与上帝之间的誓约，出于政治战略的动机，也为其王权遗产提供了合法性，并宣称了对这块土地的所有权"。[2]

---

[1] Ramiro Castro de la Mata, "The Printed Book Will Never Die", https://blogs.worldbank.org/publicsphere/printed-book-will-never-die.

[2] Frank Furedi, "Bookish Fools".

与神有关的文字神圣性，它的丧失早在罗马时代就已经开始了。从公元前 2 世纪开始，这个进程已经相当明显。文字的"书"已经不再是祭祀神明的专用品，而是成为拥有文化特权的富豪享受的奢侈品。但是，书的神圣依然在阅读行为中保留下来，如菲雷迪在《阅读的力量》中所说，阅读是一种"神圣或半神圣的行为，阅读揭示更高的真理，也让人认识自己"。中世纪德国神学家托马斯·阿·肯皮斯（Thomas à Kempis）要求以宗教般的心情对待阅读，"手捧书本，就像正义的西缅（Simon the Just）用双臂抱住婴儿基督，带着他，亲吻他"。他还说，"当你阅读完毕，合上书本，要为每一个字献上感谢。因为在上帝的天地里，你找到了隐藏的珍宝"。[1]

1 世纪，罗马人开始使用"羊皮纸"，这是做"书"工艺的一大革命。羊皮纸用的不只是羊皮，还有各种动物皮：牛皮、羊皮、兔皮，甚至松鼠的皮，最佳的是小牛皮（vellum）。莎草纸很不结实，在灰尘、高温、潮湿的作用下容易腐烂，莎草纸的手稿需要隔一段时期就重新誊抄。羊皮纸比莎草纸结实，但价格很贵，因为罗马人需要从中东进口动物皮。与莎草纸不同，羊皮纸可以把字迹刮去后再用（最初的意思是 palimpsest，"重写本"）。制造羊皮费时费工，《温彻斯特圣经》（*Winchester Bible*，一本成书于 1160 年至 1175 年温彻斯特的罗马式泥金装饰手抄本《圣经》）需要 250 张小牛皮，得从 2000 张皮中选出，因为有瑕疵的牛皮是不能用的。羊皮纸价格太高，直到 3 世纪才取代莎草纸，但莎草纸仍用于一些短小作品书籍的制作。

最早的手抄文稿是卷状的（罗马的"书卷"是用 20 张莎草纸粘贴而成）。2—4 世纪，手抄文稿越来越多地运用册页（codex）的形式。这是书籍

---

[1] Frank Furedi, *The Power of Reading*, pp. 56, 54.

变化史上的一个重大转折，从此之后只有改进，没有改变。册页书（册子本）的每一页都是同样大小，在左边订起来，用布、木板或更贵重的材料做封面。册页相比书卷有诸多优点。它可以两面写字，一部《圣经》可以容纳在一部册页书里。由于内容量大了，许多古代的册页书会把几部不同的著作放在一起。册页书阅读起来要方便得多，阅读时不需要再用双手捧着，这样就可以腾出手来做笔记或其他的事情。最早的书没有页码，读者可以自己把页码写到书里。册页书便于反复阅读，在册页书里寻找需要的内容要比在书卷里方便得多。这样阅读时就可以把不同书页上的内容互相参照，这就是最早的"关联索引"（cross reference）的阅读方法。今天，我们使用电脑进行文字处理，阅读时在屏幕上连续移动，又回到了书卷的阅读形式。在屏读时，我们用字词搜索的办法来代替关联索引。

罗马时代，制作精美的册页书不仅用来阅读，也用来装饰富贵人家的私人图书馆。书籍是一种不但拥有财富，而且拥有文化品位和高等地位的象征。私人图书馆是有钱有文化的罗马人住所不可或缺的组成部分。这些私人图书馆里的藏书就像皇家或市政府藏书一样，摆放在书橱或壁橱里，如同艺术品一样展示在访客的眼前。许多人（尤其是暴发户）藏书只是为了炫富，可以夸口，"我有两个书房，一个是希腊语的，另一个是拉丁语的"。5世纪罗马帝国崩溃之后，拥有物质财富但缺乏贵族优雅和品位的有钱人继续模仿罗马人的这种藏书癖好。[1]

大约一千年之后的文艺复兴时代，虽然早期的印刷技术已经让书

---

[1] 卡特琳娜·萨雷丝：《古罗马人的阅读》，张平、韩梅译，广西师范大学出版社，2005年，第143—144页。

籍大量生产成为可能,但书籍仍然是价格昂贵的物品。阅读仍然是一种与身份、地位、财富和高等教养联系在一起的特殊精神活动。文艺复兴的推手是拥有社会和文化资本的人文学者(humanists),他们的抱负是复兴古代的学术,而不是在社会中推广阅读或文化。他们当中有许多是关心教育的人士,他们的著作中也有许多是用于教育的教材和参考书。但是,他们要培养的是下一代的人文学者,而不是与他们自己不同的新型阅读者。在他们那里,阅读、写作和做学问的世俗性理念已经扎根,读书写作是人自我发现和自我完善的方式,也是认识世界和经营学问的途径。人文学者在世人眼里不仅是有识之士和文化精英,更是整个社会优秀精神和高尚道德的代表。

如果说书卷变为册页,手抄变为印刷是技术革命的成果,那么,从朗读转变为默读则是阅读思维自身的演变和发展。这个具有重大意义的转变发生在被许多人以为是"黑暗时代"的中世纪。虽然古代已经有了默读,但从朗读到默读的关键性转变却是发生在中世纪早期。[1] 奥古斯丁(Augustine of Hippo)在《忏悔录》里记叙了他看到米兰大主教安布罗斯(Aurelius Ambrosius)默读时的惊骇心情。他看见安布罗斯阅读的时候,眼睛盯着书页,虽然内心充满了激动,却悄然无声,舌头纹丝不动。奥古斯丁想,安布罗斯也许是为了让自己的嗓子得到休息,也许是因为厌倦有人在他阅读时用经院问题来打扰他,所以做出想独自清闲片刻的样子:"他或许是害怕,假如他大声朗读,书中的困难段落会让专注的听众心中产生疑问,然后他就必须解释其意义,或甚至

---

[1] Bernard M. W. Knox, "Silent Reading in Antiquity", *Greek, Roman and Byzantine Studies*, 9:$ (1968): 421-435.

就其中一些更深奥的要点做出辩解。"[1]

奥古斯丁想不出一个好的解释,因为他早已习惯了出声朗读。在他那个时代,几乎所有人都是用朗读来解读经文的。用朗读而不是默读也是有原因的。古代的希腊文或拉丁文手抄本经常是字母连续书写的,字母全都用大写,字与字之间没有间隔。出声朗读文本与说话相仿,因为说话时字与字之间的隔断是"听"出来的。手抄文字的字间空格(或其他表示)是一个视觉记号,是为人的眼睛而不是耳朵服务的。在手写文本中添加视觉符号,这是书写的发明,不是语言原来就有的。没有字间隔断的文本给默读带来很大的困难,即便是出声朗读,也可能出错。奥古斯丁,就像他之前的西塞罗一样,在高声朗读一篇文章之前必先练习一番,因为在当时,见文即读(sight reading)是一种高难度的技巧,而且常常导致理解的错误。4世纪,文法学家瑟那额斯(Servius)批评他的同僚多纳斯图(Donat)在朗读维吉尔的《伊尼德》(Aeneid)时,把 eollectam exilio pubem(被集中准备流放的人民)读成了 eollectam ex Ilio pubem(从特洛伊城召集来的人民)。这种错误在阅读整篇文本时经常可能发生。[2]

文本之所以这样书写,是因为它本来就是用来大声朗读的,所以书里的字间也就不需要间隔的记号了。字间的间隔造就了改变大声朗读的条件。7世纪,手抄本开始在字与字之间留出空隙(开始出现在爱尔兰),8世纪开始传到欧洲,称为 aerate(吹气),但仍不成规范,要到12世纪才被当作规范普遍运用。[3] 由于默读与字间隔断的密切关系,

---

[1] Augustine, *Confession*, iv, 3.

[2] Alberto Manguel, *A History of Reading*, p. 48. 参考了吴昌杰的译文,曼古埃尔:《阅读史》,商务印书馆,2014年,第61页。

[3] "Word Divider", https://en.wikipedia.org/wiki/Word_divider.

有的文化史学家把默读普遍化的时间也确定为12世纪。

在这之前就有人认识到了默读的好处。7世纪，神学家依西多禄（Isidore of Seville）说，出声朗读妨碍理解经文，他建议，阅读时只要稍微动动嘴唇，喃喃发声即可。[1] 对于默读的推广来说，除了字间留空的书写变化，默读的好处恐怕是一个更重要的原因，正如曼古埃尔（Alberto Manguel）在《阅读史》中所说，"借着默读，读者终于能够与书本和文字建立一种不受拘束的关系。文字不再需要占用发出声音的时间。它们可以存在于内心的空间，汹涌而出或欲言又止，完整解读或有所保留，读者可以自己思考，从容检验，从中得出新的想法，也可以与记忆或与其他摊在一旁准备同时细读的书来做比较"。[2]

默读不仅让阅读变得更方便、快捷，而且还改变了作者、读者和文本三者之间的关系，让作者和读者可以借由文本进行私密的思想和精神沟通，而不必把沟通的内容暴露在大众或权力的监视之下。罗马时期盛行作者为读者朗读自己的作品，公众朗读有利于作家让自己的作品在读者中传播，但有批评者认为，这是政治上无权者的无谓的虚荣表现，是政府监控文学创作的一个有效办法。如果书是大声读出来的，那么谁都会知道你在读什么书，偷读异端或不良书籍也就自然而然地被杜绝了。当众朗读自己的作品成为"上流人士和大众一种消遣娱乐的方式"，与今天电视或其他大众媒介的"读书活动"颇为相似。这种阅读实质上是一种娱乐，在政治上是安全的，又显得特别"有文化"。诗人贺拉斯曾多次抨击当时罗马人对这种公众朗读的迷恋，他本

---

[1] Paul Saenger, "Silent Reading: Its Impact on Late Medieval Script and Society", *Viator: Medieval and Renaissance Studies*, 13（1982），pp. 383-384.

[2] Alberto Manguel, *A History of Reading*, ppS. 50-51.《阅读史》，第61页。

人拒绝参与这种活动。他说,"在人山人海的剧场里朗读我的文章,为这种无聊的事浪费精力让我感到羞耻"。[1]

在阅读必须大声朗读,在默读成为普遍阅读方式之前,异端活动一直只是局限于个人或少数的异议会众。但是,默读让异端活动变成了一件许多人都可以参与,可以藏在心里、默不作声的事情。对默读的敌意也会因此而生。但是,开始的时候,对默读的谴责只是道德的,而非政治的。曼古埃尔对此写道,正统人士"对这种新风潮开始警惕起来:在他们的想法里,默读让人可以作白日梦,导致怠惰……之危害。但是默读还引来另一种天主教神父们尚未预见的危害。一部可以私下阅读的书,一本只用眼睛便能阐述文字意义的书,不必再受到聆听者当场阐明或指导、非难或审查。默读让书本与读者之间建立起一种未有他人在场的沟通"。[2] 在还不太长远的过去,所有的禁书都是偷偷阅读的,不但不能出声,而且还不能让别人看到或知道。这是一种作者与读者、书本与读者之间的秘密沟通。今天,要防止或阻止这样的事情发生,除了强制禁止书籍出版,已经没有别的办法。

二 现代世界的读写

16、17 世纪古登堡印刷术已经传遍了欧洲,受益者开始从人文学者向更大的人群渐渐扩展。当时的印刷所规模还很有限。对此莱恩斯写道:"1644 年巴黎有 183 家印刷所,荷兰大学城莱顿(Leiden)在 1651

---

[1] 卡特琳娜·萨雷丝:《古罗马人的阅读》,第 66、67 页。

[2] Alberto Manguel, *A History of Reading*, p. 51.《阅读史》,第 61 页。

年只有 29 家。大多数的印刷所只有一两台印刷机。约 1444 年，印刷术被发明出来，之后的半个世纪里，印刷的每本书籍的数量总共不过 160—180 册。到了 16 世纪，印刷的数量增加了，每本书的印数一般是 1000—1500 册，这个印数一直维持到 19 世纪。……少数类型的书籍超过这个印数，如教义问答、宗教祷告书和年鉴，印数上万，价格低廉，由小贩沿街叫卖。"[1] 印数多的书籍是普通人读的，相当于今天的畅销书。

当时的印书纸张是用旧布制作的（由阿拉伯传入的技术），纸张的价格降不下来，有许多人从事回收旧布的营生。在比利时安特卫普（Antwerp）的印刷作坊里，60%—70% 的生产成本是纸张。书价昂贵是阅读不能在整个社会推广的一个原因。例如，西班牙城市瓦伦西亚（Valencia）的黄金时期是 1474—1550 年，拥有书籍的情况是，僧侣每 10 人中有 9 人，自由职业者（律师、医生）每 4 人中 1 人，贵族每 2 人中 1 人，商人每 3 人中 1 人，纺织工匠中每 7 人中 1 人，劳力工人中每 10 人中 1 人。英国坎特伯雷（Canterbury）1620—1640 年的情况是，自由职业者每 10 人中 9 人，贵族每 4 人中 3 人，纺织工匠拥有书籍的约为 45%，建筑工人约为 36%。从这个数字来看，17 世纪的阅读人口比例已经有了相当的提高。[2] 但真正的"阅读热"或"阅读革命"要到 19 世纪的工业化出版和大众阅读时代才会出现，到那时，不仅书籍变得价格低廉，而且普通民众的阅读方式也已经发生了根本的改变。

从文艺复兴时代开始，现代人的自我发现历程就与阅读方式和阅读人群的变化密不可分。文艺复兴时期，已经广为运用的默读更有了

---

[1] Martyn Lyons, *A History of Reading and Writing*, p. 31.

[2] Martyn Lyons, *A History of Reading and Writing*, p. 35.

另一种重要的社会作用，它让阅读更加个人化，因而促进了阅读者的个性解放。读写对产生和形成个人的主体自我意识和社会的文化形态都有重要的影响。读什么，怎么读，写什么，怎么写，这些都与读写者是什么样的人有相当大的关系。早在12世纪，默读已经在发挥鼓励私人学习和个人思考的文化作用。英国古典学家埃里克·哈维洛克（Eric Havelock）在《缪斯学习写作》（Muse Learns to Write）一书中指出，修道改革运动，熙笃会（Cistercian）的杰出领袖圣伯纳德（Bernard of Clairvaux）"在给友人的信里说，'从一个人的写作就能知道他是一个怎样的人'，表明他已经在关注阅读和写作对人的自我形成起作用了"。[1]

默读的个性解放作用是在文艺复兴的新文化环境里充分而普遍地发挥出来的。这就像中国20世纪80年代的"文化热"或"现代化"为许多原先已经存在的新思想、新观念提供了适宜的时代环境一样。对文艺复兴时期默读的作用，菲雷迪在《阅读的力量》中写道："在他们的私人空间里，个人在默读时可以自由地在书页上停留，做出自己的解释和结论。"到启蒙运动时，"阅读被视为人实现自我完善理性的主要方式。阅读此刻直接与启蒙和解放有了联系。社会中越来越多的人们执着于获得与阅读有关的知识和文化资本。虽然离普遍教育的时代还相距甚远，但新的学校开办出来，以满足不断增长的阅读和知识需要"。阅读是理性和进步的推动力量，阅读者因此理所当然要走上社会变革的大舞台。[2]

18世纪启蒙运动之时，阅读已经成为一种民众的消遣方式，阅读从以前读书人的精读转变为民众的泛读。美国历史学家詹姆斯·梅尔

---

[1] Frank Furedi, *Power of Reading*, p. 45.

[2] Frank Furedi, *Power of Reading*, pp. 61, 81-82.

顿（James Van Horn Melton）在《启蒙运动时欧洲的公众兴起》一书中指出，18世纪下半叶，读书人将少数的著作作为经典反复阅读，但普通民众却对当时已经出现的报纸、期刊和大众读物更感兴趣，他们阅读是为了获得知识和信息，或者只是消遣娱乐。前一种是严肃的阅读，读的是"名著"。[1] 后一种是轻松的阅读，读的是一般读物，完全不在乎严肃阅读的那种专注和思考。名著是大家都读的，所以可以形成讨论和研究，而大众作品是各读各的，读过算数，是更为私人的阅读。出版的书籍和种类越多，民众的阅读选择也就越多样。以浏览和消遣为主的泛读自然也就成为一种普遍的阅读方式。文化人或读书人再怎么提倡阅读经典或是深度阅读，也是没有用的。

18世纪是一个"阅读热"的时代。18世纪的法国从地理位置和思想影响来说都位于欧洲启蒙的中心。当时到法国访问的人们都对法国人的阅读热情留下了深刻的印象，一位到巴黎观光的德国游客这样写道，"巴黎人人都在读书……尤其是女性，每个人走到哪里，口袋里都揣着一本书，坐车、散步都在阅读，戏院演出间隙、咖啡馆里都有人看书……女人、孩子、连雇工、学徒……坐在马车后面的跟班、马车顶上的车夫、站岗的士兵都在读书"。[2]

至于不同的阅读者在读什么书，怎么个读法，这位旅行者没说。不过英国浪漫主义大诗人华兹华斯（William Wordsworth）却是抱怨过当时民众"令人讨厌的读书模仿"。他说，"没有人阅读莎士比亚和弥尔顿，他们喜欢的是那些煽情小说，病态愚蠢的德国悲剧，还有数不尽

---

[1] James Van Horn Melton, *The Rise of the Public in Enlightenment Europe*. Cambridge: Cambridge University Press, 2001, p. 91.

[2] Quoted in Martyn Lyons, *A History of Reading and Writing*, p. 119.

的无聊、夸张故事"。[1] 这些也就是所谓的低俗文学（pulp literature）。18世纪的读书热并不只是显现为读书的人多了，读的书多了，而更是在于形成了一个新的读者群，他们以跟从前不同的读书方式阅读，"这是一种从传统阅读向现代阅读的转变，从'精读'到'泛读'的转变"。[2]

这样的转变显示，一种被称为"大众阅读"的新阅读，它的正当性已经开始被重视和承认。它的阅读兴趣从宗教转向世俗，从少数经典转向各种新文本，故事（小说、历史叙述）代替了哲学或其他思考性著作，报刊阅读超过了书籍阅读。英国社会学家理查德·霍加特（Richard Hoggart）描绘20世纪50年代英国工人的阅读：撞到什么算什么，支离破碎、纯粹为了娱乐消遣，毫无思考的投入。[3] 霍加特说的就是一种大众阅读，它是今天互联网大众阅读的始祖。从社会学的角度来看，今天支离破碎、娱乐休闲的互联网阅读——当然并非所有的互联网阅读都是如此——并不是什么从未有过的新现象，只是以不同的形式在表现一些早就有过的特定人群偏好而已。

对18世纪阅读和阅读人群的社会学研究彻底改变了人们对法国大革命思想渊源的看法。很长一段时间里，历史学家和思想史研究者认为，法国革命是因为民众受到了启蒙哲人的影响，伏尔泰、卢梭、狄德罗、孟德斯鸠的著作是民众反叛的导火线和精神指导。但是，新一代的历史学家通过翔实的社会史料研究发现，民众并不阅读启蒙哲人的著作，他们感兴趣的是那些并不出名的穷酸文人的煽情小册子。

---

[1] Karen Littau, *Theories of Reading: Books, Body and Bibliomania*. Cambridge, UK: Polity, 2006, p. 46.

[2] Martyn Lyons, *A History of Reading and Writing*, p. 120.

[3] Richard Hoggart, *The Uses of Literacy: Aspects of Working-class Life*. Harmondsworth, UK: Penguin, 1958, pp. 238-241.

这些小册子里充斥着抹黑和夸张，专事诽谤国王和王后、贵族和大臣，传播流言蜚语和嘲讽挖苦，主要是揭露上流人的色情丑闻和情场秘史，配以色情挑逗的漫画。那些捕风捉影、尖酸刻薄、嬉笑怒骂的文字是民众喜闻乐见的，既满足了他们的偷窥欲，又让他们有机会痛痛快快地发泄对上流人压抑已久的嫉妒和仇恨。美国历史学家罗伯特·达恩顿（Robert Darnton）在《高贵的启蒙，卑下的文学》一文中对这种民众阅读心理有非常深刻的描绘和剖析。[1]

19世纪，大众阅读有了新的推动力量，书籍的机器化生产创造了廉价的简装本书籍，大众报刊传媒的快速发展更是让普通民众有了更多适合他们阅读偏好和习惯的读品。廉价书籍出版和报刊媒体迎合越来越有市场价值的大众偏好和趣味，而这种偏好和趣味也因其强大的表现和能见度而成为社会主流。大众不仅是一个巨大的新读者群，而且也代表着一种新的阅读文化。正如莱恩斯（Martyn Lyons）所说："从19世纪80年代至20世纪30年代的这半个世纪是西方书籍的黄金时代，在这个时代，加入大众读写的第一代人也是见证书籍尚未受到20世纪无线广播和电子媒介挑战的最后一代人。读书的公众新增了不同的层次，书籍走向大众读者。书籍被'去神圣'了，变成像肥皂和马铃薯一样的日常消费品。"[2]

19世纪的工业革命对大众阅读起到了积极作用，大众阅读有了快速发展，人们阅读什么书，怎么阅读，为何阅读——阅读的是"低俗小说"（pulp fiction）还是严肃经典，习惯在报廊读报还是在图书馆读书，

---

[1] 罗伯特·达恩顿：《高贵的启蒙，卑下的文学》，载达恩顿：《旧制度时期的地下文学》，刘军译，中国人民大学出版社，2012年，第1—42页。

[2] Martyn Lyons, *A History of Reading and Writing*, p. 153.

是随便浏览还是认真阅读，是消遣娱乐还是求知思考，是琐屑的好奇还是志在自我完善——全凭阅读者个人的喜好和选择来决定。这样的差别在大众阅读时代越发显现出来，对阅读者也有了比以前更显著的社会身份象征作用。阅读这项行为本身，以及阅读的内容，都会赋予个体读者某种符号意义的身份。早在古罗马时期，西塞罗就把读者分成了不同的层次。从那时起，人们被分成不同的类别：识字的和不识字的，钻研型读者和休闲型读者，张扬的读者和低调的读者。19世纪，资深读者被誉为"文人"，而与之相对的，不会阅读的人被称作"文盲"。而在今天，这种区分体现在了高品位读者与所谓"快餐型读者"之间。

然而，20世纪的书籍并没有只是朝市场化日用商品或快餐阅读的方向去发展。在一些地方，20世纪的书籍作用发生了灾难性的变异，成为法西斯和极权统治对人民进行洗脑和思想改造的工具。现代极权统治不仅对书籍进行严酷的管制（在古代就已经有许多书籍审查的先例），而且更是积极利用书籍和阅读去对全体人民进行有计划、有组织的意识形态灌输，以此全面摧毁整个社会的自由意识和抵抗能力。这种情况在有些地方延续到了21世纪，是恶托邦文学的主要题材之一。

大众阅读和大众传媒为20世纪30年代开始的各种法西斯和极权宣传提供了便利的条件，权力控制下的报纸、小册子、无线电广播、教科书、书籍是专制极权不可缺少的统治工具，民众的阅读受到了法西斯专制的严格控制。德国纳粹公然焚烧书籍，以此对一切爱好自由阅读的人们进行暴力恐吓。1940年之后，德国的新婚夫妇都会得到一部官方赠予的《我的奋斗》，并被要求深入学习，悉心体会元首的伟大思想。学校的教科书必须严格按照党化教育的原则来编写，灌输的是崇拜元首、学习党国英雄模范和排外的爱国主义。幸存的少数非政府出版社无不小心翼翼，如履薄冰，战战兢兢按照政府的指令对出版书籍进行审查和自我审查。意大利的法西斯政府允许出版一些意大利名著，输出国外，宣示软实力。一切被政府定为政治不正确的"毒草"作品都必须无条件地禁绝。

三　互联网时代的微贱写作

禁书最恐怖，最戏剧化的演示就是焚书。美国作家雷·布拉德伯里（Ray Bradbury）的恶托邦小说《华氏451度》（*Fahrenheit 451*）想象发生在近未来世界里的焚书，故事发生在某个时期的美国，这时候美国已经变成了一个警察国家。这个美丽新世界是一个禁书的国家，禁止书籍是因为书籍会让读者想入非非，书里的情节会让人民的情绪不稳定，会引起他们不必要的思考，造成他们的"不幸福"。为了不让书籍搅扰人民的幸福生活，国家政府动用"消防队"来执行禁书的任务。只要发现谁家拥有书籍，消防队马上赶赴现场，逮捕书的主人，将书籍当众焚毁，以期对所有人起到以儆效尤的震慑作用。华氏451度（摄氏233度）是雷·布拉德伯里给出的纸张燃点（实际上不同的纸燃点不同，一般在华氏440度—华氏470度之间）。书中一些不甘失败的抵抗者相互约定，每人背诵一本名著，让濒临灭绝的人类文化得以薪火相传。这不是子虚乌有的文学想象，而是现实中确实可能发生的事情。

专制统治并不需要总是用焚书的办法来控制民众的思想（虽然这样的事情确实是发生过的），他们只要能成功地不让民众进行某种阅读，而代之以另外一种阅读就可以了。因此，他们反倒是更加重视全民教育，甚至更加鼓励看书，提倡读报。

民众阅读报纸，不仅仅是获取信息和知识，而且是一种相互交谈的途径：即使相互戒备、默不作声，他们也能知道别人知道些什么。法国社会学家塔德（Jean Gabriel Tarde）指出，交谈能改变人的看法和观点，民众交谈是绝对权力的克星。他说，"在交谈的作用与观点的改变之间有一条紧密联系的纽带，权力的变化正是依靠这条纽带。如果观点的变化很小、很慢或者说几乎保持不变，那么交谈肯定是不经常的、有保留的，或交谈的话题只局限在一个很窄的范围内。如果观点的变化很大，关于观点的辩论很激烈，或从一个极端走向另一个极端。那么交谈肯定是经常进行的，交谈的内容大胆而不受束缚"。[1] 专制极权是不允许这样的交谈发生的，让所有的人读同一张报纸，听同一个声音说话，是一种新发明的思想控制手段，它让整个社会在似乎都在交谈的假象下沉默寡言。这等规模的民众被动阅读和被迫沉默是 20 世纪之前从来没有过的。

统治权力利用媒介和相关科技的能力大于任何个人抵抗的能力，因为权力可以在对它不利的信息出现或发生作用之前，就将其消音和扼杀。但是，抵抗从来没有停止过，一个人只要还保存着起码的自由意识，他就会把阅读的自由当作精神和人格自由不可缺少的一部分。哪怕是面对隆刑峻法的暴力逼迫，许多人也不会放弃他的"秘密阅读"，他们一有机会就会涉险犯禁，为的是领略外部世界"那稀有而珍贵的文字带来的魅力"。[2]

互联网从诞生的最初时刻起，就成为专制控制与自由抵抗拉

---

[1] 引自塞奇·莫斯科维奇：《群氓的时代》，许列民等译，江苏人民出版社，2006 年，第 241 页。

[2] 齐格弗里德·洛卡蒂斯、英格里德·宗塔格等：《民主德国的秘密读者》，吴雪莲译，社会科学文献出版社，2013 年，第 2 页。

锯争夺的地方。今天的互联网，随着ICT（Information Communications Technology）技术的使用、功能与影响日益增强，已经几乎覆盖了所有的个人和公共生活空间，政治、经济、社会、文化无所不包。对互联网的专制掌控和自由抵抗变得更难以调和，这也削弱了政府对互联网正常管理的合法性和合理性。越是这样，互联网就越是会被象征性地视为民主参与和社会发展的工具，尤其给予边缘群体全新助力，帮助他们成为经济和政治生活的参与者。人们因此容易对互联网的技术发展寄托一种在现实世界不敢奢想的，只能寄予虚拟世界的不实期盼，期待它可以对威权体制形成强大压力，促进开放和民主。然而，在今天，许多研究者发现，技术和科学并不能自动形成自由的力量，相反，政治权力有能力迫使技术和科学按照自己的意愿发展，并利用新技术极大地增强它的"老大哥"的统治能力。[1]

互联网上最顽强，但又似乎最不起眼的自由意志抵抗是各种随机出现的草根写作。在正儿八经的写作研究人士或写作者眼里，这种草根文字根本算不上是写作，只不过是一些低级趣味、粗俗不堪的恶搞、调侃、嘲笑、讽刺、挖苦、插科打诨、谐音、文字游戏、对子、打油诗、顺口溜等等。这种写作从不正面对抗强大的权力巨兽，而是对它保持一种小心翼翼、避免招惹的敬畏。这种写作混合着怯懦和狡黠，是典型的犬儒和假面社会的产物，它经常是聪明人和明白人经过自我审查的意见表达——旁敲侧击、婉转迂回、闪烁其词、欲言又止、顾左右而言他。它诉诸玩笑和幽默，是一种不自由的、被控制的表达，是戴着镣铐跳舞。真实的想法隐藏在戏谑的言说中，但未必总

---

[1] 胡泳：《旧制度与数字大革命》，http://paper.people.com.cn/xwzx/html/2016-01/01/content_1673603.htm。

是一致的。一方面，真实的想法源自真实的感受，但表达却因被控制而不得自由。另一方面，表达被控制也就是想法被控制。表达的那种怯懦、暧昧和模棱两可是有侵蚀性的，久而久之，习惯成自然，多半会蚕食人们思想的独立和勇气，使之变得油滑、投机和随波逐流。

互联网为这样的草根写作提供了前所未有的机会，文艺复兴和启蒙运动做不到的，互联网做到了。自从人类有文字开始，读与写的关系就是不平等的。在等级上，写在读之上，写拥有一种特殊的"权力"，这是读所不具备的。从逻辑上说，写在先，读在后，有写才有读。写是用文字对意义进行编码，而读则是解码，读永远无法窥测写的全部深意。读的理解和解释永远是不完整、未完成，富有争议的，书写者因此被视为拥有阅读者所没有的权威。

英国杰出的社会人类学家和历史学家杰克·古迪（Jack Goody）把书写视为一种特权。书写是一种政治权力或文化力量，是"限制性读写"（restricted literacy）的产物。[1] 在限制性读写的社会里，只有少数阶级和地位特殊或优越者才具有写的能力，因为不能写，其他人则只是存在于"读写的边缘"。其他人也许并不是完全不识字，但因为不能写，所以并不具备充分的读写能力。一直到今天，充分的写的能力仍然需要长时间学习和培养，是在一般阅读之外的智能。一个只能阅读但不能写作的人只能生活在读写的边缘。

美国社会学家沃尔特·翁在影响深远的《口语文化和书面文化》一书里从写下的"字"来解释写的独一无二的意义。口语时代，人们是听到神的声音，而不是看到神的文字，几乎所有的信众都是文盲。

---

[1] Jack Goody (ed.), *Literacy in Transitional Societies*. Cambridge: Cambridge University Press, 1968, pp. 11–24.

先知的箴言和预言的权威不是来自他们自己，而是来自他们代言的神。发布预言的说话人仅仅被当作预言的渠道，而不是预言的源头，"特尔斐神庙的神使并不是预言的发布者，因为这里的预言被当作是神的声音"。文字包含了书写者的权威，"书本传递一个源头发出的话语，这个源头是真正'说话'的人或书写的人。在这一点上，书本像预言。如果你能在书本里找到作者，你是能够挑战他的，但你不可能在书本里找到作者。你没有办法去直接反驳书里的作者"。因此，书上说的"也就普遍被等于'那是正确的'"。这就是书写难以挑战的权威。倘若要否定书里所说的，唯一的办法就是将它毁灭，"有人把书本付之一炬，这也是原因之一。……因为书写的本性就是桀骜不驯的"。[1]

统治权力管制桀骜不驯的文字写作，在纸媒时代要比在互联网时代简单和容易得多。自古以来的言论审查制度都是从两个方面同时下手，一个是销毁已有的不良书籍，另一个是不让不良书籍有机会出世。在纸媒时代，任何想要用文字表达自己思想的个人，如果言论不符合审查的标准，那么通过层层官员和编辑审查的机会是非常渺茫的。即使能够在夹缝中侥幸漏网或存活，如 18 世纪启蒙运动中的法国《百科全书》（其中有重大的经济利益因素在起作用），也是许多不可预测的偶然因素使然。

但是，互联网大大削弱了统治权力对文字言论的全面控制能力，互联网上的文字会千方百计以纸媒时代根本不可能的方式出现在世人眼前。在纸媒时代，大多数阅读者都是只读不写的，即使他们对自己阅读的东西有什么想法，顶多只能写在书页的空白或私人笔记本里，如果出示给亲朋好友，范围也极其有限。但是，互联网时代的个人

---

[1]　沃尔特·翁：《口语文化和书面文化》，第 59 页。译文有改动。

意见有了不同的传播方式，几句短短的跟帖或点评，只要精彩，照样能赢得千千万万读者的喝彩和应和。这很可能是以前写一本书都难以获得的读者效应。以前，统治者要是不喜欢一本书，可以将其尽数销毁，就算有几册漏网的，拥有者也不敢轻示于人，禁书的效果也就达到了。但是，互联网上的文字就不是那么容易消灭的了，书写的文字一上网，只要被读者关注了，也就扎了根。网控只能在有限的网域内封杀它，但不可能将之斩草除根。可以设想，一旦形势有变，这些文字便会以数倍数十倍的凶猛卷土重来。

数码时代的互联网使得阅读与写作的关系发生了变化，写作越来越成为有效阅读不可缺少的部分。有写作需要的人阅读会更专注，更有目的性和问题意识。但是，数码时代的网上写作有许多是非常微贱而不起眼的。它不需要有多少议论，也不需要有学问见解。不要说微博或微信，就算是一个点评、一个跟帖、一句评语、一个玩笑，甚至一句嘲骂或咒语，都是完成了写作。

谁要是连这样的文字能力都不具备，那也不要紧，他照样可以用"借言"的方式来"写作"。他只要在微博上转几句别人的话，或者在朋友圈里上传他喜欢的文章，就已经是在用让别人代言或外包的方式完成他自己的写作。简单的写作已经足以让他从一个被动、沉默的"围观者"变成一个能自己发声的参与者。这种微贱而平凡的写作让许多以前不敢想象自己的文字居然能见世的人们获得了"写作的权力"，标志着一个前所未有的"新读写文化"（neo literacy）时代已经到来。

早在古登堡印刷革命的时代，正如文化史学者伊丽莎白·爱森斯坦（Elizabeth Eisenstein）所说，书籍媒介使得个人意识与公共事务同时发生了变化。就在阅读加强读者个人意识的同时，也让他有了通过阅读与许许多多其他读者联系的新方式，"私人领域与公共领域变得更加畛域分明",但也增加了看不见的联系。书籍媒介最重要的作用就是形成读者公众。[1] 同样,互联网媒介最重要的作用也是形成网友公众。与古登堡时代读者公众不同的是,今天的网友公众不仅在读,而且还在写,尽管这种写经常显得如此微贱和不值一提。

古登堡印刷革命让普通读者能够成为16世纪宗教改革争论的围观公众,改革的倡导者和反对者之间展开了激烈的辩论,阅读他们文字的读者虽然并不直接参与辩论,但他们的阅读——阅读什么,怎么阅读——却是带有看法和观点的围观。爱森斯坦对此写道:"人类历史上第一次有了一个广大的读者公众,他们通过大众媒介来评判革命思想的合理性,这个(印刷)大众媒介把(人们熟悉的)方言与新闻和漫画艺术结合到了一起。"[2] 印刷书籍的大量发行大大扩展了读者公众的范围,使他们的反应更成为不容小觑的公共围观力量。今天,互联网又有了更多的媒介手段,方便快捷的传播不知又把印刷媒介的读者公众扩大了多少,他们在网上的阅读也因此成为一个更大的公共围观力量。而且,互联网还让他们能用写的方式把自己的围观感受和情绪发泄出来。

这些年来,这种互联网上的微贱写作让许多人的不平、焦虑、苦恼、困惑和挣扎终于找到了一个宣泄之地。然而,同所有的围观一样,网上围观并不等于行动,它甚至可以成为不行动的原因,也就是社会心理学所说的"旁观者效应"(bystander effect),它指的是,在行动可能有风险、危险或需要付出代价的情况下,个人在有其他人在场

---

[1] Elizabeth Eisenstein, *The Printing Press as an Agent of Change: Communications and Cultural Transformation of in Early Modern Europe*. Cambridge: Cambridge University Press, 1979, p. 133.

[2] Elizabeth Eisenstein, *The Printing Press as an Agent of Change*, p. 303.

时，挺身而出、积极干预的可能性会降低，行动的几率与旁观者人数成反比。旁观者数量越多，他们当中任何一个人有所行动的可能性越低。围观不公不义事件的情况经常是，大家都只是在心里愤怒，但没有人会作声。这样的围观发出的啧啧之声起到的是社会安全阀的作用。但应该看到，造成这些沉默围观的并不是互联网本身，而是另有社会和文化环境的原因。

互联网上的文字是短命的，也是长命的。互联网本身没有记忆，但却能承载和传递人的记忆。不是所有的文字都能够或值得传播和保存的，但值得传播和保存的文字在互联网时代比纸媒时代有更好的传播和保存机会。文字信息不需要只是保留在互联网上，网控已经教会人们，如果你读到有意思的文字，第一件事就是赶紧下载，保存在你的私人电脑上。电脑专家杰夫·罗森伯格（Jeff Rothenberg）开玩笑说，"电子文本永远存在——或者只是五年，要看哪个先到"。[1] 所有的网页中，70% 只有不到四个月的寿命。[2] 电脑的硬件和软件都在快速更换，曾经储存在 5¼ 英寸软盘上的文字也许再也无法在今天的电脑上找回了。

然而，这些都不是问题。文件复原的技术同样也在更新和发展，只不过是需要一些新的部件或设备而已。与焚书所造成的永久性毁灭相比，这又算得了什么？启蒙运动时期，伏尔泰在讽刺小册子《关于阅读的可怕危险》（*De l'horrible danger de la lecture*, 1765）中呼吁用书本"驱除愚昧，因为完美的思想警察国家是依靠愚昧来维持和守护的"。[3] 今

---

[1] Roy Rozensweig, "Scarcity or Abundance? Preserving the Past in a Digital Era", in Thomas Augst and Kenneth Carpenter (eds.), *Institutions of Reading: The Social Life of Libraries in the United States*. Amherst, MA: Massachusetts University Press, 2007, p. 315.

[2] Emmanuel Hoog, "Internet a-t-il une mémoire?" *Le Monde*, 17 août 2002.

[3] Quoted in Alberto Manguel, *A History of Reading*. New York: Viking, 1996, p. 283.

天，互联网上的许多文字——长的、短的、自己写的、转贴别人的、原创的、跟进的——正在加入伏尔泰所说的那些书本里来。互联网时代的写作比纸媒时代的更生动，更有力地在证明，专制所期盼的那种完美思想控制是无法实现的，因为在驱除愚昧与制造愚昧的竞争中，历史前进是站在驱除愚昧这一边的。

第 2 章　学习阅读由浅入深

对一个大学生和研究生来说,他的思考、判断和以此为根基的综合学习,乃至学术能力,可以说全都决定于他的深层阅读能力。数码时代为学生们提供了海量的方便信息,但信息不等于知识,更不等于智识和智慧;获取信息所需要的那种阅读也不等于以深入思考和判断为基本特征的深层阅读。那么,什么是深层阅读呢?

"深层阅读"是相对于"浅层阅读"或"表层阅读"而言的,无论是深、浅,还是深入或表面,都是比喻的说法,而不是对某种阅读本身的定义,也不是对其具体内容和方式的说明。在美国,深层阅读最常见的说法是"批判性思考"(critical thinking),培养和要求批判性思考是大学生教育的一项主要具体内容。所有具有批判性意义的思维、能力、思考方式,都不是抽象的要求,都需要有具体的场景训练。教师们会在他们的具体课程要求中明确提出这一项要求。批判性思维包括思维过程中洞察、分析和评估的过程。它包括为了得到确定的判断而必须进行的,或显或隐的思维反应过程。在美国大学教育中,这是人文教育(liberal education)课程的直接教育目标,即课程(curriculum)要求。对于通识教育(general education)的课程来说,是与专业内容并重的"教育课程"(educational curriculum)要求。前者直接落实在具体的课程内容上,而后者则是一个整体性的长远教育目标。

一 纸上阅读与屏幕阅读

我经常给学生开一门19世纪至20世纪早期的英国文学课,阅读的文本从华兹华斯、柯勒律治、叶芝的诗作到《弗兰肯斯坦》《伟大前程》《去印度之路》这样的小说,都可以在网上阅读或方便地找到电子书。这是数码时代的学习便利。但是,开学头一天,我就会要求学生,不要在笔记本电脑或电子阅读器上阅读这些文本,阅读和课堂讨论都需要用实体书。

网络时代的电子阅读,其利弊得失早已存在不少争论,我对学生提出读书不读屏的要求,不是关乎一般的书籍,而是关乎那些值得"深度阅读"的文本;不是他们单凭个人兴趣的阅读,而是修课和学习的阅读。这是教授和学生一起在课堂上所做的那种研修阅读。

2016年去世的意大利小说家、符号学家翁贝托·艾柯(Umberto Eco)曾于2003年11月1日做客埃及亚历山大图书馆,发表了题为"书的未来"的演讲。他说,"书是那种一旦发明,便无须再做改进的工具,因为它已臻完善,就像锤子、刀子、勺子或剪子一样"。他还说,"在互联网的时代,我们又回到了字母。计算机让我们返回古登堡星系(Gutenberg's galaxy)。从此,每个人都必须阅读。为了阅读,你需要一个媒介"。[1] 他说的主要是一般的文字阅读,屏幕是它的新媒介。古登堡

---

[1] 翁贝托·艾柯《书的未来》,康慨译,http://www.360doc.com/content/09/0204/11/31873_2455167.shtml。

一直被当作第一位发明活字印刷术的欧洲人,"古登堡星系"成为文字阅读的代名词,它的对立面是图像阅读,不是浅层的文字阅读。

互联网开拓了一个几乎人人都可以参与其中的阅读时代,但屏幕上的阅读基本上都是浏览型的信息获取——粗粗泛读、浅尝辄止。在联网的笔记本或平板电脑上阅读文学,对学生们来说,经常是一种受其他信息干扰的阅读,极难做到全神贯注、细思慢想,不可能有纸上文本的那种深度阅读效果。当然,纸上阅读也有分心打岔、有眼无心的。但是,纸上阅读有帮助读者专注的辅助手段,如在书页上画线、圈点、写心得或做笔记。

专注的阅读不仅是获取信息和知识,也是学习如何细致辨析和深入思考。培养这种思考习惯和能力,这本身就是一种对每个人都有意义的素质教育和人生历练。人类寻找并得益于深度经验,正如美国作家鲍尔斯(William Powers)在《哈姆雷特的黑莓》一书中所说,无深度则不能扎根,"深度让我们能扎根于这世界,让生命有质量和完整,丰富我们的工作、与他人的关系,以及我们所做的每一件事情"。[1] 在信息令人应接不暇,无法集中心思的环境中读屏,难以觅得这样的深度阅读。而如果只是满足于屏幕上的浅层阅读,那么,久而久之,人会变得精神涣散,无论读什么都是走马看花,自己没有深入、明确的想法,凡事便只能是道听途说、人云亦云。

艾柯预言,书籍不会因为电子时代的到来而消亡。其实,我们今天担忧的也许并不是书籍会不会因为电子时代的到来而消亡,而是,电子时代会不会使得越来越多的人因为习惯于浏览、消遣或获取简单

---

[1] William Powers, *Hamlet's Blackberry: A Practical Philosophy for Building a Good Life in the Digital Age*. New York: Harper, 2010.

信息的网上浅层阅读，而丧失深层阅读及其所需要的那种批判性思考的意愿和能力。尼尔·波兹曼在《娱乐至死》一书中忧虑图像时代会减弱人们的阅读兴趣和能力，也是出于类似的考量。

艾柯虽然说的是一般的"书"，却把"读书"的要旨确定为人的思考能力。他说，"今后书籍仍然会是人类必不可少的东西，不仅是对文学如此，而且对任何需要仔细进行的阅读都是如此。这样的阅读并非只是为了获取信息，而更是为了思索和思考"。正是因为出现了屏幕阅读，书籍阅读才更前所未有地需要专门发挥"仔细"和"深度"的功能。在这个意义上说，读屏和读书是两件可以共存，无须用一个来代替另一个的事情，读屏可以在相当程度上把读书从一般的获取信息和娱乐消遣那里解放出来，让读书成为一件特别与深入思考相关的事情。

法国思想家和媒介学家雷吉斯·德布雷（Régis Debray）提出，新媒介（medium）的出现并不会"杀死"旧媒介，而是可能帮助旧媒介回归一种更具特质的新功能。19 世纪，达盖尔（Louis-Jacques-Mandé Daguerre）发明了达盖尔摄影法。如果没有达盖尔，那么便不可能有印象派的绘画艺术。有了摄影，画家便无须再觉得，他们有责任按人们习惯的真实感来作画。摄影也使得人们不再需要依靠平庸的肖像画技留下他们的容貌，让他们可以用家庭相册代替沉重的祖先画像。但是，摄影并没有杀死肖像画，它让肖像画可以更专注地成为一种艺术。与此同时，肖像画也成为人们对杰出和重要人物的致敬方式，画像上的人因此更具有某种尊贵和不凡的身份。

在数码时代，电子文字或许也可以让纸质书籍的深层阅读与一些传统的浅层读物之间形成更为明确的区别和分工。可以使得书籍回归到一种更具特质的重要功能——深度阅读。浅层作品和浅层读物属于大众文化，有其自身的存在理由，包括消遣、娱乐、旅游、烹调、言情感慨、安抚心灵的人生感言或励志箴言。但深层的读物不同,即使不一定是经典的传世之作或"伟大著作",它们也是文学、历史、哲学、政治和社会学、思想类的重要著作。这样的书籍比大众读物更加需要有实质的内容、长远的眼光、敏锐的问题意识和独到的见解。这样的书籍不仅需要深度的写作,而且也更值得深度阅读。

二　深度阅读离不开书籍

就深度阅读而言,读书优于读屏。在数码时代,读屏不能代替读书,阅读重要著作、较长或有难度的文本,阅读需要深入理解和思考的读物,都应该以读书为优先选择。当然,如果得不到书籍,那么屏上阅读也比不阅读为佳。从现有的心理学和认知神经学研究成果来看,可以从三个方面说明纸上阅读优于屏幕阅读。这三个方面分别是:一、视觉生理因素;二、阅读认知;三、学习的知识机制。

1. 读书和读屏的生理差别

读书优于读屏的第一个原因是视觉疲劳。无论是在纸上,还是在阅读器(如平板)或电脑屏幕上阅读,都需要用眼。阅读时眼力专注,必然会减少眨眼的次数,这就会增加眼球上泪水的蒸发,也就是所谓的"干眼"(dry eye)。干眼会引起疲劳、头部不适、视力模糊、对光亮敏感等症状。科学实验发现,眼睛不舒服会影响学习的能力和效果。阅读时间越长,阅读物难度越大,这种影响就越明显。现有的研究发现,一般而言,读屏造成的眼疲劳程度超过读书,对需要高度集中注意力的深层阅读来说更是如此。专注的阅读(如研读)比浏览更需要眼力注视,所以更容易使阅读者觉得"累"。网上文章三五千字就觉得很长,但纸质读物要到近万字才有长的感觉。[1]

以长远的眼光来看,生理疲劳也许不是读书优于读屏最重要的理由。这是因为,科技的发展很可能进一步减小纸上阅读和屏幕阅读在这方面的差距。但是,电子书正在努力朝越来越"像书"的方向发展,便会产生这样的问题:电子书为什么要像书呢——这本身不就显示了读书相对于读屏的优势吗?既然如此,为什么不能让书籍发挥书籍的作用,而让电子读物另外发挥书籍不能或不便发挥的作用呢?电子读物可以取代百科全书、手册、条例或使用说明,可以运用于新闻报道、旅游、烹调、儿童读物,但是否也就能取代"重要著作"的书籍呢?

2. 读书和读屏的阅读认知差别

读书优于读屏的第二个理由与阅读认知有关,这涉及阅读时人脑的功能特征。对人脑的认知神经学研究发现,人类天生并不会阅读,人的大脑里至今并没有专司阅读的基因组。美国认知精神学家玛丽安娜·沃尔夫(Maryanne Wolf)在《普鲁斯特与乌贼》(*Proust and the Squid*)一书中指出,人的大脑里"没有特定的基因组直接负责阅读功能"。[2] 人类经历 2000 年之久,才实现了认知能力的突破,学会阅读字母表,而现在的儿童只需大约 2000 天就学会了同样的知识。一个为学习阅

---

[1] E. Conlon and M. Sanders, "The Reading Rate and Comprehension of Adults with Impaired Reading Skills or Visual Discomfort", *Journal of Research in Reading* 34:2 (2011): 205-209.

[2] 玛丽安娜·沃尔夫:《普鲁斯特与乌贼》,王惟芬、杨仕音译,中国人民大学出版社,2012年,第20页。

读而不断进行"重组"的大脑——她称之为"阅读脑"——是每个人必须在学习过程中自行发展的一种智能。每个人的大脑需要在负责视觉、语言、辨别物体等基因组之间建立连接,才能学习阅读这项新的技能。每一代的每一个儿童都需要重复这样的发展过程。有经验的、成熟的阅读者可以帮助初学者完成这个过程,逐渐成为成熟的阅读者,但无法代替他完成这个过程。从认知神经学的科学角度研究阅读脑,提出的根本性问题是应该如何培养下一代人"深入阅读"的能力和素质。

阅读时,人脑把已有的大脑功能调动起来,加以协调,用来处理字母或字词的信息,短期储存在记忆中,以便维持一定时段间的思考。对于阅读中的大脑来说,越是有助于调动和协调已有的大脑功能,阅读理解的效果就越好。读书之所以优于读屏,是因为读书更能调动和协调人脑的阅读功能,因此更有利于与"理解"有关的深层阅读。

例如,对人脑来说,书写的字词是有形的辨认对象,而由字词组合而成的文本则构成了某种"思想景观"(thought-landscape)。在这片景观中,与特定字词相联系的"意义"或"意思"(meaning)会占据着某个或某些特定的地方。阅读的时候,我们想到某个意思,经常会同时想到大概在书里什么方位见到过某个或某些字词,也能大致找回某种印象中的"地方"——在书页的某个方位,在书的开篇处、中间部位或其他什么地方。在阅读思考时,为了把这个意思回想得更清楚,我们也会翻书去寻找大致记得的那些地方。这种追溯性的寻找(把书翻来翻去),类似于在树林里或一个陌生地方寻找熟悉的标记,以弄清楚自己到底是在什么地方。研究者们称此为"梭巡""巡航"(navigation),指的是为了导航而找出一个方向来。对专注的阅读来说,这个方向就是阅读在思考中想要确定的意思。网上阅读或电子书阅读都很难借助这种梭巡的机能,当然,也很少以这样的思考或思索为阅读的目的。

为了证明阅读中这种实体感的"梭巡"作用,心理学家安娜·曼艮(Anne Mangen)设计了一个阅读实验,它需要阅读者在阅读过程中运用先前读到的部分。文本共四页,测试用的是理解性的问题。参加测试的学生中,有一半在没有页码的PDF文档上阅读,另一半在纸页上阅读。结果发现,纸上阅读的学生们获得的理解成绩要好得多。曼艮推测,阅读理解与在头脑里重构文本之间存在着某些联系,"纸页上的文本是固定的,这有助于文本的空间构建,让读者有明确和固定的提示,形成文本记忆和记忆唤回"。[1]

除了能够帮助形成文本记忆和唤回记忆,读书比读屏对阅读较少有分心和打岔的不利影响。网上的文本链接(hyperlinked text)被认为是一种有用的学习工具,但是,对深层阅读来说,文本链接有不可忽视的负面作用。研究者发现,阅读中每次遇到一个链接,都需要阅读者做出是否要打开的决定,这就增加了阅读者的认知负担。对阅读的大脑来说,每一个链接都是一个阅读内容本身之外的额外负担。如果打开链接,读者的注意力便会转换方向,可能难以与先前的思维连接起来。就算阅读者决定不打开链接,链接部分的颜色也会对阅读造成分心。神经学家乔尔·品特(Joel Pynte)在研究错字对眼球活动的作用时发现,任何在眼副中央凹预视(Parafoveal)区内的文本都会吸引目光,在目光扫视时造成信息中断,因而影响阅读速度和注意力,形成认知

---

[1] A. Mangen, B. R. Walgermo and K. Brønnick, "Reading Linear Texts on Paper Versus Computer Screen: Effects on Reading Comprehension", *International Journal of Education Research* 58 (2012): 61–68.

干扰（cognitive distraction）。[1]

还有研究者发现，在屏读和纸读的理解程度相同或相似的条件下，屏读是记住内容，而纸读则是理解内容。人们经常误以为记住就等于理解。然而，心理学研究发现，这二者在认知上有很大差异。你可以记住一个概念，但不理解它（死记硬背或一知半解的"记得"即属此类）。然而，只有理解了一个概念，才能对短期记得的东西形成长期记忆，也才能灵活地加以运用。这时候你才可以说"懂了""理解了"或"明白了"。死记硬背的"知识"只是一个短期记忆，对理解有难度的读物并无用处。这种情况在外语系学生中尤其普遍。他们习惯于生硬强记，把这当作一种本领，以此衡量学习的能力或确定学习的目标。他们也进行阅读，但经常只是文字的被动接受者，文字的障碍使他们经常似懂非懂，一知半解，即使理解了文字，也很少有思考型阅读的。这是一种因长期不得不死记硬背而不幸罹患的知识疾病。

3. 读书和读屏学习的知识机制差别

屏读和纸读的差别不仅表现在阅读认知上，而且还表现在更高层次的学习知识机制上。不少研究者发现，屏读不适宜于较长的学术或严肃文本，如果单就读屏而言，那么，平板电子阅读器要优于电脑荧屏。有研究者发现，许多人就算用平板电子阅读器阅读，也很难有阅读书籍的那种热情或投入，原因是读屏会让阅读者有"触觉失调"（haptic dissonance）的问题。所谓"触觉失调"也就是手感不好。平板阅读器

---

[1] J. Pynte, A. Kennedy and S. Ducrot, "The Influence of Parafoveal Typographical Errors on Eye Movements in Reading", *European Journal of Cognitive Psychology16*: 1–2 （2014）: 178-203.

模仿书籍，却没有书籍的样子、感觉和特性，给人以疏远、不真实和不舒服的感觉。有研究调查发现，平板阅读器的使用者中，有83%表示强烈偏好阅读纸质书籍。平板阅读器与书籍，如果内容一样，看上去只是阅读媒介的不同，但实际情况是，不同的媒介物理特性会有不同的认知价值。如果一种阅读媒介给人不舒服、不自然、不亲近的感觉，那么它会影响阅读热情和效果。这一区别对于深层阅读的不利影响要远超于一般的浏览和消遣阅读，对阅读较长、难度较大的读物则更是如此。[1]

以色列心理学家拉克菲特·阿克曼（Rakefet Ackerman）于2010年对一些大学生做了一个主动学习的测试。她选了五篇较难阅读的说理文，每篇1200字，分成电子文本和纸质文本两个阅读组。她要求所有参加测试的学生都在阅读时做各种阅读记号——画线、亮色、页边笔记等。电子文本阅读用的是电子文字处理工具，而纸上阅读则用笔和荧光笔。在规定阅读时间的情况下，这两组学生对理解问题的回答准确度几乎一样（62%）。但是，在学生需要用多少时间就允许他们用多少时间的情况下，纸读的学生成绩却高出另一组10%。在让学生估计自己错误的时候，测试结果也出现了差异。纸质读者的错误估计在4%之内，而读屏者则平均为10%。这似乎说明，读屏者对自己理解准确度的估计不如纸质读者。这个发现对深层阅读非常重要，因为深层阅读的一个基本要求就是能尽量准确地评估阅读的结果，发现并确定其中是否有误。[2]

---

[1] J. Gerlach and P. Buxman, "Investigating the Acceptance of Electronic Books: The Impact of Haptic Dissonance on Innovation Adoption", *ECIS 2011 Proceedings*, Paper 141, para. 5.

[2] R. Ackerman and M. Goldsmith, "Metacognitive Regulation of Text Learning: On Screen Versus on Paper", *Journal of Experimental Psychology: Applied* 17:1（2011）.

大多数认真对待学习的学生都有这样的经验：在阅读来自网上的有难度的教材时，会觉得需要打印出来，然后一面阅读，一面做笔记。这样的经验也能说明纸读与屏读的不同。有研究发现，在对待同样的读物时，纸读者比屏读者更愿意在文本上做记号或做笔记。屏读和纸读的心理感觉也不一样，阅读者会觉得纸上的文本更为严肃、重要、值得仔细研读并对之有所思考，而网上的材料则供快速浏览，主要是为了轻松消遣或快速获得信息，看过算数，不值得回头再去细读。

就是在阅读者知道读物重要性的情况下，纸读和屏读的差异性也能表现出来。2013年，阅读心理学家莎拉·玛格琳（Sara J. Margolin）做了一个阅读理解的测试。她让参加测试者阅读几篇500字的记叙文和说理文，参加测试者分为三组，分别用纸、数码阅读器和LCD电脑阅读。理解测验结束后，参试者报告自己在阅读中用了什么学习方法。从测试结果来看，用电子阅读器的说理理解最差（100分中低了4分），这个差距看上去也许并不大。但是，重要的差别在于，用电子阅读器的读者比较不愿意回到前面去复查阅读结果。这就可能影响他们的理解准确性，因为复查一下的话，他们本来是有可能纠正理解中的错误的。[1]

记笔记是一种帮助阅读理解的有效认知手段。纸读有利于笔记，纸读者手里拿一支笔，比屏读者更容易，也更乐于在阅读中做笔记。而且，纸读者和屏读者做笔记的方式也不相同。纸读者用手写，比屏读者更愿意或倾向于用自己的话来简述或改述阅读的文字，这有利于消化和记忆学习的内容。消化和吸收的学习正是深层阅读的一个主要认知目标。用手书写有助于抽象思维，也有助于更准确地与他人交

---

[1] S. J. Margolin, et al., "E-readers, Computer Screens, or Paper: Does Reading Comprehension Change across Media Platforms？" *Wiley Online Library*, 2013.

流。许多人都有这样的经验,在写东西的时候,不同写作目的会影响不同的书写意愿,例如,我们写便条或私人信件,直接在键盘上敲打便可,但若要写论文,则更愿意在纸上书写,因为这样写作更有利于思索和推敲。

这与电子屏幕上适宜浅层阅读,而纸上则更适宜于深层阅读的区别是一致的。了解和认识书籍和其他纸媒文字在深层阅读上的优势,这对青年学生来说尤其重要。他们的阅读应该不只是为了获取现成的知识信息,更不只是满足于电子阅读的那种即兴浏览和浅尝辄止。他们正处于最需要用阅读书籍来增强思考能力的年龄,因此不能只是为了阅读而阅读,而是应该知道为什么阅读,阅读什么,通过阅读能培养怎样的智识素质和公民能力,而为了培养这样的素质和能力,又该如何进行阅读。为此,也就尤其需要重视和强调那种能培养独立思考能力和价值判断的批判性深层阅读。阅读能改变人的生活,然而,阅读改变人生活的程度和性质又主要取决于我们所读的书籍和我们阅读的方式。

三　阅读的五个进阶

美国认知神经学家玛丽安娜·沃尔夫在《普鲁斯特与乌贼》一书里把阅读分为五个阶段,从幼儿开始到具有成熟阅读能力的成人,分别是萌芽级、初级、解码级、流畅级、熟练级。萌芽级和初级阅读都是儿童的阅读(儿童对此有学习障碍被称为"失读症")。沃尔夫指出,儿童经过这两个最初的阅读进阶,然后学会解码级阅读,但解码级阅读者"还很稚嫩,才刚开始学习如何运用他们的语言知识与厘清文本的推理能力"。因此,还需要向更高阶段的阅读提升,而要提升的就是深层阅读。

1. 两种高阶段的阅读

从解码级阅读开始,可以向两种高阶段的阅读转变。第一个是向流畅级阅读发展和转化,关键在于"理解"程度的加深。沃尔夫指出:"解码并不意味着理解。即便一名阅读者理解内容里的许多事实,但是这一阶段的目标更为深远:增进理解字词各类用法的应用能力,如反讽、语态、隐喻与观点表达,这些都已经超越了对字面意思的理解。随着阅读的需要不断增加,好的阅读者发展出的比喻与反讽等语言知识,会帮助他们在文本中发现新的意义,促使他们超越文字本身来理解。"流畅阅读的学习可以从初中开始,经过高中,直到大学低年级。[1]

另一个高级的阅读阶段是熟练级阅读(expert reading,又可称"专家级阅读"),这是一种包含批判性思考的阅读。专家级阅读指的不是"专家"的阅读,而是成熟、老练、成人的阅读。深层阅读所需要的批判思考是独立、精细和成熟思维的体现。深层阅读是一种批判思考能力的训练,也是批判思考作用于阅读的结果。沃尔夫指出,"熟练级阅读改变成人生活的程度,主要取决于我们所读的书籍,以及我们阅读的方法","熟练级阅读是在这之前的阅读进阶基础上发展起来的,这种能力的开发与培养需要许多年时间"。[2]

《普鲁斯特与乌贼》这个书名,要理解它是什么意思,就得具有流

---

[1] 玛丽安娜·沃尔夫:《普鲁斯特与乌贼》,第 126、131 页。
[2] 玛丽安娜·沃尔夫:《普鲁斯特与乌贼》,第 148 页。译文有改动。

畅阅读的能力，因为运用了隐喻的手法，单在字面意思的解码层次上阅读是无法了解其真义的。解码阅读层面上的"普鲁斯特"是一位著名的法国作家，而"乌贼"则是一种鱼。一个作家和一种鱼放在一起，要表达的是什么意思呢？

原来，沃尔夫以小说家马塞尔·普鲁斯特为例，用这位备受世人推崇的作家与相对非常低等和简单的乌贼做对照，是为了从"心智"和"生物基因"这两个不同的角度来探索阅读。一方面，"普鲁斯特将阅读看做智力的'圣殿'，在那里，人们可以接触到众多永远不能亲临或者不能理解的'另一种现实'，这些'另一种现实'的好处是不需要读者离开舒服的躺椅，就可以感受到每一个新体验，以及由新体验带来的心智的提升"。另一方面，"早在20世纪50年代，科学家们就开始利用中央神经轴突较长、害羞又狡猾的乌贼，来探究神经元之间是如何激活和传递信号的，以及在某些情况下，当神经元出错时，大脑如何进行修复和补偿"。[1]

当代的认知神经科学家研究大脑中各种心智（或称认知）过程的运作方式，其中阅读极具典型性。阅读是一种文化产物，需要从大脑已存在的结构中发展出新元素。阅读时大脑如何工作，出现问题时大脑如何聪明地调整，这些都类似于早期神经科学对乌贼的研究。认知神经科学家发现，人类的阅读能力是在长期演化的过程中形成的，而儿童学习这种能力也需要好几年的时间。

在这之后，他们还需要花相当长的时间学习阅读，在一步步提高的阅读进程中"重组"大脑。由于没有特定的"基因或生物构造"直接负责阅读功能，人的大脑还需要在原有结构间建立新的连接，发展

---

[1] 玛丽安娜·沃尔夫：《普鲁斯特与乌贼》，第7—8页。

高级阅读所需要的新技能。深层阅读是每一个人都必须在出生之后，通过教育和自己的努力才能学习获得的能力。从认知神经学来说，深度阅读需要学习者在"阅读通路"中增加更为复杂的认知特点，对推理、类比、分析、综合、情绪反应和发明创造等思考能力产生影响。沃尔夫称这些后加入的部分为"熟练级阅读脑"的深入阅读特征。

在数码时代的今天，沃尔夫提出了一个紧迫而现实的问题，现在的年轻人还有时间来开发像推理、批判性分析思维这样的'深入阅读'能力吗？"每种文化中最重要的问题不是我们阅读的内容，而是孩子们如何学会阅读和思考。他们会在阅读时深入思考吗，比如推断含义、推导事实、对已有的知识施加影响，最终超越书本，产生新的想法？"[1]

这个问题之所以重要，是因为它关乎我们每一个人的思考能力能否成熟起来，是否能够摆脱外力，尤其是政治宣传的欺骗、控制和摆布。人们是在学会成熟阅读之后，才能认识深度阅读的重要性的。这就像柏拉图的"洞穴故事"，在洞穴里的人是不知道洞穴黑暗的，只有走出洞穴，方能知道光明的存在。同样，成熟的阅读是一种人生的觉醒，它不仅改变人天生的思维方式，而且也开启了人的智识发展进程。它让人有可能在批判性思考和自我反思的进程中不断进步，永不止步，而永无止境的智识进步则是人类提升生活价值和生命意义所必需的。

在数码时代，认识人脑在深度阅读中的发展和变化，让尽量多的人拥有经过优化训练的阅读脑，这是一个兼具教育和社会意义的好生活目标，它具有前所未有的重要性。这是因为，数码技术和网络信息正在以前所未有的力量让许多年轻人在还没有发育出"阅读脑"之前，便先已经有了"数码阅读脑"。对此，沃尔夫指出："明白了目前阅读

---

[1] 玛丽安娜·沃尔夫：《普鲁斯特与乌贼》，第 vii 页。

脑所具有的巨大的知识方面的变化能力之后，我们就会领悟到，不加深思地转化为数字阅读脑会使我们失去什么。这本书的目的是使我们深入思考一些问题，比如我们希望成为什么样的阅读者，我们希望自己的孩子拥有怎样的脑发育过程，以使他们在面对数字媒体的大量信息时，能发挥作为阅读者、思考者和学习者的最大潜能。"[1]

人的阅读才能在还没有得到发展之前就遭到了窒息，这是许多有识人士为之感到忧虑的问题。例如，美国著名作家威廉·鲍尔斯（William Powers）在《哈姆雷特的黑莓》一书中就提醒道，在数码时代，我们正失去生活的深度：思想的深度、情感的深度、人际关系的深度以及工作的深度。鲍尔斯认为，失去深度的时代是一个"极端数码主义"的可悲时代。我们自以为能控制微博、MSN、手机，却没想到很多人被这些数码产品所控制。[2] 从表面上看，数码时代让每个人的心灵都获得了更多的自由空间和无限量的信息，然而，过多的自由空间却让人们迷失了生活的方向，而无限量的信息会让人无法集中精神去关注最有价值的信息。一个能演奏优美乐曲的钢琴师，他能掌控的不过是88个琴键。数码时代的海量信息就像把一架拥有数不清琴键的钢琴放在演奏家面前，只有无知、傲慢的演奏者才会毫不惶恐、毫不犹豫地将此视为施展自己辉煌才华的良机。

2. 深度阅读与批判性思考

在数码时代，许多人因为习惯于浅层阅读或者只能做浅层阅读，

---

[1] 玛丽安娜·沃尔夫：《普鲁斯特与乌贼》，第 vi 页。

[2] William Powers, *Hamlet's Blackberry: A Practical Philosophy for Building a Good Life in the Digital Age*. New York: Harper, 2010.

他们的认知能力发展受到严重的阻碍。这种作用在刚开始学习阅读的学童身上就已经开始显现了,这对整个社会来说可能是一种未来国民思考能力和国民整体文化的危机。许多网络读者集中注意力的能力也在发生变化,他们适应了简短的、文字配上图像的数字阅读,很难有耐心来广泛阅读和学习需要抽象和概念思维的书籍。数字媒体的快速变化使阅读者注意力在尚未集中之前,即已先行转移,对年幼读者更是如此。他们持续注意的能力本身还处在发育阶段。屏幕上出现的每一个新的刺激都太有吸引力了,没法不去注意。他们阅读时的注意力会跟着快速转移。儿童的注意力本来就不易集中,数字世界放大了这种内在的倾向。

这种注意力不能集中的现象正在从幼童向少年和青年人群扩展。沃尔夫指出,数码时代不得不面对的问题是,"年轻的阅读者会面对网络中铺天盖地的信息,这些信息会占用他们有限的注意广度。这样的年轻阅读者在阅读书本时,在需要非常深入地理解所阅读的内容时,会完全专注吗?或者说,我们是不是在无意中创造了只有'连续的部分注意力'的年轻人,他们集中注意力和深入到书本表层意义之下的能力的发展方式,再也不会与我们老一辈相同?尤其需要注意的是,苏格拉底曾担心,貌似会永久存在的书本会让年轻人在开始阅读前就以为自己知道书本内容的精髓了"。[1]

在开始深层阅读前或在初步阅读之后,就以为自己知道阅读文本的内容,这是一种解码式的表层阅读。在今天的数码信息时代,这种解码式的表层阅读可以方便地从网络上获取未加甄别的信息,成为沃尔夫所说的那种典型的"数码阅读脑"。批判性思考的深层阅读("阅

---

[1] 玛丽安娜·沃尔夫:《普鲁斯特与乌贼》,第 vi 页。

读脑")与各种各样的浅层或被动阅读有着不同的目的和方式,明了这两者之间的差异对于我们抵御各种形式的思想控制有着重要的现实意义,也让我们从一个新的角度认识到,为什么以前的一些"学文化"实际上是思想奴役而非思想解放的工具。

正因为如此,呼吁和强调学校教育应该重视发展学生的深层阅读,有着很迫切的现实意义。深层阅读与批判性思考是相辅相成的,它的特质在于对想法与信念做细致的分析与评判,借由拒绝不恰当的想法,让我们更加接近真理与真相——发现或接近真理与真相是批判思考的目标,因此,批判思考与欺骗、愚弄、宣传洗脑、轻信、迷信、盲目崇拜、奴性服从是根本对立的,这也是批判性思考的社会和政治意义所在。在民主法治的社会里,批判性思考是公民必须具备的根本素质。在课堂里,或在社会中,批判性思考的主要目的都在于尽可能求得最理性、客观的判断;另一方面,也帮助人们建立严谨而扎实的推理结构,更容易令他人理解与认同。这是任何一个自由、平等社会中公共交流的根本要求。

在中国,大学教育提倡"批判性思考"有来自不同方面的阻力。一方面,它有观念上的阻力,因为它的自由、独立批判思考不符合一些现有的思想教育教条和禁锢。另一方面,它有实践上的限制,因为中国式的教育大多靠知识灌输,缺乏有效批判性思考教育所需要的体制性传统和资源,包括教师和教材。而且,无论是在高校内还是社会上,由于过去"文革"或其他"大批判"的经验,许多人误以为批判性思考就是攻击和声讨他人,纯粹是负面性思考,不仅缺乏建设性,而且经常是粗鲁无礼、故意挑刺、不怀好意、狂妄自大的。这样的先入之见增加了教育工作者为批判性思考"正名"的困难程度。

要为批判性思考正名,就必须强调,批判性思考的目的不是挑错、抹黑或声讨，而是培养人的自由和独立智识能力。批判思考的智识教育与单纯的知识灌输之间，是授人以渔和授人以鱼的区别。批判思考要给学生的不是现成的知识，而是核查知识可靠性和真实性的能力和方法。这样的智识能力，就其"智识"目标而言，是求真实而拒绝虚假，开放思想而不封闭保守，分析辨别而不简单笼统，全面而不偏执，自信而不盲从，好学而不僵化，审慎而不武断；就其"能力"而言，包括解释、分析、评估、推论、说明、证明和自我审视。它的训练途径和学习成效都与深层阅读有所关联。

从深层阅读与批判性思考的关系来看，深层阅读就是超越字面意义的阅读，不要读到什么就信以为真，不要浅尝辄止、囫囵吞枣，更不要人云亦云、随声附和。深层阅读是可以通过由浅入深的具体教育课程来培养的，例如，美国中学英文课上的阅读和写作有"分析性思考"的内容，进大学必须参加SAT考试，其语言部分的"分析性思考"比"词汇"更加重要。以此为基础，大学里设置了"说服和辩论"（也就是公共说理）的人文教育课程，要求学生通过学习仔细阅读和批判思考识别说理谬误和欺骗宣传。说理的谬误和欺骗误导都是藏在文字的表层下面的，不深入发现便就无法察觉，而无法察觉就容易被它误导或蒙骗。

深层阅读不只关乎学生的知识和认知能力，而且更关乎国民担负公民责任和行使公民权利的能力。对一个学生来说，他的思考、判断和以此为根基的综合学习，乃至学术能力，可以说都决定于他的深层阅读能力。对一个公民来说，他是否能有效地运用自己的知情权，把握事情的真相，也在很大程度上取决于他的深度阅读能力。联合国前秘书长科菲·安南说："知识就是力量，信息就是解放。……对每一个社会和每一个家庭都是这样。"然而，重要的不仅仅是获取现成的信息，而是对所有的社会和政治信息有所深层的思考、分析和判断。只有经过这样甄别的信息,才有可能成为一种力量和一种解放。

四　深浅有别的阅读

阅读的五个等级,萌芽级、初级、解码级、流畅级、熟练级,我们不妨举一个例子来说明它们之间的区别。"萌芽级"和"初级"是儿童在小学二、三年级以前学习的技能,例如认字、知道字的意思、拼读出一个单词并大致知道是指什么、读一个句子明白它的语义(有别于"喻意")。这是小学低年级课本的内容。解码级是在这个基础上发展出来的。

例如,幼儿虽能背诵骆宾王的诗"鹅鹅鹅……",甚至认得里面的每一个字,却不懂这首诗的意思。这是因为书面语并不只是把口语的"声音"写下来(在拼音文字中,也不只是拼写出来),明白这首诗的意思,需要对之进行文字解码,也就是明白它的意思。读者可以在不同程度上"明白"(know)文本的意思,不同的文本对"明白"的要求是不同的。通俗小说与哲理小说对读者就有不同的"明白"要求。骆宾王的这首诗之所以适合幼儿,是因为浅层阅读即可,无须深读。

相比之下,孔子说的"岁寒,然后知松柏之后凋也"就有所不同。"初级"阅读能认得其中的每一个字,但需要"解码"才知道这句话的意思:一年中寒冷的季节,才知道松树、柏树比别的树凋谢得迟。这里有一个问题,"后凋也"的"后"是什么意思,是"之后"的意思吗?李泽厚先生的语译是:寒冷的冬天,才知道松树柏树不凋谢。他在《论语新读》中说:"'后'应训解为'不',古人用'后'代'不',措辞婉约也。"可以这么理解吗?这就已经不只是"解码",而且也是"流畅"

阅读的解释和理解问题了。可见，解码级、流畅级是衔接的，有的部分是重叠的。

李先生把"后"解作"不"，而且说出了古人如何如何的根据。实际上，李先生的说法是由于他把经文里的"松柏"理解成了"有韧性精神的意志崇高"，更是由于他认为既然是"有韧性精神的意志崇高"，就应该是永远不凋谢，结果，"后凋"自然而然地转成了"不凋谢"。否则，不管是什么样的后凋，那都是凋谢。李先生的理解是一种解读，与任何解读一样，并不是绝对的。别人可以提出不同的解读。

如何将自己的流畅阅读与别人交流，理解别人不同的流畅阅读结果（解意），知道不同"解意"的不同与同，这就需要更高一层的"熟练"阅读了。例如，尽管对孔子这句话可以做出不同的解意，但不同解读背后一定会有相同的部分，认识到不同中的同，没有理解是不可能的。这种理解具体包含什么内容呢？至少有三点。第一，孔子不是植物学家，他不是在讨论树，兴趣并不在树。他是借谈树在谈别的事情或道理。这叫"比喻"。第二，松柏不是普通的树，不是自然的树，而是被特定的文化赋予了正面价值的"好树"（和兰、梅、竹一样，松树并不是在所有的文化中都拥有特殊的象征意义）。第三，自然界的"好树"比喻的是人际社会里的"好品质"（并不是所有的文化都用植物来比喻人的品格）。

熟练阅读能够看到文字的文化意义，并能知晓"流畅级"阅读中可能出现的不同理解以及它们的内在联系，这些都与文字包含的暧昧和不确定有关。在文学研究中，这被称为"含混复义"或"歧义"（ambiguity）。正如文学批评家戴维·布鲁克斯（David G. Brooks）在《暧昧、文学和细致的阅读》一文中所论述的，"复义"或"歧义"是积极阅读的结果，是在阅读过程中"一层一层剥去仅凭常识的设想"

(commonsensical assumptions），达到的一个并非真理终点的意义中途站。"一层一层剥去"也就是越来越深入，同样，只有通过"细读"才能读出作品中的"复义"和"歧义"，而细读正是学校教育非常重视的一种深度阅读，许多文学课都会介绍新批评的细读。[1] 新批评文学理论家瑞恰兹（I. A. Richards）在《实用批评》（*Practical Criticism*，1929）里提出诗的四个意义：意识、情感、语气、意向，好诗的结构具有张力，语言充满反讽、悖论、含混，唯有透过细读才能真正深读一首诗。瑞恰兹的学生燕卜荪（William Empson）所著的《七种类型的含混》（*Seven Types of Ambiguity*，1930）更是详细挖掘了诗歌的语言内涵，提出了诗歌的七种歧义性。这样的阅读当然比表层意义的阅读更不容易，更需要学习，也能获得更加丰富的意义。

阅读必然不只是"读句子"，而是在"读文章"或"读书"。这种阅读的意义不仅仅在于让人在"会意"的加深过程中一层层提高。用波兹曼在《娱乐至死》一书里的话来说，会意只是"印刷文字和智力关系的一般性质"。阅读一本书的要求包含着对阅读更具体的定义。我们来看看波兹曼是怎么说的。

第一，你应该相当长一段时间保持基本不动。如果你做不到这一点（读这本书或其他书都一样），那么在我们的文化里你就会被认为是运动功能亢进或是不守纪律，至少是有什么智力缺陷。印刷文字对于我们的身体和大脑都提出了相当苛刻的要求。但是，控制你的身体是最低限度的要求。你还必须学会注意书本上文字的形状。你必须看穿它

---

[1] David G. Brooks,"Ambiguity, the Literary, and Close Reading", *CLCWeb: Comparative Literature and Culture* 12（4），2010.

http://docs.lib.purdue.edu/cgi/viewcontent.cgi?article=1677&context=clcweb.

们，这样你才能直接了解这些形状所代表的意思。但是，如果你仅仅专注于文字的形状，那么你就是一个让人不能容忍的低效读者，会被人当作傻子。

第二，如果你已经学会了怎样不受外观的干扰去理解意义，那么你就应该采取一种超然而客观的态度，这包括你要能够区分文字的感官愉悦、魅力或奉承语气（如果有的话）和文字所表达的观点之间的逻辑。同时，你还必须能够根据语言的语气去判断作者对于所写内容和读者的态度。换句话说，你必须知道笑话和观点之间的区别。你必须能够理解和分辨文字之外实际的或可能的"言外之意"，例如，诚心的赞扬与高级黑的区别。

第三，在判断观点性质的时候，你要同时做几件事情，其中包括，把判断推迟到整个观点完成时做出；把问题记在脑中，直到你已经决定何时、何地或是否能回答它们；用你所有相关的经历作为现有观点的反证。你还必须能够舍弃那些同所涉观点无关的知识和经历。在你做这些准备的时候，排斥情感性言辞对你的情绪影响；不急于下结论，耐心、周全地考虑问题的不同方面。

第四，更重要的是，你要接受一个抽象的世界，因为这本书里几乎没有什么词组和句子要求你联想具体的形象。你需要形成概念和观念，在铅字的文化里，我们可以说某个人不够聪明，因为你向他解释一件事情，总是需要给他画图，才能帮助他理解。聪明的理解意味着，我们不借助图画就可以从容应对一个充满概念和归纳的领域。

波兹曼的结论是，"在一个用铅字表达真理的文化里，能够做到这一切甚至更多的话，就构成了智力的基本定义"。阅读和写作是人类书面文化的伟大成就。在这之前，人类只有口头文化。许多研究人类"读写"历史的专家都同意，我们远古祖先的口头文化在情感和直觉方面令人赞叹，但在认知的深入辨析、理解、推理、表述等方面都不如或远不如书面文化。书写下来的文字把知识从个体记忆的束缚中解放出来，使得语言不再受到记忆和背诵所要求的诗歌韵律和公式化结构的约束，思维和表达的疆域大大开拓。用书面文字记录下来的观点，不是这些观点的终结，而是这些观点的起点。没有批评，思想就会枯萎死亡。波兹曼说，"书面文字使思想能够方便地接受他人持续而严格的审察。书面形式把语言凝固下来，并由此诞生了语法家、逻辑家、修辞学家、历史学家和科学家——所有这些人都需要把语言放在眼前才能看清它的意思，找出它的错误，明白它的启示"。[1]

著名学者沃尔特·翁在影响巨大的研究著作《口语文化与书面文化》中说，口头文化能产生强大而优美的口头表现能力，具有很高的艺术价值和人文价值。但是，一旦书写占据了人们的心灵，口头文化连存在的可能性都没有了。对于现代人来说，书面文化是绝对必要的，不光对于科学的发展是必要的。对历史，对哲学，对文学作品和对任何艺术都是绝对必要的，"文字增强人的意识"。而且，文字让人的言语表达"更加精确"。口语滔滔不绝的雄辩、言简意赅的叙事、意义隽永的谚语，这些都使人印象深刻。但是，"口头表达的语言和思想的显著特点并不是分析的精确性"。书写的语言对分析的精确性有更高的要求，"在不用手势、表情、抑扬顿挫的情况下，在没有听众的情况下，为了把自己的意思表达清楚，你必须要把一切可能的意义考虑周全。一句话，在任何情况下对任何读者可能隐含的意义，你都必须要能够预见得到。而且，你必须要能掌控自己的语言，使之可以在脱离生存语境的情况下意思清楚。这种滴水不漏的思考和预见常常使写作成为

---

[1] 尼尔·波兹曼：《娱乐至死》，第 31—32、15 页。

一件痛苦的差事"。[1] 这样的文字阅读和写作对人的智力潜能开发具有任何其他媒介不能替代的作用。如果说文字的读写能帮助实现人的智力潜能的话，那么，人文教育的意义便在于帮助实现人的自由潜能，人文教育课以阅读和写作为核心，也就是再自然不过的事情了。

---

[1] 沃尔特·翁：《口语文化与书面文化》，第62、79页。

第3章 亦药亦毒的阅读

为什么在今天的互联网时代,人们对阅读投以如此持久,如此充满焦虑的关注?为什么在几乎所有对阅读的严肃讨论中,阅读都被视为一个"问题"或一个"危机"?人们对为什么要关注阅读(或读写)有着不同理解,阅读是现代职业技能必不可少的一部分,还是每个人自我成长和自我认识的精神活动?不仅是阅读的技能或人文价值,阅读的文化政治也是充满了暧昧。阅读不只是捧起一本书来,一个字一个字地用眼睛扫过。阅读还关乎阅读什么,不阅读什么,用什么适当的方式来阅读,为什么适当或不适当。因此,阅读会带来一系列有待思考的问题,在这里要讨论的是其中的三个:一、口语文化和文字文化的关系;二、大众阅读的群众围观效应;三、对阅读利弊的道德和健康想象。这三个问题都有助于我们更加深入地认识今天互联网的媒介效应,也更好地了解亦药亦毒的阅读本身。

一 口语文化和书写文化

互联网时代,口语和文字的关系重新受到重视,这是因为人们试图从口语文化来认识互联网与纸媒和印刷文化的不同。在论及这个问题的著作中,《破茧而出:网路时代扭转传统企业思考的95项宣言》(下称《宣言》)很有代表性。《宣言》是由四位互联网专家合著,1999年第一次被发布到网络上,一套九十五篇论文,并于2000年作为一本书出版,扩展了七篇论文。

《宣言》把互联网描绘成一个重新发现人的真实声音的历史机遇,并提出一个供人们思考的问题,"倘若互联网的真正吸引力不在于它的高科技……而在于隔代相传地回到了史前人类对讲故事着迷的时代,那会是一种怎样的景象?"[1] 互联网正在把人类带往一个新的时代,不再是冷冰冰的生意往来,而是如同古希腊市场(bazaar)上那样人流熙攘、众声喧哗。这是一个人们自由聚散、交谈对话、互相交流的集市。"市场"于是成为互联网自我想象的一个隐喻。

互联网被想象为一个代替一切旧媒体的新媒体。旧媒体"单一的广播传媒,贫瘠的'大众文化'和官僚组织强制性无名"都是对人的异化,压抑了人对口语文化的自然向往。[2] 这些也是文字媒介对人的异化。互联网光复了隔代相传的口语文化,永远追求"人的声音","网络就是在解放人隔代相传的欲望,一种对交谈联系的渴望"。这是一个连绵不断的人性传统,"从洞穴到泥屋,再到露天市集的不断演化"。[3]

这是一种非常新奇、大胆并具有颠覆性的观点,因为人们一直把文字视为比口语更符合现代人思考特征的媒介。人类学研究指出,文

---

[1] Rick Levine, Christopher Locke, Doc Searls, and David Weinberger, *The Cluetrain Manifesto: The End of Business as Usual*. New York: Perseus Publishing, 2001, p. xxxi.

[2] R. Levine, C. Locke, D. Searls and D. Weinberger, *The Cluetrain Manifesto*, p. xxxi.

[3] R. Levine, C. Locke, D. Searls and D. Weinberger, *The Cluetrain Manifesto*, p. 164.

字写作使人发展出线性思考和推理的方式，有助于形成抽象概念和分析判断，这是任何现代国家中更为复杂的社会和政治组织形态所必不可少的。文字使得政府能够将它的权威扩展到遥远的地方，以非个人的方式实行法治，并系统保存以往政策和决议的记录，形成政治运作的制度性文化。文字便利了征税、商业往来和司法程序。文字不仅加强了国家权力，而且改变了人的思考方式。人类因为文字而对过去有了更多、更详细的了解和知识，对传统有了更好的批判思考能力。文字也帮助科学排除神话和迷信，用理性重新审视习俗和惯例。文字是现代性和现代价值的有机部分。

所有这些真的因为互联网的到来而受到了动摇吗？如果说互联网对这些确实有所冲击，那么冲击的程度和性质又是如何呢？美国文化历史学家沃尔特·翁在《口语文化与书面文化》一书中，用"次生口语文化"这个概念来分析互联网时代文化与书面文化的不同。"次生口语文化"是相对于"原生口语文化"而言的。沃尔特·翁和一些其他文化研究者认为，前文字的口语文化在特定的意识框架里运作，不能以书面文化的标准去对它简单排斥（将其视为原始人、野蛮人，落后、低等的文化）。书面文化是一种与口语文化不同的文化，不是对它的超越或否定。"如果认为口语文化是书面文化的派生、变异、衰退和堕落，就把两者的关系本末倒置了。从历史渊源来讲，口语文化和书面文化的关系是前后相继的关系，不能颠倒过来。何况口语文化还创造了辉煌的史诗、神话和传说。"[1]

沃尔特·翁认为，书面文化的到来使古人的思维方式发生了重大变革，电子时代和数码时代的来临使口语文化以新的形态——次生

---

[1] 沃尔特·翁：《口语文化与书面文化·译者前言》，第7页。

口语文化——得到复活。原生口语文化是没有受到印刷文字浸染的文化，而次生口语文化则已经受到这种浸染。像电话、广播、电视这样的媒介文化倚重口语传播，但这种口语都是文字稿的口述，也就是"文字性口语"，这与文字之前的原生口语是不同的。[1] 强调原生口语是为了强调它产生的群体感，"次生口语文化也产生强烈的群体感，因为听人说话的过程是聆听者形成群体的过程……但次生口语文化产生的群体比原生口语文化产生的群体大得多，甚至于难以估量——这就是麦克卢汉所谓的'地球村'"。[2]

沃尔特·翁的"次生口语文化"概念提醒人们注意高科技时代的口语遗存。但是，在电子时代，不可能有严格意义上的原生口语文化。文字文化的强大影响在于，任何一种文化（包括那些在不同程度地保留着原生口语文化特点的文化或亚文化）在接触文字之后，都受到文字的影响。这种影响远不只是一种"对人的异化"，而是让人获得了口语文化难以支持的思想能力。对此翁写道："文字把语词诉诸可见表达以后，语言的表达力倍增，潜力难以限量，文字重构思维；在这个过程中，文字把一些口语方言转化为'书面语方言'（grapholects）。……方言用文字承载之后就成为一种能够超越方言的语言（transdialectal language）。文字使书面方言获得巨大的力量，使其表达力大大超过了纯粹的口语方言。所谓标准英语就是一种书面方言，记录在案的英语词汇至少有150万个，不但它们的现存意义广为人知，而且它们难以计数的古义也为人所了解。与此相反，纯粹的口语方言一般只有几千个词，口语方言

---

[1] 沃尔特·翁：《口语文化与书面文化》，第 157 页。
[2] 沃尔特·翁：《口语文化与书面文化》，第 104 页。

使用者对词汇语义的历史浑然不知。"[1]

翁认为，今天人们反对电脑的理由就像柏拉图借苏格拉底之口反对文字的理由一样，是自相矛盾的。他指出，"今天人们反对电脑的意见和柏拉图在《斐德罗篇》（274-7）和《书简七》里反对文字的主张大同小异，大多数人了解到两种反对意见的相似性时，都会感到吃惊"。这二者之间有四点相似性。[2]

第一，柏拉图借苏格拉底之口在《斐德罗篇》里说，文字没有人情味；文字是冰冷的，是死的。文字自以为能够在人的头脑之外确立只能够存在于头脑之内的东西，尤其是记忆记住的东西。柏拉图认为，"文字是一件物品，一件制成品"。今天，人们也可以这么来看待电脑，存储在电脑里的记忆不是人自己的记忆，甚至连文字记录也不能相比。

第二，柏拉图笔下的苏格拉底还说，文字损害记忆。使用文字的人会变得健忘，他们在自己智能不足的情况下去依靠文字的外部能力。文字削弱脑力。今天，"父母和其他人都担心，袖珍计算器提供的外部资源取代了理应是人脑内部资源的乘法九九表"。计算器不是在辅助脑力，而是取代和取消了脑力。

第三，文字基本上不能够做出回应。在口语交谈中，如果你请对话者解释他说的话，他会回答你，给你解释。但是，如果你对一个文本提问，文本不会回答你。"你看得到的只能是相同的、常常是愚蠢的语词，它们的首要功能是吸引你的注意。"现代人批评电脑时提出了类似的看法：机器是死的，无法与活人交谈应答。程序员在电脑里输

---

[1] 沃尔特·翁：《口语文化与书面文化》，第 4 页。
[2] 沃尔特·翁：《口语文化与书面文化》，第 60 页。

进什么,出来的就是什么,"垃圾进,垃圾出"。

第四,柏拉图笔下的苏格拉底认为,书面词不能够像口语词那样捍卫自己。这个观点符合口语文化的对话特征。一般来说,"真正的说话和思考存在于真实的人与人之间,存在于你来我往的交流中"。文字正好与此相反,文字是被动的,不在具体语境之中,它"存在于非真实、非自然的世界里。电脑的情况也是这样"。[1]

如果柏拉图对文字的疑虑已经足以引起人们对文字的不安,那么,这种不安在电脑时代就更加强烈了。按理说,既然疑虑文字,那就不要用文字;不信任电脑,那就不该用电脑。但是事实上,这是办不到的。疑虑文字,反倒更加需要用文字;不信任电脑,反倒更加需要用电脑。这就是翁所说的,"柏拉图的这种看法有一个根本的缺陷,那就是,他对文字的反对意见正是用文字,而且只能用文字来表述"。反对印刷文字的人也是这样,他们表述自己的主张也得使用文字,"反对电脑的主张也有同样的缺陷:为了使自己的主张有效,反对者也用电脑终端著书立说。语词一旦被技术化之后,如果不借助最发达的技术,就无法有效地批判技术对文字产生的影响。而且,新技术不仅被用来传达批评:实际上新技术使批评的存在成为可能"。[2]

英国古典学者埃里克·哈维洛克(Eric A. Havelock)早就指出,柏拉图之所以能够进行富有哲理的分析性思维,之所以能够对文字进行批评,那是因为文字开始对思维的过程产生影响,文字成为柏拉图思想产生的先决条件。他认为,柏拉图的整个认识论无意之间注定要排斥口语文化这个古老的、口头的、热烈的、人与人互动的生命世界——

---

[1] 沃尔特·翁:《口语文化与书面文化》,第 60 页。

[2] 沃尔特·翁:《口语文化与书面文化》,第 60 页。译文有改动。

这个世界的代表是诗人，而柏拉图正是反对诗人进入他所设计的那种共和国。[1]反对文字的，必须运用文字，这就是柏拉图悖论。

这个柏拉图悖论具有普遍的意义，也是我们今天互联网时代在拒绝数码技术之前必须考虑清楚的。因为它让我们看到，人的智能是可以被它所创造的工具变化的，工具会被"内化"，从而成为智能的新的部分，智能也因而得以发展。数码和文字一样，都是一种工具，一种技术，"技术不仅是外在的辅助工具，而且是意识的内部转化"。这就像小提琴是工具，但也是演奏家音乐意识的内部转化，没有这个工具，我们所知道的小提琴音乐艺术便不可能存在。文字也能发生这样的内化作用，"文字是无价之宝，在全面调动人的内在潜力方面，文字是不可或缺的；实际上，这个无价之宝的价值超过了其他一切人为之物……文字增强人的意识"。即使使用文字会让人有疏离感，但那也不一定就是坏事。这就如同疏离自然不一定是坏事，"与自然环境疏离对人有好处，而且在许多方面是充实人生必不可少的条件。为了充分享受和理解生活，我们不仅需要贴近生活，而且需要拉开距离"。[2]文字能够被人内化为一种新的智能，为什么数码技术就不能？相比起已经有几千年历史的文字，数码技术还处于婴儿阶段。我们对它的潜在能力还远远没有充分的认识。在这种情况下，我们怎么能断言，它一定会损害，而不是也能辅助文字文化呢？在有充分的研究和实践之前，这样的断言还为时太早，是不可靠的。

---

[1] Eric A. Havelock, *Preface to Plato*. Cambridge, Mass: Belknap Press, 1963, pp. x, 234-253.

[2] 沃尔特·翁：《口语文化与书面文化》，第62页。

二 网络公共厕所和阴沟里的卢梭

传媒研究学者胡泳在《限娱令、"微博公厕"论与道德恐慌症》一文中从"道德恐慌"的角度分析了当今中国主流媒体对互联网上"不健康"现象和行为的鄙视和害怕。其中特别有代表性的是 2011 年 3 月 23 日《广州日报》对微博现状的描绘:"微博已经从传播信息、交互式交流平台沦落成'公共厕所',是许多垃圾信息、八卦、恶搞甚至谣言的集散地。"胡泳指出,这不是《广州日报》一家的看法,在此之前,《环球时报》英文版 2011 年 2 月 22 日的一篇评论更是直接宣布,要"保护中国人的美德不受微博侵害",文章以日本女优苍井空在微博走红为例,称"年轻人很容易被毁坏性的外国概念和态度煽动和困扰。如果微博不是被用来就建设一个健康的、有成效的社会而展开建设性的对话,那么要它有什么用?"该评论甚至主张:"如果中国的网民不能够用微博从事更多的高尚活动,那么也许政府的介入就是时候了,应该对其加以控制、限制甚至禁止。"无独有偶,央视《朝闻天下》栏目 2011 年 8 月 2 日以"微博的伦理底线在哪里"为题,报道了微博上的造假现象,并质问微博造假者的道德伦理底线安在。同年 10 月 17 日,《北京日报》发表署名文章《网络微博诚信缺失将无以立足》,认定微博带来一系列重大社会问题:虚假信息、过激言论、恶意炒作、低俗之风以及非法营销。结论是,"坚决净化网络环境,以更为完善、更有针对性的举措来保证网络微博等新兴媒体诚信负责,已经势在必行、刻不容缓了"。[1]

秩序权威人士眼里的网络"厕所行为"与互联网上的所有其他行

---

[1] 胡泳:《限娱令、"微博公厕"论与道德恐慌症》,http://think.sifl.org/?p=3640。

为一样，都是读写行为。人们在网上的行为是他们读什么、怎么读、在网上留下什么文字、以什么方式写成这些文字、如何让这些文字进入网络、以什么方式传播。人们的交往和互动虽然有传统口语的痕迹，但都不是原生口语，而是沃尔特·翁说的那种次生口语。次生口语的网络群众与以前半口语的传统群众有明显的不同。

以前的群众上街、集会、闹事，都是用嘴巴嚷嚷，成为"闹众"。网上群众的聚集、起哄、围观、情绪传染、激情冲动方式已经不同于勒庞（Gustave Le Bon）在《乌合之众》或者卡内提（Elias Canetti）在《群众与权力》中描述的那种街头广场"闹众"现象。[1] 今天的群众存在和行为都比以前任何时候都更依赖于读写和文字。这当然不是说今天的群众已经具有了翁所说的那种文字所代表的个人理性思考和独立分析判断能力。他们是闹众的嫡系后代。他们虽然认得文字，不是文盲或睁眼瞎，虽然能够进行某些阅读，甚至也会用文字表达他们的情绪和看法，但他们的行为仍具有以前不识字群氓的特征。在这个意义上说，他们是识字的文盲，受过教育的乌合之众。

在互联网之前，对群众直接产生影响的媒介是报纸。自从新闻报纸成为对民众具有重大影响力的媒介以来，如何理性而有节制地发挥这个影响力就一直是新闻媒体伦理的关键部分。19 世纪 90 年代，许多美国报纸采用"新新闻"（new journalism）模式，刻意迎合大众趣味（或者它们所想象或理解的大众趣味），它们在今天被称为"黄色报纸"（yellow press）。这种媒体炒作受到很多批评，"刊登的尽是一些犯罪、性、灾

---

[1] 古斯塔夫·勒庞：《乌合之众：大众心理研究》，冯克利译，中央编译出版社，1998 年。埃利亚斯·卡内提：《群众与权力》，中央编译出版社，冯文光、刘敏、张毅译，2003 年。

难、可疑的科学发现、八卦、媒体而非司法审判的消息。它太偏重体育消息、滑稽漫画和琐屑小事。叙述故事经常失真,用假照片和耸人听闻的标题"。[1] 这些正是我们今天在中国互联网新闻网站上看到的景象。

报业的正当规范是在纠正这类偏误的过程中形成的。1910年,堪萨斯州社论协会(Kansas Editorial Association)首先正式制定了新闻伦理规则,后来逐渐被其他州采纳和完善。美国"职业新闻工作者协会"(The Society of Professional Journalists,成立于1909年)1926年的伦理规则是借用的,1973年它制定了自己的规则,经1984年、1987年、1996年三次修改,规定的主要原则有:一、给读者双重消息:事实和解释(深度报道);二、帮助读者在日常生活和公共事务中做出有知识的知情决定(知情公民);三、起到传播物品和服务的市场作用(社会服务)。[2]

像这样的媒体伦理原则约束的只能是新闻报纸的从业者,而不是民众。报纸编辑可能自以为是在为民众代言,发出民众的心声,但民众不可能跳过编辑,直接上报纸去发泄自己的情绪或发表自己的看法。这与他们今天可以在网络上无须别人代言,自己直接发声是完全不同的。报业规则要求新闻媒体从业人员尊重事实,信息必须有真实来源,尊重和保护个人隐私,言之有据,理性说理。订立了行业守则,管住编辑就可以了。在新闻学院里培养专业精神,让编辑学会自律,这样就能对他们进行相当有效的管理。

但是,互联网上的民众是不可能用这种方式来管理的。除非用实名

---

[1] John D. Keeler, et al., "Ethics", in W. David Sloan and Lisa Mullikin Parcell (eds.), *American Journalism: History, Principles, Practices*. Jefferson, NC: McFarland & Co., 2002, p. 50.

[2] John D. Keeler, et al., "Ethics", p. 50.

制来威胁他们必须承担言论的法律惩罚后果,否则,要让所有的上网者言论自律,那根本就是天方夜谭。有人认为,互联网在我们这个星球上的发展已经把我们带到了一个关键的时刻,"我们可能已经到了一个要对互联网社会进行立宪的时刻,(可)称之为'互联网的宪章时刻',具体表现在信任、数字鸿沟、互联网的治理、我们应有的网络素养等问题上"。[1] 这也许是一个良好的愿望,但是,立宪的主体是谁呢?是那些不准干涉内政的主权国家吗?还是一盘散沙、成员国各怀鬼胎的联合国?在这个连起码的普遍政治权利规则都无法建立的星球上,我们真的有理由相信可能建立起足以规范人们互联网行为的规则?

要求上网者在网上都有正人君子的表现——不管是作为国际社会的宪法公民还是人类群体成员——不过是无厘头的乐观幻觉。它严重低估了人性的阴暗和软弱。因此,对网上的"厕所行为",人们并不把纠正的希望寄托于人性的改变或不切实际的自律要求,而是寄托于学校教育,期待学校教育能够培养出更有责任意识和自制能力的上网者。不过,在特定的社会大环境里,这往往并不像人们所想象的那么容易。学校固然可以强调学生们素质和教养的重要,但是,他们一旦进入社会,教育的效果就会变得非常微弱,在校有进步行为的也可能迅速地大踏步倒退。社会风气和潜规则对他们行为的影响要大得多,远远超过学校教育。有的学生在校时德才兼优,当上了标兵模范或班干部,但是,一旦他们进入社会,有些当上干部或成为官员的人,照样会腐化堕落。

学校教育未必会对网民行为有实质性的教育效应。社会风气如

---

[1] 《互联网是如何改变国家制度的》,http://mp.weixin.qq.com/s/BJsBXngLzJn0VRcOsSb7zA。

何，网上风气就如何，不可能指望社会行为不文明的人，在网上反而变得文明。情况经常是恰恰相反，在日常生活中行为文明、通情达理的人一上网就可能变成一副完全不同的模样：发言暴戾嚣张、尖酸刻薄、粗鲁下流。这是网络的暗室效应。有人认为，唯一的遏制办法就是网络实名制，以惩罚来强迫正当行为。但是，匿名和实名都不应该是绝对的，因为它们在现实生活中有不同的作用。

19世纪思想家密尔（John Stuart Mill）坚决主张民主投票应该公开，也就是投明票。不但议员该投明票，选民也该投明票。一般人都同意议员应该投明票，从而向选民负责，因为选民有权知道他们选出的议员在每个重大议题上表示何种立场。密尔认为选民也应该投明票，为什么呢？他的理由与主张网络应该用实名颇为相似。他认为，遇到事情，我们往往有两套选择，"其一是根据个人理由的选择，另一是根据公共理由的选择。只有后者是我们愿意承认的。人们急于显示的是他们性格的最好的方面，哪怕是对不比他们自己更好的人显示也好。人们在秘密的情况下将比在公开的情况下更容易由于贪欲、恶意、怄气、个人的对抗，甚至由于阶级或党派的利益或偏见，做不公正的或不正当的投票"。人在公开行事的时候，比较注重自己的形象，比较愿意讲理，展现自己好的一面，也比较会为自己的立场提出某种说得出口、拿得上台面的理由。行事的公开本身就是对行为的一种制约。

密尔并没有把公开投票的优越性绝对化，他承认，在某些情况下秘密投票更可取。在多数人被少数人支配，因而觉得不安全的时候，"投票者不怕得罪众人却唯恐得罪长官，不是向众人负责而是向权势者负责"。在这种情况下，秘密投票最具有说服力。如果选举人不充分自由，那么秘密也就变得可以容忍了。类似的情况也使网络匿名的秘密变得可以容忍。[1]

然而，网上"厕所行为"确实经常与网络匿名有关。这类行为往往有负面情绪或阴暗心理的原因。人性中本来就有偷窥、妒嫉、幸灾乐祸、起哄取乐、贪婪、自私、自欺欺人、势利、偏见、笑人无气人有、暴戾失控等阴暗心理。无论在日常生活中还是在网上，民众有机会都会宣泄这些情绪。发泄经常是出于非理性的冲动，缺乏自控力和自制力。正如许多群众研究所揭示的，这些情绪具有强烈的传染性，在聚集成群的人中间，所有情绪也会迅速传染，这解释了群众性恐慌、冲动、暴力、疯狂行动的突发性。

今天，群众的这一特征可以分为两方面来看，一方面，不能自制的负面情绪是群众的弱点，互联网为他们提供了新的"聚集成群"环境和宣泄场所，网上情绪因"回音室"效应而放大，变得越来越激烈。这也会成为网众读者的特征（identity），体现为他们的阅读方式（意气用事）和对读物的选择（同声相求）。另一方面，这种阅读方式和读物选择并不完全是非理性的，而是隐含着某种理性，包含着某种对现实的认知、看法和常识价值判断。而民众对自己情绪的自觉和自信往往就是阅读的结果。

例如，嫉妒是一种有强烈主导性和传染性的民众负面情绪，但正如托克维尔所见，民众对权贵的嫉妒可以成为革命的伴娘。挪威政治和社会学家乔恩·埃尔斯特（Jon Elster）指出，在托克维尔的《旧制度与大革命》中，"妒嫉、平等和（身份地位）的流动性等密切相关的思

---

[1] John S. Mill, *Considerations on Representative Government*. New York: Prometheus Books, 1991. 约翰·密尔：《密尔论民主与社会主义》，胡勇译，吉林出版集团有限责任公司，2008 年，第 246—250 页。译文有改动。

想构成了重要的解释词汇"。托克维尔研究了法国大革命前社会阶级和群体之间的关系（农民、城市手工业者、城市资产阶级、贵族、知识分子、教士、皇室管理部门），这些关系在很大程度上是从"利益"角度来描述的。这些利益冲突导致强烈的情感反应（妒嫉、恶意、仇恨等），对于托克维尔来说，这些情感为旧政权的脆弱性及其最终崩溃提供了主要的解释途径。[1] 托克维尔的许多洞见让我们看到法国革命前"卑下文学"对民众的影响，也能启发我们对今天网上民众不满情绪的思考。

正如美国历史学家罗伯特·达恩顿（Robert Darnton）在《高贵的启蒙，卑下的文学》一文中所揭示的，法国人在革命前，"识字率在 17 世纪可能提高了一倍……加上教育系统的改善，很可能产生了一个人数更多、更富裕、更有闲暇的读者群。图书出版肯定是飙升的"。[2] 民众喜爱的读物并不是启蒙哲人的伟大作品，而是聚居于巴黎格拉布街（Grub Street）上的那些潦倒文人迫于生计而写作的小册子。这种作品经常投底层民众读者所好，夸大其词、危言耸听、挖权贵隐私、添油加醋、抹黑编造、捕风捉影、闲言八卦。伏尔泰称这些小册子写手为"衣衫褴褛之徒""写作谋生的可怜物种""人类渣滓""文学贱民"。可是，民众读者喜爱的偏偏就是这样的写手，今天许多受欢迎的"网络大咖"和"网红"可以说是他们的传人，只是媒介的形式发生了改变而已。

阅读成为民众围观的方式，他们围观在生活中发生的事件，不一定要跑到街上去聚会，也不需要呐喊起哄。他们以阅读特定的作品来表示自己的关注和反应。某种作品读的人越多，写得人就越起劲，

---

[1] 乔恩·埃尔斯特：《心灵的炼金术》，郭忠华、潘华凌 译，中国人民大学出版社，2009 年，第 214 页。

[2] 罗伯特·达恩顿：《旧制度时期的地下文学》，第 17 页。

模仿的人就越多。反过来，某种作品越多，越让人们觉得书里写的是重要的事情。大革命前的法国民众读者喜欢读毁谤国王、王后和权贵大臣的小册子。一位特别受欢迎的写手叫莫兰德（Charles Théveneau de Morande），他那"最直言不讳的毁谤作品——一个非常耸动的小册子，被很多人阅读，以致几乎成为一种流派的原型"。莫兰德的风格都很对民众读者的口味，"简短有力的段落中混合着特别的毁谤和一般的雄辩，预示着当今黄色新闻时代八卦专栏作者的文体"。莫兰德的内容也是老百姓最喜闻乐见的，"充斥着上层社会通奸、鸡奸、乱伦和阳痿的记述，可以当作对社会秩序的控诉予以阅读。并且莫兰德并没有仅仅给读者留下关于腐败的一般印象。他还联系到贵族的堕落，因为他们在军事、教会及国家事务上也没有能力履行责任"。这样的精英阶层已经完全丧失了统治合法性。[1]

民众读者在莫兰德的小册子里体会到一种道德义愤，"这种道德义愤的口气在中伤者中很典型，看起来似乎并不仅仅是一种修辞姿态。它表达出的是对于腐败透顶的精英阶层的彻底蔑视"。它比卢梭的思想更能挑起民众对精英阶层的鄙视和仇恨。达尔顿称之为"底层的卢梭主义"，一种"阴沟里的卢梭"（Rousseau du ruisseau）。[2]

三　网络时代的阅读"毒害"

莫兰德这样的小册子要是出现在今天的互联网上，无疑会被视

---

[1]　罗伯特·达恩顿：《旧制度时期的地下文学》，第 31、33 页。
[2]　罗伯特·达恩顿：《旧制度时期的地下文学》，第 37 页。

为对现有秩序和公共权威的严重威胁，因此也会被宣判为是"害"和"毒"，并予以严厉惩罚。在对"不良"作品的谴责中，害和毒经常是混用的，但细究之下可以发现，害和毒是有区别的。一般来说，害是指对社会的公害，毒是指对个人的道德荼毒。与害和毒一并使用的谴责语是"病"。病是社会公害和道德荼毒在个人身上发生的伤害后果，而"瘾"是病中最厉害的，因为瘾使得人乐意受害，即使知道是受害，也无法靠自己的自由意志来摆脱它。

害和毒的观念经常是联系在一起的，放在一起被称为"毒害"。"文革"中被严厉追查的手抄本《第二次握手》就是一个例子。这本"坏书"让年轻读者中毒（歌颂爱情），腐蚀他们的革命意志，因而让无产阶级事业受害。就阅读效应而言，个人中毒和国家受害是混合在一起的。意识形态对书籍的定性也同样借助"毒"和"害"的话语。

弗兰克·菲雷迪（Frank Furedi）在《阅读的力量》一书里将这种对阅读"毒害"的害怕和恐惧称为"道德焦虑"（moral anxiety）。这种道德焦虑的性质在历史过程中是会发生变化的。他写道："从历史上看，对阅读的道德焦虑开始是针对宗教异端。从 18 世纪开始，发生了明显的转变，转向针对秩序受到的颠覆，然后又转向淫秽内容带来的腐蚀性影响。这种转变部分是因为传统的道德权威对新兴现代世界影响式微，所以认为阅读'对个人的心灵和道德品行有重大影响'，进而对他的社会也有所影响。"[1] 这种历史转变并不是在世界范围同步发生的，因为今天仍然有表现为政治和意识形态危机感的道德焦虑，驱动现代版的宗教异端管制。禁书或控制民众阅读虽然经常用的是"扫黄"的理由，但遭禁的远不只是淫秽的作品。

---

[1] Frank Furedi, *Power of Reading*, p. 103.

对阅读的现代道德焦虑经常使用生理医学的话语或概念。它混杂着疾病和道德的成分。这是有历史渊源的。在古代，道德和身体健康的关系一直就是模糊不清的，灵魂或精神的失据与身体的失调都被当成是"病"。《圣经·旧约》里的麻风病患者就被视为一种该受上帝道德惩罚的疾病，今天还有人这样看待艾滋病人。

从早期现代开始，阅读对人的影响是用"激情"（passions）来解释的，这一生理学话语强调的是书籍（文本）对阅读者造成的情感波动和心灵健康影响。人的敏感心灵因阅读而受到刺激，因而有所行为或行动。例如，人们相信，歌德的《少年维特之烦恼》这部典型的浪漫主义情感小说造成许多青年读者多愁善感，厌倦人生，以致厌世自杀。阅读导致激情，激情转化成行为或行动，这种想法一直在主导许多人对阅读的看法，例如，中国老话有"老不看《三国》，少不看《水浒》"的说法。人们一面怪罪作品给读者带来坏的影响（这是禁书的主要理由），一面又因为某些目的而提倡阅读某些作品，如《钢铁是怎样炼成的》《金光大道》。

17、18 世纪的神学家和哲学家都很重视阅读的情感作用，20、21 世纪的意识形态宣传人士也毫不逊色。美国文学教授迈克尔·熊费尔德（Michael Schoenfeldt）在 2003 年的一篇文章中指出，文学的动情作用能影响读者的行为和行动，"既宝贵又令人害怕"，"读者个人的身体和心灵成为善和恶力量交战的战场，关乎他的健康和疾病"。因此，读者应该保持警觉，"要有免疫力，不要受到邪恶作品的影响"。[1] 这种警告也是今天青年学生从思想辅导员或老师那里不断听到的。阅读的负

---

[1]　Michael Schoenfeldt, "Reading Bodies", in K. Sharpe and S. N. Zwicker, *Reading Society and Politics Early Modern England*. Cambridge: Cambridge University Press, 2003, p. 218.

面影响（令人迷失方向、丧失信念、意志消沉、愤世嫉俗等）或正面影响（增强爱国心和正能量、意志坚定、提高思想觉悟或文化修养、振奋革命精神等）早已变成了一些老生常谈，但至今还支配着互联网阅读管制者的想法和政策。

从 17 世纪开始，对阅读影响的忧虑和担心逐渐从阅读的内容（阅读什么）转向阅读的方式（怎么阅读）。英国著名的占星家和医学家理查德·纳皮埃（Richard Napier）说，阅读过量会引起各种精神健康问题，女性读者因为无节制的阅读而"失眠、呼吸不畅、手脚发抖、胃部不适、晕眩、头疼、虚火上升、晕厥和身体虚弱"。[1] 阅读健康成为与饮食健康一样重要的生理卫生问题。与此同时，饮食也成为阅读最常用的比喻，显示生理医学已经成为比道德更优先的阅读评论话语。17 世纪英国思想家和科学家培根说，"有的书浅尝辄止即可，有的书可以粗吞，有的书需要细嚼慢咽，好好消化"，"只有少数的书才值得专心研读，正确的阅读需要分辨有用的和有害的读物"。[2]

许多 19 世纪的思想家和教育人士都曾用饮食来做阅读的比喻。尼采（Friedrich Wilhelm Nietzsche）说，读书应该像牛吃草那样"反刍，二次消化"。约翰·密尔（John Mill）对他那个时代书籍大量出版表示忧虑，他认为民众"生吞活剥地消费知识食品，贪得无厌，完全是囫囵吞枣"。[3] 英国教育官员和作家艾伦·梅考克（Alan L. Maycock）则

---

[1] A. Johns, "The Physiology of Reading and the Anatomy of Enthusiasm", in Ole Peter Grell and Andrew Cunningham (eds.), *Religio Medici: Medicine and Religion in Seventeenth-Century England*. Aldershot: Scolar Press, 1996, p. 153.

[2] Michael Schoenfeldt, "Reading Bodies", in K. Sharpe and S. N. Zwicker (eds), *Reading Society and Politics Early Modern England*, p. 220.

[3] Cited in Michael Schoenfeldt, "Reading Bodies", p. 228.

认为,"今天人阅读过量,头脑消化不了。就像贪食损害健康营养一样,过量阅读只会阻塞思考,造成头脑麻痹和怠惰",简直就是一种"智力自杀"。[1] 尤其值得一提是英国维多利亚女王时代主要艺术评论家之一的约翰·罗斯金 (John Ruskin),他认为,"肮脏不洁的阅读是比吃脏东西更可恶的习惯",吃脏东西损害的只是身体健康,而阅读脏东西则会损毁人的心灵。不加分辨的阅读是一种没有品味的暴食和饕餮,垃圾食品和垃圾读物都是害人的东西,吃起来味道不错,但不仅有害健康,而且还会令人上瘾。[2]

罗斯金对"肮脏读物"的谴责似乎预见了今天互联网时代知识人士对大众文化网读的种种指责:内容庸俗、趣味低下、诱人上瘾、浅薄荒唐、害人不浅,犹如毒品。连网读的爱好者也是这么负面地看待自己的阅读选择和偏好的。例如有一篇《你看网络小说成瘾吗》的文章,作者谈的是自己读网络小说成瘾的经历,因此体会特别深切:"网文上瘾,比毒品的影响力还要大。它对你的影响,深入人的身体、精神和心灵,从骨子里改变一个人。……那种捧着书激动不已、极度渴望后续情节的迫切心理;那种看不完就睡不着觉的感觉,不看小说的人是体会不到的。然而,就算是这种程度的成瘾,在我看来也才刚刚到达'入门'级别。我上瘾最严重的时候,曾经连续48小时不睡觉、24小时不吃饭,一直在床上躺着看小说;我曾翘掉整整一个学期的课、看坏了一部3000元价位的手机……不知不觉中,懒散、消沉和堕落已经深深地刻入我的骨头里了,我逐渐地成了以前的我最讨厌的

---

[1] See A. L. Maycock, "Bibliophobia", *Blackwood Magazine* (October 1929), pp. 175–176.

[2] John Ruskin, *Four Clavigera: Letters to the Workmen and Labourers of Great Britain*. London: BiblioLife [1902], 2009, p. 163.

样子。"[1]

有意思的是,作者用"毒品"之害来认识网文之瘾,把一种阅读习惯和爱好同时表述为一个生理医学和道德的问题。在对其他网上行为(如网络游戏、社交、网游、网购)的批评中,这也是一种相当常见的表述。这样的表述是有问题的,因为它把"令人上瘾"的网文、游戏、微信、邮件等错误地理解为具有某种危害本质的东西。作者的那种欲罢不能的经验体会是真实的,但他对这种经验实质的认识和解释却并不正确。这就好比一个人生病发烧,却误以为自己是中了邪或被下了蛊。

以有毒害性的"瘾"来看待新媒介的阅读,并不是互联网时代才有的事情。只要从19世纪人们对小说的许多指责中就能找到与今天非常相似的先例——许多19世纪小说已经成为我们今天的经典著作。19世纪的小说还是一种新媒介形式,就像今天许多阅读者眼里的网络小说。19世纪最流行的是"情感小说"(sensational novel),英国哲学家亨利·曼瑟尔(Henry Mansel)批评道,"阅读情感小说的读者就像是不停慢饮的酒客……永远有喝酒的欲望",这种无止境的欲望就是瘾。[2]

问题是,这种瘾是读物造成的呢?还是因为错误的阅读方式,才有了这种令人欲罢不能的欲望?对此有不同的解释。

一种看法是,瘾是由不良读物造成的。1887年,英国著名的文学评论刊物《爱丁堡评论》发表了一篇题为"街头文学"(The Literature of the Streets)的文章。文章抨击以年轻学生为读者对象的大众文学读物,

---

[1] 寒仙儿:《你看网络小说成瘾吗》,http://www.jianshu.com/p/59f17da9a384。

[2] Cited in D. Wynne, *The Sensation Novel and the Victorian Family Magazine*. Houndmills, Basingstoke: Palgrave Macmillan, 2001, p. 5.

这种读物"到处都是,方便易得,但都下了毒药。趣味无不虚假,调料无不邪乎。每一口,吃下去的都经过了炮制,喝下去的都下了迷药,既不能真的充饥,也不能真的解渴"。[1]

1874年,英国诗人阿尔弗雷德·奥斯丁(Alfred Austin)认为,相比起其他的坏习惯,读小说是花费最低的一种。他说,"读小说的人不像慢饮的酒客那样费钱和令人讨厌,也不会给家庭带来那样的危害和耻辱。但是,他个人肯定有软弱的毛病,趣味低俗、意志力薄弱、理解力可悲"。而这些都是被轻松廉价的读物给害的。上瘾不仅是一种"病",而且是一种"失德"。[2]

德国哲学家约翰·戈特利布·费希特(Johann Gottlieb Fichte)持另一种不同的看法。他同意阅读有一种麻醉人的作用,但他是这样解释这种麻醉作用的:"为阅读而阅读的习惯与任何一种心灵习惯都不相同。开始是非常好的,但倘若沉溺于此,很快就会变得不能自拔。就像其他麻醉品治疗一样,它将人置于一种半睡半醒的快乐状态,将他催眠,进入一个甜蜜的忘却之乡,一点也不用他自己费劲。我觉得这与吸烟非常相似,吸烟最能说明它。谁要是尝到它那种快乐,就会念念不忘,别的什么都顾不得了。"[3]

在费希特那里,沉溺于某种阅读,不是读物本身造成的,而是阅读者缺乏自控力,才会自我放任,过度行为。不是沉溺于这件事,也会沉溺于别的事。意志薄弱,才使人把阅读从好事变成坏事,甚至是一种罪过,让人荒废了该做的事情,疏忽了该尽的责任,玩物丧志,

---

[1] Anonymous, "The Literature of the Street", *Edinburgh Review* (30 October 1847).
[2] Alfred Austin, "The Vice of Reading", *Temple Bar*, no. 42 (September 1874), p. 253.
[3] Cited by Frank Furedi, *Power of Reading*, pp. 138-139.

意志消沉。但这种错误是人可以通过自由意志纠正的，关键是对"度"的调整。

费希特的看法对我们今天客观看待网络上的"有瘾行为"有着启发作用。手机或游戏上瘾毕竟不同于药物上瘾，与其说它是一种严重的、慢性的、复发性的脑部疾病，还不如说是一种积习难改、根深蒂固的习惯，由于意志力薄弱而显得特别严重。最好的办法当然是预防，在刚开始或尚未深陷的时候就晓以利害，同防止任何其他坏习惯一样，这是教育最有效的时机。与毒品不一样的是，玩手机或游戏不是一点不能沾，沾着就完蛋的，因此不要把手机或互联网当成毒枭或毒品教唆犯。与其一味责怪数码时代的互联网或其他新媒介技术，与其责怪大众文化的低俗或精神腐蚀作用，我们不如把注意力更多地放在对青年学生自制力的培养和训练上。

斯坦福大学的健康心理学家凯利·麦格尼格尔（Kelly McGonigal）在《自控力》一书中以一位 31 岁女士的"查邮件瘾"为例讨论了"网瘾患者康复"的问题。他首先是让她知道网瘾是怎么一回事（认知），一个星期以后，"她已经意识到自己在做什么了，这让她能够阻止自己，而不是一头栽进去"。她明白了"自己查收邮件是为了缓解不安，而她以前还以为只是为了获取信息呢"。这样的教育也不失为亡羊补牢，未为晚也。书里讨论的自控力和意志力问题当然要比这个复杂许多，但认识到网瘾既不是脑病，也不是失德，而是一种能够纠正的习惯，也许可以成为用教育而不是责怪来解决问题的第一步。

第4章　共同联网和个人知识

戴维·温伯格（David Weinberger）在《知识的边界》中提出了一个类似麦克卢汉"媒介即知识"式的大胆论断，"互联网本身并不拥有创造知识实体的要件……知识不存在于书籍之中，也不存在于头脑之中，而是存在于网络本身"。[1] 如果说互联网时代的知识不再存在于人的头脑里，那么，个人头脑里的知识又是怎样的知识？对于知识者的个体来说，互联网是一个"事实"还是一个"问题"？互联网是否真的如温伯格和其他一些专家所认为的那样，是一个改变了我们处理知识方式的新事实？抑或是一个有待我们面对的新问题，因为个人学习知识的过程中毕竟有互联网所不能改变的因素？这些并不是抽象的哲学认知理论问题，而是涉及互联网与教育的关系，教育，尤其是学校教育不仅要让学生们获得知识，还要让他们学习如何学习（learn how to learn）。今天的学生教育离不开互联网，这是一个事实。但是，互联网对我们今天的知识观念、形态和获取方式的影响是否都可取，或者有

---

[1] 戴维·温伯格：《知识的边界》，胡泳、高美译，山西人民出版社，2014年，第71—72页。

哪些是不可取的,因此需要我们有所警觉和对应措施,却是非常现实的问题,不只是对社会文化研究者如此,对教育工作者也是如此。

一 互联网时代的"知识"

"知识"的观念在历史上发生过许多次巨大的变化,可以说,每一次变化都是通过对知识的"左右"和"上下"两个维度上的"对比"调整来实现的。左右(平行)的维度确定知识的对比物:知识是与什么相区别,相比较而言的;而上下(层次)的维度有另一种区别作用,知识以什么为基础,知识又是什么的基础。

这两个维度并不是绝对的,有时候是混用的。例如,1988年,罗素·艾可夫(Russell L. Ackoff)勾勒出这样一个逐渐收窄的金字塔结构,最下面的是信息,往上依次是知识、理解、智慧。我们可以把这个金字塔的层次结构理解成一个平行结构:知识在平行的关系上不是信息,也不是理解或智慧。事实上,在对互联网时代的讨论中,知识的主要区分对象经常是信息,在只是讨论信息与知识的区别时,很少把信息当作知识的基础。但是,当在这二者之外又添加一项"数据"(data)的时候,由于信息是从数据中抽取出来的,这三者之间的上下层次维度便又显现出来。[1]

《圣经》里说,"聪明人的心得知识,智慧人的耳求知识"(《箴言》18:15),知识是用心领会的,是用心去倾听的,知识是超越身体感官经验的特殊领悟,是"智"和"慧"的收获。这样的知识似乎比我们今

---

[1] 戴维·温伯格:《知识的边界》,第5—6页。

天所说的"知识"层次要高,更接近我们今天所说的理解、判断和智慧。雅典人认为,知识是真实的观点,是因为有正当的理由才为人们所信服和相信。笛卡儿则认为,知识是经得住怀疑的东西,我们在可以想象的任何情况下都不会怀疑的,那才是知识。现代科学家认为,知识是可以反复试验,被证明无误的事物。

在今天的互联网时代,一个被比较普遍接受的知识的定义是,知识是用合理的证据或理由证明为真实的信念(belief),这个对知识的认识源头可以追溯到希腊。互联网专家、哲学家拉里·桑格(Larry Sanger)在《互联网如何改变我们(以为我们)所知道的》一文中对此写道:"自柏拉图之后,哲学家们认为,知识实际上是一种特殊的信念。首先,它必须是真实的,而且,它必须是证明合理的(justified),有好的理由或证据来支持它。例如,我们可以这样假设,我在随便一个什么博客上读到'希斯·莱杰(Heath Ledger)死了',就不加辨析地信以为真。那么,就算那是真实的,我也不'知道'那是真实的,因为网上随便看到的博客里,经常有编造的东西。博客里说了什么,并不就有了相信那个说法的好理由。然而,如果我在几个有信誉的信息来源里读到这个消息,那么我相信它,便要合理得多,这时候我可以说是'知道'了。"[1]

知识是被视为具有真实性的观点或信念,这种真实性并不等于人们一般所说的"客观性"(objectivity)或"事实"(facts),而只是在一个有限度的意义上的"被合理证明的信念"。温伯格很恰当地称之为一个

---

[1] Larry Sanger, "How the Internet Is Changing What We (Think We) Know", http://www.larrysanger.org/hownetchangesknowledge.html. 希斯·莱杰(Heath Ledger),1979年出生于澳大利亚珀斯市,澳大利亚影视演员。2008年1月22日,年仅28岁的希斯·莱杰被人发现死于纽约的公寓内。

"停止点"的系统,"知识一直是一套停止点系统,其正确性又由无数停止点来证明。在大多数情况下,这个系统运作良好"。[1] 例如,你有一个问题,向专家咨询(正确的询问策略),你得到了一个结论性的回答(你想知道的),由于你接受他支持这个结论的理由和证据(正当、可靠),对你来说,你得到的信息是可信任的、靠得住的,所以你可以不再继续询问了,这个停止点就是知识。当然,如果另一个人不这么以为,他还可以继续质疑、追问,直到到达一个至少是暂时可以不再继续追问下去的停止点。在公共说理中,如果一个经过证明的结论对一些人具有说服或达成共识的作用,它也可以是这样性质的停止点,虽然不一定真的是找到了什么"客观"或"事实"的东西。

在大多数情况下"客观"与"事实"所指相同,只是在不同领域中的不同习惯说法。例如,新闻报道要讲究"客观",要"实事求是",公共辩论和说理中要"摆事实,讲道理",科学论证或学术论述要"以事实为依据"等。客观和事实的对立面都是迷信、偏见、主观臆测、简单的理论推导等。

知识不等于"客观"或"事实",并不是有了互联网才是这样的。不过,在互联网时代,知识与客观和事实的不同更清楚地暴露出来。人们一直相信,不同意见者之间的理性、公开交流和辩论是通往真实和知识的必经之途,也是唯一可靠之途。这一直是一个理想,而非现实。在互联网时代,这种理想变得比以前更虚幻、更不现实了,我们必须对此有更清醒的认识。不是不再要真实,不再要知识,而是要明白,通过理性、公开辩论可以期待得到的究竟是怎样的真实,怎样的知识。互联网时代,我们必须更加清醒地面对这样的现实,那就是,

---

[1] 戴维·温伯格:《知识的边界》,第34页。

理性、公开的辩论不会只产生一个大家都接受的结论,人们会在每一个公共论题上都存在不同的看法。称此为分歧也好,多元也罢,我们必须学会如何面对这种情形,学会如何包容更多不同的看法。

早在互联网时代来到之前,哲学和语言哲学家们就已经知道,我们总是在与对事实的解释打交道,而不是与真实直接打交道。所有的事实和经验都是一种解释。当然,不是个人想怎么解释就怎么解释。解释是一种社会性行为,由解释而来的真实或知识是一种话语。解释都需要有出发点,不存在地位独尊的解释出发点,任何解释都必然平等面对来自不同出发点的其他解释。但是,在特定的社会里,有的解释话语会被优先对待——这个社会环境(social context)决定了解释的社会性。例如,在自由民主社会里,人们接受以事实为基础的解释话语,但不接受以宗教信仰或政治意识形态为基础的解释话语,同样,在公共说理中,人们接受以事实,而不是以情绪为基础的看法。在这个意义上可以说,事实仍然重要,因为它被接受为真实的一个基础,虽然并非唯一的基础。对于知识来说,这些都不是进入互联网时代之后才有的新情况,互联网时代并没有改变什么,而只是让这种情况更清楚、更不可回避地暴露在我们面前而已。

二 知识能"下载"吗

互联网时代无数不同来源的巨量信息,让每一种不同的看法或观点,都能方便地找到自己需要的"事实"证据。这些看法被许多人当成是可以从网络上现成下载的知识。因此,生活在无数信息和不同看法联网的时代,最大的一个挑战就是如何不因为可以超级容易地获得如此多的信息，而被诱使成为别人看法的被动容器。17世纪理性主义思想家曾试图确定什么是可靠知识的基础。洛克认为，经验是唯一可靠的基础，而笛卡儿则认为，只有怀疑才能确保知识的可靠，此二者都是个人理性所能做到的。美国哲学家迈克尔·林奇（Michael Lynch）指出：“洛克和笛卡儿也许把理性在我们生活中的作用太简单化了。但是，我们也不能犯一个相反方向的错误。今天，获取知识比笛卡儿或洛克想象的要更快捷，也更依赖于他人。如果不小心，我们就会相信，所有的知识都只是下载而已——所有的知识都是被动的。这会是一个严重的错误。如果我们不想成为一个只是被动、接受的知识者，我们就应该努力成为一个'自主'（autonomous）的思考者。要做到这一点，就必须用'我们自己的理由'来相信。"[1]

在互联网时代，我们不再认为个人可以在不与他人有信息和知识联系的情况下，独自获得知识，无论是在比喻的还是实际的意义上，我们都已经联网。但是，网上的知识不等于就是我的知识，可以方便地下载，毫无保留地接受并运用。我们需要有意识地成为自主的思考者。每一个人都必须运用自己的理性，获得经过自己证明合理的知识，这时候，他才能说，"这是我的知识"。

互联网上确实是有许多"事实"，你可以下载这些事实或那些事实，但那只是信息，并不是知识。许多人以为，事实是知识的基础，只要知道了事实，知识便能落地生根。但是，互联网上的事实越多，越是让我们认识到，单凭事实作为证据，并不能保证得出可靠的结论，有越多这样的结论更不等于越是有值得信任的知识。2006年，美

---

[1] Michael Patrick Lynch, *The Internet of Us: Knowing More and Understanding Less in the Age of Big Data*. New York: Liveright Publishing Corporation, 2016, p. 39.

国前总统克林顿在《纽约时报》上发表了一篇专栏文章，论及 10 年前他成功推导福利改革立法的成绩，其结论是，"过去 10 年已经证明，我们实际上终结了我们过去所了解的福利，为数百万美国人创建了一个新起点"。这个结论是用这样的事实来支持的：

> 在过去十年里，接受福利救济的人数大幅下降，从 1996 年的 1220 万人降至今天的 450 万人。同时，待处理的福利案件的数量下降了 54%。60% 不再接受福利救济的母亲找到了工作，远远超出了专家们的预期。我的政府通过"从福利到工作合作计划"加快了福利救济接受者的就业步伐，超过 2 万的企业雇用了 110 万的福利接受者，福利制度改革被证明是一个伟大的成功。[1]

人们经常把数字视为铁定的事实，说是"让数字说话"，认为数字不会说谎。殊不知，数字自己不会说话，是有意图的人在引用数字，在让数字替他说他要说的话。克林顿在为自己的政绩评功摆好的时候，他引用的数字是正确的，不是伪造的。这与一些个人或政府用数字造假和赤裸裸的谎言来欺骗和愚弄民众是不可同日而语的。

那么，我们听了克林顿的这番高论，是否就被他说服，就相信他的执政成绩呢？如果我们有不同的看法，那又可以如何反驳呢？我们可以指出，这些数字事实是"经过精心挑选的、断章取义的"，为此，我们必须举出自己的事实，例如，"在克林顿的法案生效之前，贫困线一直在下降……领取食物救济券的零收入人员数量增长至约 600 万，原因是克林顿的改革法案切断了其他的现金救济来源"。在这样的辩论

---

[1] 戴维·温伯格：《知识的边界》，第 37—38 页，译文有调整。

中，不是用事实对抗虚构、用真话对抗谎言，而是在 "用事实对抗事实"（fight facts with facts）。[1]

我们知道，事实不仅可以不说真情，甚至还可以说谎，手法多多。例如，一种是选择性地说真话，又称"摘樱桃"，那就是专挑或者只挑对自己有利的事实，故意不提对自己不利的事实。这在商业欺诈和政治欺骗中都很常见。克林顿的政敌有理由说，克林顿使用的就是这种手法。另一种是突出不重要的区别或者淡化重要的区别。再一种是用例证代替论证。还有一种是借他人之口，也被称为参考消息式说谎，传递一个虚假的消息，不以自己的名义，而是转述他人的看法，借用他人的说法。就算他人确实有这个看法或说法，真实的复述仍然是一种说谎。借用平均值也是一种常用的手法。统计学教材中有许多这样的例子。例如，一个公司可能报告说它的策略是由股东民主制订的，因为它的 50 个股东共有 600 张选票，平均每人 12 票。可是，如果其中 45 个股东每人只有 4 票，而另外 5 人每人有 84 张选票，平均数确实是每人 12 票，可是只有那 5 个人才完全控制了这个公司。

对真实的误解会影响我们对线下和线上新闻报道的判断。人们传统地把新闻报道的真实性和报纸（或刊物）的优劣归因为记者的认知水平或道德操守，也就是把真实等同为业务水平或个人诚实。人们会以为，新闻报道缺乏客观性是因为个人的偏见、主观、信息不全所致。在新闻受到审查和控制的社会环境中，确实有必要强调新闻报道的客观原则，将之视为对新闻报道最重要的要求，这样的要求是有原因的，也是有道理的。但是，在新闻自由，读者可以自由选择不读说谎的报纸，报纸的诚实因此受到监督的国家和社会里，新闻报道缺乏所

---

[1]　戴维·温伯格：《知识的边界》，第 38 页。

谓的"中立客观"则是另有原因。互联网时代让人们更加看清，就算有最好的诚实愿望，客观性也不再胜任作为报纸知识的唯一基础，不是不再重要，而是不再是最重要的了。

因此，温伯格在《无边的知识》一书里提出，客观性已经不再是与新闻报道有关的唯一公共价值，而只是公共价值之一，"透明性"要比客观性来得更为基本。他将透明性区分为两种，第一种是记者立场（standpoint）的透明性，它要求的不是正确性（政治正确），而是一致性（不自相矛盾），不一致不一定是伪善，但一定是让人看不明白或看不清楚，也就是不透明。例如，一个报人或知识分子加入了某个政党，明明宣誓效忠过，却仍然说自己是独立的思想者。

第二种是消息来源（sources）的透明。互联网时代之前的纸质媒介会提供所有原始材料的来源，对信息来源的可靠性逐一核实，做到"言之有据"。但是，互联网时代的消息来源可以是链接，"许多链接指向的不是原始资料，而是对作者观点的拓展、补充甚至是矛盾的观点。这些链接是一个个明显的证据，表明作者放弃了对全面性甚至充分性的追求；链接邀请读者去畅游本篇作品所卷入的那个网络，并且作出声明：思考是一项我们共同完成的事情。网络化的知识因此不再是一个'停止点'的体系，更像是一个充满诱惑的网络"。[1] 在这两种对客观性的解释中，第一种是现实的，第二种则是不现实的。

把链接视为证据，把思考当作一种网友共同完成的认知，以目前的实际情况来看，这种知识模式太乐观，太理想化了，并不符合现实。这种理想化和浪漫化的知识模式尤其不适用于低公民素质的社会。如果人们在线下社会生活中普遍习惯于奴性、服从、被动的思维

---

[1] 戴维·温伯格：《知识的边界》，第 178—179 页。

和行为,不可能期待他们在线上一下子就会有相反的表现。在公民社会不健康,公民素质普遍低下的社会里,能够参与并得益于网上积极共造知识模式的人即使有,也是极少数。更何况,如果一个社会的网络缺乏良好的整体知识素质和理性文化,那么这些极少数人一定会被绝大多数人排挤或视为异己,难以指望他们对绝大多数人会有实质性的影响。这种劣币逐良币效应是难以避免的。

乐观的网络理想主义容易把互联网技术本身当作人类知识的积极推动力量,这是一种技术决定论。它所忽视的一个基本事实是,互联网技术的良性发展需要有与之一致的自由民主政治和社会制度条件。网络乐观理想主义经常是建立在一种网络世界与现实世界互相分割的幻想观念上的:一个是虚拟的,另一个则是现实的,虚拟世界可以享受现实世界里缺乏的自由,因此特别令人向往,也特别美好。对这种互联网欣快症(euphoria),现实世界里实际存在的专制统治不啻是一味清醒剂,它对线下世界和线上世界双管齐下的严厉控制让我们看到,这两个世界根本是不可截然两分的,互联网是现实世界的一部分。权力统治的现实世界包括权力可以予取予夺的互联网,权力控制社会的任何手段都可以顺理成章地运用于控制网络。

在一些社会里,由于实际存在的政治限制和其他原因,普通人还不享有自由网民的权利,他们的公民素质和技能也还远不足以实现网络乐观主义者们所赞赏的那些网络公民认知,"共构知识"(knowledge co-constructed)便是其一。

网络乐观主义者们相信共构知识优于个体知识。但是,以目前的情况来看,绝大多数上网者并不具备参与知识共构的自觉意向和能力,过分理想主义地强调共构知识,只会弊大于利。具有公共责任意识的知识人(知识分子)应该承认并积极面对这种并不理想的现实,并担负起两项主要任务。第一，要尽可能地继续为公众提供具有停止点价值的知识，不妨将此作为一种必要的公众启蒙。当然，这样的知识也不是真理，只要有充分的理由和依据，任何个人都可以质疑或拓展这样的知识，达到更前进一步的停止点。第二，要提醒公众，网络上的信息不等于知识，更不等于每个人必须自行确认，才可以信任的个人知识。共构知识需要大家参与共构，倘若谁只是等着别人共构，自己坐享其成，那么，那不仅是一种懒惰的等待，而且也是一种被动的知识下载。

三　互联网时代的知识学习

互联网带来的信息爆炸对传统的教育理念形成了剧烈冲击，因而引发了一些对未来知识和学习变化的估计，也出现了不少为适应互联网时代变化而提出的新观点。拉里·桑格在《互联网时代的个人知识》中对三个主要新观点提出了批评意见，这三个观点都具有相当的代表性。[1]

这三个观点分别是：第一，由于可以便捷地从网络上取得信息，个人学习的记忆工作不再必须，或者至少不那么必须了。第二，互联网提供了知识共构的便利，合作的学习成为趋势，合作学习优于过时的个人学习（我们的知识优于我的知识）。第三，内容复杂的大部头著作已经变成了"乏味的老书"，古老经典著作与读者的那种单向、静态联

---

[1] Larry Sanger, "Individual Knowledge in the Internet Age", https://er.educause.edu/articles/2010/4/individual-knowledge-in-the-internet-age. 以下引文皆出自此文。

系已经不适用于互联网时代的知识互动与共构,因此已经过时了。

桑格针对这三个观点提出了他的不同看法:第一,互联网时代记忆仍然重要;第二,合作学习不能代替个人学习;第三,"老书"还是要读,并没有过时。桑格的批评意见具有特别的意义,因为他不是一个信息科技怀疑论者或悲观主义者。他身兼科技创新家和哲学家,是维基百科的创建人之一,也是网上大众百科的创始人。他是 Web 2.0(指的是一个利用 Web 的平台,由用户主导而生成内容的互联网产品模式,区别于传统由网站雇员主导生成内容的 Web 1.0)的积极参与和贡献者。他同时也是维基百科知识模式的一位批评者。他对互联网与学习和知识的关系有许多值得我们重视的独特见解。

第一,有的人以为,互联网使得学习的许多知识记忆工作成为多余。在有互联网之前,高程度的和专业的学习需要花费数年甚至十数年来积累知识,对某些内容的记忆便成为专门知识,今天,许多这样的知识信息可以从网上方便、快捷地获得,大大缩短了这部分记忆学习的过程,记忆已经变得不重要了。

针对这种看法,桑格提出,互联网并不能代替每个人学习所需要的记忆训练。记忆是知识学习的重要部分,也是整体智力素质的重要部分。以前是这样,现在还是这样,互联网并没有改变这个。但是,互联网确实使得学习的记忆发生了从细到粗、从小到大、从琐碎到要点的变化。

对于学习来说,记忆可以包括两个方面。一方面,某种记忆,如背诵诗文、经典,本身就有陶冶、顿悟、体会的价值,经过内化、体悟,成为一种修养、境界,甚至智慧,它本身就是一种教育的目的。这是在长期的日常学习过程积累的智识内涵,不是修一两门课就能得到传授的。互联网不能代替这种起陶冶、顿悟作用的记忆。

另一方面，一个人的记忆关乎他的理解和判断，也会体现他的思考特征和价值。记忆的内容作为"知识"储存在长期记忆中，事实上不可能弥久常新。如果不复习或运用，知识记忆的细节是会淡忘的。记忆的具体内容（如诗文的文字、数学公式、外语惯用法等）淡忘后，留下的只是一个大概的想法或印象。就算曾经能滚瓜烂熟背诵的东西，如果长期不用，到后来也只是记住个大概，或迷迷糊糊的"有这么回事"。常言道，多年举子成白丁，说的就是这种自然的记忆退化现象。互联网时代，我们不需要为记忆的从细到粗、从小到大的自然趋向感到伤感或惋惜。该记忆的东西存放在互联网上不会损耗，也不会走样，比存放在人头脑里要远为安妥。

但是，这不等于记忆已经变成知识可有可无的部分，互联网不能代替个人记忆，却能释放一部分记忆用于更深入的理解。互联网时代的记忆应该包括对记忆本身的思考和理解：什么值得记忆？为什么值得记忆？如何运用记忆？不同政治制度和社会环境下的教育会要求学生记忆不同的东西，例如，以前的学生被要求背诵《雷锋日记》《毛主席语录》，现在背诵《三字经》《弟子规》或古文，为什么要记忆这些文本呢？记忆增进怎样的知识和为了怎样的教育目的呢？为什么不能就把这些记忆内容存放在互联网上（或者用文字记录在纸上），等到需要时再提取呢？

互联网时代，教育应该反对的是死记硬背的记忆和回避上述记忆问题的记忆，而不是记忆本身。桑格认为，记忆对个人学习的重要性必须从人文教育对独立思考和判断能力的要求来认识。他指出，人文教育不是仅仅累积一大堆"事实"的记忆，"关键是培养判断，懂得那些需要对多种事实有细微理解（nuanced grasp）的问题，并由此培养思考和运用这些事实的能力"。在这样的思考中，许多在学习中记忆的东西，哪怕已经残缺不全，也还是可能在类比、对比、联想、归类、分析、互证等思维过程中被唤起或唤醒。这种记忆不是细节的过目不忘、博闻强记，而是学识的见多识广、学识渊博和思维敏捷。

今天的学习应该重视记忆，把记忆当作进一步智力发展（独立思考、理解、判断、想象、触类旁通、举一反三、全面思考、排斥偏见）的必要因素和条件。记忆及其成效——你选择记住什么，为什么认为记忆的东西重要——本身就是思考、理解、判断的一部分。人的天资、阅历、学习条件有所不同，在学习中能够接触到的东西也大不一样，很多都是因为偶然的机遇。你能多记忆一些固然很好，少记忆一些也没什么。记忆本身不是目的，记忆所能帮助提升的思考、理解、判断才是更重要的。思考的深浅、理解面的宽窄、判断的敏锐，都会有程度的差别，"记忆"其实就是比较深入的"知道"，记忆的和知道的越多，越有利于克服偏见，远离愚蠢，亲近智慧。对于思考、理解、判断来说，克服偏见既是条件，也是目的。有知识的傻瓜要比无知的傻瓜更愚蠢。学校死记硬背的背诵教学就是一种把人变蠢的教育。

第二，合作学习优于个人学习，甚至可以代替个人学习吗？如果说记忆关乎知识的内容，那么，如何取得知识——个人还是与他人合作学习——涉及的就是方法。现在，对于互联网有利于知识共构的看法似乎已经日趋普遍。网上有许多意见、咨询、资料网站，提供了讨论和共享知识的平台，维基百科就是一个例子；有了一些值得提倡的知识共构模式，例如，学生把作文上传到 Citizendium，获得评论意见和反馈。人们也可以就共同感兴趣的问题在网上交换书面意见（互联网上有许多这样的讨论站）。

针对技术乐观主义者对共构知识的推崇，桑格提出，共构知识并不是一枝独秀的知识模式，互联网上的知识共构不能代替个人的努力学习。知识合作与个人求知的关系在互联网出现之前就已经是学校教育方法的一个问题，合作的优点和缺点也都已经显示出来。例如，学校有学习小组和兴趣小组，写作课有"同伴反馈"（peer editing）、人文教育课有讨论班（seminar）等，这些都是个人学习的辅助手段，不能代替学生自己在知识学习中的自主能动作用。互联网没有改变这个，但由于提供了更多样化、更便捷的手段和方式，让一些人觉得个人自主学习已经不如以前那么重要了，因而忽视合作学习的缺点。

合作学习的主要缺点是容易流于形式，造成滥竽充数和搭便车的现象。例如，人文阅读课上阅读大部头的经典著作（如荷马的《伊利亚特》《奥德赛》，亚里士多德的《伦理学》《政治学》，塞万提斯的《堂吉诃德》），有的老师让学生组成小组，不是阅读整部著作，而是每人分读一章或一小部分，然后在小组里就各自阅读的部分与他人"分享"。这是一种懒人合作学习的办法，让别人代替自己阅读，这与不读原著，只读 Sparknotes 或 Cliffnotes 一类的教辅简述没有什么区别，甚至更糟。

互联网促进了合作学习和共构知识，但是，互联网无法改变个人独自学习的必要性。对此，桑格指出，"从网上存在的学习资源（learning resources）得出社会学习优于个人学习的结论……认为互联网让社会学习有可能代替传统个人学习的结论，都是站不住脚的"。其中最突出的一个例子就是人文教育，"那不是一种技术性教育，而是更为基本，更为自由的教育——必须体现为个人的知识活动"，包括"阅读、写作、批判性思考……这些是人文教育的主要部分。社会学习一旦代替这些个人学习的活动，也就危害了人文教育本身"。

第三，"乏味的老书"真的已经过时了吗？这是桑格针对克莱·舍基（Clay Shirky）的"老书过时论"提出的反驳。舍基是一位研究互联网技术社会和经济影响的美国作家,他认为,人们忧虑互联网使人浅薄,"重点在于一种非常特殊的阅读:文学阅读","文学变成了整个生活方式的代名词"。但是,互联网正在改变印刷时代的"媒介景象",创造出一种新的文化生活,使得那些以前被世人看重的"单一、陈旧和精英"的伟大著作失去了影响,这是理所当然的,因为对今天的读者来说,那些老书太乏味了。[1]

针对这种看法,桑格提出,经典著作和经典阅读所需要的那种深度阅读和思考在今天并没有过时,仍然是人文教育的重要部分。如何认识经典著作在互联网时代的意义,其实也是互联网时代需要怎样的阅读的问题。今天的互联网阅读与传统的经典阅读方式完全不同,是一个不争的事实。互联网阅读偏好娱乐和消遣,也偏好短小和有趣。为了迎合学生的这种阅读趋向,不少教育工作者就算没有放弃阅读经典,也不再坚持阅读经典的传统方式(仔细、反复阅读,记笔记、写心得或落笔成文),而代之以所谓的"悦读"。

阅读经典经常是苦读,不是悦读,凭的不是一开始就有兴趣,而更多的是求知的意愿和意志。这也就是为什么伟大的人文学者和经典阅读实践者列奥·施特劳斯(Leo Strauss)说,阅读经典需要有经验的读者指导刚开始的读者。在《什么是人文教育》一文中,施特劳斯写道:"人文教育是文化教育或以文化为目标的教育。人文教育的产品是有文化的人。"[2] 人文教育的关键是老师,"老师们自己是学生,而且必须是学生。却不能如此无限推延,最终必须有那些不再是学生的老师。

---

[1] Clay Shirky, "Why Abundance is Good: A Reply to Nick Carr", http://blogs.britannica.com/2008/07/why-abundance-is-good-a-reply-to-nick-carr.

[2] Leo Strauss, "What is Liberal Education?" In Leo Strauss, *Liberalism: Ancient and Modern*. Allan Bloom, ed. Ithaca: Cornell University Press, 1989, p. 3.

那些不再是学生的老师是伟大的心灵。因为事关重大，可以说得更明白一点，他们是最伟大的心灵。这样的人是极端少见的。在课堂里几乎没有遇到他们的可能。……这样的人只能在伟大的著作中遇上。人文教育因此便是仔细阅读伟大心灵留下的伟大著作"。在阅读伟大著作的过程中，"比较有经验的学生"——像施特劳斯自己那样——帮助"比较没有经验的学生，包括初学者"。[1]

如果一个学生拿起一本经典，先已经在情绪上排斥那是"乏味的老书"，感觉不到阅读的愉悦，那么他是否就有了不阅读的理由呢？老师该不该迁就这样的学生说，不想读就算了，反正是过时的，甚至是政治不正确的老书？今天，学生们有太多要学的东西，时间和精力上顾不过来，那是一个有限资源支配的现实问题。但是，许多重要的著作，没时间阅读，或因为没有精力而缺乏阅读兴趣，不等于这些著作不值得阅读。更不等于必须等到学生们先有了兴趣才要求他们去阅读，因为兴趣是在阅读的过程中培养起来的，不能培养起学生有思想和审美价值的阅读兴趣，那是老师的失职。

互联网时代让我们对"经典"有了新的认识。"经典"是一个概念，不是特指哪一些书，或者哪一种书。我们总是从实例经验来形成概念的。一个阅读经验粗浅的人，你给他一个"经典"的概念，他想到的也不过是卡通书、连环画，而绝对不可能想到莎士比亚或汤显祖。当我们把一个实例归入某一个概念之后，我们就可以利用这个概念，了解与这个概念有关的其他信息。当我们把一个动物归入"狗"这个概念，我们就可以设想这个动物会吠叫和撕咬，当然我们会用自己的经验来添加关于狗的其他信息。"经典"的概念也是这样，我们读了希腊

---

[1] Leo Strauss, "What is Liberal Education?" p. 3.

悲剧家索福克勒斯的《俄狄浦斯》，看到人因为过度骄傲或自信（hubris）而给自己和家人带来灾难，理解到这是文学的一个永恒主题，也是人类社会历史上的一个多见现象。如果我们把索福克勒斯的这个剧归入"经典"，那么我们便形成这样的概念：经典有深刻的思想、表现永久的主题、帮助我们思考人性和人类的基本问题。当然，我们还可以用自己的经验来添加关于经典的其他信息，如语言优美、人物鲜明、情节精炼、作品结构完整等。为什么要读经典呢？因为经典能训练我们的深度阅读能力，而且，我们可以用自己熟悉的经典文本来设立一些有用的审美和认知标准。

经典的概念为我们如何去阅读理解一本书提供了一个框架。当你在经典阅读的课堂上捧起《红楼梦》的时候，经典的概念可以让你知道接下来该怎么做：细读、分析、讨论、深入理解、计划写一篇论文，等等。对于没有这个概念的读者，《红楼梦》不过是一本"好看""有趣"的故事书或闲书，与消遣娱乐，看电视剧《红楼梦》没有什么区别。由此可见，没有什么是适用于所有人，在任何认知环境中都被认可的"经典"。"文革"的时候，任何"老书"都是"封资修毒草"，那时候，人们没有主见，人家怎么说，他们就怎么相信。今天我们是用完全不同的自主意识和价值判断来把许多老书当作经典阅读的。

在互联网时代的阅读中，最重要的不是阅读或不阅读这部或那部老书或经典，而是阅读者必须具备自主意识和价值判断，而自主意识与价值判断只能在深入思考的阅读中才能得到培养。就学习知识而言，重申个体读者的深层阅读，也就是要求减少纯娱乐消遣的"悦读"和信息采集式的"忙读"，停止浅尝辄止的"懒读"和囫囵吞枣的"瞎读"，回到慢读、细读和精读。通过思考将阅读的体会形成一个能够融会贯通的认知和理解的体系，并在修正和完善的过程中孕育出有创意和想象力的独特见解，这就是个人可以拥有的知识。从这个意义上说，知识永远是个人的知识，其终极价值在于人作为"人"的自我完善和提升。这是人文教育的理念，也是知识值得追求的一种高尚境界。互联网应该帮助我们实现而不是改变这个理念。我们也应该把互联网当作达到这一境界的工具，而不是用它去替代或取消这一境界。

第5章　数码时代的大学知识

数码与互联网时代的文化生态已经并继续在发生变化，大学知识处在这一新文化生态中备受冲击的部分。大学的知识权威正处于颓势之中。当然，大学知识权威的动摇并不全都是由于数码文化的崛起。大学自身的价值观、社会和政治环境、大学与统治权力的关系对大学的知识及其权威都有直接影响。数码文化的影响之所以特别值得我们关注，乃是因为它能让我们从知识的认知特征上重新认识大学及其印刷文化基础，而数码文化的特征也正需要在与印刷文化的比较中才能比较清楚地显现出来。

一　书籍印刷和大学知识体制

同任何知识一样，大学的知识存在于特定的知识媒介之中，加拿大哲学家和教育家麦克卢汉（Herbert Marshall McLuhan）在《古登堡星云》一书里强调，印刷术的发明不光改变了人们的阅读方式，还改变了他们的思考方式。[1] 文字让人开始得以用眼睛思考，发展出一种不同于依靠声音和触觉的线性思维方式。而且，印刷文字和它的默读方式帮助读者成为个体，让他的个人思考可以与他的直接群体保持距离。个人阅读成为人的个体知识和自由独立思考的基础。

美国杰出的文化史学者伊丽莎白·爱森斯坦（Elizabeth Eisenstein）在《作为变革动因的印刷机》一书中则指出，印刷术让文本更加稳定，使语言标准化。一本印刷的书，100本或1000本，都是一个样子，书里同样的知识也就有了更高的可信度。印刷术也改变了学者的工作方式，他们可以更自由独立地阅读文本，更方便地比较不同文本，在以往学者研究的基础上提出自己的新见解。学问成为一件有隔代积累性质的知识工作。[2]

15世纪，人类进入印刷文化时代之后，书籍就成为无可匹敌的现代知识形式。可是，印刷文化摇篮期的书籍文本与我们今天的书籍很不相同。1452年，人类第一部印刷的"书籍"（古登堡《圣经》）其实是一个长卷，没有题页，没有内容目录，也没有页码。这本"书"上留有明显的中世纪教会文稿痕迹，它有精美的装饰图边，文稿的装饰图边或图廓让文字披上了一层权威的光彩，高高超越于人们日常经验的口语文字之上。

一直要到半个世纪之后，印刷文字的文本才具备了它的现代样式。1500年，印刷时代走出摇篮期的时候，已经有3800万册书被印刷出来，这时候，出现了不同规格的字体和行空设计，书有了内容的导

---

[1] Herbert Marshall McLuhan, *The Gutenberg Galaxy: The Making of Typographic Man*. Toronto: Toronto University Press, 1962.

[2] Elizabeth Eisenstein, *The Printing Press as an Agent of Change*, pp. 516-517.

航,书分成了"章",每章有自己的标题,每章下面再分成"节",每节也有自己的标题。这样的内容导航就是我们熟悉的"目录"和页头书名或章名。书还添加了按字母顺序排列的"索引",而最具革命性,也最不起眼的正是每页上不可缺少的页码,这被书籍历史研究者称为信息技术的革命性创举。

这些都不仅是书籍的文本变化和发展,而且更是具有现代特征的大学知识基础。16世纪中叶,法国逻辑学家、哲学家,巴黎大学教授拉米斯(Petrus Ramus)发明了现代教科书。他对欧洲教育的主要贡献在于将古登堡印刷术的视觉效应贯彻于课堂教学。从此,大学教学依靠阅读文字,而不再是口耳相传的古老教学方法。拉米斯倡导用印刷文本取代手抄本,并用阅读印刷教科书代替口头对话,大学课堂教学的知识传授方式发生了根本的变化。

老师仍然讲课,但是,知识不再是由老师口说,并由学生记录在笔记里的东西。不同的学生听同一堂课,各记各的,记下什么算什么,准确不准确没个标杆。但是,他们用的是同一本教科书,教科书才是可靠知识的标杆。

这就开创了西方教育史上"教科书"知识范式。文化史家沃尔特·翁在《拉米斯、方法和对话的衰败:从对话的艺术到理性的艺术》一书中认为,拉米斯在教科书的知识内容上并无新的知识建树,但他对正在形成的新知识秩序却有着非凡的敏感。[1] 拉米斯敏锐地预见到,现代大学知识将被分门别类地划分成不同领域。人类知识就像一本大书,各个部分都井然有序,就像一本大书划分成不同的章,然后由章

---

[1] Walter Ong, *Ramus, Method and the Decay of Dialogue: From the Art of Discourse to the Art of Reason*. Chicago: University of Chicago Press, 2004.

再划分成节一样。

正在形成和发展的印刷文化，它的教科书知识文本把"准确"放在了首位，从拼写的标准化到编辑、校对和更正莫不如此。就算在出版之后，如果发现有错误，也会附有"勘误表"，下一次出版时，会予以改正。注重细节的准确无误成为一种被大学接纳并推行的知识规范和标准，也成为由早期现代学院群体成员（教授、学者、学生）所共同尊奉的知识价值。从此一代代地传承下来，五个世纪没有太大的变化，直到出现了数码世界的互联网知识。

大学的知识首先体现在大学里阅读和传授的"学术书籍"里。被认可为学术书籍的印刷文本不是孤立的，而是存在于一个相互参照、交叉引用、彼此对照的互文世界里。这就是今天我们所熟悉的学术话语世界。这个世界的两个最重要的部分是：一、作为"学者"的权威知识者（教授、博导、长江学者等），二、他们的著作（他们之所以被认可为"权威"的知识担保，这些著作是否真的被人阅读，或被多少人阅读则不重要）。这与数码世界里的文字是不同的，在开放的数码世界里，没有人阅读的文字是死文字，没有价值，也不值得生产。

大学的学术话语是一个封闭的世界，学术作品存放在图书馆里，供小圈子里的学术同侪引述、列为参考书目，或做文献介绍。作者在著作里提供详细注释或引用参考资料，可以显示自己学问渊博和谙熟学术规范，这自然有助于增添文本的"知识分量"，也是表现作者独到见解的一种方式。数码文化的知识世界与此迥然有别。除非是专门的学术网站（可以将之视为大学知识世界的网上延伸），互联网上的文章都是不带注释或参考书目的。这种"不规范"自然减少了文本的"知识分量"或"学术成色"，这样的作品在学院学术体制中是不被承认的。2017 年 9 月，浙江大学提出要探索将优秀网络文化成果纳入学校科研成果统计、各类晋升评聘和评奖评优范围,受到"学术界"的一片质疑,并不是一件奇怪的事情。

然而,大学知识的网络化或许并不像许多人害怕的那样标新立异,它与大学里现有的"学术成果"至少在一个重要的方面是完全一致的。那就是,个人独创的知识不仅是作者的独特见解,也是他的私人知识财产。15世纪,威尼斯就已经有了关于知识产权的雏形观念:书写文本里的知识是有属主的,那就是作者。作者拥有对知识的财产权利,可以将知识当作商品转让给他人。

这样的知识秩序是依靠权利和契约关系形成的,它被普遍认可。在这个知识秩序里,每件知识产品都在构建主人的知识地位,协调他与知识同侪的关系,安顿他在学术界的位置。正是这样的知识产品建构起现代大学(或学术、研究机构)的体制。这也就是为什么现代大学如此重视"学术成果",以至于忘记了它传授知识、百年育人的根本目标。学术成果是大学在现代社会中维护自己既得利益(知识权威、经费投入、社会地位和重要性等)的根本手段,是现有大学体制的合理性基础。不要忘记,它形成于文艺复兴时期,从此,现代大学得以与它的前身——中世纪大学及其修道院传统——分道扬镳,朝着一个完全不同的方向发展。在经济市场化的今天,大学的经济利益使它更离不开这种已经相当陈旧的体制。数码时代的文化市场在经济利益上会与大学有所冲突,受到大学文化的抵制,也是意料之中的事。

二 数码时代的网上知识产品

简单回顾一下印刷文化与大学知识秩序的关系,可以帮助我们思考电子信息时代的数码文化在哪些方面与印刷文化有所差异（新的特征），而在哪些方面则是相似的（只是看上去新，其实并不那么新）。

数码时代的变化首先表现在文字生产上，文字不再只是写在纸上，而是输入电脑，成为数码资料。20 世纪 70 年代，数码文字处理和呈现方式尚处于初级阶段。20 世纪 80 年代至 90 年代，数码文字处理和电脑印刷被全面推广运用。以前是学者写完论文或书稿后，由专门的打字员输入电脑。后来是他们自己直接在电脑上打字（初稿或修改稿）。文艺复兴时代，书写文字也是由作者口述或口授发展到作者自己动笔书写的。今天，作者在电脑上敲键盘，打字输入文字，这样的写作仍然没有跳出古老的古登堡规范，输入文字等于将文本进行排字，做成 PDF（Portable Document Format），以备打印或付印。几十年来，这样的数码文字仍然处在加拿大学者让－克劳德·奎登（Jean-Claude Guédon）在《在（亨利·）奥尔登伯格长长的身影里》一文中所说的"数码摇篮期"，数码文本的潜力只是刚刚被发掘而已。[1] 大多数学术网站只是完成了纸媒学术论文的数码化，还不是数码化互动的知识生成产物。

数码化互动知识生成有其自身的特点，维基百科就是一个典型，它的知识模式是自下而上的，普通读者对什么议题或事件感兴趣，就有关心者自己及时增加有关知识的条目。条目可以由非专家或专家撰写，任何人都可以用反馈的方式参与这一知识的建构（当然得通过必要的编辑程序）。相比起出版周期长，议题由专业作者决定的纸媒刊物

---

[1] Jean-Claude Guédon, "In Oldenburg's Long Shadow", *Association of Research Libraries, Conference Proceedings*, 2001. Quoted in Bill Cope and Mary Kalantzis (eds.), "The Role of the Internet in Changing Knowledge Ecology", http://cjms.fims.uwo.ca/issues/07-01/Internet and Changing Knowledge Ecologies-Bill-2ndR.pdf.

来，数码文化的知识具有更强的公共性和时效性。

就文科的知识而言，数码时代的专家知识与非专家知识的结构性关系正在发生变化。知识结构方面的变化也改变了知识的形态和性质。以前，只有专家的知识才被视为可信和可靠的，而一般人的知识即使正确，也只是看法而不是知识。专家知识就是比非专家知识有分量，理应享有后者所不享有的权威。但是，人们越来越经常地发现，在社会、政治、文化或公共事务问题上，专家知识并不可信，而非专家的看法则更接近真实。在这种情况下，专家和非专家的区别的重要性也就发生了动摇。哈佛大学资深研究员戴维·温伯格在《知识的边界》一书里指出："有些知识，我们曾经坚信不移，视它们为权威研究机构最坚不可摧的基础。然而如今，这些知识也遇到了质疑，从而使得下述这些机构都受到了冲击。"[1] 在受到冲击的知识机构中，首当其冲的便是大学。

温伯格指出，"大学里兴起了一场讨论，教授们是否应该将他们的研究全都免费发布在网上，而不是（或者同时）将它们发表在业内闻名但却价格昂贵的期刊上。更进一步说，一位通过积极参与网络和社交媒体，从而深刻影响了本学科的教授，是否可以得到终身教职，哪怕她并没有在同行评议的期刊上发表足够多的论文？"[2] 浙江大学关于如何合理评判教授学术成果的新想法，可以说正是从温伯格这样的问题延伸出来的。

以现在的文科学术现状来看，文科教授能通过积极参与网络和社交媒体，进而把他的专业知识转化为社会启蒙的力量，并以读者的反

---

[1] 戴维·温伯格：《知识的边界》，第 8 页。
[2] 戴维·温伯格：《知识的边界》，第 8 页。

响和需要来调整自己的知识创新方向,这本身就是一种对故步自封的大学体制的正面、积极的深刻影响。这样的网络写作不是纸媒学术文章的网络版,就像维基百科不是网上的《大英百科全书》一样。网络知识写作不可能,也不应该被限制在僵化的"学术模式"和"学术规范"之中。纸媒"学术论文"或"学术专著"是这种模式和规范的产物,经常因为东施效颦式的形式模仿而非常丑陋。网上知识写作应该有更大的自由度。大学对待网上知识成果,问题不在于是否承认,而在于如何设立与纸媒学术不尽相同的合理的学术质量评判标准。

可以设想,纸媒学术的标准有的并不适用于网上知识产品,例如,一部学术著作的实体书追求的是知识的"完整性"。也就是,如温伯格所说:"通过它的许多(但也不是太多)页码,书完善了一个想法,有开始,有结束。一本书中必须包含和这个想法有关的一切,因为要让读者再去寻找他所需要的东西是很困难的。你,书的作者,要决定你的思想的顺序。书的结束,也鼓励着一种思考的结束:直到你相信你的思考已经完成并且很正确,否则你不会结束写作。"[1]

知识的网络写作不能套用这种模式或规范。由于网络阅读者的习惯,网络写作经常要简短得多,因此它的知识呈现的是开放状而不是结束状。它经常只是网络"超文本"(hypertext)链接中的一个节点,就像维基百科的条目一样,不断从一个节点向其他节点延伸。超文本是用超链接的方法,将各种不同空间的文字信息组织在一起的网状文本。超文本更是一种用户界面范式,用以显示文本及与文本之间相关的内容。现时超文本普遍以电子文档方式存在,其中的文字包含有可以链接到其他位置或者文档的链接,允许从当前阅读位置直接切换到

---

[1] 戴维·温伯格:《知识的边界》,第158页。

超文本链接所指向的位置。

任何新旧文化形态之间都会维持一些延续的关系,文艺复兴的印刷文化与中世纪的手稿文化是如此,数码文化与印刷文化之间也是如此。作为数码文化特征之一的超文本仍然在沿用印刷文化的作者、知识产权、文本权威等概念。链接的文本仍然是个体作者的文本。不同的作者井水不犯河水,他们的知识财产也是彼此分割的。尊重知识产权是向作者权威致敬的方式。这些在超文本中都并没有发生改变。又例如,网络的"虚拟"(virtual)人际关系也不像人们设想的那样是全新的东西。早在有互联网之前,书籍就已经在变得越来越廉价,销售到越来越远的地方,读者有机会对遥远地方的人和事有一种似真非真的感觉,同样也是一种虚拟而非逼真的关系。

数码时代确实出现了与印刷时代相当不同的特征,数码文化会对印刷文化及其知识秩序和认知结构带来怎样的冲击呢?正面的和负面的可能性都有,现在恐怕还难以预言。大学在数码时代做出自我调适,这是顺应文化转变的大势。然而,这只是一个大势,在形成新的策略和标准时,魔鬼都在细节里。这就像办学校、推行教育是现代社会的大势所趋,但纳粹所办的"政治教育学院"和"阿道夫·希特勒学校"却起着培养纳粹接班人的思想基地的作用。不同国家的数码文化生态是不同的,倘若构成特定文化生态的网站和网络门户在价值观、利益观、自主性和独立性上本来就不健康,那就不能指望上了网页的知识产品一定会比固守在大学里的更加优秀。

数码时代给大学带来了许多有待厘清的与印刷文化的关系问题。这些问题关乎我们对大学知识体制的认识,关乎大学需要在数码文化形态中有何调适,但更关乎大学的自由存在价值。在一个知识能够独立自主的文化生态环境中,数码时代能给有志用知识为社会服务的学者带来一些新的机会。别的不说，数码技术能让一些"不热门"知识有机会被很经济地传播出去。数码时代的知识生产比印刷文字时代更便宜，因此在经济上有明显的优势。以前出版一本书，出版商首先要考虑的是经济上是否划得来。一本书至少要印一千册，全部售出后才能收回出版成本。现在把一个文本上传到网上，有一千个读者与只有一个读者并没有区别。因此，虽然每本书的平均销售量不断下降，但总的文字生产量却大大增加。这对那些在很小知识领域中写作的人们来说，是一个极大的福音，他们只要把知识生产出来，上传到网上就能达到传播的目的，不必看出版商的脸色，也不必自己掏钱来印许多也许永远也卖不出去的书册。这种变化会对知识生产本身有正面的影响，使得那些因成本问题而没有机会生产或传播的知识有机会生产出来，传播出去。因此，在评定网上学术成果的时候，不仅要看到那些点击率高的，也要看到那些点击率不高的。

三 数码时代的大学危机

数码时代的知识生产已经呈现了一些重要的特征，这是公认的。也已经有一些将数码文化特征运用到大学教育中的实验和尝试，如多媒体教学、MOOC（Massive Open Online Course）课程。至于如何评价数码知识特征及其实用意义，现在有许多争论。例如，雪莉·特克尔（Sherry Turkle）在《重拾交谈：数字时代交谈的力量》一书里认为，MOOC 课的教学后果是一种"去人性的知识"（dehumanized knowdege）。尼古拉斯·卡尔在《浅薄》中，对混合式的多形态文本，对其破碎性给深度阅读造成的负面影响，提出严重的质疑。他批评道，"网站上的内容犹如碎布拼成的床单一样，由于人们的大脑思维已经适应了这种内容，传媒不得不做出调整，以迎合读者观众的新需要。由于网上消费者的关注持续时间很短，许多（文本）生产者正在把他们的产品切割成片段，同时将他们产品的简要介绍加入搜索引擎"，结果"为读者送上的是短文和简介的大杂烩"。[1] 类似的争论在历史上其他文化转型时期也曾发生过，而且相当激烈。

数码文化的一个特征就是从单一的印刷文字向多形态表现转化，显现为多形态的传媒。古登堡时代文本生产的模块单元是印刷"符号"。在数码文本里，文字与图像用的都是数码，连声音也是用数码来合成的——半导体线路里的0和1。这种多形态的混合已经几乎渗透了我们所有的文化经验，从有插图或图片的书籍和杂志到视频和互联网，数码无处不在。学术著作如果不是需要图像或图表，仍然可以不靠数码而存在，也还是可以用墨水在纸上写作，或用打字机直接往纸上敲打字母。这样的写作，这种"十年磨一剑"的知识生产即使还没有绝迹，毕竟已经是凤毛麟角了。大学教授们在沉重的"学术出成果"的压力下，都早已在用电脑进行他们的知识生产了。这种生产转变不只是用键盘替代钢笔那么简单，它对知识产品有着潜移默化的影响，是大学知识产品（不少是垃圾产品）井喷的一个原因。

意大利文学批评家、语文学家吉安弗朗科·孔蒂尼（Gianfranco Contini）提出并实践一种叫作"草稿评论"的研究方法。也就是研究一部作品定稿之前的不同阶段，因为写作的阶段会影响作品的最终形

---

[1] Sherry Turkle, *Reclaiming Conversation: Design, Technology, Business, Life*. Cambridge, MA: The MIT Press, 2009, pp. 227–234.（中译本：雪莉·特克尔《重拾交谈》，王晋、边若溪、赵岭译，中信出版社，2017年）；尼古拉斯·卡尔：《浅薄：互联网如何毒化了我们的大脑》，刘纯毅译，中信出版社，2010年，第99、100页。

式。意大利作家和思想家翁贝托·艾柯就此问道,"倘若有电脑写作,这种研究如何进行呢?"他以自己的写作经验为例:在写作《玫瑰之名》(Name of Rose)的年代,他还没有电脑文本处理工具,"要请人打出我加工之后的稿子。然后,我再次修订新的稿子,交给打字员"。当然不能没完没了地这么修改下去,"到了某个时刻,我必须把手中的书稿当作定稿。我不能再修改下去了"。[1]

相反,有了电脑,作者打印后在纸上修改,或直接在电脑上修改,可以一次又一次地继续下去。20世纪90年代还有美国写作学校反对使用电脑,因为电脑屏幕上的文本没有真实性,现在已经没有这样的学校了。尽管今天的写作者可以用电脑细细打磨"草稿",直到接近完美,但大学里的大多数学术著作的品质不但不比以前优秀,有的甚至差到成为学术垃圾和赝品的程度。有人将此归咎为出版社编辑的水准和敬业精神普遍下降,也有人认为,这是作者迫于"成果压力"粗制滥造。但有一点是可以肯定的,那就是文字处理技术本身不能保证产生优秀的学术成果。

相比之下,反倒是一些大学体制外的知识产品更能同时发挥传统书籍出版和网络传播手段的效能,有声有色,表现不俗。仅以当前清末民初史这个热门领域为例,互联网时代给了一些"体制外"研究者(但仍被视为"非专业人士")前所未有的机会。但体制太强大了,体制内一些平庸的教授、学者所享受的优势和好处是体制外学人不可能得到的。现有的大学知识体制的制度性歧视、排斥和利益独占早已瓦解和破坏了学术应用的公正、公开和平等竞争的原则。

---

[1] 让·菲利浦·德·托纳克编:《别想摆脱书》,吴雅凌译,广西师范大学出版社,2010年,第101—102页。

数码文化时代相对开放的互联网，它的存在本身就是对大学封闭体制及其利益独占的一个威胁。通过互联网，数码时代的知识生产正在从个体知识人向群体合作和互动的方向发展，不仅是在专门知识者之间，也是在非专门知识者之间，并在这两种人群之间形成互动。温伯格提供了一个有说服力的例子。1967年5月，12名研究海德格尔艰深哲学的学者聚集在宾夕法尼亚大学，建立了海德格尔群（Heidegger Circle），该群一年聚会一次，通过多数人投票的原则，谨慎吸纳新会员。直到1998年才向所有感兴趣的人开放。2005年夏，该群上线，2008年建立网上论坛，但讨论并非那么热烈。

同时，一名来自哥斯达黎加的教授在脸书上建立了一个公共主页，以便服务于对海德格尔感兴趣的人，有1400名活跃用户参加讨论，很明显不是所有的用户都是专家，也不是每个人都全天候地关注海德格尔。但讨论非常活跃，持续而不受约束。旧群和新群各有特色。对此，温伯格评述道："我们无需在两者之间做出选择，两者均有其价值。海德格尔群是一群足够胜任的、冷静的专家。脸书主页是一个庞大的、活跃的群块，成为供任何想要讨论海德格尔的人进行交流的地方。两者一起形成了关注海德格尔的松散联接的网络。"这种网络互动的好处是，"参与者们一道了解了更多知识。他们更快地找到了问题的答案，他们的好奇心更加受到激励，他们意识到了讨论话题的更多维度，他们参与到了更多话题的讨论中"。这种积极的知识互动显现的是网络能发挥的最佳效用。[1]

像海德格尔讨论这样的话题一直是大学哲学系的专门知识，在这样的知识问题上，从来都是大学教授、专家、学者"最聪明"。网络带

---

[1] 戴维·温伯格：《知识的边界》，第101—103页。

来了一个重大的变化,正如温伯格所指出的,"那些遭遇'房间内谁最聪明'(Smartest Guy in the Room)综合征的人们正意识到,规则已然发生改变。……房间内最聪明的人就是房间本身"。[1] "房间内谁最聪明"综合征指的是,有些人很聪明,知道自己比大多数人聪明,但又很愚蠢,不知道还有人比自己更聪明。他们常常自以为是,以为自己是当然的知识权威,别人都得听他们的。但他们的知识一到互联网上,就会出其不意地遭遇挑战和质疑,互联网就是那个房间。

互联网知识新的生产、参与和传播方式正在对大学及其知识权威产生削弱或动摇的作用。不是因为新知识本身拥有多大的组织或体制性力量,而是因为大学本身的积弊和腐败已经使得大学这个知识圣殿变成了受权力和金钱支配的官场和市场,而不再是一个体现自由、公正、独立思想价值的人文和科学知识共和国。就自由价值而言,大学早已是既不"大",也不"学"了。大学里充斥着学术和政治的双重投机。在利诱和威逼下,许多知识人沦为权力和金钱的传声筒或代言人。学术的市场化和产业化是另一个重要原因,学术刊物和出版在一切为了钱的影响下,成为一种经济的,而非学术独立的体制,为劣质的、不可靠的,甚至虚假的知识产品大开绿灯,收费出版,并在互联网上以收费阅读的方式限制知识信息流通。这些都使得大学曾经垄断的知识权力正在不断、快速地丧失。

维护大学自由、公正、独立价值的规范和制度早已沦落为有名无实的花哨仪式,看上去有模有样,其实已经起不到实质的作用。那些规范和制度本来是用来建立和维护知识共和国的权威秩序的。一个例子就是从 17 世纪,亨利·奥尔登伯格(Henry Oldenburg)担任《自然科

---

[1] 戴维·温伯格:《知识的边界》,第 103 页。

学会报》(*Philosophical Transactions of the Royal Society*)主编时开始的同行评审制度。发表学术作品需要通过同行评审，这是一个让其他专业知识人士核查其独立研究成果、学术可靠性、确认资料来源等的关键时刻。直到这个时刻，论文和专著都还只是没有得到认可的写作产品，还没有资格被纳入学科的知识整体中去，也还没有资格被当作具有权威的产品引入大学知识的讲堂。知识产品的"发表"不只是把手稿变成印刷品，而是一个被知识群体接纳的仪式，从此它从隐秘转变为公开，让个人进入共同体，成为享有公共承认的可信任知识的一部分。与发表前同行评审相对应的是发表后的学术评估，包括评论和评价、被引用次数等。学术评估显示的是学术作品及其作者在行内的认可和影响。大学学术规范和制度的其他体现方式还包括学位授予、学术头衔、教授职位的提升、学术荣誉和评奖、学术团体内的权威身份等。

所有这些大学的规范和制度都早已陷入危机，原因并非数码文化的冲击。所谓同行评审的刊物上可以付费刊登，官员用权力博取高学历头衔和教衔，学术评选拉帮结派，利用职务给自己"授奖"，学术荣誉政治化，学术成果作假，剽窃同行甚至自己的学生，在学术上投机地附和和谄媚权力，这些以及其他种种腐败和丑闻都令大学斯文扫地、颜面丢尽。这些都从根本上在不断侵蚀和破坏大学的知识秩序和权威。在这之外，知识人士将自己从现实社会和政治的参与中放逐出去，要么躲进象牙塔里自娱自乐，要么金钱当先，锱铢必较，言必称利，彻底庸俗。

在这种情况下，互联网上的一些知识活动和知识形式——如公共知识分子的知识启蒙和干预，社交媒体的问题讨论，媒体人士对真相的揭露、分析和评论——已经代替了昔日大学知识分子的社会功能。大学体制外的公共知识分子行为体现的正是大学原初的价值追求初衷和传统——自由独立地思考,追求真实和逼近真相,说真话不说假话,知识是社会性的学以致用。知识权威与道德权威(至少是道德的良好形象)始终是联系在一起的。这就是亚里士多德在《修辞学》里所说的 ethos(形象)的作用。大学因放弃其价值初衷和传统而衰败,相比之下,文化形式变换造成的冲击效果只能说是次要的了。

四 知识的新旧交替和交融

大学若能秉承知识共和国里的知识公民价值传统,添加新的数码文化因素并不会改变大学文化的内涵和精神,只会让大学文化形态变得更加丰富和多元。在自然发生的过程中,新媒介文化经常是借助已有的文化形式,渐渐发展出可辨认的,属于它自己的特点;历史上从来没有前文化形态被后文化形态突然取代的先例。这与暴力革命强行推动的"改天换地"文化革命是不同的。文化转换中,原来的文化主导阶层会因感觉到威胁而产生恐惧,新兴文化的危险性经常被夸大。在中世纪手稿文化向新出现的现代印刷文化转变时,许多精英就是这样惧怕和抵制印刷文化的。

当时的精英主要是僧侣人士,他们对知识的主导和独占权力受到威胁和挑战,产生恐惧和敌意,因为书籍生产让知识进一步从修道院向世俗的宫廷、大学和商业中心转移。伊丽莎白·爱森斯坦在《印刷革命》中指出,印刷品为读者提供了看待世界的新思维方式,对宗教正统观念会形成挑战,对既有的知识权威更是一种潜在的颠覆。印刷书籍使得从中世纪已经出现的默读变成人们广泛的阅读方式。"承认在古登堡时代之前已经有了默读,一点也不减弱印刷术对于默读的重要性,从手抄转为印刷之后,默读变得更加广泛,更加制度化了。"宗教革命把信仰视为个人与上帝的直接沟通,因此鼓励默读,但是,"以前与精神虔诚相联系的那种沉默、孤独和沉思,同样适用于阅读丑闻印刷品、粗俗歌谣和意大利的寻欢作乐作品"。世俗阅读动摇了宗教阅读的影响力和权威。不仅如此,印刷术还帮助形成了一个新兴的文字阶级,那就是"文人"(men of letters),"文人被视为所有阶级(除了他们自己)的代言人",成为教会和政府之外的,能与它们分庭抗礼的社会力量,也就是最早的知识分子。[1]

对印刷术的反应是两极分化的,就像今天对互联网的不同反应一样。有人欢呼一个知识乌托邦新时代的来临,知识和真相的大门从此将向更多人敞开。但也有人对此怀有不安和恐惧,认为谎言、偏见和危险言论会乘机广为散播,对付这种新危险的唯一办法就是增强严控、审查和压制。这样的思维逻辑在人类媒介演化的历史中经常伴随每一次新技术的发明和运用。每一次出现新的传媒技术和文化,也都会催生新的言论钳制和思想控制手段,要么是书报出版审查,要么就是网络上的防火墙。

回顾历史可以帮助我们更好地理解和评估现实。五百多年前,印刷术引起了保守人士的强烈反感和抵制。在这些保守人士眼里,印刷术是一股邪恶势力,是散播思想毒素的元凶,人们稍不留意便会中了它的毒蛊。翁贝托·艾柯在小说《玫瑰之名》里讲了一个故事,说的就是中世纪那种对书籍的恐惧。中世纪,在这种恐惧的作用下,许多人相信,应该把知识保存于秘密的状态,绝不能让好奇者随便接近知

---

[1] Elizabeth Eisenstein, *The Printing Revolution*. Cambridge: Cambridge University Press, 1983, pp. 92, 93, 98.

识,否则就会招致危险和灾祸。他们甚至相信,印刷的书籍连书页都是带毒的,人只要身体接触到禁书,肉体就会中毒,最后无药可治,毒发身亡。印刷技艺本身就被视为一种令人腐败和不道德的魔力,正如拉丁文的格言所说,"笔写是贞女,印刷是婊子"(*Est virgo haec perna: meretrix est stampificata*)。印刷被视为淫乱的荡妇,在不明事理的读者中散播诱惑和谎言。[1]

但是,在中世纪的手稿文化和早期现代的印刷文化之间并不存在你死我活的对立关系,新的文化既不是保守人士想象的那种洪水猛兽,也不是历史进步论者所说的那种开新除旧的"革命"。事实上,印刷文化的形成离不开手稿文化已经取得的进展和成就,印刷书籍吸收和改变了手稿的一些形式通例。印刷文化与手稿文化之间是一种一边借助,一边形成自己特色的变化过程。

开始的时候,印刷的文本与手抄文本颇为相似,例如,印刷文本要求读者在阅读过程中予以配合,提供辅助。书籍是没有页码的,需要读者自己添加页码,也需要他们在应该大写的地方涂上红色,在文句停顿处添加符号等。只是到了后来,书籍印刷者才承担了越来越多的编辑责任。阿尔杜斯·皮乌斯·马努提乌斯(Aldus Pius Manutius)是文艺复兴时期威尼斯著名的人文主义学者和印刷商,他在威尼斯创立阿尔丁出版社,出版希腊文和拉丁文的古典著作。他对早期印刷的贡献包括发明意大利体,现代标点符号分号以及与当今普通平装版图书类似的装帧方式。1502 年,马努提乌斯出版奥维德(Ovid)作品时,还在要求读者自己在书页上标上页码。但是,在这之后,他就在书里印上

---

[1] Martyn Lyons, *A History of Reading and Writing*, p. 36.

页码了。[1]

马努提乌斯的印刷技艺是与时俱进的。中世纪手抄书籍的页边经常附有注释（中国的古书也都是正文与注释或注疏混杂一起的），马努提乌斯改变了这种页面样式，他采用了将注释印在书页底部的办法。于是，正文与注释的关系发生了根本的变化，注释与正文分离开来，成为添加的，甚至可有可无的部分。中世纪的手抄书经常是三个页边都有注释，结果注释喧宾夺主，看上去成了页面的主要部分。马努提乌斯和其他印刷者把注释从页边移走，把页面的主要部分还给正文。这受到当时新教改革作者们的欢迎，因为他们要求回归《圣经》原意，自然要将中世纪经院评注的重要性降格。印刷书籍的新页面处理正好符合了这一需要。

今天，数码传媒带来的写作、阅读和交流新特征，也需要放到更大的社会文化价值变化中去理解。例如，作者和读者的关系已经有了变化，作者不再是居高临下向被动读者灌输权威知识的一方，而且也是读者们可以诘问、补充、纠正的平等对话者一方。知识的主体不再是作者，也是读者。

这也标志着社会和文化价值从"他控"向"自控"，从"服从"向"自律"的转变。印刷文化的"作者""知识者"的单向权威观念正在受到数码文化的挑战。上司指示、政治领导、道德教诲、圣贤立规矩，这些都已经随着知识话语向普通人的转移而发生了变化。有的人把这种变化视为对现有秩序的威胁，有的人则在其中看到了民主化的希望。

---

[1] "Aldus Manutius". *Encyclopedia of World Biography*, http://www.encyclopedia.com/people/literature-and-arts/libraries-books-and-printing-biographies/aldus-manutius.

然而，在印刷文化与数码文化之间并不存在什么戏剧性和突变性的关系。每当我们注意到数码文化的某种形式时，我们都可以看到印刷文化的某种相应形式。也就是说，倘若没有印刷文化，我们会难以理解数码文化，难以把握它的内涵。

今天，维基百科让我们联想到百科全书，百科全书提供由专家构建的明确知识，维基百科提供由读者构建、评议并可再行编辑的知识。博客让我们联想到日记，日记是在时间中串成的个人私密思考，博客发出的是个人的声音，但并不私密，而且欢迎他人的回应。网上合作写作令人联想到个人写作，个人把字一个个用笔或打字机写到纸上，网上合作写作时多个人一起在写。电子游戏令人联想到小说和戏剧，小说或戏剧人物的经历让我们感同身受，在电子游戏里我们自己成了影响故事结果的主角。凡此种种，文化行为和行动者在变化，在扩展，与其说是取代，不如说是变换，新的并没有消灭旧的，而是新旧并存，并因此形成新的复合型态。

大学里的文化的行为也是在变化，在扩展的。作为学校里的主要知识行为者，教授和学生的关系正在发生变化。虽然教授还站在讲台上授课，但也已经出现了以学生为课堂活动主体的小型讨论班。虽然满堂灌的教学没有绝迹，但也有了更多的师生互动。虽然教科书仍然是课程的主体内容，但"批判性思维"正在悄悄地进入教育课程。虽然专业课仍被视为核心课程，但"通识教育"和"人文教育"已经不再是一个陌生的教育理念。虽然绝大部分学生仍在封闭的课堂里求学，但互联网的线上开放课程或视频公开课正在吸引学生群体中更好学、更勤思的那部分人。虽然每个教室里还有黑板和粉笔，但多媒体设备已经广泛地在教学中运用。虽然互联网被广泛运用，但那也是被看管得最严的知识场所。

大学的知识生产和传播正处在一个转型的时代，既是新旧交替，也是新旧交融，也许在这个交替和交融中会形成一个新的知识秩序。我们对它有所期待，但我们并不能充分想象那将是一个怎样的秩序，因为秩序是充满变数的历史副产品，不是任何人可以凭想象设计的。

第 6 章　网络上的知识与说理

互联网正在改变我们的知识观念、求知方式和知识评估标准。这个过程所涉及的认知问题大部分都不是新问题，但互联网使得这些问题变得更加突出、更加普遍、更加复杂，因此更值得我们重视。互联网对我们的认知过程、知识结构、思维方式发生重要的影响，但它并不能改变那些对人类来说最为基本、最体现人的自由意志和个体自主性的智能因素，这些因素才是我们在学习和教育中最需要坚持和培养的。学校教育利用互联网和其他科技手段，是为了帮助发展这些智能因素，而不是找到它们的替代品。这些智能因素——理解、判断、想象、审美、创造——是人之为人的本质特征，不是互联网的技术化手段所能代替的。

一　区分网上的知识来源

在今天的互联网时代，从高中生到大学生——他们正处于最好学、最勤奋、学习最辛苦的年龄——当他们需要知识时，他们会上网而不是去图书馆。图书馆经常是他们带着手提电脑或其他电子学习器,在那里占位子学习,而不是向那里的书籍寻找知识的地方。如果他们需要获得什么知识信息,他们首先会使用的是搜索引擎(Google、雅虎、Bing、百度)。要是知识问题专门一点,他们会使用网上百科(维基、百度),而很少使用可以在网上查阅的深度知识参考资料(《大英百科全书》《斯坦福哲学百科全书》《哥伦比亚百科全书》等)。

这已经成为大多数学生们(有些教授、学者也是如此)的问知习惯方式,这种问知和求知的方式中已经包含了他们对什么是"知识"的认知和理解:知识首先是你可以在网上用搜索引擎获得或下载的信息,正如美国学校流传的一句玩笑所说,"谷歌就是知识"。这就是美国哲学家迈克尔·林奇在《失控的真相》一书里批评的"谷歌知识"(Google knowing),这一批评并不针对网上的维基百科。虽然温伯格不同意林奇对互联网知识的一些看法,但他称赞地承认,"林奇不参与常见的那种对维基百科的批评"。[1] 在互联网时代,并非所有的网上知识都是"谷歌知识",不同的知识,区别的关键在于它是否经过验证的过程。知识验证可以由发布的网站、学术机构、媒体或刊物等来进行,也可以由上网者自己来进行。不同的知识验证者会有不同的验证程序,严格程度也会有所差别。验证者再优秀,验证程序再严格,也不等于说经过验证的结果就一定是完全可靠的知识。

林奇批评"谷歌知识",主要是指用搜索引擎直接从网上获取的"知识",他称之为"知识下载","众所周知,我们认识世界的方式已

---

[1] David Weinberger, "Rethinking Knowledge in the Internet Age", *Los Angeles Review of Books*, May 2, 2016.

经改变。现在最常用的认知方式就是借助 Google，在线获取知识"。[1] 我们在向 Google 问知的时候，往往将搜索引擎想象成一个真实的人，"我们把搜索引擎当成图书馆咨询人员；我们向其询问问题，它则向我们发送资源，这些资源可以链接到问题的答案。……然而，这正是可笑之处：Google 根本不是人（男人、女人或任何人）；它只能分配信息，不能制造信息"。[2] 我们向一个咨询人员询问，因为我们先已经有了对他的信任。如果我们不信任一个人或他的知识，我们是不会向他询问的。例如，你有健康的问题，会去咨询医生，而不是会计。就在我们把 Google 当作人的时候，我们不知不觉给予了它不该有的信任，因为事实上"搜索引擎并不对信源的可靠性负责"。[3]

人们咨询 Google，并不假思索地把 Google 信息当作可靠资料，这是因为，"Google 认知行为在一般情况下（虽然不是所有情况下）不但快速，而且简便"。这样取得的知识是否可靠，或可靠到什么程度，在很大程度上取决于你访问什么样的网站，"如果你访问的是比较可靠的网站资源（比如维基百科），并且认知过程没有问题，那么你就是在接收来自世界各地的真实信息"。但是，马上接受这样的知识，仍然是"一个接受型认知者的行为"。你仍然需要尽可能地自己去思考，甚至验证这个知识，"你可能无法解释为什么某些信息是真实的，可能无法调查某个信息源是否真正可靠，但是你在学习。既然这样，难道我们不能说你是在用一种重要的感官进行认知吗？"[4] 这一"重要意义上的认真"就是超越单纯接受型的批判性思考。

---

[1] 迈克尔·林奇：《失控的真相》，第 29 页。
[2] 迈克尔·林奇：《失控的真相》，第 30—31 页。
[3] 迈克尔·林奇：《失控的真相》，第 32 页。
[4] 迈克尔·林奇：《失控的真相》，第 37 页。

批判性思考怀疑并挑战一切认知都要遵从并笃信传统或政府权威的观点。怀疑权威，验证权威的权威性，这是在启蒙运动中得到确立的思考方式。对此，林奇写道："16世纪，一个受过教育的人无非就是掌握了一些宗教教义和经典文本的人，他们的认知完全来自（而且只来自）这些文本。但一个显著的问题是，这些文本经常出现错误（伽利略和哥白尼都推翻过其中的错误），从中汲取知识的做法显得有些天真。因此，笛卡儿在1641年否定了这种做法，他在自己最著名的一本书中开宗明义：'很多年过去了，我发现，很多年轻时认为颠扑不破的真理，后来证明都是假的，有了这个意识之后，我们应该事事存疑。'笛卡儿提出了一种成为'古今之争'核心的新知识观，人类应该重构自己的认知，应该用他自己能够找到和检验的材料。"这成为一种从18世纪启蒙运动以来一直指引人们独立和成熟思考的信念："启蒙运动推崇理性和理智。切莫听信别人的一面之词，要敢于挑战权威。"[1]

权威必须由验证来确立。验证是一种杜威所说的"反省式思考"（reflective thinking），也就是我们今天所说的批判性思考。验证不等于识谎，而是为了排除怀疑，获得可信的知识。验证是"在知识关系中建立信任感，并在这个基础上进行信息交换"。[2] 验证不仅是一种认知方式，而且还是每个人自由意识和自主性（autonomy）的体现。而人的自由意识和自主性正是启蒙运动给后世留下的最重要的价值遗产之一。

在互联网知识的讨论中，那种没有经过验证的"知识"经常被称为"信息"，以区别于经过某种验证的知识。在这种区分中，信息成为知识的对立面。在一定程度上，这种区分是有用的，也是必要的。但

---

[1] 迈克尔·林奇：《失控的真相》，第40—41页。译文有改动。

[2] 迈克尔·林奇：《失控的真相》，第45页。译文有改动。

是，应该看到，把信息当作知识的反面映衬，说信息不是知识，这并不是针对信息本身的。这是针对不加思考、毫不怀疑地把信息直接当成了可靠的知识。

但是，信息与知识的区分并不是绝对的，信息并不一定就是非知识。这首先是因为，我们不能完全排除某些信息中的可能知识成分。信息需要在符合人们常识，或者至少不违背他们常识的情况下才会被直接当成知识。例如，说洪秀全是伟大的农民起义英雄，是中国近代革命的开创者，虽然这一信息的真实性是有争议的，但有人会因为它出自教科书而把它直接当作历史知识。但是，说他是神人，是上帝派到人间来的解放普通凡人的上天使者，除非一个人糊涂或愚蠢到相信"真龙天子"的鬼话，一般人是不会把这样的信息当作知识的。信息并不一定就是非知识的另一个更重要的理由是，互联网上有许多值得信任的知识，许多著名的学术刊物和像信誉卓著的《大英百科全书》那样的优质资源都已经上网（当然许多有收费的限制），它们都已经成为互联网信息资源的一部分。我们对这种信息资源有信任感，经常直接将其作为可靠知识加以接受。从这样的信息来源，我们不能说只获得信息，而没有获得知识。事实上，这样的信息可能具有很高的知识含量，因为它是被信息提供者仔细验证过的。

二　网络知识不是书籍知识的数码化

网上的知识信息可以大致分为两类，一类以"事实"的面目出现，它会强调自己立场中立，实事求是，是可靠的知识；另一类则是以"看法"的面目出现，它会坚持自己言之有据、合情合理，是正确的意见，也是一种知识。可靠的知识与正确的意见都有认知价值,但作为知识,它们的验证方式是不同的。第一种知识可以用网络百科为代表,第二种知识以网络上常见的各种评论(时事、文化现象、书籍和艺术、政治和社会问题等)为代表。

网络知识不是书籍知识的数码化。网络时代出现了一些以前从来不曾有过的知识生成机制,如共写(维基)、私人博客、微博、社交圈、朋友圈等。网络知识的出现和成型(当然还在不断变化)是因为网络上出现了一些若非因为网络写作机制,就也许永远不可能的新知识形式。借助于网络共写模式,并展现了巨大知识能量的维基百科就是一个典型的例子。

虽然《大英百科全书》已经上网,但网上百科的典型代表是维基百科而不是《大英百科全书》。《大英百科全书》至今已经有两个半世纪的历史,最近一版的贡献者多达4400多人,都是学界的精英和权威。相比之下,维基百科的年龄不过四分之一个世纪,启用的是普通人自下而上的共写模式。就可靠知识而言,为什么有了这么权威的《大英百科全书》,还偏偏要有看上去不入流的维基百科呢?看似草根的维基百科又为什么能与学术资本如此雄厚的《大英百科全书》分享知识天下,拥有如此多的读者呢?

之所以会出现这样的情况,是因为互联网时代的知识已经有了网络属性,用温伯格的话来说,"知识的网络属性,不仅仅意味着大众在某些条件下也能拥有某种智慧。……这不仅仅是说在某些情况下,三个臭皮匠赛过一个诸葛亮。事实上,知识结构方面的变化,也改变了知识的形态和性质。当知识变得网络化之后,房间里最聪明的那个,已经不是站在屋子前头给我们上课的那位,也不是房间里所有人的群体智慧。房间里最聪明的人,是房间本身"。这当然不是说,所有的知识都已经在网络里，或网络就是一个有知识意识的超级大脑，而是说，"知识正在变得与网络不可分离。……完全不可以想象在没有网络的支持下，知识能成为知识"。[1]

网络时代的知识形态是平等主义的，改变了人类自从进入文字时代之后的精英主义。维基百科的创始人拉里·桑格在《谁规定我们知道什么：论新知识政治》一文中指出："知识政治在历史过程中发生剧烈的变化，在中世纪，是教会告诉我们该知道什么；印刷机和宗教改革后，是国家审查员和给出版商颁发出版证的那些人；19、20世纪自由主义兴起后，是出版商自己；后来则是广播媒体——不管怎么说，都是由一小群精英专业人士。"[2] 互联网带来的革命性变化是知识的非精英化，以前完全与知识权力无缘的人群一下子拥有了某种知识权力。

桑格称其为"新知识政治"。他解释道："随着互联网的兴起，特别是协作网络 Blogosphere，维基百科，Digg，YouTube 等，我们现在正在面对新的知识政治。简而言之，每一个网站和聚合形式都邀请来访者贡献他的知识和意见，评价其内容，产品、地点和人员。尤其是公共意见的聚会形成了新知识政治的制度。20世纪90年代，许许多多的人在个人的网页上发表文章，建立粉丝网站，或用其他方式'宣传自己'。然而，十年前那些看上去只是出于虚荣或犯傻才做的事情，由于各种各样的网上聚合，今天已经成为对网上大众运动的贡献。来自每个个人努力的集体内容和评价让我们获得了一种十年前所不存在的集体权威。"

这是一个具有新的文化时代特征的了不起的转变，它的意义还没

---

[1] 戴维·温伯格：《知识的边界》，第 11—12 页。

[2] Larry Sanger, "Who Says We Know: On the New Politics of Knowledge", *The Third Culture*, https://www.edge.org/3rd_culture/sanger07/sanger07_index.html. 以下引文皆出于此文。

有被传统的文化权威承认。但是，事实已经摆在那里，"今天，如果你想要知道什么是'每个人所知道的'，你不必以为答案只是在《纽约时报》或《大英百科全书》里面。你可以上网，找那些反映面宽广得多的网源，不再只是在'一小群精英专业人士'那里。我们已经不再因为要向大众发布信息或形成大众看法而求助于专业人士。他们以前那种决定我们基本知识的专业霸权正在消失——这个非常深刻的真相还没有被每个人好好消化和吸收"。

网络技术的发展创造了网络新知识的生成和传播机制，也开创了新知识政治的可能。任何政治、宗教、传统权力对互联网的害怕和控制都与这种新知识政治有关，在有的国家里，它还很弱小，它的聚合和存在还受到严格的控制，但是，它的理念力量却非常强大，只要时机和环境合适，它就会以人们意想不到的形式突发地偶然出现，只是时间问题而已。维基百科就是这样偶然形成的，许多人至今对它仍然不理解，仍然会纳闷，文艺复兴时期出现"知识百科"（或百科全书）这种"参考书"形式之后，它就一直是文化精英的知识专利，今天为什么要把这个"知识生成"的专利向普通民众开放呢？既然已经有了优秀而精英的传统百科全书，为什么还需要普通民众共写的网上百科呢？

桑格对这个问题给出了三个理由。第一，百科全书的知识具有权威性，这不仅是因为其具体的知识内容，而且还因为这种知识代表着"民众期望知道什么"和"民众应该知道什么"。这些一向都是由"专家"来决定的。然而，今天的专业主义已经成为专家接近民众的障碍。专家们有能力撰写和表达大众兴趣和观点的知识文章，"但麻烦的是，他们实际上并不想这样做，或者他们没有时间这样做，或者没有能力像民众自己那样把握知识细节。专家讨论自己的领域内的知识就已经是够困难和够乏味的了"。维基百科里有许多传统百科里不包括的"流行话题"(事件、人物、时尚、文化现象等),对这些话题的知识是及时提供、及时更新的。例如,中共十九大还在召开,维基百科已经提供了"19th National Congress of the Communist Party of China"的词条。[1] 相信这个词条的内容还会随十九大的进展而添加新的内容。这样及时的信息速度是任何其他知识百科无法想象的。

第二,网上百科能提供其他百科所排除的"非主流"知识。那些非主流的事物或观点(例如,那些被视为"不科学""不合理""猜测""迷信"或"政治上不正确"的内容)经常因此而被排除出知识百科。网上百科要为非主流的东西在知识百科中保留一席之地,"'最优秀的专家意见'经常蔑视这些知识"。但是,我们有理由拒绝专家为我们决定"什么值得或需要知道""什么不值得或不需要知道"。作为拥有自主性和理性的普通人,我们对自己选择和相信什么知识负责,我们有决定相信什么的自由。这种自由是我们作为人的尊严的核心部分,"我们不需要百科全书来为我们做这个决定。我们要在智识上尽量保持独立,我们能自己做这个决定"。

第三,让公众参与知识百科的另一个原因是他们人数众多,可以为各种通常所谓的"专家话题"提供多元的观点和广阔的视野,"相比起只是在自己专业领域里写作的专家们,一般民众能产生多得多的话题和视角。而且,注视(专家)明显错误的目光越多,错误就能改正得越快……最后,也许最重要的是,将一般公众纳入百科全书项目,并确保所有话题立即获得知识介绍,这有助于减少许多专业领域之间

---

[1] https://en.wikipedia.org/wiki/19th_National_Congress_of_the_Communist_Party_of_China,2017 年 10 月 24 日提取。

常见的那种相互隔阂:其结果是,百科全书读者不容易受无良知识骗子的教条知识之害"。在特殊的国家社会环境中,无良知识骗子的知识危害更为严重。他们确实是"专家",有高学历和显赫的学术身份或地位,有的甚至在外国名校任教或任过教,但他们用自己的专业知识,或出于投机,或因为自愿,充任专制统治权力的辩护士,甚至在它施虐的时候为虎作伥,溷泥扬波。在这种情况下,公众的知识参与便有了政治抵抗的意义。

三 网上百科的非原创性知识

维基百科这样的网上百科,它是民众参与百科知识的产物,参与者绝大多数都不是学术专家,这样产生的知识会不会有质量低下或品质瑕疵的问题呢?有这样的疑问或顾虑是正常的,也是理智的。桑格是维基百科的创始人之一,他就是因为坚持网上百科应该为专家保留一席之地,但这个意见得不到重视,才离开维基百科的。他认为,倘若不能处理好与专家和专家知识的关系,维基百科会难以克服知识优化和质量提升道路上的障碍。在他后来创建的另一个网上百科"公民百科"的知识处理上,他更加积极地吸纳专家的意见。民众与专家精英的关系不只是一个知识百科的问题,也是自由民主社会里必然产生的精英见解与民众共识的差距问题。

其实,即使对于以知识自下而上和知识平等为原则的维基百科来说,它的"非专家"宗旨也是一个悖论。拉里·桑格在《维基百科之后的专家命运》(2009)一文中专门讨论的问题就是,在认可百科全书需要大众帮助的前提下,为什么还需要专家?或者更准确地说,为什么确保专家参与很重要？[1]

　　桑格曾在维基百科团队内部提出过对专家问题的批评，并为此于 2002 年离开维基百科。但是，在这篇发表于 2009 年的文章里，他对维基百科的成就发出由衷的赞叹。那个时候，维基百科已经用英语刊登了 2500 万篇文章，用世界上 200 种语言刊登了 1000 万篇文章。外界评价认为，维基百科的许多文章质量相当不错。维基百科成为很受普通用户欢迎的知识工具。Alexa.com 的评估结果是，在全球最受欢迎的网站中，维基百科位居第八。互联网的使用者中有一半使用过维基百科，它更是学生们经常求助的知识来源。也正因为如此，Google 搜索经常会把维基百科放在搜索结果的首位（当然不是花钱买通的结果）。今天，维基百科已经成为许许多多人知识生活的标配，是一个令人"惊诧的成功"。[2] 维基百科的最大成就是，它使"我们要让自己知道什么"不再是一件由专家来决定，或者专家说了算的事情，而是一件必须关乎知识平等，因此可以也应该由全球互联网群体认可的事情。政府可以为某些事件或人物的知识设置禁区，专家可以因此噤声沉默，但维基百科不会这样，因为在它那里，"我们要知道什么"不是由维基百科网站，而是由使得这个网站能存在的民众决定的。

　　但是，民众的知识平等和自主决定意识也可能导致某种"反专家"和"反精英"的倾向，这不是一个健康社会所应该鼓励的倾向。单就排斥专家意见而言，这也会导致桑格所说的"维基潜在悖论"（Wikipedia Potential Thesis, WPT）。那就是，维基百科文章质量可靠，这个结论是通过对专家意见的调查得到的，既然如此，就不能排除专家的作用。

---

[1] Larry M. Sanger, "The Fate of Expertise after Wikipedia", *Episteme*, 2009, pp. 52–73.

[2] Larry M. Sanger, "The Fate of Expertise after Wikipedia", p. 53.

WPT是一种"自显荒谬"（self-stulfifying）的现象，"专门学识"是一种特别的知识权威，维基百科的知识可靠论证本身所构建的正是这样一个知识权威的位置，它不能不以某种方式与专家意见有所联系。即使维基百科在未来有很好的发展，那也不会导致专业知识领域区别的消失，更不会导致人们完全不再需要与专业有关的认知权威和领导力。桑格所预见的未来可能是，一方面，"民众知识会分占或蚕食以前由专家所独占的知识权威，但不会使之消亡或取而代之"。另一方面，专家在社会知识中还会继续发挥作用，但那会是一种低调的作用。

维基百科的共写提供了一种有严格规范约束的"公共知识人"写作样式：那就是"非原创知识"的知识陈述方式。写作者不一定是学术精英，而可以是任何人。这就像"公共知识分子"一样，不一定是教授、专家，而可以是任何人。放低了身份的门槛，但仍然维持必要的水准。从专业知识角度来看，这未必是最高的水准，却是普通人（他们意向中的读者）能够接受的水准。这正是专业人士所能发挥的一种公共作用。对专业人士来说，为公众提供知识是一项"业余"工作。人们经常对"业余"有所误解，以为业余就是"玩玩"或"猪头肉三不精"，业余知识只能以向下看齐的方式来流动和扩散，这样才能被一般民众接受为普通知识。其实不是这样的，这里说的业余，是很有专业实力的那种业余。小提琴大师梅纽因说，他希望自己能像一个业余提琴手那样演奏。中国人把"业余"理解为"降低标准"是因为不大有机会见识高水准的业余。梅纽因在家里跟朋友一起演奏室内乐，就像我们国人在家里打麻将一样，虽说是业余，水平是一点不低的。

网络百科存在的目的是向尽量多的读者提供真相、可信的知识信息，因此，最重要的是秉承立场中立，言之有据，准确达意，强调逻辑和理性，兼顾不同的观点，克服偏见和成见，避免情绪性表述。这些都是公共说理的普遍话语原则。这里的"说理"指的不是辩论或提出具有立场性的主张,而是遵守公共话语的基本规则:理性、逻辑、清晰地把要说的话说明白,说透彻。

就维基百科而言,它的说理方式与它的知识性质直接有关。维基百科确定了它的知识性质,规定只刊登"非原创性文章","维基百科不是发表原创研究或原创观念的场所。在维基百科里所谓原创研究或原创观念,指的是未发表的事实、争论、观点、推论和想法;以及对已发表材料进行的未发表分析或总结,并产生了新的立场。以上意味着维基百科不是存放您的个人观点、经验或争论的场所"。非原创研究是维基百科三项核心内容方针之一。另外两项核心内容是观点中立和可供查证。

这三项方针要求列明与条目主题直接相关的,并且直接支持条目信息的可靠信息来源。所有的信息来源必须是真实的,可以查证的。为此,维基百科要求贡献者做"基于来源的研究",将此明确为"撰写百科全书的基本功"。但是,不应堆砌来源,不应自我炫耀,"切勿超越来源中的表达,或者将来源用在与其本意不符的场合,譬如撰写与来源上下文无关的内容。简而言之,我们应该照着来源写"。在运用和介绍来源时,应该分辨可靠的和不那么可靠的来源。"通常来说,最可靠的来源是大学出版社出版的同行评审期刊与书籍,大学级别的教科书,著名出版社出版的杂志、期刊、书籍,以及主流的报纸。经验表明,参与查证事实、分析法律问题、深究特定领域证据与争议的人士越多,出版物的可靠性就越高。个人出版的材料,无论出版于纸媒还是网络上,通常都不被视为可靠来源。"[1]

---

[1] "Wikipedia", https://en.wikipedia.org/wiki/Wikipedia。

这些都是维基百科对普通贡献者运用来源的要求，也适用于作为专业人士的贡献者。因此，"拥有专业知识的贡献者可以将他们的知识加入维基百科，但不能在添加个人知识时不列明他们的来源"。这是维基百科的特殊要求，因为百科呈现的是非原创性知识信息。但是，维基百科对贡献者的其他要求与美国大学对学生学科内容研究或说理写作的要求——议题明确，不跑题，全面了解不同观点的文献，区别不同可信性的资料来源等——是相当一致的。

不难想象，美国大学在说理写作方面的普遍教育为维基百科这样的线上社会项目创造了条件。任何一个国家和社会里，全民的文化和说理素质越高，他们就越可能对类似的项目做出有效贡献，另一方面，他们对这种项目的质量要求也会更高。互联网本身并不构成一个独立的"虚拟社会"，互联网是现实社会的一部分。互联网上的公众是在特定的社会中受教育和成型的，他们在社会生活中的知识素质、理解和判断能力、价值观、对权力和权威的认知都会直接或间接地体现在他们的网上行为中，像维基百科这样的民众共写是不可能产生在一个民众普遍愚昧、盲信权威、思想僵化、观念封闭的社会里的。在这样的社会里，即使模仿出山寨版，也只能是东施效颦，画虎类犬。

四　网络上有争议的知识

当然，与其他文化产品一样，知识百科的水平是相对而言的。与百度百科相比，维基百科有着傲人的高水平，但与《大英百科全书》相比，它又显现出多方面的不足。迄今为止，维基百科的诸多不足都是在后一种比较中被指出和揭示的，不能拿来作为贬低甚至封锁维基百科的理由。维基百科的不足主要表现在以下三个方面，它们都带有互联网信息知识的普遍性。

第一个方面是破坏行为的问题。最常见和明显的破坏类型包括插入虚假资讯、商业广告、党派宣传、迷信洗脑、自我吹嘘、谄媚权贵、垃圾邮件等。碰到这些破坏行为，维基百科社群在大多数情况下能够通过编辑修改，清除虚假不实和有欺骗性的资讯，甚至能够完全消除特定页面的破坏纪录。明显的破坏通常很容易从维基百科的文章中移除，维基百科检测并且修复的平均时间大约是几分钟。然而一些较为少见的破坏行动则可能更难被察觉，这包括对条目的标题或分类页面中的解释进行破坏。

虚假信息会严重损害维基百科的知识可信性，由于浏览者无法肯定自己面前的文章是否有受到破坏，他们很容易上当受骗。《大英百科全书》前主编罗勃特·麦克亨利（Robert McHenry）便提到了维基百科面临破坏威胁的困境，"到访维基百科的条目以认识某事物、确定某些事实的用户，就像前往公共厕所一般。他可能一眼就看到该地方污秽不堪，这样便会让他知道要小心翼翼地做出判断。但是，倘若他看到这地方还算是干净，反而可能会产生一种虚假的安全感，唯一可以肯定的是他当然不知道在这之前有谁来过这个地方"。[1]

第二个方面是信息准确度的问题。2005年12月《自然》杂志的一篇非科学报告认为，英语维基百科的一些科学文章在准确度上十分接近《大英百科全书》的水准。但是，《自然》的文章中也提到维基百科文章的结构安排往往不佳。由于维基百科允许任何人添加、修改和删

---

[1] Robert McHenry, "The Faith-Based Encyclopedia" Archived January 16, 2006, at the Wayback Machine, Tech Central Station, November 15, 2004.

除条目内容，不可能追究具体贡献者的责任，这让维基百科始终"无法有效地保证"条目的内容。[1] 尽管维基百科不断尝试改善相关的问责制度，但或多或少会有些匿名用户不断加入不真实资讯，并修改与自己利益有关的信息。这类情况往往只能够当"破坏"来处理。其实，这种性质的干扰经常不是因为蓄意破坏，而是因为非理性因素——欲望、情绪、利益——影响了理性知识的真实性。蓄意破坏是明知故犯，故意散播虚假信息；而非理性失实则经常是无心之过，明白事理之后，也许就能改正。当然，不管是出于何种原因，少数或个别不正确的知识信息会对维基百科的整体信誉产生负面影响。批评者会认为，是维基百科的开放性质和知识平等主义对它的知识质量产生了负面影响，从而推断它大部分资讯都不十分可靠。

第三个方面是文章品质的问题。由于维基百科的贡献者在修改条目内容时通常只修改一小部分，而很少花费长时间修订整篇文章内容，这使得在同一个条目之中可能混杂着质量高低不齐的内容。历史学教授洛伊·罗森维 (Roy Rosenzweig) 便认为《美国传记大词典》(*American National Biography*) 的线上版远远胜过维基百科，因为《美国传记大词典》有"明确且引人入胜的散文风格"，而这点对于许多优秀的历史著作来说是十分重要的。罗森维将维基百科的亚伯拉罕·林肯条目与专门研究南北战争的历史学家詹姆斯·麦克佛森 (James M. McPherson) 所撰写的《美国传记大词典》线上版有关内容做了比较，认为两者基本上都能够准确叙述林肯生活的主要内容。但是他也提到，"麦克佛森有着丰富的语境变化……他的字句巧妙地捕捉到了林肯的声音……并且也有能力使用极少几句话语便传达深刻的剧情"。相比之下，维基百科的文

---

[1] Jim Giles, "Internet Encyclopedias Go Head to Head", *Nature.* 438 (2005): 900–901.

章则"冗长而且沉闷"。[1]

在这三方面的问题中，第一和第二个方面直接关系到虚假和不实信息知识的问题，因此成为有争议的知识。维基百科是一个受到读者相当信任的网站，就连它都这么容易出现知识信息可信性的问题，这更是在提醒我们，绝对有必要尽可能检验网络信息和知识的真实性和可靠性。在把一个信息接受为可靠知识之前，必须先考虑到是否有好的理由。

什么是好的理由呢？好的理由就是经得起批判思考怀疑，并能提供可靠证据的理由。有的理由初看起来颇有道理，但经不起质疑（rebuttal），这样的理由不能算是好的理由。对具体的理由，会有不同的质疑方式，也会有不同的论证方式。

今天，知识被人们认为是具有真实性的观点或信念，这种真实性并不等于一般所谓的"客观性"（objectivity）或"事实"（facts），而只是在一个有限度的意义上的"被合理证明的信念"，也就是人们所说的知识"停留点"，"无论是科学问题还是其他问题，都旨在抵达某一安全地带，让答案变得可信。当我们到达那里后，还可以继续前行"。[2]对研究者是如此，对学生或其他求知者也是一样，例如，你有一个问题，向《大英百科全书》或维基百科咨询，你得到了一个有可信性的结果（你通过相互引证或其他方式做了检验），对你来说，你得到的知识是可信任的、靠得住的，所以你停止继续怀疑和求证，这个停留点就是知识。但是，如果有人对这一知识的可信性提出异议，并提供证据，

---

[1] Roy Rosenzweig, "Can History be Open Source? Wikipedia and the Future of the Past", *The Journal of American History*. 93:1（2006）: 117–146.

[2] 迈克尔·林奇：《失控的真相》，第 148—149 页。

你就又需要怀疑自己以前的知识结果，重新求证，又开始向下一个停留点出发。因此，争议与对话、辩论与说理、怀疑与求证对于知识发展和继续验证总是必不可少的。

早在互联网时代之前，求智慧的哲人就知道，人最无知的就是不知道自己的无知，人在与知识打交道的时候，最忌讳的就是独语，独语使人狂妄自大，把自己知识的"停留点"当成了终点。西方哲学的知识探索在柏拉图的"对话录"的形式中得到了最佳体现，一直到文艺复兴，教科书都是用师生的对话形式写成。爱尔兰女作家露易丝·菲利普斯（Louise Phillips）在《对话的承诺：知识生产和传播的对话转向》一书里提到，俄国文学批评家米哈伊尔·巴赫金（Mikhail Bakhtin）和巴西教育学家保罗·弗莱雷（Paulo Freire），以及基督教神学家马丁·布伯（Martin Buber）和美国物理学家戴维·伯姆（David Bohm）重新把对话当作寻求完整知识（holistic knowledge）的方式。[1] 互联网上公共讨论的线上互文和对应机制应该有助于这样一种寻求完整知识的对话交流。

但是应该看到，完整的知识是一个目标，而不是一个知识终点。因此，寻求完整知识的过程可以理解为从一个停留点到下一个停留点，不断向某个知识目标逼近。互联网研究者把网络知识视为一个"停留点"的系统，然而，无论是从知识目标，或是从求知的阶段性和拓展性来看，停留点式的知识都不是进入互联网时代之后才有的新情况，互联网只是使之变得更加复杂。我们的认知体系在以一种更智能的方式适应互联网环境，而这个环境已经大到任何个人都无法全面认

---

[1] Louise Phillips, *The Promise of Dialogue: The Dialogic Turn in the Production and Communication of Knowledge*. Philadelphia: John Benjamin's Pub. Co., 2011.

知的程度。

　　人们曾经设想，如果我们能够获得所有问题的答案，就可以停止发问，从而解决旧的问题，摆脱新的问题。这个策略似乎曾特别适用于某些纸质书本知识，尤其是当它们以不容置疑的"经书"或"雄文"出现的时候。即便不是这样，那些被当作权威著作的书籍，乃至那些经过专业发行，被供奉在图书馆里的知识大作，都因此而拥有了可靠知识的"证书"。在互联网时代之前，我们无法想象能有其他另类的或可替代的知识形式，贫瘠的想象妨碍我们怀疑知识证书对知识的见证作用，"这类证书将停止点画上句号。……知识一直是一套停止点系统，其正确性又由无数停止点来证明。在大多数情况下，这个系统运作良好"。[1] 但是，由于互联网这个新媒体的诞生，知识的停止点系统发生改变，我们的认知形态也在改变。这个认知形态的变化从根本上瓦解了终结性或永久性真理的观念，也使得任何单一知识的解释者，不管他掌控多大的权力，更难把自己打扮成天才的知识权威。他所刻意制造的那种天才智慧的、可以放诸四海而皆准的真理，在互联网时代一定会变得千疮百孔、支离破碎，因为经不起检验，而终于分崩离析，成为笑柄。

---

[1]　戴维·温伯格：《知识的边界》，第 34 页。

第 7 章 "学问"因何贬值

有一篇来自 2017 年 7 月 1 日澎湃网的《互联网时代,学问变得越来越便宜》(以下简称《学问便宜》)的报道,是两位资深教授对话讨论互联网时代做"学问"的问题。编辑的导言说,"在移动互联网的环境下,人们获得知识越来越容易,包括传统文化和经典作品,绝大多数也能在网上找到为数众多的电子本和研究材料。与此同时,读者甚至是学者,习惯了碎片化地获取知识,却也很难有之前埋头钻研的心态了"。[1] 两位对话者都是资深教授,对做学问,尤其是在互联网时代做学问都有亲身体会,他们涉及的话题和内容——互联网对获得研究材料、查阅资料、阅读方式、学术思维等方面的影响——当然要比编辑的这个简单结论来得丰富。他们提出了一些关于互联网时代"学问危机"的问题,值得进一步思考。人们一般理解的"学问"不只是指局部专业知识的学术造诣,更是指完整人品修养所包含的聪明才智和思想见识。互联网对这样的聪明才智和思想见识带来了冲击和变化

---

[1] 《互联网时代,学问变得越来越便宜》,http://www.thepaper.cn/newsDetail_forward_1724845。

吗？受尊崇的学问真的贬值了吗？还是惯例的"学问"观念本身就有认知和价值的缺陷，只是在数码时代更明显地暴露出来？

一 什么是"学问"

2003年，谷歌创始人拉里·佩奇（Lawrence Edward "Larry" Page）在斯坦福大学发表演讲时说，"终结版本的搜索引擎就是像人一样聪明的东西——甚至比人还要聪明"。[1]互联网不仅改变我们的"聪明"观念，还在改变我们与记忆相关的"思想"观念，自从有了文字，人类就开始把并非来自本身（体现为记忆），而是通过外在符号获得的内容成称为思想，"随着活字印刷术的不断传播以及由此带来的出版物和文学作品的日渐增多，人们对个人记忆的依赖进一步减弱。图书馆里和个人家中的图书报刊成了大脑生物学仓库的有效补充。人们不必再事无巨细地记住所有内容，他们可以查资料"。[2]互联网正在使人的聪明和思想贬值，倘若连有学问的人都不能幸免，那么一般人呢？学者的学问危机不也是普通人的知识危机吗？

讨论"学问便宜"的两位教授是从互联网的便利和干扰来着眼的。他们并没有告诉我们什么是"学问"，但从他们所举的一些例子里可以看到一个模糊的轮廓。一位教授说，"互联网给我们带来了好处是不言而喻的"，因为互联网让学生和教授（还有普通读书人）能够方便地获得他们需要的读物。他举的例子是《论语译注》和钱锺书的《管锥编》，

---

[1] 尼古拉斯·卡尔：《浅薄》，刘纯毅译，中信出版社，2010年，第187页。
[2] 尼古拉斯·卡尔：《浅薄》，第195页。

都是他主讲的专业课参考书。从教授和学者的角度,他尤其体会到互联网的资料之便,他举的是《四库全书》的例子。这套大型丛书是古典文学研究的必备资料,以前能看到《四库全书》,对学者就是一个学术优势,"著名文献学家余嘉锡能写《四库提要辨证》,首先是学问好,第二,他是故宫博物院的,能看《四库全书》,别人有那个学问也没那个条件做他那个东西"。在这些例子中,什么是"学问"似乎已经呼之欲出:学问是对"经典"文本的研读成果,学问的高下是在通晓和掌握材料的多寡中比较出来的。

另一位教授也承认互联网带来资料的便利,但他认为,从深度阅读的角度来看,"互联网这个东西很坏"。他指出,"随着移动互联网的普及,抱着手机刷屏已经成了年轻人主要的阅读方式,碎片化阅读取代严肃阅读成为主流。中国新闻出版研究院公布的 2016 年全国国民阅读调查结果显示,人均读书量 7.86 本。"这虽然比前几年略有提高,但他怀疑,"扣除心灵鸡汤、营销文字、成功学,每个人一年读多少书,大家最清楚"。互联网带来的主要是电子阅读——"如今手机阅读超过 60%,数字化阅读接近 70%,而纸面阅读只剩下 40%"。这样的阅读有量无质,是消遣娱乐性的"悦读",而不是做学问需要的深层思考"阅读"。比起人们现在阅读什么来,这位教授更关心的是他们不再阅读什么,不再阅读的例子是美国记者尼古拉斯·卡尔在《浅薄》一书中所举的《追忆似水年华》或《战争与和平》。他言下之意的"学问"是与严肃阅读联系在一起的。

确实,自古以来,什么是"学问",怎么才算是"做学问",都是与阅读和写作分不开的——阅读什么?怎么阅读?如何呈现阅读的成果?一个学人对这些问题有什么样的回答,他实际上也就有什么样的"学问"观念。因此,从来就没有一个固定的,一成不变的"学问"等待着学者们去追求和完成。

今天的学问包含个人学术造诣和公共人格两个部分,不仅要在学术上优秀出众(但不需要所谓"博大精深"),而且要对现实问题有敏锐的感知和关切(不必用"教人立为圣为贤之志,立为天地立心为生民立命之志,立成己成物之志,立先天下之忧而忧、后天下之乐而乐之志"这类套话)。因此,讨论什么是学问,经常实实在在地包含对"知识分子"的认知和理解。就学术造诣而言,学问是一种高境界的知识,一种深刻、独到、有创见、与众不同的知识。学问更是对知识的目标有成熟、深刻的理解,能自成一家之说或体系。简言之,学问是特别有价值或者有特别价值的知识。

求学问和做学问是一个过程,唐君毅将这个过程分为五个阶段。[1] 学问的第一阶段是相信他人的话:父母、师长、学问大家,"或是所佩服的今人古人,或是公认的圣贤,依他的话去思想"。在许多人的心目里,钱锺书就是这样的人物,所以值得学习、研读和效仿。

学问的第二阶段是疑惑或怀疑。"人因愿信,欲求有所信,而听人之话或读古今人之书。然我们对持论相反之各种话与各种书,不能皆信。而人之话与书中之思想,亦可与自己之经验及思想相与或相矛盾,而不能不疑。"例如,从崇拜钱锺书开始到怀疑他的学问取向,并疑惑今天该不该用此取向来引导青年学生。

学问的第三阶段是开悟,也就是自己有所领悟。人通过独立的思考和判断,领悟一点一点积累,达到相当程度便能进入学问的第四阶段,"一点一滴的心得,连系成线,成蛛网,成面,成体"。例如,思考知识分子学术与社会责任的关系,并从这种关系来思考钱锺书学问

---

[1] 《唐君毅论学问之道》,http://www.baoxian.edu.gr/paper/sociology/004/7531.html。

的时代局限。

学问之第五阶段是"知言","知言是知真者之所以真之各方面之理由,而又知错者之所以错,与如何使错者反于真,由此而后人能教人,能答人之疑问,能随机说法与自由讲学"。也就是不再局限于具体的学术问题(如所谓的"钱锺书研究"),而是能对人的认识、道德、政治、社会、历史等问题发表自己的看法(是否正确是另一个问题),把个人学术转化为公共言说。这也就是杜威所说的,反思不仅是个人思考,而且是把思考的结果公之于众。学问的社会作用与启蒙意义皆在于此,学问乃培养超出个人利弊因素的"思索之心",意义也在于此。

学问是一个有价值内涵的观念,学问之所以是特别有价值的知识,是因为它能帮助和促进社会共善。因此,一个邪恶之人不管他多么学识渊博,我们在道德感觉上都难以将他与学问联系在一起。学问不只是一种知识实在,而且更是一种观念的构建。不同的时代,不同的社会对什么是特别有价值的知识会有不同的理解,所以也会有不同的"学问"观念,当然也会引导求学之人选择与之一致的求学问和做学问的方式。

文艺复兴的学问是博学,博学的人文主义者——称"humanists",那时没有我们今天的"读书人""文化人"或"知识分子"的概念——把复兴和保存前人的知识放在学问的第一位。他们致力于搜寻和汇集所有能够找到的古代文献,整理、编纂、印刷传播,发展完善了与之一致的学问方式——做笔记、编文选、选择各种文学和修辞精华来汇编参考书。用历史学家、哈佛大学教授布莱尔(Ann Blair)的话来说,这么做学问,在那时被"视为对公共之善(public good)能有所贡献的事情",学问是对人类文明的贡献:古代的知识丢失了太多,再也不能丢失了，要善加保留才行，一点一滴都不能再丢失。[1]

迄今为止，互联网和数码传媒时代并没有形成什么崭新的学问观念，历史上出现过的一些主要学问观念都还在影响今天的不同学问取向。但是，这并不意味着互联网和数码传媒对今天的学问观念没有发生影响，恰恰相反，这种影响不仅存在，而且会越来越深刻。这是因为，无论什么学问观念都会涉及对知识信息的处理和运用。处理知识信息的能力本身就长期被视为一种学问，例如，学问的高下经常是在博闻强记的竞赛中决出胜负的。钱锺书素有博闻强记的美誉，就算他没有什么了不起的见解，单凭这一点，他就被视为"有大学问"之人。互联网正在或已经改变了许多人对这种学问的看法。《学问便宜》的对话也谈到了这个，钱锺书在《宋词选注》里考证"春风又绿江南岸"，提到唐人早就把"绿"做动词用，并举了四个例子说明，"但是有人从互联网一查，轻易挑出十几个例子，比钱先生要多得多"。像这样的知识处理，如果机器能够代劳，而且做得更好，当然也就谈不上是什么学问了。数码技术正在以它自己的方式挑战我们传统的学问观念，也促使我们对一系列与学问有关的问题进行重新思考：什么是学问？学问是做什么的？学问对于人有什么特别的价值或意义？

二　互联网的"功利阅读"

《学问便宜》的对谈中，除了快速和相对免费取得资料这两项便利之外，互联网剩下的基本上就都是干扰和危害了。归纳起来有两个，

---

[1]　Ann M. Blair, *Too Much to Know*, pp. 12–13.

第一个是助长了"轻阅读","在学术圈,也不乏这种互联网阅读带来的功利性阅读";第二个是"现在占据的材料越来越多,但消化的功夫、融会贯通的功夫势必越来越少"。[1] 这两种对互联网的指责都是目前很常见的,但其实并不像人们普通所想的那么简单。这里先讨论第一种,第二种放到下一节里讨论。

对互联网阅读的第一种指责包含了两个问题,一、互联网真的带来功利性阅读吗?或者,互联网该为功利性阅读负责吗?二、互联网上的"轻阅读"是功利性阅读吗?这二者之间到底有什么关系?

互联网真的带来功利性阅读吗?要回答这个问题,必须先弄清楚什么是功利阅读,而要弄清楚什么是功利阅读,则首先要弄清楚什么是"功利"。在一般人的使用中,"功利"几乎总是一个贬义词——虽然伦理学的"功利主义"本来是一个中性词,指的是提倡追求"最大幸福"(Maximum Happiness),相信决定行为是否适当的标准在于其结果的效益程度。

贬义的"功利"有动机卑下(至少不高尚)、急功近利、见风使舵、不择手段这类的含义。但核心的问题不是功利,而是拜金,一切向钱看,为钱不择手段。这样一个带有厌恶和鄙视情绪的用词并不能拿来客观地评价阅读。就算一个人读书是因为相信"书中自有黄金屋,书中自有颜如玉",想要光宗耀祖、出人头地、升官发财,那也不过是动机而已,不能证明他就不能有深入思考的阅读。你认为这样的动机不纯,那是你高尚,并不能因此就断定别人动机卑鄙。许多人自称有高尚动机——振兴中华文化、振奋革命精神、又红又专——但他们的阅

---

[1] 《互联网时代,学问变得越来越便宜》,http://www.thepaper.cn/newsDetail_forward_1724845。

读未必就有更高的质量。

评判阅读的质量和品质有它自己的标准（实事求是、尊重文本原意、结论要有证据、独立思考、不人云亦云等），是可以在搁置或不揣度动机的情况下进行分析和讨论的。只是在阅读破坏和践踏这些标准的时候，我们才有理由去批评它是"功利阅读"。"文革"中史学界的"儒法斗争""批《水浒》"，《李白与杜甫》和文艺界的种种"批毒草"都是过来人记忆犹新的例子。今天的互联网上确实有这种翻手为云、覆手为雨，见风使舵、断章取义、肆意曲解、信口雌黄的功利阅读作品，但是，让那些不入流的功利写手走红网络的并不是互联网，就像造就几十年前那种功利阅读的元凶并不是印刷文字一样。

互联网上的"轻阅读"是功利阅读吗？恐怕不能这么说。如前所述，"功利"是评价，而"轻"则是描述。因此有必要将"轻阅读"与"功利阅读"分开讨论。轻阅读可以理解为消遣、娱乐、破碎和不求甚解的阅读。互联网上主要是这种轻阅读。轻阅读的对立面是严肃、专注、深层理解和批判思考的阅读。严肃阅读比轻松阅读更可能是功利的阅读。

轻阅读是为了轻松快乐，严肃阅读有难度，是很辛苦的阅读。对许多人（包括学者）来说，激励严肃阅读的不只是知识的乐趣，还有功利的目的：精进学业、出成果、做学问、搞科研等。自古以来，功利就是人们做学问的一个动力，就像自利心从来就是人类社会行为的一种驱动力量一样。古人读书和做学问不辞辛苦，头悬梁、锥刺股，为的是求功名，大学问家也不例外。功名心其实就是功利心，无非是三个因素：名、利、权力。不管是单独的，还是结合在一起，都可以归结为知识人的影响力欲望。这是一个普遍的知识分子和知识政治问题，并不是互联网带来的新问题。

如果认为互联网时代使学问变得功利或更功利，那么，证据是什么呢？是用什么方法比较出来的呢？当今中国学界和学术人士确实有功利主义的问题，急功近利、趋炎附势、弄虚作假。有批评者称中国学界为"学术江湖"，列举了其七宗痼疾：会议学术派（开会、串会的能手）、职称学术派（学问上并无所长，职称学衔上别有功夫）、项目学术派（项目是名利双收的紧缺资源）、媒体学术派（善于自我宣传，精通造势炒作，利用媒体自我炒作）、关系学术派（学业上粗通皮毛，却是精通关系学的行家里手）、泡沫学术派（不坐冷板凳，惯于东拼西凑，粗制滥造，抄袭剽窃）、概念学术派（没有学理探微的功力，但有曲学阿世的本领，善于新名词、新概念、新提法）。[1] 这样的功利主义的学术是在错综复杂的学术制度中产生的，有社会价值和个人操守的原因，责任不在互联网。

自古以来就有读书是为了轻松取乐还是严肃求学的不同看法和争论，"功利"在这一区别中的含义是模糊的。功利涉及对阅读"目的"的理解。即使是那种为了自身乐趣随意而为、不带目的的阅读，追求和享受阅读的那种轻松自在、闲情逸致和自娱自乐又何尝不是一种目的？

古人把阅读当作追求智慧和道德真理的途径，当作修身养性的美事，阅读因此成为一种有目的的作为，而不只是文人雅士的自娱自乐。古代罗马人对诗的态度是充满暧昧的，一方面觉得诗美丽动人，一方面又觉得诗轻佻不庄。对罗马人来说，"只有能有助于写作，尤其是有助于道德用途的写作的时候，阅读才是有用的"。[2] 虽然罗马人

---

[1] 王海光：《"学术江湖"之七大派别》，http://www.sohu.com/a/196203678_467304。

[2] Peter Watson, *Ideas: A History of Thought and Invention*. London: Weidenfeld and Nicolson, 2005, p. 32.

在"有用"（utilitas）和"快乐"（voluptas）的对比中倾向于有用，但他们对阅读的美感也是津津乐道。诗人贺拉斯说，阅读要能让人同时获取教益和愉悦；"既能让读者快乐又能对生活有用的诗人"是最能够成功的。[1] 追求成功，那不也是一种目的吗？

功利阅读把合乎目的的"用"（致用）放在首位，这个"用"是主观价值判断下的"重要用途"。因为主观，所以必然会有所争议，也会不断有所变化。中世纪的经院哲学在今人眼里是"没有用的"，在那时却有最重要的用途。早期文艺复兴的人文学者创造了属于他们自己的阅读之用：复兴古代的学问和学术。他们为此积极主动地阅读，其方法就是阅读时勤记笔记、加以整理、提出新见。著名的文艺复兴研究学者布克哈特（Jacob Burckhardt）称赞弗朗切斯科·彼特拉克（Francesco Petrarca）是首先进行这种阅读的文艺复兴学者之一。同他那个时代（14世纪）的被动阅读不同，彼特拉克的积极主动阅读把书籍文本看成有待思考的材料，而不是单纯供欣赏或消遣的文字物件。阅读者对文本用记笔记的方式，根据自己的需要进行拆卸和重新组装。

在人文学者那里，书籍文本是拿来派用处的，阅读离不开阅读的目的。阅读的目的必须与理性的原则一致。如果在阅读中理性怀疑文本有伪，那就需要阅读者加以验证或去寻找原始文本。阅读的一个主要目的就是知道和记住一些可以称为知识或智慧的有用东西，这才是积极主动阅读的成果。马基雅维利就是这样一位积极主动的阅读者，他赞同但丁的见解，"虽然阅读，但记不住，那就不是知识"。他说自己就是靠记笔记，积累了一笔"资本"，写成了"一本小书"，那就是

---

[1] Peter Watson, *Ideas*, p. 32.

今天我们当政治哲学经典来阅读的《君王论》。[1]

在英国，文艺复兴的伊丽莎白女王时代，阅读是"功利和分析性"的，不只是为了"欣赏"，而是非常注重理解和思考。这才有了莎士比亚。一百多年后的英国，"读者还是把阅读当作对前程和事业有益的求知手段"。[2] 弗兰克·菲雷迪在《阅读的力量》一书里写道："一直到 18 世纪（启蒙运动时），对阅读的功利态度仍然是西方阅读文化的特征，阅读主要是被当作一种为某种实用目的服务的技术能力。20 世纪发明的'功能性读写'（functional literacy）表明，一直到今天，阅读还是以工具的用途为主。"[3] 现在，有的研究生导师一面教导学生不要功利阅读，一面又承认自己的阅读都是为了学术研究的目的，这是自相矛盾的。

菲雷迪所说的 20 世纪"功能性读写"指的是，军人读写是为了读懂书面命令，工人读写是为了读懂机器说明，农民读写是为了读懂如何使用农药或化肥。中文系开"文秘专业"，外语系开始"翻译专业"，就是这种性质的功能性读写。

功能性读写是狭隘的，但功利性阅读却未必如此。功利阅读讲究的是目的明确和与目的一致的阅读效益，把有限的时间和精力集中使用，以确保阅读效益的最大化。这是一种可取的阅读策略。以独立编撰字典出名的 18 世纪学者萨缪尔·约翰逊（Samuel Johnson）就建议根据书籍的不同把阅读分成四种，研读（study），细读（perusal），一般阅

---

[1] Frank Furedi, *Power of Reading*, pp. 51, 53.

[2] Frank Furedi, *Power of Reading*, p. 34.

[3] Frank Furedi, *Power of Reading*, p. 34.

读（mere reading）和好奇阅读（curious reading）。[1] 不同性质的读物需要不同的阅读方法，这种区分本身就带有阅读目的，是为了让阅读最"有效"，从阅读得到最大的"好处"。这样的考虑是实用的，也是功利的。

批评互联网阅读的"功利主义"会给人一种奇怪的印象，那就是，漫无目的的网上"悦读"反倒比带着目的阅读更值得提倡，因为"悦读"不像阅读那样功利。随心所欲的"悦读"不是不可以，但不会因为没有"用"的考量，而变成一种比"功利阅读"更优秀、更值得提倡的阅读。

三　互联网的"信息太多"

互联网的巨大信息量被看成是对学问知识的一个威胁，其负面效应是，知道得越多，学问越差。因为太多的知识材料让人没有消化的功夫，所以必然导致不能"融会贯通"。但是，在下这个定论之前，有必要先弄清楚，知识信息量巨大与不能融会贯通之间到底存在怎样的关系？这两个同时发生的现象之间，真的有逻辑上的因果关系吗？

知识信息量巨大，带来了知识信息处理的难度，这并不是人类在互联网时代才有的新经验。文化历史学家布莱尔（Ann M. Blair）在《知识太多》（Too Much to Know）一书中指出，觉得信息太多，驾驭不了，在早期现代的文艺复兴时期就已经是如此了。人们感觉信息太多，并不就简单地意味着信息客观上真的太多。感觉到信息太多，可能是好几个原因恰好碰到一起的结果。一个原因是，现有处理信息的工具

---

[1] Robert DeMaria Jr., *Samuel Johnson and the Life of Reading*. Baltimore, ML: Johns Hopkins University Press, 1997.

不合适，处理不了或者不能有效处理这么多信息。另一个原因是，人们对信息的期待与实际涌现的信息量不符，实际信息超过了人们的期待。再一个原因是，需要吸收或管理的信息质量有问题，信息量看上去很大，但对你有用的很少。还有一个原因是，我们至今还不清楚，人的头脑记住信息或唤回信息的能力究竟如何，我们也还不清楚大脑的记忆能力是否会由于我们对知识的期待或操作的工具有所发展而发生变化。这些问题都还需要有专门的研究来解答。

因此，信息太多只是一个笼统、模糊的感觉，但这个感觉却能让人以为，这是一种前人未曾有过的新经验，在数码和互联网时代尤其如此。今天，我们确实在几乎所有的事情上都能接触到比古人更多的信息，我们也有了前人所没有的处理信息的新工具。但是，我们处理信息的基本方法与古人是相似的，用布莱尔的话来说，无非也就是储存（storing）、分类（sorting）、选择（selecting）、概述（summarizing）这四种方式。[1]

互联网时代，许多人因为感觉网络信息太多，所以也觉得与信息有关的知识陷入了危机。布莱尔指出，"在学术界，批评者们也已经开始讨论大学生产散播的知识是否在总量上超过了我们能够实际使用的程度。在最近的畅销书《浅薄》中，作者尼古拉斯·卡尔担心数字信息的洪流所改变的，不只是我们的习惯，更会改变我们的心智极限：为了跟上时代，我们囫囵吞枣，却失去了持续关注、深入反思、记忆所学的能力"。[2] 人们的这种担忧虽未必准确，我们从这个忧虑却可以

---

[1] Ann M. Blair, *Too Much to Know*, p. 3.

[2] Ann M. Blair, "Information overload, the early years", http://archive.boston.com/bostonglobe/ideas/articles/2010/11/28/information_overload_the_early_years.

看到，知识在互联网时代正在经历一场变革。在这场产生于现代技术创造的变革面前，我们的文化和我们的大脑都对新问题感觉到没有足够的应对能力，也无法处理已经察觉到的问题。在这种情况下，历史上类似的信息变革时代，及其可以提供的有用经验和启示，便对我们有了特别重要的意义。

15世纪，古登堡印刷术得到推行，打开了书籍洪流的闸门，这个信息汹涌的时代与我们今天有着惊人的相似。突然间，世界上的书本量远超过了当时人们在经验范围内能够消化的能力，而且，越来越快速发展的趋势还没有结束，人们不知道未来还会发展成什么模样。起初为信息新途径所振奋的人们开始因为太多信息而产生了知识的危机感：太容易获得的信息会不会让知识和学问贬值？如何才能有效地在知识价值观上区分"廉价"的知识和"含金量高"的学问？如何找到有效的知识处理方式，才不至于因为知识信息太多而感到束手无策？

需要是发明之母，文艺复兴时期的知识喷涌酝酿出了处理和管理知识信息的新方法——图书馆和付梓图书的通用书目，可以在学校教授的笔记法，杂记指导手册，积聚优秀篇章和段落的文集，供演说或写作之用的参考书，简略介绍所有学科基本知识的教科书（称为"百科全书"），用于评注和笔记的内容"标题"（headings）系统，便于检索和交叉互证的索引，笔记用的纸条和卡片，保存和组织笔记的盒具甚至专用柜，等等。所有这些知识处理的新方法都得到了普遍运用，并在运用中有所改善。文艺复兴时期的学人利用这些新方法对书籍进行归纳，根据标题内容进行分类，再加以总结和筛选，并通过索引与目录检索有条不紊地调取需要的知识信息。这些技术后来成为现代文字处理的基础。

然而，今天的信息过载与近代早期所经历的信息过载之间毕竟有着明显的不同。第一，文艺复兴时期只有少数受过教育的精英阶层人士才对信息太多、太杂有所感觉，日常知识活动受到影响的更是少数中的少数。今天，至少是在发达国家，几乎各行各业的人们都在依赖互联网获取大部分的基本信息，也都或多或少地因为感觉到知识太多和太杂而束手无策。而且，知识的危机也被普遍视为教育的危机，不只是知识人士，就连普通家长也都焦急地在为子女教育的出路问题寻找答案。他们对现有教育的不满，也都是因为觉得教育部门在新的知识形势面前因循守旧、无所作为。

我们今天在知识或学问上有危机感，在很大程度上是因个体知识者处理知识信息的能力太有限。与五百多年前的文艺复兴时期一样，今天个体知识者也觉得互联网搜索带来的结果远远超过他所能处理的限度。然而，这主要是因为网上的知识信息良莠不齐，而好东西还远远没有达到足够多的程度。从一开始，"坏东西太多"或"没用的东西太多"就成了抱怨信息过载的潜台词。因此，同16世纪的知识者一样，我们需要的其实是符合互联网时代知识特征的有效筛选、总结、分类方式。未来学家未雅迈·卡肖（Jamais Cascio）指出，互联网时代尚处于婴儿状态，必须假以时日才能发展出新的知识信息处理机制。人类是在应对和适应各种挑战的过程中进化而来的，今天人类因互联网而又一次面临挑战，正处在应对和适应的过程之中，我们应该对互联网的未来发展保持信心。[1]

第二，我们今天的知识目的也与文艺复兴时期许多人文学者有所不同，形成知识目的的条件，包括互联网和其他数码技术的条件，也有了巨大的变化。例如，16世纪的人文学者以"丰饶"或"丰富"（copia）

---

[1] Jamais Cascio, "Get Smarter", *The Atlantic Monthly*. （July 2009）.

为学问的境界，这在互联网时代已经很容易利用算法和数据结构的搜索查询来完成，不再可称为一种独门学问。就连"丰饶"这个概念也是绝大多数当今学人所陌生的了。

文艺复兴的人文主义者们把知识的积累当作知识的主要目的，至于积累的知识是否真实、可靠，则不太为知识人所在意。当时的人认为，如果一个人能用许多不同的方式表达同一个意思（不必是他自己的意思），那他就是一个知识丰富、学问渊博的人。杰出的人文主义者伊拉斯谟（Desiderius Erasmus）就同时收集多种知识，包括成语（1500 年初版题为《成语集》[Collectanea Adagiorum]，1536 年的扩充版中收有 4251 条成语）。最有代表意义的是他的《论词语的丰富》（1512 年第一版题为 De duplici copia verborum ac rerum，后改题为 De Utraque Verborum ac Rerum Copia，简称为 De Copia）。这部著作所提出的人文学习方法对当时欧洲学校的教学产生了巨大的影响，这部著作在伊拉斯谟活着的时候就至少发行了 85 版。[1]

《论词语的丰富》（De Copia）的学问在于，知识丰富让人"能说会道"（eloquent）。能说会道不只是口齿伶俐，而且是对任何话题都可滔滔不绝。人文主义者把知识全面当作渊博，同时还要求善于用文字言辞表达知识。因此，写作的能力也就格外重要。在伊拉斯谟那里，知识的丰富分为三种，第一是丰富的词汇（Copia Verborum），如果用了一个字或词以后，还能用其他不同的说法来代替它，那就算是词汇丰富、表述多样。但是，伊拉斯谟认为，只有词汇还不足以使一个人雄

---

[1] Callahan, Virginia W. "The De Copia: The Bounteous Horn", in Richard L. DeMolen (ed.), *Essays on the Work of Erasmus*. New Haven, CT: Yale University Press, 1978. pp. 99–109. "Copia: Foundations of the Abundant Style", https://en.wikipedia.org/wiki/Copia:_Foundations_of_the_Abundant_Style.

辩，所以还要具有第二种丰富——丰富的修辞手段（Copia Rerum）。他列举了各种可以用来说明一个意思的手段，如隐喻、提喻、类比、寓言、虚构故事、警句、格言、箴言，就是说，为了增加说服力，需要使用多种说明手段。第三种丰富是话题和题材。他举例道，同一件事情可以用来说明不同的道理，得出不同的结论，所以一个写作者应当小心使用自己的例子。例如，苏格拉底在受审时被人以不真的指控害死。这个事情可以用来说明"真理招人憎恨"；但它也可以用来说明"不凡的美德招人嫉妒"或者"法官裁判不考虑受审者是否优秀"。[1]

在互联网时代，《论词语的丰富》这样的学问已经过时了，不能再为莘莘学子提供值得效仿的学术范式或理想。2017 年 10 月，有小学生用大数据研究苏轼，虽有数据结果和堆积的材料，却了无新意，引发教育界和其他人士的讨论，涉及的一个问题就是这种知识在今天究竟还有多大的意义。即使是在 16 世纪，追求这种堆积型的知识也只适用于极少数的人文学者，作为一种普遍的教学方法，它在一般学校里的效果与原来的设计有很大的距离。学生往往只是机械模仿，学到一点皮毛而已。

四 学问因何而有价值

《学术便宜》的两位讨论者忧虑"学问变得越来越不值钱，因为出

---

[1] Erasmus, *On Copia of Words and Ideas* (*De Utraque Verborum ac Rerum Copia*), trans. from the Latin with an Introduction by Donald. B. King and H. David Rix. http://blogs.iac.gatech.edu/bellyful/files/2012/11/erasmus_De_Copia.pdf.

书太容易了","以前的学者如邓广铭做辛弃疾研究，用了一辈子时间，先编年谱，再注他的词，一首一首考证清楚。而现在的年轻学者，选一个比辛弃疾还著名的宋代人集子，比靠着互联网马上有注，一注出来以后马上就出书。这样的著作是机器时代类似于《论词语的丰富》的那种积累，互联网使这样的学问变得容易，也因此贬值。

那么，学问的出路在哪里呢？这两位讨论者给出的答案是，现在的历史、文学、哲学著作"越来越多、越来越厚"，其实许多"都是不需要读的，最值得读的还有陈寅恪的书、钱穆的书、钱锺书的书"。学问之途真的在于研读或精读这类"大师"的书吗？互联网时代的年轻学术人真的应该接受这样的学问指导吗？

对于做学问的阅读，是专注于经典还是博采众说，从来就存在两种不同的主张，其实也就是对知识信息的不同处理方式。公元1世纪时古罗马道德家塞内加（Lucius Annaeus Seneca）就抱怨说，"书多则分神"（The abundance of books is distraction）。书不要读得太多，只要盯住一些权威的著作就可以了。而普林尼（Gaius Plinius Secundus）则认为开卷有益，没有一本书是糟糕得你不能从中学习到一点东西的。[1] 多读书当然不等于杂乱无章地读，普林尼总结出一套适合于自己的读书方法，那就是在阅读的过程中系统地做笔记和评注。他每读一本书至少要做一条笔记，然后把这些日积月累的想法写成完整的著作。塞内加和普林尼的两种不同方法形成了一直到今天都没有太大变化的精读和泛读之分。做学问的人都是根据自己的学科或关注的问题，兼顾与平衡这两种阅读，而不会单选其一。

阅读与写作是做学问的两大主要部分，阅读不会自动转化为写

---

[1] Ann M. Blair, *Too Much to Know*, pp. 15, 13.

作，写作是需要特殊训练和讲究方法的。每个写作者都会摸索出一套适合自己工作习惯和特长的写作经验。但是，每个时代的写作者们又都会有一些共同的特点，与别的时代有所不同。在相当程度上，这与他们使用的写作工具有关。例如，使用毛笔的写作就会与使用自来水笔的写作不同。

电脑写作对写作的影响比毛笔和自来水笔的不同更加彻底，会影响到人在写作时的思考和思绪。尼古拉斯·卡尔在《浅薄》一书里描述了他手写文稿和用电脑写作文稿的不同。他写道："我开始感觉到，电脑绝不只是一个对你言听计从的简单工具，它是一种能以微妙而又确定的方式对你施加影响的机器。电脑用得越多，它对你的工作方式的改变就越大。一开始，我无法在屏幕上修改任何东西。我会先把文件打印出来，用铅笔在纸上改好，随后再输入电脑，形成数字版。然后再次打印出来，再用铅笔改一遍。"但是，在习惯在电脑上操作之后，他的写作流程发生了变化，"我发现自己再也不会在纸上写东西、改东西了。没有删除键，没有滚动条，没有剪切和粘贴功能……我感觉茫然若失，不知所措。我的所有编辑工作，全都要在屏幕上完成了。在使用文字处理软件的过程中，我自己也多多少少变成了一个文字处理器"。[1]

每个写作者都有一套自己的工作方式，其中包括如何处理终稿中看不到的"中介过程"部分，电脑写作对这些部分的影响最大。我自己的写作也经历过与卡尔类似的从笔写文稿到电脑打字的变化，但这个变化的最大影响是它多多少少改变了我在写作过程中处理中介信息的方式。由于我的吴语发音妨碍我正确熟练地使用拼音，我会尽量避

---

[1] 尼古拉斯·卡尔：《浅薄》，第 11—12 页。

免拼音中的某些困难,所以会更多地使用剪切和粘贴功能,这是出于尽量维持思绪连续和流畅的需要。为了保证写作速度和思路的流畅(二者经常互为一体),我会把一些信息剪切下来,直接粘贴到文章中,等回头再做不同的具体处理。

这是我快速处理知识信息的一种简便方式。这些信息包括对具体事件的陈述(剪切和粘贴可以节省叙述或组织细节所花的时间)、一些我自己已有的想法(剪切和粘贴的材料可用作提醒,回头再做准确表述)、一些尚不能决定是否用得上的材料(可有可无,视能否顺畅而不冗赘地纳入行文而定)。这样的信息来源可以是别人的上网文章、网上百科、新闻报道、评论文章等。这些都是临时性的信息处理,就像手写文稿时,如果需要,就在未定稿上标上记号或几个字提醒自己;或者如果提笔忘字,那就索性先用注音或别字,而不是马上花时间去查字典,打断思绪。

这就带来了一个问题,我们能否将这种剪切和粘贴当作电脑写作时代的临时"代劳"或"外包"呢?在文艺复兴时期的人文主义作家那里,代劳和外包是常见的工作方式,谁也不会对此有什么异议。[1] 他们让别人替他们阅读一些自己来不及阅读的书籍,往往是家人、仆人或花钱雇来的助手(amanuenses)。作家与助手之间是主仆关系。助手的工作与今天的首长秘书有些相似,他们把主人口授的内容写到纸上,替主人阅读指定的文本并写出摘要或笔记。著名人文学者伊拉斯谟 1528 年最多的时候雇用了 8 个仆人。[2] 文人的这种工作方式在罗马作家普林尼那里被发挥到了极致。他是个手不释卷的勤奋之人,连洗

---

[1] Ann Blair, "Early Modern Attitude toward the Delegation of Copying and Note-Taking", in Alberto Cevolini (ed.), *Forgetting Machines: Knowledge Management Evolution in Early Modern Europe*. Leiden/Boston, Brill, 2016, pp. 275ff.

[2] Ann M. Blair, *Too Much to Know*, p. 108.

澡时都有仆人念书给他听,他有什么想法,仆人就会给他记下来。文艺复兴时,人文学者的仆人助手是经过挑选才雇用的,有的知识水平令人刮目相看,但他们的劳动成果是属于主人的,他们只是"代劳人"和"外包工",自己不能在作品上留名,当然也就没有保护他们的知识产权这一说。

对四百年前的人文作家来说,知识代劳或外包只是有效处理知识信息的一种方式,不存在什么剽窃和剥削的问题。今天,互联网上可以当作代劳的信息非常多,谷歌翻译承担的便是"翻译代劳"的工作,虽然未必尽如人意,但方便且免费。有的明显不是谷歌翻译的产品,而是翻译者的作品,质量相当不错,但网页刊载时不提译者的姓名(布莱尔的《信息过载》一文就是一个例子),是否也可以当类似谷歌翻译代劳来同等处理?记者对事件的叙述——若只是事件的发生,不是记者自己发掘结果或他自己的分析——是否也可如此对待?

然而,这么做的合理性或不合理性何在呢?是否符合今天人们对"知识产权"的看法和规则呢?在什么情况下可以把网上信息(连同它的部分文章表述)当作无知识产权归属的公共信息呢?互联网时代,有关知识产权的这类问题变得更加复杂。我们固然可以在自己写作的过程中把网上的一些材料权且当作代劳或外包,但在定稿时仍然应该按照规范注明出处,以避免剽窃或侵犯知识产权之嫌。

互联网所提供的代劳和外包便利在相当程度上改变着我们对学问和学术产品的观念,正如《学问便宜》讨论者所说的,如今学者选一个比辛弃疾还著名的宋代人集子,借助互联网的资源,很容易写成一部"专著"。那么其他类型的材料性学术呢?一些以前被视为高端学问的产品(如《管锥篇》)现在看来不过是笔记的汇编,当时做起来相当艰难,材料功夫很深,但并没有什么特别的见解或思想营养。尤其是，作为学术象牙塔里的展品，这样的学问既没有现实的问题意识，也不在乎有没有社会作用。这样的学问是否真的很高端，也就成了疑问。

互联网可以为学问省去许多材料功夫，让学问更多地专注于对现实问题的关怀，在不同学科知识之间建立更广阔的联系，更多地思考与人的存在有关的意义、价值、信仰、创造力、自由意志，以及类似的其他人文问题。互联网也给知识人士提供了一个比纸质传媒更广阔、更多样化的平台。如何运用这个平台考验知识人士在专业之外的另一些学问素质：在特定社会环境中的问题意识和价值判断，审时度势的策略，原则与妥协的平衡，视对象而定的话语调整能力，精湛的专业知识与时代问题的结合，等等。

在哈佛大学教授布莱尔那里我们就能看到这样一种学问的例子，她的《知识太多》是一部学术精湛的专业研究著作。她对这部专著的主要观点做了概述，发表在《波士顿环球报》上。专著是耶鲁大学出版社出版的，书里观点的概述则刊登在大众媒体上。由于专著和报纸的读者不同，她对同样的内容采用了不同的表述方式和话语。专著的写作是学术的，媒体文字的写作是启蒙的，优秀的知识者应该同时通晓这两种写作。

而且，她有一个现实的问题意识，那就是，互联网时代的信息太多，是不是使得人类知识陷入了危机？她的书研究的是16、17世纪的知识信息处理，但与今天互联网知识信息时代之间有着现实的联系。再者，她的书虽然很专业，但不是象牙塔里的学术，她虽然通晓拉丁文，但写作使用的是清晰、明确、优雅的英语，几乎完全避免了专用术语。这是一种普通读者都能读懂的语言。相比之下，钱锺书的《管锥篇》使用的是在中国早已不再使用的文言文。今天，能够用拉丁文或古文来写作，也许会被视为一种学问，但除了显示自己与众不同、才华不凡之外，这种学问对于使用当今语言的普通读者来说并没有意义。用读者能懂的语言讨论他们关心的问题，哪怕知识是专业的，那才是一种有学问的公共写作。

　　有学问的学术人士懂得如何根据不同读者的不同知识需要和接受方式，灵活地调整自己的话语和言说方式。他还知道，不同的社会环境、政治制度和文化环境中的读者也有着不同的知识需要、阅读习惯、接受方式，这些也是他在写作中，尤其是在介绍有关外国的知识时必须考虑到的变通因素。因此，相比起直接翻译来，他更愿意用自己的话来对这样的知识做更符合读者对象的重述或改写。他的学问不是要贬低翻译，而是更愿意以他自己的方式最大地发挥翻译的作用。他更懂得在逆境中如何顽强地生存，并发出自己的声音，就像18世纪在王权专制审查下的那些《百科全书》作家们一样。布莱尔称这些为懂得如何在夹缝中求生存并发挥影响力的学问，"正是因为（启蒙哲人）对大胆观点采用了巧加掩饰的办法，大胆观点才得以以文字的形式面世。他们把大胆的想法暗暗藏进看似无害的文章里，他们避免言及一些敏感作家的名字，却悄悄地采用他们的观点，他们运用交叉引证的办法来引导有倾向性的联想"。[1] 直到今天，这仍然是在不自由制度下写作所需要的真学问。

---

[1]　Ann M. Blair, *Too Much to Know*, pp. 260-261.

第 8 章　从鹅毛笔到键盘鼠标的学问技艺

人们在讨论"学问"问题时，总是强调学问的学识，而忽视学问的技艺。在论及学问的时候，关注的是学识的积累（阅读、思考、见解）和学识的文字产品（著作、授业、演说），即使是述而不作，所述也仍然会有文字存世。但是，在学识积累和文字产品之间，在阅读和写作之间，到底发生了什么呢？很少有人关心这个，更不要说是研究了，人们往往相信某种自然发生的神话，如"读书破万卷，下笔如有神"。近几年来，西方对文艺复兴时期人文学者（humanists）的研究中，形成了一种对他们学问技艺的关注：他们是怎么处理和管理知识信息的，形成或完善了怎样的新方法，运用怎样的工具，怎么记笔记和做评注，怎么编写帮助写作的参考书，有哪些主要形式的写作参考书，等等。

学识积累既是一个获得知识的过程，也是一个消化知识的经历。在这个过程和经历中，关键是如何处理和管理知识。从阅读的文本中提取选段或要点，用某种方式储存起来（记忆或笔记）。储存知识需要学识与技艺协调配合，方能够有效地储存有价值的知识，排除掉无价值的。有了妥善的储存，才能在需要的时候信手拈来，或者至少知道到哪里去搜寻，不至于"书到用时方恨少"。这种技艺功夫，有学问的人比没学问的要擅长得多，不只是因为他们聪明过人，更是因为他们的写作为学识积累和知识管理提供了明确的目标和方向，因此反比一般不写作的人来得方便。

写作是形成学识文字的主要方式，是一种比阅读更具技艺特色的学问。亚里士多德的《修辞学》和罗马时代西塞罗《论演讲者》或昆体良的《演说术》都是当作技艺来传授的。但是，在形成文字产品之前，还可能需要一些怎样的准备和中间处理工作呢？这一部分工作曾经或者可能借助怎样的技艺呢？是把要说的话，要表达的内容，同时记在头脑里呢？还是用什么其他的方法来辅助能力有限的自然头脑记忆？古人的演讲是怎么做到旁征博引、一气呵成的呢？什么是它的技艺诀窍呢？罗马博学多才的贤君马可·奥勒留·安东尼（Marcus Aurelius）思虑精细的《沉思录》、文艺复兴时期伊拉斯谟包含 4151 个条目的《格言集》(Adagia)，这样的书是怎么"写作"出来的呢？1949 年后的中国学者钱锺书又是怎么写成《管锥篇》的呢？他可能有哪些秘不示人的独门技艺呢？缺少了对学问技艺的了解，我们便无从客观评价那些被人崇拜和迷信的学问产品，更无从想象互联网时代可能需要，或者会产生一些怎样不同的学问。

一 古代的学问技艺

在古代，学问是一个人内在的天赋，一种异人天禀的"智慧"。智慧是储存在智者头脑里的知识，任何时候都会在对他人的教谕或与他人的交谈中水到渠成地流露出来。他不需要借助技艺，一切都是自然而然，浑然天成的。在智者那里，任何技艺都不仅不是对智慧的辅助或加强，而是对智慧的贬低和削弱。智者的智慧完好无缺地保存在他头脑里的记忆里，任何辅助记忆的手段——文字记下的备忘录——都只能显示智慧的缺损。柏拉图的《斐德罗篇》(Phaedrus) 就有一个这样的故事。埃及神明特泰（Theut，主司数字、几何、文字和游戏）发明了书写的技艺，他对国王赛穆斯 (Thamus) 说，应该让埃及人分享这一福祉，因为书写会"让埃及人更有智慧，并能增强他们的记忆力"。国王赛穆斯不以为然，他提醒特泰，对一项发明的价值，发明人本人不是最可靠的裁判。他说，一旦埃及人学会了书写，"遗忘就会侵入他们的灵魂，他们的记忆训练必将到此为止，因为他们会过于依赖书面记录，不再依靠自身的记忆，而是依靠外部符号去想事情"。书写的字词"不能替代记忆，顶多只是提醒记忆而已。你为自己的弟子提供的不是真正的智慧，而是智慧的伪装"。靠文字阅读获取知识，"貌似知识渊博，其实在很大程度上一无所知"。他们的头脑将会"装满对智慧的自负狂妄，而不是装满智慧"。苏格拉底讲述赛穆斯的故事，是因为他赞同赛穆斯的看法。他对斐德罗说，只有"头脑简单之人"才会以为文字记录"胜过同样内容的见闻和记忆"。通过口头演说"铭记在学习者灵魂中的智慧词句"永远胜过用笔写下的字词。[1]

　　柏拉图讲述这个故事，其实不一定是像他的老师那样看待书写文字的问题。他在这个问题上是进退两难、暧昧不决的。正如尼古拉斯·卡尔指出的那样，"与雄辩的苏格拉底不同，柏拉图是一位写作者。阅读能够取代记忆，从而导致思想深度的丧失……但是，柏拉图

---

[1] 尼古拉斯·卡尔：《浅薄》，刘纯毅译，中信出版社，2017 年，第 57 页。译文有改动。

显然已经认识到书面记录的词句具有胜过口语的优点。"[1] 柏拉图本人并没有放弃那种至少可以把运用书面文字当作一种辅助记忆的技艺，在柏拉图的《泰阿泰德篇》(Theaetetus) 里，我们可以看到，公元前 5—前 4 世纪时，有意著书立说的学人运用笔记已经是相当普遍了。欧几里德 (Euclid，不是写《几何学原理》的那位) 对泰尔斯翁 (Tersion) 说，为了回忆苏格拉底与泰阿泰德的交谈，他一回到家，就赶紧做了笔记 (hypomnemata)，然后，修改和扩展，直到有了一个对话形式的文本。我们有理由猜想，这也是柏拉图自己的工作技艺。

欧几里德所说的 Hypomnemata (Hypomnema 的复数) 在英语里有好几个不同的翻译：note（笔记）, public record（公共记录）, commentary（评论）, anecdotal record（评注）, draft（草稿）等。[2] 我们可以将 Hypomnema 泛称为"札记"（或"笔录材料"）。札记可以是记忆的辅助手段，触动和唤起人的心灵记忆 (psychic memory)，与柏拉图对知识和认知的理解并行不悖。柏拉图认为，知识早已先验地存在于人的头脑之中，学习是"回想"(recollect)，回想是可以借助方法和技艺的，书写就是一种人为的记忆。按照福柯的理解，"对于阅读过的，听说过的，或思考过的东西，札记代表的是一种物质化的记忆。札记把这些东西当积累的珍品保存下来，供今后重新阅读和日后沉思。这些东西也为将来更系统讨论的写作提供了原料"。[3] 也就是说，札记不是为某一次写作一次性使用的东西，而是可以用来产生新的知识、讨论和写作的准备工作。一般是有写作的需要和目的，才需要做准备。可以有不同

---

[1] 尼古拉斯·卡尔：《浅薄》，第 58 页。
[2] Liddell and Scott Greek-English Lexicon online.
[3] Michel Foucault, *Ethics: Subjectivity and Truth*. New York: The New Press, 1997, p. 273.

性质的准备。例如，行万里路、读万卷书的准备与札记的准备就不一样，前者是经验，后者是技艺。

福柯对札记的理解是一种现代理解，与希腊—罗马时代对札记的实际运用并不相同。札记在希腊—罗马的创意作品（literary works）写作过程中发挥重要的技艺作用，但只是单纯为了写作。古代的创意写作在开始的时候总是先经历阅读的过程，在这个过程中，作家把札记写在木质的或蜡制的平板、莎草纸、羊皮纸片或者笔记本里，也会口授秘书做记录。然后用手抄的方法将札记誊抄到"卷"（rolls）或"册"（codices）上（视不同历史时期而定）。用这种方法，可以汇集成有关不同主题的笔记册（希腊语是复数的 Hypomnemata，拉丁语是 Commentarii），供写作者私人使用。这样的笔记册对他日后的创意写作有很大的帮助。

札记是为写作做准备，而不是为札记而札记，札记是一种有目的的技艺，这在普鲁塔克的《论心灵的平静》（On Tranquility of Mind）的前言里有所说明。他说，他经常把关于不同主题的摘录收集在一起，是为他自己用的。在他开始写作《论心灵的平静》时，他取出札记，选择与写作主题有关的材料。希腊语言和文学教授斯托克特（Luc van der Stockt）对普鲁塔克利用札记写作的特征有深入的研究，他发现，普鲁塔克收集过不少不同的摘要，后来用于《论心灵的平静》的写作，而且还用于另外两篇文章的写作：《人如何可能知道自己的道德进步》（How a Man May Become Aware of His Progress in Virtue）和《论不冒犯他人地称赞自己》（On Praising Oneself Inoffensively）。斯托克特认为，普鲁塔克的札记经常就是草稿，已经将原始笔记消化并重新组织过了。他写道，"我能够想象，他的札记有一条多少经过考量的思路，动用了以前收集的材料，而且肯定是用完整文句来写的，已经超出了受（札记）启发的阶段。另一方面，札记（草稿）

还没有显示创意写作的那种精细打磨"。[1]

运用摘录来做创意写作,对这样一种做学问的技艺,研究者们最津津乐道的就是老普林尼外甥小普林尼的回忆。老普林尼的传世之作是《博物志》(拉丁语:*Naturalis Historia*,又译《自然史》),这是他花了 77 年写成的一部名著,被认为是西方古代百科全书的代表作。全书共 37 卷,分为 2500 个章节,引用了古希腊 327 位作者和古罗马 146 位作者的 2000 多部著作。在书成后 1500 年间,共出了 40 多版。老普林尼虽然将此书题献给罗马皇帝提图斯(Titus Flavius Vespasianus),但是全书 160 卷羊皮纸手稿并未献出,而是传给了外甥小普林尼。

老普林尼的学问放到今天也会令人惊叹不已,2000 多年前是怎么做到的呢?小普林尼在给友人巴伊庇乌斯·马塞尔(Baebius Macer)的一封信里是这样描述老普林尼做学问的技艺的:"中午,他吃完一餐简单的茶点,就让人给他念某位作家的作品,他在一旁做笔记或摘要。他对读过的每一本书都会做摘录。他的座右铭是,没有一本书会糟糕到你从中得不到任何东西。……晚饭的时候,又有人再给他念书。他又会做笔记。……在乡间的时候,除了洗澡的时间,他把时间全都花在学习上面。就算洗澡时不念书,那也只是限于他泡澡的时间。就在有人为他搓澡和拭干身体的时候,也还是有人在为他念书,或是他自己在口授。差不多无论他到哪里,只要不是有别的事情,他就总是在一心一意做这件事。总是有一个速记员跟随着他,拿着书或写字板。……就是这么孜孜不倦,他才挤出时间写完了他那些论著。我已经提过,除了他在遗嘱里留给我的那 160 卷笔记——双面写的备忘录,字迹很

---

[1] Luc van der Stockt, "A Plutarch Hypomnema on Self-Love", *American Journal of Philosophy*, 120 (1999), p. 595.

小——我们可以想象他还有更多的笔记。"[1]

自古以来，运用笔记著作有许多成功的例子，不只是普林尼，还有别的名人和作品，如西塞罗（他夸口说自己对所有的作者的作品都做了精华篇章的记录）、普鲁塔克、第欧根尼·拉尔修（Diogenes Laërtius，约公元3世纪）的《哲人言行录》(Lives and Opinions of Eminent Philosophers)（或译作《名哲言行录》）、奥卢斯·格利乌斯（Aulus Gellius，公元1世纪）的《阿提卡之夜》(Noctes Atticae)，还有公元2世纪罗马皇帝马可·奥勒留（Marcus Aurelius）的《沉思录》，有的是他自己的思想，有的则是从许多不同来源收集或摘录的箴言、规训、智慧之言。

札记储存的是原始材料，如摘要、引文、注释或解释、评注，可以用于写作一个文本，但也可以用一个个"主题"来加以整理和组织，这就形成了一种"卡索引"(card index)——例如，放在卡片盒里，一叠同样主题的卡片的第一张有一个耸出的，表明主题的标记。一个卡片盒可能有多个不同主题的卡片叠，当中有哪些主题是一目了然的。提斯亚诺·多朗迪（Tiziano Dorandi）在对希腊—罗马时代的研究中发现，这种"卡索引"在认知和实体使用上都是临时性的，本身并不具有特别的意义或作用。[2] 作品一旦完成，它的作用也就完结了。这种前现代的卡索引与16、17世纪之后的现代卡索引具有不同的性质，它只是一时的写作工具，既不是为了继续保存，也不是为了将来有所扩展。现代卡索引与学者之间有一种福柯感兴趣的那种互动、扩展和再生的关系，这在下面还要谈到。

---

[1] Quoted by Tiziano Dorandi, "Notebooks and Collections of Excerpts: Moments of *ars excerpendi* in the Greco-Roman World", in Alberto Cevolini (ed.), *Forgetting Machines*, pp. 38–39.

[2] Tiziano Dorandi, "Notebooks and Collections of Excepts", p. 37.

二 学问技艺的演化

前现代的卡索引向现代卡索引过渡,这个过程与学问中的记忆从虚拟空间记忆向文字辅助记忆的过渡是同时发生的。中世纪的学者大多仿效普林尼的做法,每读一本书都会做这本书的私人笔记。15世纪以后,由于印刷术的推广,这种持续了十几个世纪的笔记方法发生了性质上的改变。笔记不再只是学者和作家个人写作的私人技艺,而且也成为一种社会文化的"文学类型"(literary genre),甚至还成为一种教学工具,一种在学校里传授给学生的学习技能。

怎么做笔记并没有一定的成规,不同的教师对学生有不同的建议。有的教师建议,阅读书籍时先在书页的空白处写下评注(自己的理解、看法、联想等),然后在笔记本里整理成比评注更完整、连贯的笔记。但是,也有的教师认为不一定要这么做,只要在书页上留下评注即可,不必再誊写到笔记本上。1671年,法国作家夏尔·索雷尔(Charles Sorel)建议,如果阅读的书不属于自己,那么就在笔记本上做笔记,如果书是自己的,那就只要在书页上写下想法就可以了。这样可以避免打断思路连贯的阅读。但是,耶稣会教士弗朗西斯科·萨齐尼(Francesco Sacchini)有不同的建议,他认为,在阅读时不妨有时停下来做个笔记,这样做可以让阅读放慢下来,有助于记住书里的内容。[1]

文艺复兴时期,出版商到处收集学者的笔记,印成笔记荟萃,这成了当时最畅销的书籍。那时候,印刷术已经得到推广,书籍成为许多人都能消费的普通商品。一本书的价值不在于其内容的好坏,而在于能卖出去多少。16世纪卖得最好的是给学生用的笔记集粹和文摘汇

---

[1] Ann M. Blair, *Too Much to Know*, p. 72.

编，教师拿这些书"做课外指导"。当时，私人授课，教学生一些学习方法和如何做笔记，"是教师很能挣钱的课外辅导"方式。[1] 这跟我们今天老师的课外辅导差不多。

学习方法和笔记方法是教师面授学生的治学技艺，就算市面上有使用方便的手册出售，"教师'手把手'指导仍然是重要的传授方式"。教师一般都会留一手，因为"相信保密的方法是最有效的"。这令人联想到武侠小说里的"独门秘籍"传授方式。有研究者指出，"大多数学者都不愿意将自己做笔记的秘密示于他人，他们有的建议'不要泄漏你的治学方法'，因为外人越是搞不懂其中的奥秘，越是会觉得你了不起"。[2] 一直到今天，学者们一般仍然对自己做学问的独门技艺保守秘密，例如，我们明明知道《管锥篇》是拼接读书笔记而成的作品，但没有办法知道他是用什么方法做的笔记，又是如何将笔记变成作品。因为读者有很多想知道但不得而知的秘密，所以对他的学问有了神秘感，而越是觉得神秘，就越朝"天才"而不是技艺去寻找解释。

其实，做学问是戏法，人人会变，各有巧妙不同。学者们公开介绍的治学经验往往是不可靠的，隐蔽了太多"不便示人"的东西。他们往往一面对自己最私密的技艺守口如瓶，一面又会笼统空泛地介绍一些不外乎自我吹嘘和老生常谈的所谓经验。即使是一些有点用处的经验之谈，也会话留三分，他们所写的"关于笔记的教育指导因此从来就是不完整的。他们自己也承认。不过他们说，介绍的是理念，而不是方法的实际使用，但其实有的手册是附有书摘样本的"。[3] 老

---

[1]　Ann M. Blair, *Too Much to Know*, p. 70.

[2]　Ann M. Blair, *Too Much to Know*, p. 71.

[3]　Ann M. Blair, *Too Much to Know*, p. 71.

话说，尽信书则不如无书。学者的学习指导或经验之谈也应该如此对待，不妨了解一下，但不能迷信。每个学生都必须摸索最适合自己学习的笔记方法。

笔记荟萃或笔记手册都是参考书，不是我们今天所理解的学术著作，却是文艺复兴之后的一种自成一类的畅销文学。市场的畅销能产生循环效应：一种书越是畅销，写这种书的人就越多，同一种书越多，读者群就越大，写的人就更多。笔记生意把本来私人运用的笔记商业化了。当时的人们很信任这种书的知识价值，用布莱尔的话来说，当时，"笔记的集子被当作知识珍宝的储藏所，（许多人认为，）就算不能马上派到用处，也有利于积累知识"。[1]

其实，这种书未必一定对学生有积极的帮助，甚至可能对学生有误导作用。本来用于个人知识积累和写作的笔记摘录变成了学生无明确目的的机械模仿（如摘录所谓"金句"）。还有的学生根本就是用书里的笔记知识来代替自己的学习——这就像今天的美国懒学生不读原著，而全靠借助于 Sparknotes 或 Cliffnotes 一样。教育人士批评这种摘抄文录的集子，他们认为，记笔记应该是为了加深理解，帮助记忆学习的内容，是消化吸收学习内容的一种技艺。笔记中的知识选择是个人的选择，从同一本书里，不同的读者会抽取对自己有用的不同的部分，所以说，最好的笔记是你自己的笔记。

然而，另一方面，笔记的推广确实改变了笔记的社会文化性质。当笔记不再只是学者的事情，而变得与一般人，尤其是广大学生也有关的时候，"笔记的历史才刚刚开始"。[2] 笔记的历史过了几百年才受

---

[1] Ann M. Blair, *Too Much to Know*, p. 63.

[2] Ann M. Blair, *Too Much to Know*, p. 316.

到研究者们的重视。20世纪初，学者如何为写作而做笔记，在历史研究中只是一个边缘课题。但是，这个课题对思想史研究应该具有更重要的意义。思想史一向专注于作者和作品的分析，但忽视对内容的形成和特色都有密切影响的工作方式、技艺，以及个人和时代的知识习惯。

近现代西方学者的知识习惯有偏好"集粹"（floriegium）的特征。集粹汇集不同著作的精彩摘录，相当于"宝典"。Floriegium这个词是从拉丁文的 flos（花）和 legere（收集）词根来的，是"精华汇集"的意思，也是一种"选集"。中世纪时，集粹是私人汇编了以供自己欣赏的。文艺复兴时期的人文学者将此用作一种治学和写作的工具与知识管理手段。集粹去芜存精，成为一个储存丰富知识精华的地方。这种知识技艺是在修辞文化传统中形成的，演说者需要储存多种主题和现成内容的材料，要尽可能丰富（copia）。一个人做好了这样的知识储备，牢牢记忆在脑子里，需要时就能灵活运用，出口成章，侃侃而谈，挥洒自如。没有这样的储备，到时候就会临时慌张，张口结舌，当众出丑。

在修辞文化里，演说是一个人显示才华的表演机会，观众对演说者的期待很高，演说者的学问如何，全在他演说时能否表现得才思敏捷、言辞巧妙、学识渊博。他不仅需要在某个话题上有许多话好说，还需要在多个话题上都能有这样的表现。他的学识就像一个管理良好的图书馆，在放小说的地方要有许多不同的小说，但是，整个图书馆又不能只是收藏小说，还需要收藏历史、地理、哲学、自然科学等等书籍，每一类书籍都必须相当丰富。

这样一种高标准的学问正是文艺复兴时期人文学者们所追求的，是他们的学问理念，与今天的"专家"标准很不相同。今天的专家只需要专精一门小小的知识，就能自诩为有学问，或被他人当成是学问家（如鲁迅专家、《红楼梦》专家）。文艺复兴时代对人文学者有广博的要求，至于他们对专门学术问题是否有独到精深的见解，那倒反而不太重要。作为做学问的一项主要技艺，笔记就是在这样的文艺复兴的文化气氛里发扬光大的，受到了前所未有的重视和广泛运用。

著名的文艺复兴人文学者伊拉斯谟劝告每个读者随身携带笔记本，摘抄那些值得铭记在心的精彩段落。他敦促学生在书上写评注，看到"感人肺腑的词语，古雅或新奇的措辞，精彩的文体、格言和范例，还有值得记住的评论"，都要用"适当的符号"加以标记。他还主张，所有师生都要随身携带笔记本（称为备忘录，commonplace book）。在文艺复兴时期，备忘录变成了学校里的固定配备，所有学生人手一本。到17世纪时，备忘录的使用范围已经不限于学校。要培养一个有教养的人，备忘录被视为必不可少的工具。1623年，英国哲学家培根评论说，"一本精彩而内容广泛的备忘录摘要"可以为"大脑记忆提供非常有效的帮助"，"几乎没有任何东西会比它更有用"。他写道，备忘录是把书面作品铭记在心的辅助手段，一本保存完好的备忘录可以"为发明创造提供素材"。根据美利坚大学语言学教授内奥米·巴伦（Naomi Baron）的说法，在整个18世纪，有教养的绅士都有自己的备忘录，这个备忘录既是"他智力发展的媒介"，又是"他智力发展的编年史"。[1]

17世纪之后，笔记不断发生变化，学者们的笔记不仅记录他们的阅读感想和体会，而且也记录他们的所见所闻，还记录他们富有独到见解的所思所想，如法国数学家和思想家布莱兹·帕斯卡尔（Blaise Pascal）的《思想录》（Pensées），爱尔兰哲学家乔治·贝克莱（George Berkeley）的《备忘录》（Berkeley's Commonplace Book），德国科学家和讽刺

---

[1] 尼古拉斯·卡尔：《浅薄》，第197页。

作家乔治·克里斯托夫·利希滕贝格（Georg Christoph Lichtenberg）的《剪贴札记》（*Sudelbuch*）。笔记也从阅读摘记发展为更具个人特色的思考记录，这在 18 世纪更成为一种趋势。[1] 德国历史教授赫尔姆特·泽丹梅厄（Helmut Zeldelmaier）在对德国文化的研究中发现，18 世纪末，学者们还在用笔记来做学问，虽然一般人已经不热衷于此。[2] 甚至在 19 世纪之后，读书心得仍然是一种常见的笔记形式，例如，英国诗人奥登（W. H. Auden）的《备忘录》（*A Certain World: A Commonplace Book*）就是 1970 年出版的。

卡尔在《浅薄》中这样描述笔记的变化轨迹，"19 世纪，随着人们生活节奏的加快，备忘录（笔记）的普及性降低了。及至 20 世纪中叶，人们对记忆本身的偏爱也开始减弱。进步教育家把做笔记当做不文明时代的历史残余，将这个习惯逐出了教室。长期以来一直被视为个人洞察力和创造力的激发因素的备忘录，逐渐被看成了想象力的障碍物，后来干脆被认为是对智力的浪费。整个 20 世纪，都在不断引进新型存储介质——录音带、录像带、缩微胶卷、复印机、计算器、电脑磁盘，这些存储介质极大地拓展了'人工记忆'的范围和可用程度。把信息装进自己脑袋的重要性似乎越来越低"。[3]

今天，重申记忆对于学习的关键作用，也就有必要重新认识历史上曾经如此被学者们重视的笔记技艺（备忘录）。然而，笔记毕竟只是帮助记忆，训练记忆，而不能代替记忆。倘若用别人的笔记来代替自己的学习和记忆，那么笔记的作用也就会走向它的反面。笔记的意义

---

[1] Elisabeth Décultot, "Introduction", in Elisabeth Décultot (ed.), *Lire, copier, écritire*. Paris: CNRS, 2003, pp. 18–19.

[2] Alberto Cevolini (ed.), *Forgetting Machines*, p. 9.

[3] 尼古拉斯·卡尔：《浅薄》，第 197 页。

在于，它是一种记忆辅助，一种工具性技艺，其用途是帮助管理个人记忆本身难以独立处理的大量知识信息。如果用笔记来帮助记忆，而不是弱化或弱化记忆，那么笔记就不仅有助于学习，也有助于写作。

三　笔记与记忆

文艺复兴时期笔记的广泛运用标志着当时人们的记忆习惯已经发生了重大的转变。随着这一转变，知识的社会性质也更清楚地显现出来。知识已经不再只是与个人记忆联系在一起的东西，"个人的记忆会衰退并最终消失，但是知识会留存下来"。知识是因为有文字记录而留存下来的，"个人用交谈或书写的文本对社会文化系统有所贡献，从他的角度来看，个人记忆虽然不'独立'于，但'外在'于他的心灵表现"。[1] 也就是说，知识与个人的心灵记忆（大脑记忆）有关，但可以用文字或其他办法保存下来，成为外在于他大脑的东西。文艺复兴时期，记忆的内容保存在笔记里，今天则是保存在电脑里。这二者虽然非常不同，但有一个共同点，那就是它们都可以是辅助知识记忆的有效工具。

文艺复兴之后，笔记的数量越来越多，本身就带来了量太大，人脑记忆不了的问题。笔记不再只是管理知识信息的工具，笔记本身成了需要管理的知识信息。因此，又发展出种种可以同时管制这两种知识信息的一些技艺，如主题归类、索引、关联索引等。

---

[1] Alberto Cevolini (ed.), *Forgetting Machines*, p. 12.

这些都是对人天生不够强大的记忆的辅助，人需要这样的辅助。我们不可能记住所有想要记住的知识内容，但我们可以发明在需要时可以用来查找所需知识的办法。我们把一时记不住，可能会忘记，或者不急于记住的东西放在笔记本里，笔记本便曾为我们的"辅助记忆"（secondary memories）。今天，我们也可以把这样的东西寄放在U盘或电脑（机器）上。它们可以帮助我们在忘记的时候找回需要的记忆。但是，机器的用途要比笔记本多得多。人向机器询问与向笔记本询问有所不同，笔记本里的知识信息是你自己储存的，但机器里的知识（当你使用互联网的时候）则是由别人储存的，你询问机器并不是唤回自己的心灵记忆，而是领略机器会给你带来的惊喜，因为机器会产生让你出其不意的知识信息。因此，我们需要"训练自己与机器的互动能力，（我们）需要先发出询问（经常是使用键盘），然后等待机器的回应"。[1]

人类并不是一开始就认识到自己的记忆天生不足，也意识不到会有借助记忆辅助的需要。一直到今天，互联网和数码技术的一些批评者还是认为，机器正在削弱和毁掉人宝贵的心灵记忆能力，而没有看到机器有辅助记忆的一面。人运用机器辅助记忆并不只是会带来负面的效果，机器完全可以像文艺复兴时期的笔记一样积极辅助知识记忆（让我们暂且搁置有的人用笔记代替学习思考的那种情况）。布莱尔在《知识太多》一书里详细讨论了文艺复兴时期笔记辅助记忆的作用，这也可以成为我们思考今天机器辅助记忆作用的参考。

布莱尔指出，文艺复兴时期，人们对记忆力之于知识的重要性已经有了与前人不同的观念。在这之前，一个人有超常的记忆力，是

---

[1] Alberto Cevolini (ed.), *Forgetting Machines*, p. 15.

天赋异禀，表示他有卓越的智力和德性，自然而然就令人崇敬。文艺复兴时期，学者的博闻强记也是一种有学问的表现，例如，英国政治家、法学家安托万·米雷（Antoine Muret）能按字母顺序记住3600个姓名。法国宗教领袖和作家斯卡利杰(J. J. Scaliger)在21天里熟读《伊利亚特》和《奥德赛》，了然于胸。伊拉斯谟在儿童时代就已经能"通晓"贺拉斯和泰伦斯（Terence）的所有诗篇。[1] 虽然这类记载可能有夸大和传说的成分，但也不是不可能的。一直到今天，还是有人拥有记忆力超强的特异功能，能记住52张扑克牌的任意排列，或者背诵一百多位的圆周率。但这已经不再被当作什么高超的学问。正如波兹曼在《娱乐至死》里说的，今天，"有这样才能的人充其量被人看作是怪人，甚至是自大的讨厌鬼。……在印刷文字的文化里，记住一首诗、一张菜单、一条法规或其他大多数东西只是为了有趣，而绝不会被看作是高智商的标志"。[2]

文艺复兴时期，超人的记忆力已经不再被当作学者的超人学问，到了17世纪，由于更普遍重视理性的理解，人们担心，单单依靠记忆力会不利于理解。法国理性主义哲学家尼古拉斯·马勒伯朗士（Nicolas Malebranch）认为，记诵让人头脑糊涂，思考不清，更糟糕的是，在头脑里不加分辨地塞一大堆东西，还会让人自鸣得意，忘乎所以。英国博物学家、发明家罗伯特·胡克（Robert Hooke）更是断言，"长于敏思者短于记忆"，他承认自己就是一个"记忆力很差的人"。[3]

随着知识观念的改变，单靠记忆力的知识渐渐风光不再，丢分掉

---

[1] Ann M. Blair, *Too Much to Know*, p. 75.

[2] 尼尔·波兹曼：《娱乐至死》，第30—31页。

[3] Ann M. Blair, *Too Much to Know*, p. 75.

价。这在 16、17 世纪并非孤立的现象。当时有不少嘲笑学究和学究式博学（假博学）的讽刺作品，从伊拉斯谟的《愚人颂》（*In Praise of Folly*）到斯威夫特（Jonathan Swift）的《书籍之战》（*The Battle of the Books*），文学作品淋漓尽致地对食而不化的迂腐学问讽刺挖苦。记忆力的知识虽然不能说一蹶不振，但已经断然难以再有以前那种风光和殊荣。教育界人士更是对记诵教育大加批评，反对食而不化、死记硬背的学习方法，宣告"太多的记忆功课是对高等智力的伤害"。[1]

英国历史学家法兰西斯·阿米莉亚·伊茨（Frances Yates）在对人类记忆技艺史的研究中描述了古代用想象来增强记忆的方法，其中特别有代表性、运用最广泛的就是利用虚拟空间的记忆法。[2] 也就是在脑海里建立一个供储存记忆信息之用的地方（或一些地方），称为"记忆宫殿"。这并不容易，需要经过不断的练习和巩固。这种记忆术直到今天还用于与短时期记忆有关的脑力训练，如演说、记忆比赛或冷知识，或临时抱佛脚的应试。

但是，对于长期记忆和知识积累来说，笔记是一种比记忆宫殿（想象性空间记忆）更为常用并有效的记忆辅助技艺。古代用笔记来积累丰富知识的典范是普林尼，中世纪学者私人汇编文萃，也是运用这种技艺。文艺复兴之后，由于流传下来的笔记众多，方便了笔记技艺的研究。研究发现，那个时代的教育倚重的是复习和抄写，虽然没有完全放弃想象性记忆，但想象性记忆已经远不如以前那么重要。16、17 世纪的学者们越来越多地批评依靠想象性记忆的学习方法。例如，伊拉斯谟虽然承认这种记忆的用途，但坚持认为，"最佳记忆应该有三个基

---

[1] Ann M. Blair *Too Much to Know*, p. 75

[2] Frances Yates, *The Art of Memory*. Chicago: University of Chicago Press, 1966.

础：理解、系统和关注"。[1] 也就是说，零打碎敲、和尚念经有口无心的死记硬背根本是没有知识效果的。意大利自然史教授和科学家乌利塞·阿尔德罗万迪（Ulisse Aldrovandi）指出，学习空间想象记忆需要花费很多时间和精力，不如将时间和精力用在更好的记忆辅助技艺上。法国图书馆学家加布里埃尔·诺迪（Gabriel Naude）认为，空间想象记忆是一种人工的记忆，"人工记忆破坏和扭曲自然记忆。德国学者巴托鲁缪斯·凯克曼（Bartholomaeus Keckermann）则认为，人为训练记忆的方法"在哲学上是混乱的，在神学上是亵渎"。[2] 这些学者或教育人士都把笔记视为最好的记忆辅助。笔记不是人工记忆，它也不企图成为自然记忆（心灵记忆）的强化版或替代品。它只是自然记忆的辅助。笔记只是储存知识信息的地方，是准备让大脑提取的知识，而不是已经装进大脑里的知识。

怎么才能做好辅助记忆的笔记呢？有两种不同的取向，分别以17世纪两位著名的人文学者弗朗西斯科·萨齐尼（Francesco Sacchini）和杰罗姆·德克赛尔（Jeremias Drexel）的不同主张为代表。他们指导学生做笔记的手册都是用拉丁文写成的，1614年至1638年间多次重印，后来又从拉丁文翻译成欧洲的一些语言，还出版了缩写本，一直到19世纪初仍有影响。[3]

他们两位的最大不同表现在对阅读和做笔记的不同主张上。萨齐尼主张精读，做两次笔记，并熟记笔记内容。德克赛尔主张泛读，一

---

[1] Quoted in Jean-Marc Châtelain, "Les Lecteurs humanistes à la Renaissance", in Christian Jacob, （ed.）, *Des Alexandries II: Les métamorphoses du lecteur*. Paris: Bibliothèque nationale de France, 2003, p. 170.

[2] Ann M. Blair, *Too Much to Know*, p. 76.

[3] 详见 Ann M. Blair, *Too Much to Know*, pp. 77–80。

次性笔记，运用索引查询而不是记忆笔记内容。

萨齐尼建议，阅读时碰到好的章节段落，第一次是按照阅读时碰到的先后，依次抄写在一个本子上；第二次是把第一个本子里的笔记，按自己选定的主题加以整理，再抄写到另一个本子里。后一个本子是随身携带的，不管走到哪里，有空就可以拿出来多多复习，熟记里面的内容。在阅读的时候，应该选择少数经典，反复阅读，不要贪多，食而不化。

德克赛尔则认为，按照阅读的先后依次抄写在一个本子上就可以了，但他建议要准备三个不同的本子，分类笔记。一个记有关书籍的资料，另一个记修辞精彩的段落或语句，再一个记历史的范例。做好笔记后，还需要自己做索引，以便在需要运用笔记的时候可以方便查找。在阅读的时候，不妨多多益善，广采博纳，这样做笔记才能内容丰富。

虽然萨齐尼和德克赛尔对做笔记有不同的建议，但他们都强调笔记是记忆必不可少的辅助，笔记有助于消化和记住学习过的东西。只有抄录过的，才能在脑子里记得更深，这是许多人都有的学习经验。抄写逼着你仔细慢读，慢读有助于记住和理解阅读的内容。萨齐尼说，古希腊伟大的政治家、演说家和雄辩家狄摩西尼（Demosthenes）把历史学家修昔底德（Thucydides）的书抄写过 8 遍；《圣经》学者圣杰罗姆（Saint Jerome）的一些藏书是自己抄写的，不是因为他的藏书里缺少这些书，而是因为他能得益于抄写。

萨齐尼和德克赛尔不仅指导人们如何笔记，还针对当时有些人的笔记无用论，予以驳斥，积极提倡阅读与笔记齐头并进。他们指出，反对或不愿做笔记的理由无非是一些借口。例如，有人说，笔记是写书人的事，我又不写书，干吗要费事做笔记。德克赛尔书里的老师

(Eulogius)对有这个想法的学生(Faustinus)说,做笔记不只是为写书,笔记对说话和作文都有用,"读书时做笔记不是浪费时间,只读不记,那才是浪费时间"。萨齐尼说,你出门在外,总不能老是带一大堆书吧。有一本自己做的笔记精华带在身边,走到哪里都可以方便地温习思考。

又例如,不愿意做笔记的人说,古人认为笔记有害于记忆。柏拉图,毕达哥拉斯主义者(Pythagoreans),还有古代高卢人的祭司(Druids),他们在授徒时都告诫学生,手头一记,头脑忘记。萨齐尼说,这是对笔记的误解,因为记笔记是为了更好地记住笔记里的东西。记下这些内容,不是为了装在本子里,而是为了装在头脑里。德克赛尔更是一针见血地反驳说,倘若古人说得有理,"那么他们的作品又如何留存到今天"。他还说,古人在各种材料上书写,"蜡、木头、树皮、叶子、铅、兽皮",既费力又费钱,"今天我们能在纸上和印刷品上方便书写",难道我们反倒有了不书写的理由?

在今天的互联网时代,还有多少人阅读的时候是做笔记的呢?萨齐尼和德克赛尔当年的劝说还能有多少说服作用呢?但是,回顾他们在笔记问题上的观点却不是没有意义的。萨齐尼的观点是比较传统的,而德克赛尔的观点则更有现代意义。德克赛尔并不是不主张记住笔记的内容,而是认为,在需要时,知道用什么方法,到哪里去查找储存在笔记里的内容,比努力直接记住这些内容是更为有效的学习方法。这不是说记忆不再重要,而是说记忆的作用发生了变化。这就好比,许多原先要你自己做的事情,现在可以交给秘书,这并不意味着你现在无事可做,而是说,你现在要做的是与以前不同的事情。

在过去,笔记本里的知识内容是个人自己储存的,但在互联网时代的今天,网络保存着由无数他人共同聚集的许多知识内容。学会如何在这么浩瀚的知识海洋里找到和运作自己需要的知识内容，便成为一种更重要的有效求知方式。它特别取决于两项能力，第一是辨别信息的真伪，那需要运用批判性的思维。第二是确定信息的相关性（relevance），那就需要选择与解决问题有关的知识信息，排除干扰和非相关的知识信息（哪怕那是真实的知识信息）。这对于做学问的写作者尤为重要，因为互联网为这种写作所能提供的全部信息便利都是以他是否能够运用批判思维和判断知识相关性为前提的。否则太多的信息反倒会成为一种累赘和妨碍。但是，光有这两项能力还不够，那些只是关乎逻辑思考的能力。全面的思考还需要在写作或讨论具体问题时，能够在头脑里激活大量的个人知识记忆。互联网不应该是个人记忆的代替品，而应该提供上网者与它互动的良机，刺激他的智力兴奋点，激活他的个人知识记忆。而这一切的前提是，个人必须拥有用某种适合自己的方式储存的知识记忆。这种工作记忆对一个写作者来说尤其重要。

四　记忆与写作

写作中的个人知识记忆内容包括两个部分：一个是写作者有深度记忆的内容，另一个是虽没有深度记忆，但可以有办法找寻回来的内容。卡尔在《浅薄》中把前一种称为"长记忆"，而把后一种称为"短记忆"或"工作记忆"。他担忧的是，互联网使得短记忆很难转变为长期记忆，而只有长期记忆才是学问之根本的真正的知识。

我认为学问不仅包括长记忆保存的知识，也包括工作记忆（短记忆）所内含的知识，而后面这种知识甚至比前面那种更具有延展性，因此也更丰满。对写作者来说，长记忆知识永远不可能充分，所以必须依靠工作记忆的辅助。例如，钱锺书在写作《管锥篇》的时候，未必能同时记得他书里所有的细节知识，但他有笔记可以查询，他的工作记忆使他有能力从笔记本里查询他写作时需要的细节知识。如果他需要的细节知识不在笔记本里，他还可以到图书馆或资料室里去查询。他有关于要查询的书籍的长期记忆（知道那些是什么书），但这种长期记忆并不完备（不然他也就不需要去查询了）。那些书籍便成为替他存放知识信息的储存所，成为他的"体外大脑"。

卡尔对于互联网被用作"体外大脑"感到忧心忡忡，他认为，让互联网担任"知识外包"，会让人的大脑因为怠惰而退化。他说，"此前在历史上的任何时候，认为记忆可以'外包'的观点都是无法想象的"。[1] 从对文艺复兴时期笔记的研究中，我们可以看到，这种"外包"不仅是可能的，而且相当普遍地运用于当时人文学者的写作中。当然，担任外包工作的不是机器，而是花钱雇用的"帮手"。这种帮手称为 amanuenses，一般担任笔记员、助手、秘书、口授时的记录员或高级誊抄员的工作。有的"帮手"非常能干，伊拉斯谟曾有一位名叫吉尔伯特·考辛（Gilbert Cousin）的帮手，为他工作了四年，离开后自己也写了一本书。由于考辛与伊拉斯谟的特殊关系，我们今天才知道他的名字，但他绝对是一个例外。[2] 人文学者经常会让"帮手"代为阅读一些书籍，写成报告或摘要供自己写作时使用，他们在最后的作品里是不会附带"帮手"姓名的。

以今天的眼光来看，这些帮手所做的其实就是知识外包工的事

---

[1] 尼古拉斯·卡尔：《浅薄》，第 199 页。

[2] 他们的关系见，https://www.youtube.com/watch?v=N181z1YbpKI。

情。今天，互联网上的许多知识信息都可以说是署名或不署名的知识外包产品，做学问的人可以将此看作或用作为自己研究所做的准备材料，如维基百科、网上的文章、往事或人物的介绍，甚至质量虽差却也有用的谷歌翻译。互联网时代的知识外包不仅丰富多样，而且是免费的，这是今天做学问的一大便利。

卡尔在《浅薄》一书里不愿意承认互联网知识外包功能也可能是有用的，这是因为他害怕出现"仆役太能干，主人变无能"的局面。这种观念在今天相当普遍，是互联网批判的主要攻击点之一。互联网是否真的让人变得更蠢笨，这样的事是否已经或将会发生在别人身上，我不敢断言，但从我自己的写作经验来看，我认为这种担忧是多余的，我自己的写作就离不开网上的种种知识外包。

互联网是否会使一个人蠢笨，从根本上说，要看他是怎么使用互联网的。在做学问时，他完全不需要事必躬亲，而是应该把精力集中在整体的、有创见、有主见的大想法上。《纽约时报》专栏作家戴维·布鲁克斯（David Brooks）把"知识外包"的尺度放得更大，他说："我过去认为信息时代的魅力就是允许我们知道得更多，可是我后来认识到，信息时代的魅力是允许我们知道得更少。它为我们提供了'外部认知仆役'——半导体存储系统，网上协助过滤功能，消费者偏好分析算法，联网知识系统。我们可以让这些奴仆挑起重担，而把自己解放出来。"[1]

大多数时候，我上网寻找要用的材料，找到的却并不是直接可用的信息，而是另外一些东西，它们对我有所提示，启发我联想，触动我或强或弱的思想兴奋点。我因此会想到卡索引对文艺复兴时期学者

---

[1] 引自尼古拉斯·卡尔：《浅薄》，第198页。

的作用。如果是我自己做的卡引索，索引里的知识内容我基本上是熟悉的。但是，如果我有机会接触到别人做的卡引索呢？就算是同样的主题，我也一定会有许多意外的惊喜，因为别人阅读的书会不同，理解也会不同。互联网时代，我上网寻求知识信息，是一个远比查阅别人的卡索引更充满惊喜和意外的知识接触过程，也会更强烈地刺激我的思想和写作兴奋点。因此，我更需要"训练自己与机器的互动能力，需要先发出询问（经常是使用键盘），然后等待机器的回应"，[1]而在得到机器回应后运作我自己的批判性思考和相关性辨别，决定是否或如何采用获得的知识信息。

互联网是一个庞大的，无边无际的大型卡索引。一个人再怎么勤于笔记，也不能做成其十万、百万分之一。在互联网时代之前，卡索引是做学问者保存长期记忆的关键辅助方法，现在我们可以把这个工作托付给互联网了。我们可以更多，更有效地运用写作时的工作记忆或短记忆。在写作时，我们根本不需要把重要的知识信息多多益善地同时掌控在大脑里，而是可以让我们的大脑像一个卡索引那样工作。我们只要求大脑记忆帮我们找出网上或书籍的可能知识源就可以了。正如彼得·苏德尔曼（Peter Suderman）所说，"当你可以用大脑装下通向整座图书馆的快捷指南的时候，何必还要记住一本书的内容呢？"[2]我们现在需要的不是记住尽量多的知识信息，而是在需要的时候知道到哪里和如何找到所需的知识信息。这种能力已经成为今天学校教授给学生的"新素质"（new literarcy）的关键部分。

今天，我们对笔记与写作的关系也有了更清晰、更实在的理解。

---

[1] Alberto Cevolini（ed.），*Forgetting Machines*, p. 15.

[2] 引自尼古拉斯·卡尔：《浅薄》，第 198 页。

笔记可以成为写作的辅助，但笔记与写作之间并没有必然的关系。其实，就是在笔记最兴盛的文艺复兴时期，如布莱尔的研究所显示的，"许多勤记笔记者，并没有用笔记来写著作"，而"一些多产作家并不是用一大堆做长期打算的笔记来写作的，他们得力于短期记忆（有时有，有时没有临时性的笔记）和近在手边的书籍"。[1]

　　布莱尔所说的"短期记忆"是一种工作记忆，不管是否运用笔记，工作记忆对于处于写作状态下的作者都是必不可少的。我在自己的写作中对此有切身体会。写作一篇文章时，我会把一些（或相当数量的）有待讨论的要点保持和掌控在头脑里，如果怕忘记，可以写下提纲要点或要点备忘，也可以记下在手边书籍中哪里可以找到有关的信息。这些记下来的要点或材料就是临时笔记。临时笔记不一定要记在特别的笔记本里（能够的话，当然可以），也可以记在有关书籍背后的空页上，标上页码以便查询。这样的笔记只是为完成手头的写作而临时做的。但是，如果以后我在另外的写作中又用到这本书，以前临时的笔记可能还有些用处，也可能不再有用。所以这次我是在为另一个写作项目重新做一些新的临时笔记。虽然我并无意保存这些临时笔记，但书籍边空或空页的笔记会记录我一次次阅读和使用它的经历。

　　就算不用卡索引，卡索引也可以成为写作中的一个方法概念，并在这个意义上成为一种记忆辅导。这也是我在自己的写作中领会到的。我经常把文章的草稿（粗糙的文本）用作辅助临时工作记忆的"卡索引盒"。我会尽快地写出一个草稿，在不能详尽完成的地方留下空白，以便随时插入更多的知识信息。这时候，有待完成的文章本身就成了一个"主题"。这是拜数码写作时代所赐的写作便利。在使用电脑

---

[1]　Ann M. Blair, *Too Much to Know*, p. 81.

写作之前，我的手稿存放得非常杂乱，有时候要用就找不到。储存在电脑上的文档相对要容易查找得多，部分解决了我文稿管理（附带也是笔记管理）的问题。

　　早先人们做笔记，做好了笔记，如何整理笔记或如何为之设置索引也经常是一件令人头痛的事情。德国哲学家戈特弗里德·威廉·莱布尼兹（Gottfried Wilhelm Leibniz）是在纸页或纸片上，而不是笔记本上写笔记的。他抱怨说，在一大堆未整理的笔记里找不到要找的东西："我记下什么事，过几个月就完全忘记了，我在一堆乱七八糟，没空整理的笔记里东翻西找，找不到只好重新再做。"[1] 今天，如果要做笔记，不仅可以在笔记本上，也可以在电脑上做。电脑有巨大的容量，使用者就算找不到电脑里储存的东西，也决计不会找不到电脑。但是，就算有了电脑，电脑仍然只能辅助，而不能代替人必须自己来做的知识管理。这和笔记本只能辅助，但不能代替人的知识管理是同一个道理。

　　莱布尼兹这样的天才思想家尚且在记忆力问题上捉襟见肘、穷于应付，一般人更不必为自己的"记忆力不好"而觉得在智力上矮人一头。就写作的知识记忆而言，互联网似乎把写作带进了一个"写作能力平等"的时代。但这样的"平等"对于做学问来说，并不是实质性的。做学问最根本的个人判断、理解、价值取向、知识目标是每个人必须自己培养和确定的，不是互联网可以给予的。学问的知识目标会随着时代和社会现实的变化而变化。500多年前，人文学者把博学广

---

[1] Cited in James O'Hara, " 'A Chaos of Jottings That I Do Not Have the Leisure to Arrange and Mark with Headings': Leibniz's Manuscript Papers and Their Repository", in Michael Hunter (ed.), *Archives of the Scientific Revolution: The Formation and Exchanges of Ideas in Seventeenth-Century Europe*. Woodbridge, Eng: Boydell Press, 1998, p. 160.

闻当作上乘的学问，在出其不意的冷门主题上也能收罗万象、旁征博引，越冷门越显出自己的学问过人，至于这样的学问现在或将来有什么用途，则不是他们所关心的。这种猎奇取险、卖弄炫耀、自娱自乐的学问甚至还不如中世纪的学问，中世纪的学问至少还有一个现实的目的：为讲道宣教的僧侣收罗他们在完成神圣使命时所需要的材料。

萨齐尼和德克赛尔都不赞成学生仿效那种看似蕴藉深厚，其实是自娱自乐的学问。萨齐尼主张，阅读时首先需要挑选值得阅读的书籍，在精不在多，阅读的书籍有价值，笔记才有价值。德克赛尔虽然主张读书要多多益善，但也要求学生"避免了无新意、琐屑平庸、已经被人重复过一千次的陈腐之作"。这两位笔记大师都提醒读者，不动脑筋地拼命东搜西寻，上下求索，"这种不幸的勤学，收获的只能是琐屑愚蠢的东西"。《阿提卡之夜》一书的作者，古罗马作家奥卢斯·格利乌斯（Aulus Gellius）的一位朋友有一次给他带来一本厚厚的笔记，格利乌斯看了一眼，嘲笑道，这是猎奇炫技的杂货铺吗？有个名叫托马斯·赫斯巴赫（Thomas Haselbach）的学者花了 21 年来评注《以赛亚书》（Isaiah）的第一章（《以赛亚书》共有 66 章），德克赛尔挖苦道，这是"无聊勤奋的知识虚荣"。萨齐尼说，笔记摘录太多比摘录太少更糟糕。笔记贵在恰到好处，好的作家和有用的作品要多摘录一些，反之则要少摘录一些。判断作家和作品的优劣，明了做学问的目标，这是每个学者应有的判断能力和问题意识。[1] 缺少了这个，一个学者也许可以凭借多年的笔记编纂几部包罗了各种旁枝末节的大作，却终究难以成就上乘的学问。

---

[1] Ann M. Blair, *Too Much to Know*, p. 85.

第 9 章 从百科全书到维基百科

1996 年,我孩子进高中,家里给他购买了一套《大英百科全书》(又称《不列颠百科全书》),29 册正文,2 册索引,1 册百科类目(知识的整体结构纲要),共 32 册。这是 1991 年出的第 15 版。这个版本后来有 46% 的内容被更新。2009 年夏季出版的 2010 年版是最后的印刷版。当时,这部百科全书是我们给孩子准备的学习参考书,希望他能够从高中用到大学毕业。《大英百科全书》是全球发售的,然而,无论是在美国,还是其他国家里,这部参考书并不是所有家庭都能负担得起的。1996 年,《大英百科全书》售价 1000 多美元,这是个什么概念呢?当时一个中国教授的工资是每月 1000 元人民币左右,美元兑换人民币的汇率是 8.33,1000 美元是一个教授七八个月的工资。这种昂贵程度虽然比不上 500 年前文艺复兴时的参考书价格,也绝对远远超出了普及文化所能接受的价格。

就在短短 5 年之后的 2001 年初,出现了互联网上的维基百科,经过十几年的发展,已成为当今世界上最庞大、最被广泛使用的百科全书。在没有外力审查屏蔽的前提下,它供任何人自由使用,使用它不需要花费一分钱。它因此当之无愧地成为不分贫富,所有人都能方便使用的百科全书。维基百科的全称是 Wikipedia, the free encyclopedia，可以理解为"免费"的百科全书，也可以理解为"自由"的百科全书，不管怎么理解都符合互联网最初的理念，那就是全人类对知识的自由分享，它不受经济和政治的限制，是每一个人不可让渡的一种基本权利。在今天的世界里，这个理念尚未成为现实，但正是因为有了这个理念，全球范围内的认知平等才获得了合乎时代要求的道义准则和目标。

一　知识信息处理与百科全书

百科全书经常被视为一个知识来源，但那究竟是怎样的一种知识来源呢？是把它当作一部恢宏巨著来阅读或浏览吗？还是把它当作有需要才翻阅的参考书？据中文维基百科的《大英百科全书》介绍，有人从头到尾读过这部巨著，"卡扎尔王朝君王法阿里曾读完第三版，美国商人阿姆斯·肖克（Amos Urban Shirk）花了四年半，读完共 23 册的 1911 年版，除此之外还有爱尔兰剧作家萧伯纳、美国物理学家费曼、英国小说家佛瑞斯特（C. S. Forester）等。2006 年，一位任职《君子杂志》（*Esquire*）的记者 A. J. 贾各布斯花了一年多的时间，看完 3.3 万页的 2002 年版，并把读后感写成一本书《我的大英百科狂想曲》（*The Know-It-All: One Man's Humble Quest to Become the Smartest Person in the World*）。王云五在 19 岁时购得《不列颠百科全书》，以三年时间将全书 35 巨册阅览一遍。胡适称王云五是'有脚的百科全书'"。

我们有理由怀疑这些资料的真实性，即便真实，也是奇人异事，不足仿效。例如，王云五出生于 1888 年，他 19 岁时应该是 1907 年，花 3 年功夫读完《大英百科全书》，应该是 1910 年。他浏览的应该是 1902—1903 年出版的《大英百科全书》第 10 版，是第 9 版的 25 卷加上 11 卷补充，应该是 36 卷，而不是 35 卷。新的第 11 版是 1910—1911 年出版的（29 卷），32 卷的第 15 版则是 1985—2010 年才出版的。

况且，有不同方式的"浏览"，浏览百科全书就能成为有脚的百科全书吗？未必。且不说一个人有没有可能读懂百科全书里包括各种不同科目专业知识的所有词条（文章），单就人的记忆能力而言，能记住这么多的内容就已经颇可怀疑。更重要的是，像萧伯纳、费曼还有王云五这样的高智商人物，他们难道还不够聪明，居然不知道，与其通读百科全书，记住其中的内容，还不如在需要的时候再去查找，既可到百科全书里去找，也可以到别的书籍里去找。这样岂不更有效得多？18 世纪英国学者，也是著名的词典编纂家萨缪尔·约翰逊（Samuel Johnson）就说过：有两种知识，一种是记住的，另一种是在需要的时候知道到哪里去获取。互联网时代，后面这种知识变得愈加重要。[1]

完全没有必要从头到尾阅读百科全书，因为百科全书是一种工具书，更确切地说，是一种知识参考书。知识参考书是文艺复兴时期因为知识信息太多，远远超过了个人大脑记忆所能承担的处理和管理能力，而发展出来的一种信息处理方式。它是一个知识工具，不是知识本身。它处理信息的一些主要手段，如"条目""按字母顺序排列""索引"等都是在那个历史时期形成的，直到今天仍然在被大致沿用。百科全书是概要介绍人类全部知识或某一类知识的工具书。按照字母顺序排列的辞典形式编排，以条目为基本单元，收集各知识领域的名词、

---

[1] 萨缪尔·约翰逊网站：http://www.samueljohnson.com/twokinds.html。

地名、事件、人物、著作等，但不收录词语，故不同于语文辞典。百科全书可以是综合性的，包含所有领域的相关内容（例如《大英百科全书》），也可以是专业性的百科全书（例如医学、法律、哲学百科全书）。

哈佛大学教授安·布莱尔（Ann M. Blair）在《知识太多》一书中把文艺复兴时期出现的参考书作用称为 4S "信息处理"（information management），也就是储存（storing）、分类（sorting）、选择（selecting）、概述（summarizing）。这些仍然是今天知识处理的基本手段，"我们也还是在储存、分类、选择和概述信息，但我们现在不仅要像许多世纪前那样依靠记忆、手稿、印刷材料，而且还要依靠电脑原件、搜索功能、数据库、维基百科，以及其他电子技术"。[1] 文艺复兴时期所发生的事情，就如同我们今天的数字技术一样，是一场变革。它将信息过载带入了一个全新的阶段。

从罗马到文艺复兴之前的一千多年里，图书都是手工抄写而成，一本书很容易让一个抄写员花上一年还多的时间。作为商品，书籍昂贵奢侈，制作书籍通常需要佣金，而且常常要预先支付。书籍的销售更是与我们今天"买书"完全不同。艾柯在《别想摆脱书》里说，以前买书是到书店预订，书店老板让人专门誊抄一份，"也许书店里会库存几卷最常被征订的书"。即便在印刷术发明以后，"最早印刷的书不是装订好了再出售，当时是先买下纸张，再装订。书籍装订的多样性，如今已然成为我们收藏的理由之一，也充分显示了收藏珍本的乐趣。对于收藏者和古董商而言，装订可以给两册内容一模一样的书带来极大的差异。我想，出售装订好的书，最早是在十七世纪和十八世

---

[1]　Ann M. Blair, *Too Much to Know*, p. 3.

纪"。[1] 中世纪大图书馆所藏手稿仅以百计，但即便如此，能够接触这些书籍的人还是少得可怜。

印刷机渐渐改变了这一切。第一台印刷机出现在 1453 年前后，到 1480 年，古登堡所发明的新技术就已经走出了实验阶段，在欧洲 20 几个大城市的中心传播开来。人们起初对印制书本的速度和书籍价格的暴跌（据当时估计，一本书的价格是 1468 年时的 20%）持非常乐观的欢迎态度。但到了 1500 年左右，有人文主义学者开始哀叹新的问题。他们抱怨说，印书商逐利而为，赶印出了许多不重文本质量的手稿，而大规模出现的新书又分散了读者的注意力，令他们不再关注最有价值的古代经典。伊拉斯谟在 16 世纪初抱怨"新书成群涌来"。[2] 文艺复兴时期的人文学者把阅读视为心灵和人格培养的大事，所以格外重视要阅读好书和正确阅读。伊拉斯谟就提出这样的警示："通过阅读，无声的文字会变成道德（mores）和思想方式，不应该在没有预防措施的情况下，让生性顽劣和暴力的男童阅读阿喀琉斯、亚历山大大帝、薛西斯一世（Xerxes）或恺撒的事迹。"[3]

任何一种新传播媒介的普遍使用都会带来良莠不齐、泥沙俱下的效应，而阅读方法是否得当则也会带来完全不同的阅读效果。这些都是各方人士担心和害怕不良阅读的原因。然而，我们不能笼统地看待这些害怕，因为看似同样的害怕其实有着完全不同的内涵。今天人们对互联网的害怕也是一样。

---

[1] 让·菲利浦·德·托纳克编：《别想摆脱书》，第 103 页。

[2] Elizabeth Eisenstein, *The Printing Press as an Agent of Change*, p. 19.

[3] Cited in R. W. Bushnell, *The Culture of Teaching: Early Modern Humanism in Theory and Practice*. Ithaca. NY: Cornell University Press, 1996, p. 127.

对印刷术的担心害怕可以大致分为两类。一类是统治权力害怕它对权威秩序产生破坏和颠覆的效应。另一类是知识人士害怕知识太多，无法处理或管理。这两类害怕并不是绝然不同的，因为前一类害怕也会包含对知识太多的忧虑，而后一类害怕则也涉及了权威问题：以怎样的知识权威来甄别和处理不同性质的知识信息。

天主教会毫不掩饰他们对印刷术的敌意，称印刷术为"不出声的异端邪教"。世俗的统治权力也不示弱，他们把印刷术视为对官方权威的威胁。新媒介成了民心不稳的替罪羊，"17世纪公众对官方说法和事件表态非常怀疑、不相信，也不信任。这种情况是与出现众多小册子同时发生的。在剧烈变化的世界里，人们感到不知所措。这被归咎于期刊和小册子在读者头脑里灌输了相互矛盾、夸大其词的信息"。[1] 由于印刷术的推广，不同观点的期刊和小册子纷纷出笼，造成了民众的思想混乱和社会不稳定。17世纪许多人"指责印刷术或活字的发明，责怪新技术造成了新闻和小册子的扩散，败坏了道德，腐蚀了良心"。[2] 把坏消息归罪于信使，似乎非常荒唐可笑，但如果用它来对照今天对互联网的一些指责，则又像是在眼前发生的事情。

与教会和统治权力抨击印刷术不同，知识和教育人士更担心的是知识太多怎么办。其实，这并不只是担心出版物数量太多，而是还有另外一层更深的忧虑，害怕读者没有能力分辨什么是有权威和价值的书籍，什么是知识和道德都不值一提的书籍。教育人士对如何指导学生阅读感到束手无策。著名的人文主义教育家维夫斯（Juan Luis Vives）

---

[1] Frank Furedi, *Power of Reading*, p. 74.

[2] J. Raymond, "Irrational, Impractical and unprofitable: Reading the News in the Seventeen-century Britain", in K. Sharpe and S. N. Zwicher (eds.), *Reading, Society and Politics in Early Modern England*. Cambridge, Cambridge University Press, 2003, p. 186.

感叹道,"如果所有的知识都来自书本",而"书本又如此之多",那么,"由于每门学科需要花费无穷的精力来阅读这么多的书,不少学生都会害怕和痛恨学习"。[1] 老师和学生都抱怨,根本无法阅读这么多的书。在这种情况下,指导学生的阅读选择便成为当务之急。

布莱尔在《知识太多》一书里指出,16世纪中期,对印刷术的评论经常集中在出版和印刷书籍数量的不断增加和积累上。这种不安不只是数量上的,更是因为这些书籍对知识权威形成了威胁。不同的作者对什么是"真相"和如何解释真相有不同的看法,读者需要自己有所选择,决定什么书值得读或不值得读。选择太多反倒成为一种干扰和负担。布莱尔对此指出,"书籍太多的问题不在于书太多,而在于承载着太多不同的,相互矛盾的新权威、观念和经验"。欧洲社会是建立在相对稳定的宗教、哲学、文学、历史文本的传统基础上的,"新的或新发现的观点付诸印刷,使得如何协调互相冲突的不同权威成为一个严重的新问题"。[2] 同样,今天互联网的超量信息问题也不仅在于"超量",而且在于承载着太多的不同价值观和利益诉求,因此对政治权力和文化特权形成了实际的或潜在的威胁。

所不同的是,文艺复兴时期的人文学者比今天学院体制中的学术人士表现出更大的社会知识担当和领导力,或者也可以说,在表现这种担当和领导力的时候,他们所受到的政治限制要小得多。16、17世纪的人文学者或作家很少有不对公众提出阅读指导的,当然,也有的会乘机推销自己的作品。[3] 在这种情况下,各种帮助公众阅读和提供

---

[1] Cited in R. W. Bushnell, *The Culture of Teaching*, p. 118.

[2] Ann M. Blair, *Too Much to Know*, pp. 48, 57.

[3] Frank Furedi, *Power of Reading*, pp. 76–77.

指导的参考书便如雨后春笋般涌现出来。有的是利用旧形式，但改换了新内容（如从笔记精粹变化而来的"文选"[florilegium]），有的则几乎完全是新的形式，"百科全书"便是其中的佼佼者。

16 世纪的百科全书是处理信息的一种新方式。它力图穷尽搜索、无所不包，"不是因为当时对古代的知识有了了不起的新发现，而是因为人们对寻找和积存信息有了一种新的态度"。[1] 要囊括一切知识，并设计出相应的编撰方法把有权威来源的知识摘录收集在一起，这在古代和中世纪就已经有人做过，虽然有历史学家将其也称为"百科全书"，但是，"百科全书"这个说法却是 16 世纪才创造出来的，而且是出于对一个希腊说法的错误解释。希腊语的 enkuklios paudeia 原来指的是"普通知识"（common knowledge）或"通识教育"（general education），在"百科全书"这个说法里被误会成"学识之圆"（circle of learning），即一个完整的知识体系，其中各个部分之间相互有所联系，如同存在于同一个"圆"之内的不同部分。在后来的百科全书编撰理念里，这个"圆"的隐喻却被保留了下来，第 15 版的《大英百科全书》的《百科类目》（Propædia）卷（首卷）就是用这样的"圆"来解释整部百科全书的编撰体例的。[2]《大英百科全书》上网后，不再强调这个整体的知识之"圆"，网上的维基百科更是用"链接"彻底代替"圆"的部分与整体关系概念。

文艺复兴时期最有代表性的参考书是"选集"（florilegium），这种书从各种知识权威（宗教作家、哲学家、诗人、演说家等）那里集合值得记忆的引文（或称"花朵"）。这种书籍以前就已经存在，但印刷技术使得

---

[1] Ann M. Blair, *Too Much to Know*, p. 12.

[2] "Propædia" of *Britannica*, 1991, pp. 6-7.

以前薄薄的手抄本变成了大部头的印刷卷，阅读这种大部头也就发展出一种称为"查阅"或"参考"（consultation reading）的阅读方式，不是阅读整书，而只是其中的一部分。

百科全书与这类选集不同，它不是文摘"选集"，而是知识"大全"。葛雷格·赖施（Gregor Reisch）于1503年出版的《哲学珍宝》（*Margarita philosophica*）一书的副题是"一切学科最完善的全书"（most perfect cyclopaedia of all the disciplines），用的就是"大全"的说法。这部著作汇集了当时所有的人文学科，以及自然和道德哲学，包括12个部分，涉及16世纪高等教育覆盖的科目：拉丁文法、辩证术、修辞、算术、音乐、几何、物理、自然历史（现代自然科学的前身）、生理学、心理学和伦理学。与那个时期的许多教科书一样，这部用拉丁文写成的著作运用的是师生对话的形式，书里有雕刻版的插图，在西欧被广泛用作在家自学或在大学里学习的通识教育教科书。这里面的知识是一个受到良好教育的人必须学习的。《哲学珍宝》备有按字母顺序的索引、内容目录、分部和子部，既可以部分查阅，也可以整书翻阅浏览。这种两用的阅读方式，正是今天《大英百科全书》也希望提供的方便。

《哲学珍宝》出版四分之一个世纪之后，德国出生的牧师和学者阿斯特德（Johann Heinrich Alsted）1630年出版的《七卷本简明百科全书》（*Encyclopaedia Septem Tomis Distincta*）第一次把"百科全书"用作书名。在后来的几十年里，又陆续出现了其他以"百科全书"冠名的著作，有的是专门学科的，有的是多学科的。阿斯特德的百科全书比赖施的《哲学珍宝》规模大得多，每个学科的信息也更加丰富。这是一部参考书，而不再是大学教材，"这部著作不仅涵盖许多学科领域，而且有清楚的知识结构布局和统一的索引，同一主题的条目都放在一起，再区分出子部,就像今天的百科全书一样"。[1]

只要看一下第 15 版,也就是迄今为止最后一版的《大英百科全书》,就可以了解,《七卷本简明百科全书》的一些编纂手段和设计还在影响今天的百科全书,最重要的是"百科全书知识体系"与"大量有用信息"这二者之间的那种难以协调的"张力"。布莱尔对此写道:"早期现代百科全书理念的张力,既重视仔细建立起来的知识体系,又要包括大量有用的信息,后来一直以新的形式顽强持续。……在法国百科全书里,达朗贝尔坚持用字母顺序,同样用"知识树"来显示分散于字母顺序条目的不同学科之间的互相联系。狄德罗则强调交叉引用的重要性,读者可以从一点出发通过交叉引用来建立许多(知识)联系。"

《大英百科全书》印刷的最后一版(第 15 版,1985 年)对百科全书张力的处理办法是将其分为三个部分。第一部分是《百科类目》(Propædia,1 卷),这是整个百科全书的"知识大纲",采用的就是"学识圆"的隐喻。人类的知识被划分成十个部分:依次为,一、物质与能量,二、地球,三、地球上的生命,四、人的生命,五、人的社会,六、艺术,七、技术,八、宗教,九、人类历史,十、知识分布。知识之"圆"分成九个部分,分别代表人类整体知识的前九个部分,它们如同处于一个转动的轮子内,不断换位,没有高下之别。圆圈的中心是关于人类知识的知识,即第十部分的"知识分布"。这是全部其他知识的轴心,是对不同知识部分的总体认知,它的中心位置是不变的,标志着知识永远是人的知识。

《大英百科全书》的第二部分是《百科细编》(Micropædia,11 卷),

---

[1] Ann M. Blair, *Too Much to Know*, p. 170.

是按字母顺序编列的词条，相对简单，没有贡献者署名。第三部分是《百科详编》（Macropædia, 17 卷），699 篇文章按照字母顺序排列；每篇文章长度从 2 页到 310 页不等，平均为 24 页。所有文章几乎都有参考文献和署名贡献者，这些贡献者的名字在百科类目（Propædia）里按照首字母顺序予以列明。

互联网时代，百科全书与许多其他参考书一样，向数码平台转移。这对它的传统编纂、维持和使用方式都会造成冲击性的影响。搜索功能已经代替了字母顺序的索引，不断扩展的超链接使得交叉引用成为从一个主题到另一个主题最方便的移动方式，就是当年狄德罗对百科全书的构想。在维基百科时代，百科全书长久以来的众多贡献人合作发生了变化，维基百科发展出读者反馈，以及贡献者与读者间的互动。但是，正如布莱尔所说，"尽管有这些变化（将来肯定还会有其他的变化），今天的参考书还是继承了过去许多世纪的遗产。从中立的编纂立场、促进共善，到顾及不同范围的兴趣，以及众多贡献者在同一时间和在时间跨度上持续合作，这些都是在早期拉丁参考书的经验磨砺下发展起来的"。[1] 这些特征中特别值得注意的便是"中立的编纂立场"。

二　百科全书可疑的"立场中立"

美国哲学家阿拉斯代尔·麦金泰尔（Alasdair C. MacIntyre）在《道德探索的三种竞争模式：百科全书、谱系学和传统》一书里区分了三种

---

[1] Ann M. Blair, *Too Much to Know*, p. 172.

道德思考方式。其中，百科全书方式是立场中立的。谱系方式与之相反，它从发生及其过程来考察对象，关心的是产生知识的真理体制和求真意志是如何在某种权力形式和权力关系中诞生的。传统方式与上述两种都不相同，它依据的是在传统中产生的多样化权威，既然是多种多样，也就无所谓立场中立。[1]

虽然人们普遍会像麦金泰尔那样认为，百科全书是或者应该是立场中立的知识方式，但是，18世纪启蒙运动中的法国《百科全书》绝对是一个例外。莱恩斯（Martyn Lyons）在《西方世界的阅读与写作史》一书中写道："达朗贝尔和狄德罗的《百科全书》是欧洲启蒙运动的重要著作。与今天众多的百科全书不同，它的目的并不是立场中立地描述当时的知识状态。它当然包括讨论当时最新科学方法的文章，但它也是在以理性改革的精神，对旧制度社会和政治体制提出批评。当时的主要知识分子们都参与了这部百科全书的工作。"[2]

就许多贡献者合作参与这部百科全书的工作方式而言，18世纪这部法国《百科全书》确实是继承了17世纪上半叶阿斯特德《百科全书》的传统，但空前的贡献者人数规模（将近200人，其中有姓名可考的约140人）也超过了17世纪。阿斯特德在他的《百科全书》里为每一科的知识都提供一个概要，每一章还有一个便于记忆的要领规则。他经常不说明知识的来源，后来的研究者经过分析发现，他借助了许多同时代出版的知识手册和论文。他从中挑选并加以重述，然后按自己的需要插入他的知识系统之中。他编纂百科知识的办法不是直接选用权威的

---

[1] Alasdair MacIntyre, *Three Rival Versions of Moral Enquiry: Encyclopedia, Genealogy, and Tradition*. Notre Dame, IN: University of Notre Dame Press, 1990.

[2] Martyn Lyons, *A History of Reading and Writing*, p. 113.

或署名的知识来源，而是用归纳和概述来重新处理，所以他自己的个人作用十分突出。他在百科全书里提供的不是零碎的知识，而是那种被纳入一个有机体系中的知识。他承认自己得益于18位伟人，在他之前，"他们已经在用一个统一的组合（Syntagma）来描绘哲学王国的辽阔幅员"。这样的哲学宏观显示了当时学者对百科全书这项知识工程性质的认识。[1] 这种工程不是一个人可以独立完成的，它形成了众多贡献人合作的知识处理模式。

集体合作成为法国《百科全书》的突出特征，标志着一种新型知识权威的形成。它不是个人的而是集体的，不依附于教会或政府，而是秉持知识者们集体——他们在具体问题上可能看法不同——所共同尊奉的理性原则。理性是它知识权威的基础。不仅如此，这部18世纪的百科全书还有着一个与17世纪完全不同的目标，它不是要汇总过去或现有的所有知识，而是要开创一种面向未来的新知识。既然它的目的是要与过去的知识模式决裂，既然是要对支持现有体制的知识基础提出批判，它的立场当然也就不可能是中立客观的了。

然而，在存在专制王权思想钳制的18世纪（在今天世界的一些地方也还是一样），即使是一部实质上立场并不中立的百科全书，也还是需要以立场中立来做掩护，而百科全书这种参考书形式本身就是一个掩护。法国著名历史学家丹尼尔·莫尔内（Daniel Mornet）在《法国革命的思想起源》一书里指出，与其他许多百科全书贡献者们的"学者"身份不同，"《百科全书》的撰稿人是些'哲人'。大家都知道，他们对过去的哲学思想毫无敬意"。但是，"公开署名的文章……完全是一种毫无冒犯意味的学术；甚至他们论述的问题（除了狄德罗的几篇文章外）

---

[1] Ann M. Blair, *Too Much to Know*, pp. 170, 171.

也是那种不容许有大胆讽喻的课题。如果我们浏览一下阐述政治和宗教问题的文章,比如说,随便看10篇或100篇,我们看到的无一例外地都是中立的、谨慎的,甚至饱含敬意的言辞"。[1]

但是,这样的"中立"只是表面的,因为它们可能是一种写作者在专制审查制度下的自我保护手段。"无论是狄德罗还是达朗贝尔,都不能把事情说得这么明了;他们不能直接控诉信仰和遁世,不过他们以咄咄逼人的嘲讽笔调进行的谴责已经暗含着这种控诉。他们继承了许多其他作者的事业,他们对经院哲学发起批判,批判它幼稚的诡辩伎俩、空洞做作的赞词,以及摧毁一切理性、扰乱人的常识的推理方式。……针对各种陈旧思想,他们以胜利的热情提出一种真正的哲学为对抗,这就是批判考察的精神,观察实验的精神。"[2] 这就像在宣传洗脑的社会里倡导说理和批判性思维一样,它们虽然没有直接抨击强梁的权力或批判不讲理的制度,但它们坚持摆事实、讲道理,这样的"中立"诉求就已经包含了对现状的抨击和批判。采用这样一种立场中立的方式,本身就是一种审时度势的批判策略。

1751—1772年间,17卷正文,11卷图片的狄德罗《百科全书》能冲破重重障碍,克服种种困难得以问世,确实是非常不容易的一件事情,没有迂回、妥协的策略是不可能的。从这些障碍和困难就可以看出,这部百科全书不是一般所谓的"纯学术"著作。纯学术著作常常是专制统治能够允许,甚至欢迎的。这部百科全书是世界现代思想史,也是1789年法国大革命前几十年法国思想发展的一个里程碑。然

---

[1] 达尼埃尔·莫尔内:《法国革命的思想起源》,黄艳红译,上海三联书店,2011年,第65页。

[2] 莫尔内:《法国革命的思想起源》,第65—66页。

而，从 20 世纪下半叶开始，如何评估它的重要性，成为学界颇有争议的一个问题。

一种观点是把这 28 卷对开本的《百科全书》视为最终打开巴士底大牢的思想武器，后来终于摧毁了旧制度下的君主专制、贵族特权和宗教愚昧。法国大革命之后出版的第 3 版《大英百科全书》（1801）就咒骂这部法国《百科全书》是"瘟疫的传播者"，指责它"广为散播无政府主义和无神论思想，必须也理应受到谴责"。[1] 1911 年出版的《大英百科全书》彻底改变了这一观点，认为"没有百科全书曾经有过（像法国《百科全书》）那样的政治重要性，或者能在它那个世纪的国民或文学史里占有如此显要的地位"。

但是，另有一个观点认为，这部百科全书和整个启蒙思想对法国大革命的影响是完全被夸大了的。把《百科全书》当作摧毁旧制度的思想武器，莫非是说在历史上真的有过广大民众研读这部著作，用它来武装自己头脑？美国历史学家罗伯特·达恩顿（Robert Darnton）是持这样一种观点的主要代表人物，影响了包括欧洲学者在内的许多历史学家。例如，法国历史学家雅克·索雷在《拷问法国大革命》一书中就写道："罗伯特·达恩顿早在 1971 年就提出，将启蒙思想看作革命意识形态的经典理论已经过时。他指出，启蒙的精英主义根本无心颠覆社会，它承载的是一种开明的改革计划，主张保留而非摧毁等级制度。达朗贝尔赞同各层级间要有清晰的界限，并要求尊重出身带来的先天优势。在《哲学辞典》（*Dictionnaire philosophique*）中，伏尔泰把启蒙主义者和'有特权的灵魂'联系在一起，与'资产阶级家庭'的思想

---

[1] John Lough, "New Light on the Encyclopedia of Diderot and d'Alembert. *History Today*, Volume 15 Issue 3 March, 1965.

相对立。就像德尼·里谢（Denis Richet）看到的那样，18世纪的自由主张充满了贵族味道。"[1]

但是，评估一个思潮或一部著作在特定历史和社会环境中是否有批判性，或者是否起过什么破坏或颠覆作用，是不能以它的阶级或阶层属性（即便有可能确定这种属性）为依据的。法国《百科全书》究竟具有怎样的历史重要性（主要当然是指它对旧制度秩序的破坏和颠覆）？对这个问题的两种不同回答其实并不像看上去那么对立。第一种看法认为这部百科全书对颠覆旧制度贡献甚巨，这是从它的革命性理念（要理性不要迷信）着眼的。这一看法认为，这是《百科全书》的原则问题。第二种看法认为这部百科全书对破坏旧制度无甚贡献，这是从它与旧制度的妥协着眼的，强调的是启蒙哲人对待实际问题的温和态度（如君权体制、精英与民众的关系、改革要求，等等）。

其实，颠覆和妥协是同时存在的，并不矛盾。《百科全书》的这种两面性也是启蒙思想的两面性。莫尔内在《法国革命的思想起源》中指出，启蒙哲人在原则问题和实际问题上的表现是不同的，他们在原则问题上——以理性取代迷信和反对一切非理性或排斥理性的权威，必须用启蒙来改变民众的愚昧思维方式——是大胆而明确的，但是，"当从原则问题转向实际问题时"，与在政治问题上一样，《百科全书》表现得"畏畏缩缩，甚至自相矛盾"。[2]

狄德罗在"百科全书"（Encyclopédie）词条中说，百科全书的目标是"改变民众的思维方式"。[3] 他和同道者们要提倡的是一种与天主教

---

[1] 雅克·索雷：《拷问法国大革命》，王晨译，商务印书馆，2015年，第19页。

[2] 莫尔内：《法国革命的思想起源》，第68页。

[3] Denis Diderot as quoted in Lynn Hunt, *The Making of the West: Peoples and Cultures: A Concise History: Volume II: Since 1340*. Second Edition, Boston: Bedford/St. Martin's, 2007, p. 611.

耶稣会不同的世俗化学说。《百科全书》要包含世界上所有的知识，并向公众和后代传播这些知识。[1] 从一开始，这部著作的构想就已经包含了批判和改变现有知识结构与性质的目的。那就是"理性"和一种可以由人的理性，而不是神意或意识形态指示来客观检验的知识。这是一种去除愚昧和迷信的知识。

在由于民众愚昧而得以存在并苟延残喘的专制制度中，敦促民众不要愚昧，致力于将他们从愚昧中唤醒，告诉他们如何从愚昧中醒来，这种启蒙本身就是对现有制度的根本打击和颠覆。它能够针对具体的问题固然很好，但如果由于受到权力的压制和威胁而无法直接针对具体问题，那也没有什么。它同样能有客观的社会批判作用。只要民众能够明白如何改变思维方式，知道如何换一种眼光来看待事物，他们自然就会对具体问题有不同于以前的新看法，想阻挡也阻挡不住。

1989年，加州大学伯克利分校和洛杉矶分校举办了法国《百科全书》的展览，加州大学教授克劳琳达·多那陀（Clorinda Donato）在随后出版的《百科全书和革命的时代》一书中强调的正是这样一种从理性思考原则上（而非如何看待具体问题）的批判价值。她写道，"百科全书派学人成功地论述和推行了他们的理性和联合知识（unified knowledge）信念，以此让人的意志获得力量，并帮助形成了法国革命将要应对的问题"，尽管"那些手艺人、干技术活或出劳力的人们未必阅读过《百科全书》……但他们一旦觉得自己的工作与知识者、僧侣、统治者同样重要，这种认识就会形成一种新的力量基础，最后促成旧价值的崩

---

[1] Denis Diderot as quoted in Isaac Kramnick,"Encyclopédie", in Isaac Kramnick（ed.）,*The Portable Enlightenment Reader*. Toronto: Penguin Books, 1995, p. 17.

溃,造就新价值的建立"。[1]

多那陀所说的"联合知识"可以理解为,虽然参与《百科全书》的那些启蒙哲人们在具体问题上的政治或宗教立场并不相同或大不相同,他们有的激进,有的保守,虽然他们许多人对法国社会的彻底改造没有兴趣,但是,作为一个知识整体,《百科全书》有一个总体的理性变革目标,所有文章的集体努力正是奔着这个目标而去。《百科全书》拒绝承认天主教教会是解释科学问题的权威,它也拒绝接受政治权力对知识和艺术问题的规定和限制。它的一些文章里"巧妙地掺进了对国家和教会的批判"。[2] 《百科全书》的计划之所以能够成功实现,不只是因为它的启蒙理念,也是因为它的编撰者和出版者懂得如何与王权和审查制度巧妙周旋和妥协,甚至把它做成了一门"生意"——达恩顿用一部大书来讨论《百科全书》的出版"生意经"。[3] 在不自由的制度下进行自由和理性的启蒙,必须利用种种可能的因素。这是启蒙在离经叛道的思想与冷酷无情的现实之间的夹缝里顽强寻求存在和发展所不可缺少的技艺。18 世纪是如此,今天互联网时代仍然是如此。

三 启蒙和不自由的百科全书

如果说立场中立是百科全书的知识方法原则,那么自由就是它的知识政治价值。中立是为了让百科全书拥有尽可能广大的读者,而自

---

[1] Clorinda Donato and Robert M. Maniquis (eds.), *The Encyclopédie and the Age of Revolution*. Boston: G.K. Hall, 1992, p. 12.

[2] Ann M. Blair, *Too Much to Know*, p. 260.

[3] 罗伯特·达恩顿:《启蒙运动的生意》,顾杭、叶桐译,三联书店,2005 年。

由则不仅是为了让百科全书拥有尽可能广大的读者，而且拥有能够自由思想，珍惜思想自由的读者。法国《百科全书》让我们看到，虽然自由是它的知识政治价值，但它自己在诞生和存在的过程中从来没有享受到知识的政治自由。今天回顾18世纪的启蒙运动，理想主义的人们也许会瞧不起《百科全书》出版中的种种生意人的介入，视之为知识理念的不纯动机或功利因素。

  但是，布莱尔并不是这么看的。她认为，正是因为钱伯斯（Ephraim Chambers）两卷本的《百科全书；或艺术与科学通用字典》（*Cyclopaedia: or, An Universal Dictionary of Arts and Sciences*，通常也称为《钱伯斯百科全书》）大获商业成功，"让别的出版商看到了有利可图的商机"，才让狄德罗有了一个施展才华的机会。出版商把出版一部新百科全书的计划承包给了当时正在找工作的青年狄德罗。许多年后，他交出的是一部比钱伯斯大得多，由众多贡献者一起完成的百科全书——现在能核实的作者就有约140人。不过在当时，大多数作者是匿名的。众多的贡献者们集体协力合作而成的这部百科全书有17卷正文，11卷图片，"从此确定了现代多卷本百科全书的模式（众多作者、附有插图、字母顺序编排）"。然而，当时引人注目的并不是这部百科全书的编纂形式，而是它那些明显"带有折中色彩的文章，有的是从其他地方复制而来的老生常谈，有的是重要启蒙哲人亲自撰写的文章，不仅是狄德罗和达朗贝尔，还有孟德斯鸠、杜尔哥（Turgot）、伏尔泰和其他作家"。他们在文章里"掺入一些对教会和国家的批评"，"这与启蒙哲人通过精英思想来推行改革是一致的"。[1]

  狄德罗等人利用介绍知识的机会，巧妙地暗示自己的自由思想和

---

[1] Ann M. Blair, *Too Much to Know*, p. 260.

批评意见，但并不把这样的批评推到前台。这种试探专制统治对自由思想容忍尺度的策略也就是我们今天所熟悉的"打擦边球"。这是一种必要的夹缝中求生存的手段，"正是因为他们对大胆观点采用了巧加掩饰的办法，大胆观点才得以以文字的形式面世。例如，他们把大胆的想法暗暗藏进看似无害的文章里；他们避免言及一些敏感作家的名字，却悄悄地采用他们的观点；他们运用交叉引证的办法来引导有倾向性的联想"。[1] 直到今天，在专制审查制度下写作的作家也还是在运用这种拒绝沉默，但又多加小心，保护自己的"曲线文章"办法。

　　莫尔内在《法国革命的思想起源》中揭示了启蒙哲人的"曲线文章"的意向和手法。他同时也指出了启蒙哲人们在原则问题与实际问题上犹豫不决、患得患失和自相矛盾。这些都是专制统治下独立思想者们常见的知识政治特点。18世纪启蒙哲人们生活在缺乏自由的君主专制体制下，他们无法想象或看清与这种专制体制不同的未来可以是怎样一种不同的景象。这也就是人们常说的历史局限性。然而，在这一点上，我们需要有历史的理解，而不是以今天的标准去苛责他们。莫尔内指出，"《百科全书》只是在颂扬和证明它的理想，而丝毫不在意虔诚派信徒的理想。但二者之间处于完全的斗争状态，哲人们的对手十分顽强……他们只能以智谋和巧计进行战斗。……怎样才能将这些大部头的对开本书籍秘密运进法国呢？因此必须争取当局的好意。书中的文章后来经过了正统神学家出身的审查官的修改。一切直接涉及信仰的内容都是正统神学家编订的"。这些就是所谓"内容敏感"的文章。狄德罗对此表示不同意，但他必须采用"谦卑的服从口吻"。他只能在与审查官的周旋中尽力而为，"在精心编排之下，读者可以在满怀敬重

---

[1] Ann M. Blair, *Too Much to Know*, p. 260.

的文字背后看出讽刺的意味,可以在高呼和平意愿的同时进行战斗。百科全书派也坦言了自己的策略。达朗贝尔曾说,当人们栖身于'受谬误支配的辽阔天地'时,'这种半攻击行为、这场未公开的战争'更为明智"。[1]

自由的启蒙需要保护好启蒙者自己,这就需要懂得妥协、学会迂回。唯有如此,才有可能在不自由的状态下从事他的启蒙工作。有这样一个寓言故事可以说明启蒙者不得不运用的迂回策略。一名负责运送精神病人的司机因为疏忽,中途让三名患者逃掉了。为了不至于丢掉工作,机灵的司机把车开到一个巴士站,许诺可以免费搭车。最后,他把乘客中的三个人充作患者送进了医院。

一位有心人想了解这三个人是通过什么方式证明自己,从而成功走出精神病院的。他问甲:"你被关进精神病院时想了些什么办法来解救自己呢?"甲答道:"我想,要走出去,首先得证明自己没有精神病。""你是怎样证明的呢?"甲说:"我说:'地球是圆的'。我想,这句话是真理,讲真理的人总不会被当成是精神病吧!""最后你成功了吗?"甲说:"没有。当我第 14 次说这句话的时候,护理人员就在我屁股上注射了一针。"

有心人接着问乙,"你是怎么走出精神病院的?"乙答道,"我和甲是被丙救出来的。他成功走出精神病院,报了警。""当时,你是否想办法逃出去呢?""是的,我告诉他们我是社会学家。我说我知道美国前总统是克林顿,英国前首相是布莱尔。当我说到南太平洋各岛国领袖的名字时,他们就给我打了一针。我就再也不敢讲下去了!""那么丙是怎样把你们救出去的呢?"乙答道:"他进来之后,什么话也不

---

[1] 莫尔内:《法国革命的思想起源》,第 66 页。

说。该吃饭的时候吃饭,该睡觉的时候睡觉。当医护人员给他刮脸的时候,他会对他们说谢谢。第 28 天的时候,他们就让他出院了。"

甲乙丙三个人都相信理性,相信真实和真相在这个世界的任何地方都有说服和证明的作用。但是,实际情况并非如此。在疯人院这个特殊的环境里,真实——启蒙理性的根本理念——已经不起说服作用。疯人院有疯人院的逻辑:甲说的是一个太简单明了的真实,居然拿这么简单的事情来证明,一定是个疯子。乙说的是太遥远的真实,居然拿这种没用的事来说事,一定是个疯子。唯有丙能对自己的处境做出正确的判断,他知道,他的当前要务不是直接去向疯人院证明什么它不可能相信的真实,因为真实的对立面不是不真实,而是疯狂。他需要先保全自己,逃出疯人院,到一个有人倾听真实的世界,这样才有可能把甲和乙从疯人院里解救出来。

一个政治不自由且民众普遍愚昧的社会跟寓言里的疯人院差不多。在这种状况下,从事自由的启蒙事业就不能运用自由环境中的自由策略。知识不再是唯一的解救之路,不同的知识也不再是不分彼此、同等重要的了。在这种处境下,首先要针对特定的不自由和愚昧现象,确定什么知识在此时此地比较重要,并给予这些知识优先的对待。也就是说,知识者的问题意识决定了什么是最为迫切的知识,"每当一种全民性偏见应受尊重时,那么这种偏见就应该在其(百科全书)条目中郑重其事地加以阐述,且须带有所有似是而非、颇具诱惑力的点缀物;但另一些条目则以可靠的原则论证相反的真理,参阅这些条目则可推翻这座烂泥堆起来的大厦,使其化为齑粉"。[1]

虽然法国《百科全书》文章的写作者们精明老练,他们的批判目

---

[1] 莫尔内:《法国革命的思想起源》,第 66—67 页。

标也非常明确，但是，在必要的时候，他们会故意采用装傻、装天真的策略。他们"一般并不表现得公开大胆"，而是让文章包含"某种单纯和天真，例如，在'教会法''圣经''四旬斋'等条目中，作者都声言自己的意图是纯洁的，并且完全服从教会的决定。……此外还有一些显而易见的象征说法、插入语、影射和讽刺等等"。[1] 深思熟虑的批评显得像是临时想到的念头，无关宏旨，不必在意。这种麻痹对手的手法有时候不过是掩耳盗铃，低估了对手的警觉和灵敏嗅觉。但对于文章作者，除此之外，也没有什么更好的办法。对于不能从知识政治或知识社会学的角度来了解这些 18 世纪专制制度下启蒙人士如何艰难写作的批评者来说，启蒙作家当然显得在实际问题上摇摆不定、无所适从。不过，这样的批评见解是肤浅和自以为是的。

四 互联网时代的维基百科

现代百科全书的一些主要编纂方式，如按字母顺序排列的条目、细目标题（topic headings），以及便于查询的格式，如双栏、栏外标题（running heads），都可以追溯到中世纪，但经过早期现代时期印刷参考书的改进和改良，渐渐完善，形成了我们今天所熟悉的参考书特征，其中以交叉引证最为常见，也最为有用。今天的网上百科全书已经将此改变为关键词的链接，看上去是前所未有的，其实是在新的互联网技术条件下对早先方法先例的重新运用。

我们现在熟悉的参考书的知识权威也是逐渐形成的。最早的百科

---

[1] 莫尔内：《法国革命的思想起源》，第 67 页。

全书都是某个编纂者的杰作，他就是知识权威。编纂者使用别人的材料，一般是不加说明的。后来（直到18世纪），百科全书基本上都是多位或众多贡献者的合作成果，但如何处理知识来源和权威却并没有统一的规则。约翰·海因里希·泽德勒（Johann Heinrich Zedler）编著的《德国百科全书》不提贡献者是谁，也不提有多位贡献者的事。狄德罗编纂《百科全书》，则是把自己描绘成一个类似于中世纪或早期现代参考书编纂者的角色，淡化自己的作者身份。他只是在报告别人说什么，无须为他们所说的内容承担责任。这是躲避思想审查制度的一个办法。

但是，这使得狄德罗原先关于集体作者和作者文责自负的计划复杂化了。这部百科全书第1卷出版后即招致政治压力，这种压力使得许多贡献者不再愿意公开身份。狄德罗先前在前言里允诺，凡是他个人撰写的文章都会以星号标识，但他可能并没有这么做，因为后面几卷里的文章很大一部分都是他自己写的，却没有标以星号。这使得贡献者的真实身份辨认变得困难。另一重困难是，一些多产的贡献者是把写作外包给写作助手的。[1] 在当时，这么做是正常的，不像今天会被视为剽窃。文艺复兴时期也是如此，人文学者可以出钱雇人代为阅读，写成阅读笔记供他使用。这叫学术外包。今天一些教授把研究生当廉价劳动力使唤，将他们的劳动成果据为己有，其实也是这么做的。只不过学术伦理变了，人们不再像以前那么容忍，而是以批评的眼光来看待这种学术行为。

狄德罗《百科全书》的成功和声望在欧洲带动了许多仿效型百科全书。在知识面上，有专门知识的，也有一般知识的；在立场上，有赞同启蒙哲人的，也有反对的。但绝大多数都在信息上秉持立场中立

---

[1] Ann M. Blair, *Too Much to Know*, p. 262.

的原则。[1] 仿效狄德罗模式的百科全书变得规模更大,插图更丰富,而且也是大开本的。到了18世纪末,大开本基本上都改为较小的开本。这样更便于携带,也便于阅读。

1768—1771年出版的3卷本《大英百科全书》(第1版)用的是四开本的格式,后来又再缩小。《大英百科全书》成为一个品牌,一版又一版地更新和增加内容。这在18世纪出版的百科全书中是绝无仅有的。1820年代末爱丁堡出版商亚当·布莱克(Adam Black)收购了《大英百科全书》的版权,出版了第七和第八版。第九版也被称为学者版,它是从1875年至1889年出版的,其中包括了众多著名作者写的、非常深奥的学术文章。有人称它为英语百科全书历史上的顶峰。当时有英国人认为该书的权威性"仅次于上帝"。[2]《大英百科全书》的目前版本有4000多名作者,其中包括当代一些最著名的学者,有110位诺贝尔奖获得者和5位美国总统。

百科全书的内容若不及时更新,就会过时,失去其参考书的价值。今天人们已经不会把狄德罗的《百科全书》当作一部参考书,而是视其为一个思想史或文化史的文献。美国有一个叫"狄德罗和达朗贝尔《百科全书》"的网站,由志愿者把这部百科全书里的文章翻译成英文,集中在网站上。[3] 这是保存历史文献,供进一步学术研究的好办法。

《大英百科全书》能够存在两百多年,与它在内容上不断更新和与时俱进是分不开的。但是,它的内容更新无论如何都根本没法与网

---

[1] Ann M. Blair, *Too Much to Know*, p. 261.

[2] 《大英百科全书》, https://zh.wikipedia.org/wiki/%E5%A4%A7%E8%8B%B1%E7%99%BE%E7%A7%91%E5%85%A8%E4%B9%A6.

[3] 见网站 https://quod.lib.umich.edu/d/did.

上百科相比，网上百科添加或更新内容几乎可以与时评一样迅速，这是它最大的优势。例如，谷歌下属公司Deepmind的新版程序AlphaGo Zero的报告于2017年10月19日刊登在《自然》科学杂志上，维基百科马上就出现了有关词条，且不断更新，提供"非原创性"知识，也就是只报告有关的信息，自己不加评论。在互联网时代，《大英百科全书》必须重新寻找生存之道。历经了244年的漫长岁月，《大英百科全书》出版方2012年3月13日宣布，市面上库存的第15版的纸本百科全书卖完后，将不再推出印刷版，内容全面数位化。为纪念印刷版本的"光荣退役"，《大英百科全书》网站自3月13日起提供免费浏览一周。网上《大英百科全书》的使用方式也发生了改变。第15版"Propædia"（百科类目）卷的前言里说，"想要对某一个论题有所完整学习者"可以找到所有与这个论题有关的知识。Propædia意指百科全书词条的整体知识体系。[1]

在互联网时代，上网参考《大英百科全书》的读者有多少还会关注其"百科类目"呢？网上阅读改变了人们运用传统参考书的方式，基本上都已经只是"参考阅读"（consultation reading）的方式了。今天《大英百科全书》最大的竞争者是网上的信息。许多人更喜欢使用搜索引擎，如Google、雅虎等来搜索他们需要的信息，不过这样的信息往往是零乱的，而《大英百科全书》一个来源就可以提供众多组织严谨的信息。在零碎、片段阅读成为一种主要学习方式的时代，《大英百科全书》的价值虽不再被大多数人重视，却是绝对不可缺少，也不可代替的。

互联网时代，网上百科全书似乎又回到了文艺复兴和早期现代那

---

[1] "Propædia" of *Britannica*, p. 9.

种贡献者匿名的做法，这也引出了网上百科全书知识是否可靠，谁对知识负责和如何确定知识权威等一系列的问题。历史学家丹·欧苏利文 (Dan O'Sullivan) 曾这样比较狄德罗的《百科全书》和网上的维基百科，"和维基百科一样，法国《百科全书》是许多作者和技术人员通力合作的结果。就像今天的维基百科，狄德罗及其伙伴们需要借助最新的技术，才能解决如何设计一部最新百科全书的种种问题：应该包括怎样的信息，在不同的文章之间如何建立连接的关系，如何尽量扩大读者群"。[1] 这些是百科全书的老问题，但互联网时代的技术让维基百科有了解决这些问题的新方法。百科全书的分类结构以及不断更新的特点使它非常适合电脑格式。随着信息技术的发展，大多数主要的百科全书现在都已经不同程度地电子化了。光盘（CD、DVD 等）出版物拥有携带方便、成本低廉的优点，同时电子百科全书还可以包含各种传统媒体无法承载的多媒体格式，例如动画、音像或视像。概念有关联的文章之间的相互动态链接也是一个重要的优势，新的信息几乎可以立即被呈现，而不用等到下一次的出版。

　　网络百科虽然有电脑和互联网技术的优势，但也有一些已经引起人们关注的问题。在公民言论自由有所保障的国家社会里，百科全书作者只需要遵守公共言论的基本规范，不必像 18 世纪狄德罗及其同伴们那样害怕思想和言论的审查与迫害。但是，在世界范围内，网络百科全书还远不是自由的。涉及政治、宗教的文章也会受到不同国家、政治立场、语言使用者的影响，导致出现编辑战、审查或屏蔽。这是国家政治和社会制度所造成的，就网络百科全书本身而言，人们对维

---

[1] Dan O'Sullivan, *Wikipedia: A New Community of Practice?* Farnham, Surrey: Ashgate, 2009, p. 45.

基百科的批评性注意一般集中在三个技术性的方面。第一，内容的表达和语言还相当粗糙；第二，条目选择和内容有偏见；第三，学术不上乘，学识上缺乏专家权威。这三点都与网上百科全书的基本弱点有关——由于网络百科是共笔性质，少有专业人士审核，这影响了它的知识公信力。网络百科的多数编者往往只是义务参与撰写，不一定是该领域的专家，这更让人们不放心它的知识质量。

拉里·桑格是维基百科的创始人之一，也是维基百科的命名人。他于2002年离开维基百科，并成为维基百科的一位批评者。他在《维基百科之后的专家命运》一文中专门讨论了网络百科的知识质量和可信性问题。他指出，维基百科有两个结构性基础，一个是知识的自下而上生成，另一个是知识的平等主义。这二者都是对传统知识权威的颠覆。不能设想维基百科会放弃知识自下而上生成和平等主义这两个原则，放弃这两个原则意味着维基百科将失去存在的理由。问题不是要改变维基百科的这两个基础原则，而是如何让它的知识构成结构变得更开放，从而给专家意见（expertise）也留下一席之地。[1]

维基百科的巨大成功似给印刷文字时代以来一直享有当然权威的"专家知识"造成了危机。如温伯格在《知识的边界》一书中所说，"我们既面临知识的危机，然而同时，也面临着一场划时代的知识的提升。一方面我们为曾经深深依赖、给我们提供可信知识的机构而担忧；另一方面，我们也能感到一种文化脉动的喜悦。这种喜悦来自一个完全不同的地方。它来自于知识的网络化"。[2]维基百科不只是代替

---

[1] Larry Sanger, "Who Says We Know: On the New Politics of Knowledge", https://www.edge.org/3rd_culture/sanger07/sanger07_index.html.

[2] 戴维·温伯格：《知识的边界》，第11页。

印刷书籍的百科全书，不只是把原来的百科知识从书籍里搬到网上，而是创造了一种新的知识形态。

在互联网技术越来越发展的时代，这种知识形态的出现有其机遇性和偶然性。维基百科的前身是 Nupedia。桑格在与记者保罗·沙厄斯（Paul Sawers）的访谈中回忆道，Nupedia 原本是一个有稿件质量审查和编辑制度的网上百科，但进展极为缓慢。2000 年的网络泡沫对它造成了巨大的打击，公司根本不可能有经费为这个项目编程。就在这时候，桑格从一位熟悉维基（Wiki）的朋友本·科维兹（Ben Kovitz）那里得到了灵感，想到用维基的共笔模式来做这个百科项目。

维基是一种在网络上开放且可供多人协同创作的超文本系统，由沃德·坎宁安（Ward Cunningham）于 1995 年首先开发。沃德·坎宁安将 Wiki 定义为"一种允许一群用户用简单的描述来创建和连接一组网页的社会计算系统"。使用者用 Wiki 文本进行浏览、创建和更改，这种创建、更改及发布的代价远比 Html 文本小。与此同时，Wiki 系统还支持那些面向社群的协作式写作，为协作式写作提供了必要的帮助。最后 Wiki 的写作者自然构成了一个社群，Wiki 系统为这个社群提供了简单的交流工具。与其他超文本系统相比，Wiki 有使用简便且开放的特点，让使用者在一个社群内共享某个领域的知识。

用维基来做网上百科完全是经济窘境逼出来的，桑格自己对此也没有把握，当他在 Nupedia 咨询委员会上提出这个建议时，大家都说是个"感觉荒唐"的想法，公司总负责人吉米·威尔斯（Jimmy Wales）却对他表示赞同。运用维基共笔的最大隐患是，"这个模式能行得通吗？有什么办法能不让破坏者想改变什么就改变什么吗？"不过当时也没有什么别的选择，只能等这种事发生了，"改回来就是了"。然而，奇迹发生了，运用共笔模式的维基百科"在几天之内刊出的文章数量就已经超过了 Nupedia 的所有文章。虽然文章比 Nupedia 的要短，但在两个星期后，我们就开始收到长文章了。在这之后的几个月，我们的长文章数量就超过了 Nupedia，质量也毫不逊色"。除了采取一些必要的技术措施之外，维基百科能站住脚，得益于一种新文化的形成，它是公开的，平等的，尊重他人的。桑格称其为"维基文化"，"我经常想，维基不过是一个工具，我们所做的事情之一就是改变了人们使用共笔写作的方式，大概许多人还没有看到这个功劳"。工具并不能决定人们怎么使用它，善用或滥用工具，都是事在人为。互联网本身也是这样的工具。桑格认为，维基百科的成功是"幸运"所致，碰上了好时机，又歪打正着地选对了方式。[1]

然而，维基百科的成功并不只是因为幸运，而是一件在集体认识论上可以得到解释的事情，而互联网时代让人们更体会到这种集体认识论的重要意义。迈克尔·林奇在《失控的真相》一书里谈到了这种集体认知，但还只是限制在"生活常识"的范围内。他指出："有一种方式可以用来思考网络是否可以认知的问题。在某种意义上，个人意见的集合可以为我们提供可能是单个人无法给出的准确、可靠的信息，这样说来群体当然可以产生知识，例如无处不在的在线生活功能：排名。以前如果我们想知道某个电影、餐厅或书籍是否适合自己的口味，唯一的方式是征询专家的意见，而现在我们有了星级评价系统。我们能参考的不再只是一篇评论意见，而是几十条、几百条，甚至几千条评价。除了'定性'评论之外，我们还可以得到一个总体排

---

[1] Paul Sawers, "Larry Sanger on Co-founding Wikipedia and How Online Education Could Change the World", *Insider*, Nov 19, 2011. https://thenextweb.com/insider/2011/11/19/larry-sanger-on-co-founding-wikipedia-and-how-online-education-could-change-the-world.

名，即个体对产品评价的平均值。这些信息是否有用？答案是肯定的。我们大多数人对这些系统也都有一个简单的了解，其中最明显的是：参与评价的人越多，平均分值就越可靠。"林奇认可詹姆斯·索罗维基（James Surowiecki）在《群体的智慧》(*The Wisdom of Crowds*, 2004）中的观点，"在某些情况下，大集体汇集起来的智慧可能会超越某个人，甚至是某个专家"。[1]

维基百科并不是索罗维基或林奇所考虑的"常识"知识，但他们所强调的"在某些情况下"在维基百科的共写模式那里有着特殊的意义。我们能设想在一个知识水准普遍低下、民众普遍愚昧、对知识普遍缺乏兴趣的平庸或傻子社会里创造出像维基百科这样的事物吗？我们能设想在一个严格控制思想的社会里诞生像互联网这样的自由理念，并让它成为一个现实吗？著名的"孔多塞陪审团定理"对集体意见正确程度的评估就包含了"在什么情况"下的考量——只有当参加意见者的知识水准普遍比较高的时候，共写结果才可能有比较可靠的结果，群体越大，概率就越大，或者接近100%。相反，概率就越小，或者接近零。维基百科的出现和成功或许是一个历史时机中的偶然或幸运，但是，它产生在一个民众知识水准普遍较高的自由民主社会里，并取得了相当的成功，怎么又不是偶然中的必然呢？

---

[1] 迈克尔·林奇：《失控的真相》，第141—142页。

下篇

真实·自由·认知平等

第 10 章　真实为何依然重要

在社会和生活中，当虚假、欺瞒、奸诈、伪善、背叛、失信、谎语随处可见，成为一种新常态，当大多数人都戴着假面生活的时候，人们渴望真实，但又感觉真实可望而不可即。在许多人看来，剩下的唯一生存方式便是放弃对真实不切实际的幻想，转而以犬儒主义的态度去与虚假的生活现实妥协，并让自己适应这样的生活方式。一开始也许只是"适应性选择"，但久而久之，逐渐习以为常，便会在内心将之合理化为"正常选择"。工厂生产假货和伪劣产品、建设工程偷工减料和昧心害人、商家以次充好和坑蒙拐骗、教授和学生剽窃作假、医生开处方让患者服用假药、信息网站弄虚作假、申请海外留学的用假成绩和假履历，凡此种种都是当事人自己的行为选择。虚假的社会环境影响会诱使其成员对其适应行为做出过度调适，这就像专制社会会诱使其臣民在束缚下做出过度调整一样。托克维尔曾说："法国人在所有的事情上肆意而行，甚至在显示奴性时也是如此；他喜欢做的超出了他所受到的指示。一旦他拥有了奴性，就会有所超出奴性的行动。"[1] 当奴才如此，弄虚作假也如此。

---

[1] Alexis de Tocqueville, *L'ancien régime et la révolution*, vol. II, Part II of the *Oeuvres complètes*, Paris: Gallimard, 1953, p. 33.

如果说，普通人对待真实的犬儒主义心态大多源自他们对生活经验的被动反应和自我保护本能，那么，相比之下，知识分子对真实的怀疑和否定则更多地表现出积极主动的思考色彩。自20世纪90年代以来，一些知识人士中就一直流行某些"后现代"理论，对真实的虚无主义和犬儒主义大行其道。他们断言，具有普遍意义的真实是"现代性"制造的一个神话，在这个世界上根本就不存在具有普遍意义的"真实"，一切真实无非是观念和知识的建构，既然是建构，自然也就能解构。如果说思考真实还有什么意义，那就是解构真实。他们还坚持认为，真实是相对的，我们需要的是具有某国特色的真实，主张这种"真实"是对西方文化帝国主义的一种积极抵抗。这样的理论不仅在认知上有误导作用，而且在政治上也是危险的。

大众的虚无主义和知识分子的犬儒主义使得真实——那种可以对现实社会、政治道德发生匡正作用和具有普遍意义的真实——陷入了前所未有的荒诞困境。一方面，人们痛感于真实的匮缺，另一方面，他们又要让自己相信，真实要么不再值得坚持，要么从来就不曾存在。为了摆脱当今中国的这一荒诞困境，并找到一条摆脱的途径，我们必须坚持，在今天这个充斥着虚无主义和犬儒主义的时代里，真实依然重要，不仅依然重要，而且更加重要了。

一 真实是怎样的"自明之理"

真实（truth）是一件好事，这似乎人人皆知，不用多说大家就能明白。在这个意义上可以说，真实之善是一个自明之理。然而，也正因如此，主张真实的种种说法——"讲真话""实话实说""事实胜于雄辩"——很容易成为空洞的套话和陈词滥调，也经常是言不由衷的口惠和虚伪说辞。

今天，我们主张真实依然重要，必须从思考有关真实的自明之理开始。美国康涅狄格州立大学哲学教授迈克尔·林奇在《真实对待生活：真实为何重要》(*True to Life : Why Turth Matters*) 一书中讨论了四种有关真实的自明之理，分别是：一、真实有客观性，二、真实是好的认知规范，三、真实是值得探索的目标，四、真实本身值得我们爱护（care）。[1] 从这些思考中我们可以大致知道，什么是对我们今天依然重要的真实。真实的价值在于，它本身值得关注，而不仅仅是因为它能让我们得到我们想要的其他东西，如友谊、爱情、知识、荣誉。强调"关于真实的自明之理"是为了说明为什么我们应该关心真实，因为追求真实是幸福生活的一部分，对于个人关系和政治价值都至关重要。

在这四种自明之理中，最重要的是真实本身为什么值得我们爱护。我们不可能脱离为什么要爱护真实（真实本身的价值），而单单去讨论什么是真实。真实拥有的不是像黄金或珠宝的那种价值，而是像自由、尊严和正义那样的价值。也就是说，真实只对那些爱护它的人才有价值。

许多对真实的怀疑、否定和虚无主义态度都是因为把真实误解为某种并不是真实的东西。例如，真实有客观性，但这并不意味着真实具有"真理"的那种确定性。真实具有的是低程度的客观性，它只需要我们在可以合理论证的信念与无法合理论证的信念之间做一个区分。在公共说理中，我们提出的观点必须是经过合理论证的，但不需要是真理，也无须具有最终的确定性。那些自称"唯一真理"的真理

---

[1] Michael P. Lynch, *True to Life: Why Truth Matters*. Cambridge, MA: The MIT Press, 2004.

恰恰是不能合理论证的。而且，真实的客观性并不要求我们否定一切形式的"相对论"（这是一个颇有歧义的概念），因为有的相对论比别的相对论要更为合理，因此较能合理论证。

同样，真实是好的认知规范，说真实有这个价值并因此重要，并不意味着真实是唯一的价值，因为不同的价值之间会有冲突。"相信真实"是好的，但并非在任何情况下都好。世界上很少有在任何情况下都好的好事。大多数的好事，如遵守诺言、借债还钱、相信真话，都是初步印象的好事，都是可能推翻的。这类事情之所以为好，不过是说，在可能遵守诺言的情况下不失信，在能够还钱之时不赖债，知道了真实就不要再坚持偏见。还有，真实是一个值得追求的目标，这不等于说就不能追求其他有价值和正当的目标。追求真实需要与别的正当追求之间保持联系与平衡，如追求自由、幸福和正义。

在关于真实的四个自明之理中，最重要的是真实本身值得我们在意和爱护，为了真实本身，把真实当成目的，而不是把真实仅仅当成达到其他目的的手段。另一方面，在意真实本身，不等于一定不把真实当成手段，例如，我们解数学题或猜谜语，是出于智力的好奇，纯粹就是想知道真相。可是，也可能是为了真相之外的目的（如成功或荣誉）。但是，这两种情况是可以区分的，真实可以成为它自身的目的，因为真实本身值得追求，这是它的内在价值。这个价值可以从我们对真实和虚假的本能选择中窥见一斑。

美国科幻电影《黑客帝国》中的主角可以在两粒药丸中选择一粒。如果他选择服下第一粒，他一生都能生活在美妙的幻觉中，甚至都不会记得这是他自己选择的结果，一切都会如此自然。如果他选择服下第二粒，他就会体验到生活的烦恼、人生的喜怒哀乐和生老病死。他选择了第二粒药丸，观众对之并不觉得意外，他们本能地认同了这位虚构人物的选择。这让我们看到，人的本能反应所提示的是，人对真实所做的"基本选择"说明这个选择对人的重要性。这个选择之所以"基本"，是因为"我选择真实，并不只是选择，如选择巧克力冰激凌。它要深刻得多。……我并不只是选择了真实，我还表明，我不愿意做一个不选择真实的人——不愿意当一个生活在幻觉中的人。我不仅对真实有愿望，而且还有对真实的愿望的愿望……这就说明我对真实的愿望不是心血来潮，这个愿望深嵌在对我重要的东西之中。也就是说，我不仅选择真实，我还在意（爱护）真实"。[1]

在关于真实的自明之理中，我们可以得出对真实是什么的大致回答。真实不是具有绝对确定性的"真理"，这种真理是不存在的，而它的虚幻替身却给人类带来一个又一个灾难。自以为掌握了这种"真理"的个人或群体总是会对怀疑或不赞同者施行压制或迫害。真实也不是经验常识所能把握的那种客观性，常识客观性虽然有时可以用来抗衡抽象的真理，但经常并不可靠。真实更不是像社会主义现实主义作家眼里的那种"透过现象看本质"或"更高真实"。真实不过是在探索过程中暂时画上的一个停止点，一种经过合理性检验的，还没有被其他合理看法证明为不合理的，因此被视为可靠的知识。在有更恰当的看法之前，至少可以这么认为。

二　作为道德伦理和政治价值观的真实

真实不只是关乎事实的真假之辨，而且关乎道德伦理的对错（善或

---

[1]　Michael P. Lynch, *True to Life*, p. 19.

不善，善或恶），政治价值观的好坏（好或不好、优秀或不优秀），因此也关乎整体社会的良序或失序（用于区分"好的社会"和"不好的社会"）。"真假""对错"和"优劣"是我们必须面对的三种价值判断。人们一般把"真假"视为关乎对"事实"的认知，而把"对错"和"好坏"视为"看法"。对错关乎社会伦理的善恶，也就是人和人之间的相处关系，什么是善，什么是不善，是道德规范或法律问题。优劣既是善恶问题，也体现为政治基本价值观的群体共识。道德伦理和政治价值观都关乎个人或群体的生存信念或信仰：什么是值得过的生活，什么是美好生活；在专制和民主之间有何选择；在自由和稳定之间如何取舍等等。

真实不是关于道德伦理或政治价值观的真理，真实首先要拒绝的便是关于真理的神话，"只有一个真理""绝对真理"，或者存在一个"放之四海而皆准的真理"。因此，在真实中包含着一种有益的、积极的怀疑。它不是绝对的（一种什么都不相信的犬儒怀疑主义），而是有限度的。它有一个正面的预设：某种有效的真实是存在的，但任何被认可的真实也许都不能揭示真实的全部，或者根本就存在着讹误。[1] 积极的怀疑拒绝单一的大写真理，但主张探寻在具体事物和问题判断中的真实以及寻求这种真实的价值。这也就是美国历史学家和公共知识分子托尼·朱特（Tony Judt）在他的思想自传《思虑20世纪》中提出的"关注小真相"。小真相针对的是不公不义的社会现象、生活中的阴暗面、被隐藏或扭曲的真相、民众权利被侵犯的事实、公权力的失责、生存环境的破坏和危机等。他们以知识根据和真诚之心来揭示这些真相，而不是主张或宣扬某种"更高的真理"。[2]

---

[1] Michael P. Lynch, *True to Life*, pp. 28–29.

[2] 托尼·朱特：《思虑20世纪》，朱光恩译，中信出版社，2015年，第321—322页。

在具体事情上坚持真实的原则，这对于个人、群体和国家社会都具有不寻常的重要性。它是一种重要的个人之善，也是个人对群体的一个贡献。个人需要对自己有真实的知识。这种自我认识就是古人说的"认识你自己"。人为什么需要有这种知识呢？这是因为，倘若我们不认识自己，就无从真实地知道自己拥有的信念、人生目标和志向，或者自己到底要成为怎样的人。人不想浑浑噩噩、行尸走肉般地度过一生，人生要有意义，就不能不对这些有所认知。人只有认知了自己，方才"真实可信"，也方才能有"自尊"。[1] 因为谁也无法尊重一个虚假伪善的自我，或为之感到骄傲。人的自尊本身就源自忠实于与自己理想目标一致的信念。

人的自尊是幸福的构成因素和必要部分，一个不能认识自己的人可以有种种快乐，但不可能知道什么是对他有真实意义的幸福。幸福是终极目的，不是为达到其他目的的手段。自我认识是幸福的必要因素，但不是充分因素。换言之，认识自我是一种本身值得在意和爱护的、构造性的善（constitutive good），它参与构造的幸福则是本质的善（intrinsic good）。一个人真实对待自己，"意味着他具有某种行动的能力"，在意这种真实就必须能把一些道德品质变成行动，付诸实施。[2]

这些好品质中，最重要的是"正直"，正直不仅是诚实（honest），更是知行合一，守德如一（接近中国古话"富贵不能淫，贫贱不能移，威武不能屈"）。正直要求人为真实本身而守护真实，矢志不移、一以贯之，捍卫他认定是真实的东西，不做违心之事，心胸开阔地对待自己的错

---

[1]　Michael P. Lynch, *True to Life*, p. 124.

[2]　Michael P. Lynch, *True to Life*, p. 129.

误，知错必改。[1] 真实因此不仅是智识的好品质，也是人际关系和群体生活中的好品质。正直的人守护真实，是一个诚实可靠、有信誉、讲信用的人。

正直在人际关系中直接关乎"真诚"（sincerity），其反面就是谎言和虚伪。我们固然可以从功用或功利的角度谴责谎言、无诚信、不真诚（如降低了社会合作的成本），但这并不出于对真实本身的爱护。我们反对谎言，不只是因为谎言对人造成伤害，而且是因为谎言违背了本身为善的真实。完全不在乎真实的人也会在符合他利益的时候对一些事情说真话，但他不可能是一个真诚和有诚信的人。他只是在于己有利的情况下，没有说谎而已。[2] 如果说正直关乎一个人尊重自己，那么真诚则关乎尊重他人。自尊和尊重他人是相辅相成的两个方面，如果我不尊重他人，这表明我其实也并不真正尊重自己。

真实对群体的作用可以扩大到政治生活中去，"关切真实是自由民主的构成部分"。[3] 凡真正主张自由者必须认识到，在主张自由民主的时候，他并不是在主张诸种好生活中的一种，"如果他把每一种别的好生活都视为与（自由民主）等量齐观……那么就难以解释他为什么还要主张自由民主。如果他对手的理念——如原教旨主义右派——与自由主义者自己的理念同样真实的话，他又能用什么理由来反对他们？"[4] 真实的政治理念是需要坚持的，可以随便妥协和和稀泥的政治理念不可能是真实的。"权利"便是自由民主真实理念中的一个。

具有真实性的自由民主不会放弃权利，而是会予以守护和捍卫。

---

[1] Michael P. Lynch, *True to Life*, pp. 131–133.

[2] Michael P. Lynch, *True to Life*, p. 155.

[3] Michael P. Lynch, *True to Life*, p. 160.

[4] Michael P. Lynch, *True to Life*, p. 165.

只有在你认为权利是真实的时候，你为权利的辩护才是合理和正当的。政治信仰的虚伪和欺骗在于，有人一面为某种政治理念或信仰辩护，说它如何如何正确，一面自己却并不认同它的真实，并不真的相信它。这种辩护只是在对辩护者有好处的时候才会发生。真诚对待权利不能这样，如果这样对待权利，那么便不是真实的。

真实的权利包括自尊和尊重他人，它平等地对待所有的人。权利不能只赋予某一些人而不是所有的人，否则就成为奥威尔《动物庄园》里说的："所有的动物都是平等的，但有一些动物比其他动物更平等。"这就是为什么人权成为一种不容否认其真实性的基本权利。人权是人类每个成员都平等拥有的权利。林奇对此写道："如果你主张自由，就不能不相信权利，也不能一面相信权利，一面又不相信它的真实。……而且还有一个重要的推论，那就是，民主国家公民们若要关注平等、尊重和其他自由价值，也就需要关注真实。"[1]

即使在民主国家，对权利的真实也还没有形成共识，例如著名哲学家理查德·罗蒂（Richard Rorty）就认为，权利可以证明为正当（justified），但并不真实。权利之所以正当，是因为我们对特定的说理对象（某一群体）提供了充分的理由，而他们又接受了这些理由。如果另一个群体拒绝我们提出的理由（无论多么充分），那么他们便不会认同权利的正当性，当然也就不会承认普遍真实的人权。林奇指出，否认权利的真实，其实是一种权利的虚无主义。倘若权利不是真实的，倘若每个群体中的权利都是相对而言的，那么，相对而言的权利又怎么会在那个群体中真正被认可呢？既然这样的权利并不真实，那么，这个群体中的某一个人又为什么非要承认它不可呢？既要相信一种权利，

---

[1] Michael P. Lynch, *True to Life*, p. 167.

又不承认它的真实，又将以何种充分理由为之辩护，证明其正当性呢？仅仅是因为权利的一时"有用"吗？如果有一天，权利"没用"了，难道又该证明其不正当吗？对待信念或信仰，同样有真实的问题。如果我们并不相信信念或信仰的真实内涵，而只是为了证明它的正当性，那么，在最好的情况下（证明成功），那也不过是奸诈的伪信仰（bad faith）。它是经不住考验的。

坚持权利的真实，并不是将权利视为自然权利或神授权利，而是将这种真实理解为具有可以用个人或公共理性检验的"一致性"。这也是一种对政治道德的检验方式。第一，具有一致性的政治道德，它的内部因素必须一致，"如果相互矛盾，或不能相互有力支持，便不会真实"。第二，"一致的政治道德本身必须与有关人类行为和人格的经验性或非经验性真实相一致"。[1] 例如，如果相信公民有自由、平等、尊严的权利，就不能赞同与之不一致的蓄奴或种族压迫，不能赞同专制和暴政。应该看到，"这种意义上一致的政治道德是一个理想"，虽不是完全的现实，但并非不是真实的，它体现为自由民主的法治。这套法律与人们对什么是有尊严的人，如何结成保护个人权利的良序社会（好社会）的普遍认同是一致的。现实并不完美，但不能没有目标。正如林奇所说，"没有个人、没有政府是永远正确的。我们会犯错误，但这并不能阻挡我们瞄准真实。错误只是提醒我们，要瞄准真实（的靶子），就需要承认有一直都会脱靶的可能"。[2] 尽管我们也许永远找不到确实无疑的"真理"，但我们还是要求真实。对于我们的个人幸福、群体道德伦理、政治价值观和好生活理念，真实仍然是重要的。

---

[1] Michael P. Lynch, *True to Life*, p. 172.

[2] Michael P. Lynch, *True to Life*, p. 174.

三 互联网时代更需要真实

互联网上的巨量信息和众声喧哗使得真相更容易被遮蔽，真实和真相的鉴别因此也就更加重要。鉴别真相和真实不仅仅是一种希望，而且更是一种与之一致的能力，称为"信息能力"(information literacy)，是互联网时代的"新读写"(neo literacy) 能力的一部分。然而，从根本上说，鉴别真相和真实并不是互联网时代独有的问题，信息能力也不只是在互联网时代才需要。

早在互联网时代之前，真实和如何辨别真实与虚假就已经是一个哲学家和伦理学家们关注的重大认识和道德问题。互联网确实让许多骗子有了欺诈蒙骗和传播谎言的新技术手段，但是普通人之所以轻信，之所以容易上当受骗，究其根本是因为人性本身的软弱和缺陷，包括人与生俱来的捷径思维、认知偏误、情绪弱点（如贪婪、忌妒、幸灾乐祸）。互联网时代与以前并没有什么两样。[1] 今天许多学校开设专门的课程，告诉学生如何识别网上信息的真伪和辨明真相，在以前，这是反宣传、反邪教的教育内容。"一战"以后，美国的一些知识分子，尤其是以杜威和宣传分析学会为首的人文主义者，从民主和个人思想自由的立场出发，对美国"一战"后的宣传提出了批评，并且主张从教育入手增强公民批判性思维的能力，使反宣传教育成为在学校里进行的一项社会启蒙工作。

许多反宣传教育的内容仍然适用于互联网时代的信息能力教育。宣传的原意是"传播信息"，问题不在于传播信息而在于传播虚假信

---

[1] 参见徐贲：《人为什么会上当受骗》，dajia. qq. com/original/category/xb20170810.html。

息。我们要警惕和反对宣传，是因为宣传经常被用作传播虚假信息的手段。互联网让宣传和虚假信息在前所未有的广大范围内变得极为容易传播。不仅有官方的信息渠道，还有民间的新媒体。2015年6月24日，中国社科院发布的《中国新媒体发展报告2015》的蓝皮书说，微博和微信等新媒体正日益深入中国普通百姓的日常生活，成为网民发布和接收资讯的主要渠道。截至2014年底，中国网民已达6.49亿人，普及率47.9%，手机用户达12.86亿人，通过手机上网的网民人数为5.57亿，这些数据都居世界第一，使中国成为新媒体大国。报告还表示，2013年的蓝皮书报告显示，微博用户多是低学历、低年龄和低收入的人群，时隔两年，这一基本特征依然明显。近六成假新闻首发于微博，"三低人群"仍是微博主力军。这显示了较低的文化程度（尤其是读写能力低）与容易上当受骗之间有内在的联系。

　　社交媒体传播假消息、假新闻的问题在 2017 年美国大选中得到充分暴露。在大选期间，特朗普的竞选团队在社交媒体上分享了一则新闻，指控有示威者获三千美元抗议共和党议员，这是出自美国作家保罗·霍纳（Paul Horner）的假消息。霍纳成立过多个网站，例如 newsexaminer.net 等。这些网站的名字都容易让人误以为是正规的新闻网站，其制作的假新闻在脸书广为流传。霍纳这位 "互联网魔法师" 的大作多不胜数，文章获数以万计的人转载，甚至有主流媒体也误以为是真新闻。他曾经写了一篇假新闻，指奥巴马用自己的钱维持运营伊斯兰博物馆，但事实上根本没有这间博物馆，但美国居然有电视台报道了这桩新闻。

　　霍纳直言 "人民很愚蠢"，没有人去求证，"这就是特朗普当选的原因"。他说："特朗普说什么，支持者就相信什么，就算特朗普所说的话最后证明并不是真实的，但支持者也都不理会，因为他们已经接受了，这是十分恐怖的。"被问到为什么不停止制作假新闻，他表示认为希拉里胜券在握，才写这些"玩弄"特朗普支持者的假新闻，是为了搞乱特朗普竞选，以为特朗普支持者求证后发现是假新闻，会觉得自己很愚蠢，但岂料特朗普的支持者只会继续把消息散播开去。不过他也承认，假新闻附带的广告收入，每月达一万美元。[1]

霍纳自我辩解的逻辑是：我虽然制造不真实的消息，但我的原意不是欺骗，我的动机是好的，我是真诚的。伦理学家西莎拉·博克（Sissela Bok）在《说谎：公共和私人生活中的道德选择》（*Lying: Moral Choice in Public and Private Life*）一书里对"真诚"（truthfulness）和"真实"（truth）做了区分：前者属于道德的范畴，后者属于认识论的范畴。她指出，人们在使用这两个概念时一直存在混淆，为了确定什么是谎言，为什么说谎是一种道德之恶，必须将这两个概念加以区别。一个诚实的人可能在不知道是虚假的情况下，把虚假的信息当作真实的信息提供给他人，这个信息是不真实的，但这并不等于这个人是在行骗——欠缺真实性。他的失实与骗子故意说谎、背叛他人的信任是完全不同的。[2]不管霍纳的动机如何，他的假消息都是对他人信任的背叛。

对于从互联网上获得信息的人们来说，重要的不是去猜测信息发布者（个人、党派或机构）的动机，而是评估信息本身的可信性和真伪。为此有必要从小学起就教导学生如何识别"假新闻"。这是学生批判性思维教育的一部分，也是成年人公民教育或新闻职业伦理教育的一部分。比尔·科瓦奇（Bill Kovach）和汤姆·罗森斯蒂尔（Tom Rosenstiel）在《真

---

[1] 参见《美国假新闻大师疑服毒过量死亡 曾称"成就了特朗普"》，www. guancha.cn/america/2017_09_28_429163.shtml。

[2] Sissela Bok, *Lying: Moral Choice in Public and Private Life*. New York: Vintage Books, 1999 [1978], p. 6–7.

相：信息超载时代如何知道该相信什么》一书里把"真实"确定为新闻报道的核心问题，他们将追求真实称为"核实（信息）的技能"（tradecraft of verification）和"怀疑性认知法"（skeptical knowing）。在美国，高中和大学学生都会在图书馆员指导下学习这一技能。科瓦奇和罗森斯蒂尔将这个认知过程概括为六个主要问题：一、我碰到的是什么内容？二、信息完整吗？假如不完整，缺少了什么？三、信源是谁／什么？我为什么要相信他们？四、提供了什么证据？是怎样检验或核实的？五、其他可能性解释或理解是什么？六、我有必要知道这些信息吗？

他们区分了四种不同的新闻模式：确证式（verification，独立核实消息的报刊）、断言式（assertion，发"通稿"的新闻社）、肯定式（affirmation，统一转载通稿的报纸）、利益集团式（interest group，党派报刊）。例如，2002—2003年布什政府声称伊拉克拥有大规模杀伤性武器，许多美国报纸都这么说，这就是典型的断言式新闻，它追求的是新闻的快速而不是真实。确证式新闻可以纠正这样的偏误和信息失实，但很少有人去核实政府提出的所谓证据是否真实，并提供确证式新闻。[1]坚持真实并不只是一个认知问题，而且也是一个社会道德问题。在社会和公共生活中提倡信息和核实知识，需要有与之一致的公共伦理环境。整个社会要有尊重真实的价值，把真实看成是比其他价值更高的价值，如爱利益集团。曾有人声称，"盲目追求真相不讲立场就是历史虚无主义！"他这么说，是因为害怕真实，其实他在心里明白，真实是一种对不实宣传的反抗，一种对谎言权力的威胁。这也更凸显了真实的道德政治价值和力量。

---

[1] Bill Kovach and Tom Rosenstiel, *Blur: How to Know What's True in the Age of Information Overload*. London: Bloomsbury, 2011, p. 45.

如果说真实本身具有自由的抵抗力量，那么，这样的自由行为只能存在于一个普遍珍视自由价值的社会里。托克维尔在《论美国的民主》一书里称赞的就是这样一种自由："他们之拥护自由，不仅因为他们认为自由是一切最高品德的基础，而且因为他们把自由视为一切最大福利的源泉"，这样的自由观让人"真心诚意希望自由获得权威"。[1] 自由不只是一种抽象的美德，更是普通人在现实生活中的福祉保障。只有以自由为基础的社会才会尊重真实，也才可能有法律的公正。在托克维尔的眼中，民主和法治的前提始终是自由。美国因为是一个自由的国度，这才在自由原则下确立了以法治为基础的制度性民主社会。而追求自由的道路从来都是坎坷的。在美国，普通人可以用真实来抵抗政府和权威，已经成为一个原则。但是，这个原则并不是一开始就被统治者承认的，而是因为公民社会的积极争取和全力维护才得以确立。

1735年，来自费城的律师安德鲁·汉密尔顿（Andrew Hamilton）为纽约的《纽约新闻周报》（*New York Weekly Journal*）出版人曾格（John Peter Zenger）打赢了一场由殖民地政府控告他"诽谤"的官司，成为早期殖民地美洲人民成功捍卫真实价值的一个里程碑。[2]

当时纽约州殖民地的最高长官是总督威廉·寇斯比爵士（Sir William Cosby）。寇斯比被民众视为"恶棍州长"。在历史学家的描述中，他是一个"作恶多端、贪婪、妒忌、易怒、迟钝、没有文化、傲慢无礼"

---

[1] 托克维尔：《论美国的民主》，董果良译，商务印书馆，2008年，上卷，第14页。

[2] See Alison Olson, "The Zenger Case Revisited: Satire, Sedition and Political Debate in Eighteenth Century America", *Early American Literature*. 35:3（2000）: 223–245. Jeffery Smith, *Printers and Press Freedom: The Ideology of Early American Journalism*. Oxford UK: Oxford University Press. 1990.

的家伙。曾格在他参与创办的《纽约新闻周报》上揭发寇斯比的恶行，包括揭露寇斯比非法干扰民主党候选人路易斯·莫里斯（Lewis Morris）竞选的违法行为。尽管寇斯比非法干扰，莫里斯仍然赢得了选举。《纽约新闻周报》又如实报道了民众庆祝莫里斯当选的活动，它接着又发表社论，揭发州长寇斯比箝制出版自由的可疑行为，更向民众说明出版自由的重要："失去出版自由之后，随之而来的将是失去更多的自由，因为出版自由是自由思想的主心骨。"

寇斯比忍受了几个月的攻击之后，先是强迫《纽约新闻周报》停刊，然后又以"煽动叛乱和诽谤"的罪嫌控告曾格。控告的理由是，无论言论人所说的内容是否属实，若言论涉及损毁当局或政府的信誉，均应治罪。在大陪审团一再拒绝起诉的情况下，寇斯比强行命令法官必须开出法院逮捕令，捉拿曾格到案。1734年11月17日，曾格被捕，拘禁于纽约旧市立监狱，监禁了八个月之久。

在审判时，检察官告诉陪审员，曾格"是一个具有煽动性、常常传播错误和诽谤讯息的印刷人"，"恶劣而且恶意"地散布"诽谤、丑化、中伤"州长寇斯比和其他官员的消息，犯下了"诽谤罪"。诽谤官员之所以是犯罪行为，是因为这种行为破坏社会和谐。

辩护律师汉密尔顿在为曾格的辩护中提出了一个在美国还从未有过的法理立场：事实是对诽谤指控的最合理反驳。这是一个了不起的立场，它宣告，如果法不合理，那就不该遵守这个法。汉密尔顿提出，现有的法律规定，任何人对政府做出批评，不管是否真实，都是诽谤，这个法律是不合理的。民不能告官，或者告了也没用，这本身就不符合法治的原则。

汉密尔顿越过法官，直接诉诸公民陪审团成员的道德良心和公正意识。他对陪审团说，陪审团拥有超越所有争论的权力。必须由陪审团，也就是人民来决定法律与事实为何。因为陪审团和人民相信法律，他们更应该要这么做。如果人民完全让法庭来判决那些涉及官员行为的言论是否构成诽谤，那他们就等于自动放弃了陪审团的权力。

要让人民可以决定什么是真实的情况，这是公民的知情权，必须要有新闻和出版自由的保证。汉密尔顿的辩护至今仍然是一个经典之作，他说："出版自由是一种基本权利，更进一步说，是一种所有自由人都应该拥有的权利，得以在受到伤害时发出不平之鸣；人们有权利公开抗议滥用权力者的行为。"人们用以抗议的武器不是别的，是真实。18 世纪美洲殖民地时期是这样，今天互联网时代还是这样。

新闻真实对于公民知情权有重要的意义。知情是公民的自由权利，但是，这离不开他自己积极主动的批判性思考。知情的意义需要放到人类传媒的历史中去把握，人类传媒经历了多次具有划时代意义的革命：从洞穴壁画到口语，从文字到印刷机，从电报到无线电广播，从广播电视到有线电视，再到如今的互联网，传播方式和技术不断在发生改变。一些技术变革的内在机制有民主效应：如印刷术的变革将宗教从教皇的权威中释放出来，交给了普通民众；互联网的发展将信息从主流媒体手中释放，交给了网民。但是，更民主不等于更真实，真实并不是技术发展的必然结果。技术越发展并不意味着真实就越受到尊重，甚至可能相反，先进的技术被用来掩盖真实，制造假象。这也就是为什么我们在这个高科技发达的时代更需要坚持真实，更需要知道真实为什么依然重要。在互联网时代，真实对公民知情提出了更高的要求：不只是知情，而且还要知真情。这也就在"知道"的自由和权利之外，更多了一份"求真"的义务和责任。

第 11 章　知情公民和公民陪审

美国地产大亨唐纳德·特朗普在 2016 年总统大选中成功获得共和党候选人提名，让许多政治观察家、政治界和媒体界精英以及普通美国人觉得震惊和失望。特朗普的逆势上位，也让许多人对今天美国民众的政治理性产生了怀疑。有中国媒体嘲笑说，"为什么大家都看错了呢？看来只能用当前流行的网络语解释了——是'这届美国人民不行'"。

美国出现特朗普现象，是"这届美国人民不行"呢？还是另有需要深入探讨和思考的原因？在今天的互联网时代，这些原因不仅对美国民众的政治理性产生影响，同样也对其他国家许多人的政治意识和行为产生影响，因此不容我们幸灾乐祸地将特朗普现象只是当作隔壁邻居家的笑话。美国康涅狄格州大学哲学教授迈克尔·林奇在《纽约时报》上发表《（谷歌）搜索即相信：特朗普完胜知情公民》(Googling is Believing: Trumping the Informed Citizen, 下称《搜索即相信》) [1] 一文，讨

---

[1] Michael P. Lynch, "Googling Is Believing: Trumping the Informed Citizen", *The NewYork Times*, March 9. 2016.

论了特朗普现象与互联网时代有关的群众认知和心理原因——互联网的信息传播使得一些原本隐藏在人们认知和心理习惯暗处的东西暴露了出来。互联网为政治民粹主义提供了方便的新媒介,互联网信息的"自我引证"(self-referential)和"部落极化"(tribal-polarization)效应不仅对"知情公民"(informed citizen)的政治参与行为产生了负面影响,而且,更为严重的是,正在加剧一些社会中本来已经存在的分裂。正如美国社会学家卡斯·桑斯坦(Cass R. Sunstein)所说,"差异的人群起先并无固定想法,且彼此立场也似乎差别不大,但仅仅因为(在网络上)阅读和看到的东西不同,结果走向了不同的极端",这时候,社会的极端碎片化也就不可避免地发生了。[1]

一 互联网上的信息和知识

在美国的民主政治中,"知情公民"受到信息来源的不当影响或操控,并不是一个新问题。然而,互联网的影响使这个问题更加突出了。知情公民依然是美国民主政治的一个重要构成部分,也是争取民主的国家里公民权利要求的重要部分。互联网时代向人们提出了一系列有关"什么是知情"和"怎么知情"的新问题——公民政治参与需要怎样的知识?在什么意义上他们能够或不能够从互联网上获得这样的知识?互联网的信息生成和传播方式到底在对公民政治知识发生怎样的影响?

知情公民的理念在杰斐逊那里有最经典的表达,他认为,受过良

---

[1] Cass R. Sunstein, *Republic.com 2.0*. Princeton, NJ: Princeton University Press, 2009, p. 83.

好教育的公民是自由人民生存的关键。公民需要启蒙教育，他在 1810 年写道，要"让每一个人都对什么能保障、什么会危害他自由的事情，做出自己的判断"。[1] 倘若公民们要通过直接的或间接的政治参与来影响政府的某个决策，就需要对与之有关的实情（事实或情况）有所了解，还需要懂得这一政策可能带来的后果。倘若他们要选择国家的领导者，他们就需要知道那些候选人以前的言行记录，以判断他们是否可信可靠。这就是为什么政治研究者们总是关注公共政治信息是否公开、透明、准确，以及担心公民们是否对公共信息有足够的政治知识和理解能力的原因。

今天，政治信息对于美国自由民主制度依然重要，但是，随着"大媒体"向"大数据"转移，大多数民众获取政治信息的渠道和方式发生明显的变化。今天令人担忧的已经不再是谁在控制信息的内容（例如，30 多年前乔姆斯基特别担忧的那种可能操控民意的"大媒体"），而是谁在控制信息内容的流向。林奇对此写道，"人们越来越多地从社交媒体获得选举的消息，社交媒体既是他们的信息来源，也是他们表达自己观点的渠道。赞同仍在被制造，却是我们自己心甘情愿的制造，消费的对象是那些已经与我们志同道合的朋友，信息是不是事实，并不重要"。[2]

哈佛大学资深研究员戴维·温伯格在《知识的边界》一书里指出，今天人们从互联网获取信息有两个工具性的途径，一个是利用电脑提供的无限大信息记忆，上网搜索获取答案；另一个是利用社交手段，

---

[1] Jefferson to John Tyler, 26 May, 1818, in Adrienne Koch & William Peden (eds.), *The Life and Selected Writings of Thomas Jefferson*. New York: The Modern Library, 1944, p. 604.

[2] Michael P. Lynch, "Googling Is Believing".

借助朋友们的选择或引导来找到感兴趣的信息。这两种途径也经常结合在一起，例如浏览新闻或别的网站的人们也经常通过微信、脸书这样的社交媒体获取或转发信息。

人们喜欢从社交媒体获取信息。首先，朋友圈里有共同的兴趣，经常可以看到意气相投的观点和看法。这个来源的信息自然比较"有趣"，因为有趣，也特别"有用"。其次，互联网上有太多的信息，对每一个事件、人物、主张，都有太多的正反"事实"，如何取舍，需要有人为我们做某种筛选。志同道合的朋友们所做的筛选自然要比意见不合的外人更为"靠谱"，更具"可信性"，并因此更容易直接当作靠得住的"知识"。相比之下，不同的意见或观点则被认为只是一些靠不住的"看法"。[1]

被信任的信息也被当作"知识"。"信任"是区别信息和知识的一个关键因素。早在公元前3世纪，柏拉图就已经提出了什么是知识的问题，在《美诺篇》里，苏格拉底区分了"真实看法"（true opinion）和"知识"（knowledge）。苏格拉底举了这样一个例子，一个人要去拉里萨（Larissa），问道于路人，路人自己并没有去过拉里萨，但知道该朝哪个方向走。哪怕是用猜的，只要他指了一条正确的路，那就是真实的看法。但是，这并不是知识。苏格拉底用了一个比喻来说明什么是知识，"真实看法"像是希腊神话中的著名工匠代达罗斯那些栩栩如生的雕像，如果不把它们用锁链紧紧拴在地上，它们就会很容易逃走。知识就像紧紧拴在地上的雕像。今天我们也许可以这样说，让信息变为知识的是我们对信息真实性的信任，如果指路人自己亲自去过拉里萨，他的经验就会给他的信息赋予真实性，使之成为可以信任的

---

[1] 戴维·温伯格：《知识的边界》，第一章。

知识。当然，如果他能够有一张今天我们使用的地图，那也是可以信任的。

林奇在《失控的真相》一书里指出，对事物的看法和知识是不同的，"傻瓜也能有看法，但有知识的人却不多"[1]。这句话似乎也可以理解为，看法就是傻瓜的知识，他们不再需要别的知识。对知情公民来说，真正重要的不是看法，而是知识。但是，对于许多从朋友圈里获取信息的人来说，他们经常不清楚朋友们的看法是不是知识，更糟糕的是，他们根本就不在乎。也正因为如此，他们只对朋友圈内流传的消息感兴趣，而对互联网上与他们不同的观点或消息则因没有兴趣，所以置若罔闻，不予理睬。

在共和党候选人初选时，特朗普的竞争对手、共和党参议员卢比奥（Marco Rubio）抨击特朗普在非法移民问题上言行不一，他呼吁选民上网查一查有关特朗普的相关事实信息。大约35年以前，特朗普建造位于纽约市第五大道725号的特朗普大厦，拆迁原先的房屋，雇用的就是没有合法身份的波兰劳工。这样的事实信息是公开的，在互联网上唾手可得。但是，特朗普的铁杆支持者要么对此不予理会，要么就是将此视为无关紧要的"小事情"。公民们带着偏见，有选择地挑选方便的事实，排斥不方便的事实，这对民主政治来说不是一件小事，是"知情公民"失职的一个危机信号。用林奇的话来说，这种公民失职提出了一个"令人不安的有关民主哲学根基的问题。那就是，知情公民还是不是民主的理念？"[2] 这个危机甚至让某些人悲观地预言："民主的丧钟已经敲响。"

---

[1] Michael P. Lynch, *The Internet of Us*, p. 14.

[2] Michael P. Lynch, "Googling Is Believing".

二 知识信息与理解力

21世纪初，人们对互联网帮助"知情公民"获得更多更好政治信息的前景非常乐观。许多人认为，人的理性行动需要知识的指导，同样，理性的政治行动也需要政治知识，互联网正在为选民们获得重要的政治信息提供前所未有的方便。人们乐观地以为，互联网正在起到"知识民主化"的积极作用。特朗普现象使美国政治学者们第一次不得不非常严肃地重新反思这种想当然的民主乐观主义。

特朗普现象在美国被许多人视为具有法西斯主义的特征，也是世界范围内法西斯主义似乎以新形式卷土重来的一个不祥征兆。因此，如何才能保证有效的民主公民参与，抵御可能的法西斯主义，便成为一个迫切的现实问题。这个问题与互联网时代的"公民知情"问题是联系在一起的，也使得21世纪初的一些互联网研究成果显得特别重要。作为一个政治理想，"公民知情"所指的不应该仅仅是获取信息—知识多多益善，甚至不是信息—知识必须是"事实"，而应该是对信息—知识有深入批判的"理解力"，"有理由相信，我们今天并不比以前更接近理解力意义上的公民知识理想，甚至可以说是离得更远了"。[1] 互联网时代，许多人知识丰富，不是变得越加开明、公正，而是变得越加偏执、狭隘和头脑禁锢。他们根本不具备与知识增长相匹配的理解力，不懂得独立提问、价值判断、批判思考。互联网时代，许多人知识增长，理解力倒退，这并不只是一个美国现象，在别的国家里也是常见的现象。为什么会这样呢？

21世纪的互联网研究为这个问题提供了一种可能的解释，那就

---

[1] Michael P. Lynch, "Googling Is Believing".

是，互联网时代制造了一种特殊的"谷歌知识"（Google-knowledge）、"百度知识"或其他类似称号的知识。这是一种可以快速、方便取得，但证据与理由经常不清楚或不可靠的信息—知识，是网络搜索认知的产物。对来自互联网的信息，许多人直接当作知识——可以信任的信息——来运用，因此搁置或放弃了对信息和信息源应有的信任检测。对此林奇指出，"信任设定为可信任的信息，这种'快速'接受过程在特定的情况下是可靠的，但绝对并不总是可靠的。我们在互联网上搜索，一定不能忘记这个有关认知过程的教训"。[1]

因为互联网便利，所以只是在网上获取和接受信息—知识，这种做法使得大多数人成为"接受型的知识者"（receptive knower）。林奇指出，"谷歌认知经常是（尽管并不总是）快捷、便利的。如果你咨询一个大致可靠的网源（如维基百科），认知过程在特定情况下基本上还是可靠的……你可以由此得到真实的信息——对接受型知识者而言，这就够了"。但是，接受型知识本身并不充分，因为"你并不能用它来解释'为什么'特定信息是真实的，你也没有追问那个信息的来源为什么是可靠的"。[2] 互联网可以在相当程度上提供有用的网络知识（如果求知者知道如何去寻找比较可靠的网源和如何核对网络知识可靠性的话），但是互联网不能为我们提供对网络知识（或任何其他知识）的"理解力"。互联网非但不能为我们提供理解能力，而且可能阻碍理解能力的发展。

理解力是我们作为社会成员，而非仅仅知识个体的知识者所必须具备的一种智能。它让人能够对局部问题举一反三、灵活变化，并思考和解决其他有关问题。理解力让我们不仅知道"什么"，而且还知道

---

[1] Michael P. Lynch, *The Internet of Us*, p. 30.

[2] Michael P. Lynch, *The Internet of Us*, p. 31.

"为什么"。例如，科学家对埃博拉的理解不仅在于知道什么是伊波拉病毒，而且在于知道它为什么会扩散为一种可怕的疫情。又例如，如果你不仅知道什么是忧郁症，而且知道为什么你的朋友经常忧郁，为什么贪腐官员跳楼并不都是因为患有忧郁症，那么，你对忧郁症便可以说是有了你自己的理解。林奇指出，"在现实生活里，所有的认知方式都是重要的，但是若无理解，就会丢失许多深层的东西。我们（在互联网时代）的数码生活方式虽然给了我们更多的事实，却不能给我们更多的理解"。[1] 对知识具有理解能力的人会对现实生活中的具体问题追问"怎么会"和"为什么"。这不是所有专业人士都具备的智识素质和能力，越具备专业知识并不等于越有理解能力。一个法律教授可能拥有关于"财产权"的专业知识，但对强拆民居、侵犯个人财产权的现象不能提出"为什么"和"怎么会"的质疑，问题不在于他的知识不足，而在于他的理解力缺失。

同样，一个参与选举的"知情公民"可能并不缺乏有关的政治信息—知识，但却不具备必需的理解力。问题出在什么地方呢？鉴于互联网信息产生和传播的特征，许多研究者发觉，问题不是出在信息—知识的内容（虚假不实或故意欺骗），而是出在信息—知识的来源。互联网使用者经常错误地把互联网当作可靠信息的来源，而不是寻找可靠信息的工具。

互联网这个信息来源不是中立、客观的，网上的每一个信息源都预先"筛选"了信息的内容——保留了一些事实，而排斥和排除了另一些事实。"事实"需要通过解释和理解才能获得特定意义，互联网所提供的事实既可以用来核对实情，也可以用来加强偏见——经常是同

---

[1] Michael P. Lynch, *The Internet of Us*, p. 16.

时的。林奇指出,"互联网上的群体极化是数码生活的现实。自由派与自由派'交朋友',分享倾向于自由派的媒体消息,保守派与保守派交朋友,也是一样"。[1]信息来源的单一化、部落化造成了桑斯坦所说的民众观点"极化",他们变得越来越偏激和固执,"不断受到极端立场的影响,并觉得许多人都持有这样的立场。可以预见,这一定会使那些受影响并带上偏见的人更加坚信自己的想法"。[2]

三 网络"知情公民"的认知缺陷

在公共信息自由、公开的美国,互联网时代的政治信息超级丰富,但并没有自动成为民主福音,相反却带来了民主知识的困境。早在20世纪80年代,波兹曼就已经在《娱乐至死》一书里警告过"赫胥黎危机"的知识困境。互联网加剧了这一困境:奥威尔害怕真理被隐瞒,赫胥黎担心真理被湮没在无聊琐碎的世事中;奥威尔害怕信息被剥夺,赫胥黎则担心人们在庞大的信息中日益被动和自私。简而言之,奥威尔担心我们憎恨的东西会毁掉我们,赫胥黎则担心的是,我们将会毁于我们所热爱的东西。

更早之前,1946年,哲学家卡尔·波普尔就对现代社会正在变得越来越"抽象"和"去个人化"表示担忧。对于社会中人们之间日益加剧的隔离和碎片化,波普尔写道,"我们可以设想这样一个社会,人与人之间实际上从不打照面,办事的方式是孤独而隔离的个人用文

---

[1] Michael P. Lynch, "Googling Is Believing".
[2] R. Sunstein, *Republic.com 2.0*, pp. 69-83.

字信件或电报互相联系……这样的虚构社会可以称为完全抽象或去个人化的社会"。[1] 波普尔的这段话是他在论述民主、法西斯主义和知识的时候说的，他一生捍卫"开放社会"的理念，而且警告，开放社会始终存在着一个危险，那就是社会的抽象化和去个人化。这样的危险当然在不开放的社会中同样存在，但原因有所不同，因此不能混为一谈。今天，互联网时代的美国社会正在证明波普尔的预言是多么正确。

开放社会，按照波普尔的说法，是一个以自由为基本价值的社会，人们坚持言论和思想的自由，互相理性地平等对待，可以在说理中互相批评，推动社会进步。开放社会保护交往和信息的自由，媒体多元化，政府权力极少对之加以干涉或限制。以这样的标准来看，美国可以称得上一个开放社会，而互联网正是其开放性的一个标志和条件。但是，也正因为有了互联网，人们可以足不出户，躲进自己的小天地里，只是用敲键盘来与他人——经常是从未谋面的陌生朋友——维持联系。波普的预言似乎实现了，但是，正如林奇所指出的，见面说话也好，写信、电报、敲键盘也罢，无论是博客、微博、微信，人际交往总还是人际交往，现在的问题已经不再是相互隔绝的个体人，而是相互隔绝的部落。人们能够在互联网上非常容易地找到自己可以归属的朋友圈，在朋友圈里如鱼得水，随时交换信息，一点没有寂寞孤独的感觉。他们简直须臾不能脱离，总是可以依靠的朋友圈就是给他们安全和亲密感的小"部落"。信息传播的"部落化"会对人们接受信息—知识的方式产生明显的负面影响，阻碍他们成为有效民主所需

---

[1] Karl Popper, *The Open Society and Its Enemies, Vol. 1, The Spell of Plato*. London: Routledge and Kegan Paul, 1995, p. 187.

要的那种知情公民。[1]

　　负面影响的第一个特点就是媒体研究者所说的"信息串流"（又称"信息流瀑"）。一个信息、观点或看法，在人群中传来传去地散播，只要形成一种说法，无论内容真伪，其本身都会对不同的看法有排斥和抵制的作用。信息串流并不是今天才有，从古到今，一直都有"三人成虎""众口铄金""一传十，十传百"的现象。社会心理学观察现代社会的群众（群氓）行为，把非理性信息串流（如人云亦云、随众盲信）作为一个研究的重点。互联网时代的信息串流发生在同声呼应、同声相求的部落圈子里，强化了人云亦云、随众盲信的"羊群心理"。这种心理效应是，既然这么多人都在流传和散播同一观点，说明他们都赞同这一观点，也说明这一观点是对的，值得赞同。这也被称为"回音室"效应。在回音室效应的作用下，许多人会自然而然地以为接收到的信息就是可靠的信息，根本不会对之有所怀疑或进行独立的批评思考。许多低劣的大众文化产品（或商品）也都是因为群众性信息串流而"红火"起来的，无论其品质如何低劣，只要开始有人捧，那么"喜欢"的人越多，就越能引得更多的人喜欢。这个现象当然并不只是在美国才有，在中国的互联网上，这种现象也非常普遍。

　　第二个特点是，在互联网时代，信息串流和回音室效应加剧了不同意见的对立和敌视，因而变得更加偏执和极端。意气相投、同声相求的信息经常是针对某个"对手"或"敌人"的，一味负面而具有攻击性，用来发泄仇恨和暴力情绪。许多观察家指出，特朗普的支持者各有各的利益诉求，让他们能够形成联合阵线的凝聚力是对民主党候选人希拉里·克林顿的强烈反对、厌恶和痛恨。这种群众心态——凡

---

[1]　Michael P. Lynch, *The Internet of Us*, p. 43.

是敌人反对的，我们就要拥护，凡是敌人拥护的，我们就要反对——并不是今天才有，但人群的高度部落化加剧了这种倾向。非友即敌的部落化信息串流和回音室效应在互联网时代之所以特别严重，是因为无论是谁，无论什么样的观点，都可以方便地在互联网找到支持自己观点的"事实证据"。温伯格在《知识的边界》中指出，互联网上有太多的好东西，也有太多的坏东西，"我们可以看到，每一个白痴的看法都可以一本正经地提出，而每一个严肃的观点都可以受到白痴般的对待"，我们看到——至少有理由这么想——每一个看法都可以在互联网上找到反证。互联网正驱使许多人更加紧紧抓住自己的看法不肯松手。[1] 互联网时代的今天，许多人获得更多的信息，却变得更加固执，更加不肯放弃自己的偏见。这是否将变成一种趋势？是否会将"公民知情"的民主理念陷于一种毁灭性的困境？如果不是，那么又该如何摆脱这一困境？

四　公民不及格

以目前人们对这一困境与互联网的关系（造成这一困境的其他原因姑且不论）的认识来看，摆脱它的出路似乎只有两条：一条是设想对现有的选举制度进行改革，另一条则是通过公民教育提高国民素质，尤其是知情公民对公共信息和知识应有的独立思考、理解、辨别和批判性思维能力。现实情况是，第一个途径不过是少数学者的理论探索，付诸实施的可能性微乎其微，而第二个途径则已经有许多人在实践，主

---

[1]　戴维·温伯格：《知识的边界》，第 20—21 页。译文有改动。

要体现在不同层次的学校教育和具体的课程要求之中。

美国圣母大学哲学教授加里·古廷（Gary Gutting）是提议制度改造途径的一个代表，他在《纽约时报》上发表的《每个人都必须投票吗?》（Should Everybody Vote）一文中建议，可以仿照陪审团的模式来挑选人数有限但素质较高，尤其是"知情能力"较有保障的选民来进行选举。[1] 美国的民主理想是让尽量多的公民参与投票和选举，主张参与者越多民主就越优秀，所以鼓励人人参加投票。但是，正如美国政治学家汤姆·德鲁卡（Tom DeLuca）在《政治冷淡的两张面孔》（The Two Faces of Political Apathy）一书里详细讨论的那样，公民冷漠和不参与一直是美国民主现实的一部分。许多政治学家都认为，好的民主运作并不需要所有的人都来参与。古廷认为，在民主政治中，公民不参与也是一种参与的方式，不参与的人们并不是没有政治想法。不参与经常出于两种政治原因。第一是认为自己人微言轻，投一票不过是六千万分之一，根本起不了作用。第二是认为选举反正是富人的游戏，表面装装样子而已，因此普通人参与其中毫无意义。这次美国选举中的两位候选人都非常令人失望，许多选民既不支持特朗普，也不支持希拉里，由于他们认为反正选举不出什么好的结果来，所以才特别表现出政治冷漠。

公民的政治冷漠对民主政治是有害的，不参与的人越多，就越是给少数最积极参与的人（不管出于什么动机）制造了很少人或极少人就能左右大形势的机会。古廷认为，不应该听任选民愿意参与就参与，不愿意就不参与，但是"知情不及格的选民"（poorly informed voters）对选举确实反而会起到负面的作用。特朗普的胜出可以说正是这种负面

---

[1] Gary Gutting, "Should Everybody Vote?" *The New York Times*, April 25. 2016.

作用的一个现实例证。

选民"知情不及格"的问题不仅在美国有，在其他民主国家也有。为此，墨西哥经济研究与教育中心（Centro de Investigación y Docencia Económicas，简称CIDE，墨西哥顶级智库之一）政治学系学者罗佩斯-古艾拉（Claudio López-Guerra）提出了"选票摸彩"（enfranchisement lottery）的设想。古廷认为，这也是一个值得美国人考虑的选举改革途径。选票摸彩的大致构想是，用随机海选的办法产生一批将要投票选举的候选人（避免提名制度可能造成的舞弊不公和操纵），通过一定的知识和能力测试来筛选掉不合格者，以保证入选者的合格公民资质和能力。接下来为合格者提供与特定选举有关的信息和知识（可以用不同的方法），确保他们的充分知情。然后由这些"知情选民"（人数多少可以另议）进行选举。这种选举与现有的陪审团机制是相似的，成为一种规模大得多的"选举陪审团"。

在今天的美国，选票摸彩顶多不过是一个设想，会碰到不少宪政和其他方面的问题。首先，这种选举法会有是否违宪的问题。美国宪法虽然没有明文规定每个公民都有投票权，但有不允许因种族、肤色和性别差异剥夺公民选举权的宪法第15修正案，从这个修正案可以推断，不让每一个有选举权的公民投票是违宪的。改变现有的民主选举方式，就必须修宪，而修宪的门槛是非常高的。更重要的是，一国之内的这种修宪不只是"内政"，用古廷的话来说，今天世界上任何一个国家，限制全体公民的投票权利"都是违背历史大潮的逆流。……因此，'选举陪审团'制度肯定会遭到公众的强烈反对。公众有正当的理由把公民选举权视为检验公民是否真正自由的一个标准"。古廷提出，作为妥协，也许可以设想让"选举陪审团"先行投票，然后将结果与理由公布于世，再由全体选民进行决定性的投票。这样，"即便选举陪审团并不决定选举结果,他们的选择理由也很可能对选举结果产生相当大的影响。这样的陪审团也许是通往更知情、更明智的公民投票之路"。

设想"选举陪审团"的出发点是,人的"天性"中就有认知和心理的弱点,因此事实上难以彻底消除"信息串流""部落极端化""回音室效应"等等的影响。就算不在部落化的信息圈子里,人在头脑中还是会偏向于选择与自己一致的观点,排斥异己的观点,人的脑壳本身就是一个天生的"回音室"。因此,与其设法改造人的"天性",还不如设计可以约束它的制度。用美国建国之父麦迪逊的话来说,"人民是一群野兽",对这样的"兽人"能否进行自我治理是无法确定的。这也就是为什么制度建设比什么都来得重要。但是,另一位美国建国之父杰斐逊却非常强调公民教育对于民主的意义。他不是不要制度建设,而是同时指出,没有高素质的公民,再好的民主制度也不可能自动良好运作。杰斐逊的教育思想深刻地影响着今天美国的公民教育和人文教育理念,包括批判性思维的教育。

公民"知情不及格"的弊病可以在很大程度上通过批判性思维的教育来纠正。特朗普的支持者在美国人当中毕竟还是少数。2016年初,还在特朗普与其他一些共和党人竞争党内提名的时候,《华尔街日报》的一项调查显示,他的支持者收入和学历都较低,其中62%没有大学学历,60%家庭年收入低于75000美元。较低的教育程度与较低的家庭收入之间有互为因果的关系,这二者都会成为"知情不及格"的原因。[1] 教育程度的高低在相当程度上体现为理性思考和批判性思维

---

[1] Michael M. Phillips, "Anxiety Fuels Donald Trump's Supporters" *The Wall Street Journal*, Jan. 26, 2016.

的能力。这是一种关乎理性探索、求证、理解和判断能力的教育，贯穿于学生教育过程的始终，从小学高年级、中学到大学，在阅读、写作、科学教育和人文教育等各个学科中都有全面的融入。

批判性思维不仅要求学生对别人观念背后的"认知原则"和"道德原则"有所察觉和辨识，而且要求他们有自我反思和反求诸己的自觉意识和意志力，只有这样才能有意识、有决心地克服自己的认知偏见和心理障碍，遏制自己的情感和情绪冲动——对自己的要求比对别人的要求更难做到。互联网时代的许多认知和心理缺陷皆与批判性思维的缺失有关。重在批判性思维的公民教育，它要提升的不仅是思维的能力，而且同时也是公共道德的品质：讲理、谦逊、宽容、谨言慎行。这更应该成为"知情公民"的教育要求。在这个教育过程中，每个公民都有可能（当然会有程度的差异）变得更智慧，学会克服自大、偏见、自我封闭和情绪冲动，从而变得理智、公正、开放、富有同情心、善于从别人的角度来易位思考。哲学家罗素（Bertrand Russell）说，智慧不只是知识，而是三个要素的结合：知识、意志和情感，没有智慧的知识是危险的，我们需要用智慧来扩充和加深知识。[1] 这在罗素的时代是如此，在互联网的知识时代更是如此。

五　网络时代的美国陪审团

陪审团制度被设想为一种可能的公民政治实验模式，那么，美国

---

[1] Bertrand Russell, "The Expanding Mental Universe", *Saturday Evening Post*, 322, no. 3, 1959.

现有的陪审团制度在互联网时代又具有怎样的特征和民主意义呢？美国著名喜剧演员比尔·考斯比（Bill Cosby）性侵案可以为我们提供一个思考的案例。考斯比是美国的明星人物，他主演的电视情景喜剧《考斯比一家》(*Cosby Show*) 曾经在20世纪80年代红极一时。他被指控于2004年下药并且性侵了妇女安德莉亚·康斯坦德。陪审团在宾夕法尼亚州诺里斯镇经过50多个小时的讨论后陷入僵局。6月17日，法官宣布，对于考斯比性攻击案件的审判流审了，因为由12人组成的陪审团无法就考斯比是否有罪做出一致决定。

虽然陪审团内部存在两种不同的意见，一方可能是对的，而另一方则可能是错的，但对于流审，所有陪审团员都负有共同的而非个人的责任。这个责任不会因为他们对案件的不同判断而有所不同。陪审是在与外界影响隔绝的封闭环境中进行的，陪审团员们是带着这样一个群体信念自愿进入这个封闭环境的，那就是，无论陪审结果如何，对于陪审结果，他们担负的是共同责任。

按照英国著名社会哲学家玛格丽特·吉尔伯特（Margaret Gilbert）在《联合承诺：我们如何组成社会世界》(*Joint Commitment: How We Make the Social World*) 一书里的观点，陪审团便可视为"联合承诺"的产物。联合承诺指的是，两个或更多的人对联合起来做某事做出承诺。与大多数当代学者不同，吉尔伯特并不认为这是一种道德性质的承诺。她认为这是个人因为身处某种群体中而应该承担的一种成员义务，这个群体可以是陪审团，也可以是政治社会。

联合承诺经常不是刻意规定的，而只是一种大家心知肚明、共同遵守的行动意愿：就好像我向你伸出手，向舞池的方向示意一样。"但不管人们以何种方式表达参与共同承诺的意愿，他们的表达方式必须是人所共知的，必须是人人都能理解，并且人人都知道别人也可以理解的方式。……当这些条件全部到位，并且某一个群体有这样的共同承诺时，我们就可以认为这个群体拥有了相当于个体的思维方式"。[1]

我们也是这样看待陪审团的，它被认为拥有相当于个体的思维方式。考斯比案的流审意味着陪审团不能对考斯比是否有罪做出明确的是非判断，这在没有结果的个体判断中也是经常发生的。

然而，许多群体决定经常不允许出现类似流审的结果。例如，多位面试官必须从三位候选人中挑选出一位。在这种情况下，每一位面试官都分别对这三个候选人进行从 1 到 3 的排位评定。结果可能是，没有一位把某候选人定为 1，但这位候选人的累积排名仍然是最高的（例如，每位面试官都把他定位为 2，而其他候选人则有 1 也有 3）。如果这样，尽管没有任何一位面试官把这位候选人定位为 1，该面试组仍然相信他是这项工作的最佳人选。于是便出现了这样一种情况，即使一个群体中没有人同意，或有人不同意某一结果，这个结果也有可能在群体中通过。[2]

陪审团必须全票通过的设置显然是要避免出现这样的情况，它要确保的是，如果有人不同意某一结果（如认为考斯比不是无罪），这个结果就不能通过（陪审团不能将他无罪开释）。但是，另一方面，陪审团仍然是一个"联合承诺"的机制，它被认为能进行相当于一个个体那样的思维，并为之承担后果责任。所以，它虽是一种联合承诺，却是一种受限制的联合承诺。

在一个开放的社会里，尤其是在互联网时代，陪审团这一机制（包括它的封闭作业）的保守性是不言而喻的。但它是司法公正的重要保证。

---

[1] Michael P. Lynch, *The Internet of Us*, pp. 117-118.

[2] Michael P. Lynch, *The Internet of Us*, p. 117.

在互联网时代，每个人都可以在网上发表自己的看法，这会对审判结果形成空前巨大的"舆论公审"压力。这样的压力是一把双刃剑，它可能反映正确的民意，也可能反映不正确的民意。陪审团的封闭性可以让它在相对不受干扰的环境下做出自己独立的裁决。

然而，互联网信息时代给这种人为封闭带来了前所未有的挑战，也造成了新的伦理问题。像考斯比这样具有很高知名度的公共人物，一般美国人都会从网上得到大量信息，并形成自己的看法。每个人的看法可能带有陪审员挑选机制力图排除的情绪因素。互联网时代为调查陪审员的背景、观点和可能情绪提供了方便，挑选者可以用谷歌或其他搜索引擎找到他们在个人博客、"领英"（LinkedIn）社交网服务站、推特或脸书上的帖子等留下的意见和看法记录。这种调查涉及保护个人隐私的伦理问题，在美国是有争议的，因此在具体操作上具有很大的不确定性。

审判想要尽量确保陪审员的"客观"和"公正"，这在互联网时代正变得越来越困难。但是，无论怎么困难，公正的审判也不能无视陪审团与舆论公审之间的根本区别。这是因为，舆论公审不可能是联合承诺的产物，而更是类似于对某个"是/否"问题进行投票的结果。它虽然可以在喻意上用"孔多塞陪审团定理"来说明，但并不是真正的陪审团。

这个定理是法国启蒙哲人孔多塞（Marquis de Condorcet）于 1785 年提出的，常被用来认识何种情况下可以相信或不相信公众的判断。一群人要判断一个问题的是与否（其中只有一个是正确的），假如每个人答对的概率超过 50%，那么，随着群体的人数增加，整个群体答对的概率会递增至接近 100%。相反，假如群体中只有少数人拥有正确的咨询，而每个人答对的概率低于 50%，那么，随着群体的人数增加，整个群体答对的概率会递减至接近0。

这样的"陪审团定理"是有条件的，它要求投票个体彼此独立，不受其他投票者影响（俾能降低从众心理的影响）。它还要求个体公民具有一定的思考和判断能力，公民素质的重要性也正在于此。

即使在人们普遍拥有公民经验的民主社会里，这样的条件也不是那么容易满足的。首先，人们在判断真相时往往并不比随机判断更加准确。他们容易受到偏见和成见的影响。第二，人们的意见往往不能够彼此独立，在互联网时代的"回音室"和"信息流瀑"作用下，更是如此。如果是这样，做出回答的群体成员越多，得到错误答案的概率就越大。在这种情况下，群体就不会比个体更加明智，而是更加不明智。

在这种情况下，由12个人组成的陪审团的决定比公众的意见可能更明智，这是因为，他们必须通过一定的素质挑选（先检验他们是否对案件带有成见或偏见，包括"专业成见"），必须经过陪审规则和原则的基本训练并给予充分的案情信息咨询。尽管如此，陪审团并不能保证司法正义。从一开始陪审团制度就不是，也很少被当作一个完善的制度，它只是在许多不好制度中比较不坏，也许是最不坏的一个。

在连并不完善的陪审团制度都不存在的国家和社会里，对抗滥用司法权力的唯一希望经常落在比陪审团更不完善的"大众意见"身上。"大众意见"的价值不一定在于它对案情的实际判断，而是在于这种判断所依据的常识伦理和道德判断，而滥用司法权力之所以是"滥用"，正是因为它无视并践踏了普通人的常识伦理和道德判断。

普通人的常识伦理和道德判断经常被视为一种"民间智慧"，智慧指的是靠得住的经验和常识。美国记者詹姆斯·索罗维基在《群体的智慧》（*The Wisdom of Crowds*）一书里称赞那种集思广益的集体智慧，书里有许多富有启发性的逸事。书一开始就叙述了英国科学家弗兰西斯·加尔顿（Francis Galton）1906 年经历的一件事情，在一场乡村牲畜展览会上，787 个到场者对一头公牛的重量进行估计竞赛。他们当中许多是农夫或屠夫，对牛的重量估计颇有经验，但也有像乡镇职员、文书那样并不具备这方面经验的。所有参赛者猜测的平均值是 1197 磅，而这头公牛的实际重量是 1198 磅。加尔顿由此联想到民主参与，他写道，这些普通参赛者估计公牛体重的能力，大概与普通选民对政策议题的评估能力不相上下。但这种集体能力的结果却能让人对他们的集体智慧刮目相看。[1]

民间智慧是集体性的，不同于精英的个体智慧。因此，在具体的案件上，"法律人士"的看法与大众表现出来的集体看法会有差距，有时候差距还非常大。在判断日常生活中发生的"违法"或"犯罪"事件时（例如，一个山野村民采集 3 株"野草"［蕙兰］而被判刑），普通大众的判断与司法机关的裁决简直就是大相径庭。他们会觉得枉判那农民，是滥用权力，是司法不公。

这不仅是因为他们运用的是一种与法律法规不同的"人之常情"，而且还因为他们不愿接受司法机关所提出的定案"理由"。理由是一种信任考量，我相信你，信任你，才会接受你提出的理由。并不是所有的理由都具有正确性或正当性，或是被信任的。当人们有意识地觉得要相信什么的时候，他们已经开始用常识在自己的头脑里思考了。如果许多人从这样的思考得出相似的结果时——就像许多人估计一头公牛的重量，那么，他们思考的结果就应该受到重视。

与人类的任何其他思考形式一样，常识不是绝对正确的。爱因

---

[1] James Surowiecki, *The Wisdom of Crowds*. New York: Anchor Books, 2004. pp. xi-xiii.

斯坦甚至说,"常识是人们在 18 岁之前获得的偏见的总汇"。但是,与智力超群的爱因斯坦不同,19 世纪美国思想家爱默生(Ralph Waldo Emerson)把常识称为"穿着工作服的天才",这种对常识的美国式想法务实而朴素,已经成为美国社会和大众文化的标配元素,也是美国精神的一个特色部分。

一直到今天,这种对常识的尊重和倚重仍然体现在美国的陪审团制度中。陪审团制度可以说是源自古老的希腊自由观念。古希腊的自由是指每个人(实际上指成年男性公民)有权利参加集体的统治管理。通常,所有的公民都应该参加议会议事,如果做不到,则以抽签方式选出代表,类似于今天的美国陪审团。陪审团虽然重要,但经常被看成是美国司法制度中最弱的一环,陪审员随机抽样,被筛选出来担任陪审员的人文化程度不等,各行各业都有,唯独没有法律界的(直接亲属是法官的,会被筛除出去)。为什么把普通人的常识判断看得比法律专业知识更加重要呢?为什么偏偏要找一帮法律门外汉来担任"法官之上的法官"呢?这是因为,只要法律足够明确,一切解释得清清楚楚、一目了然的话,那么,任何普通人都能运用常识,独立思想,做出理性判断。

互联网时代的陪审员制度变得更为复杂也出现了新的争议。例如,陪审员们是否可以在互联网上搜索与案件有关的新闻报道或其他信息(这可能让人们容易受到网络"回音室"的不当影响)?在陪审期间是否可以运用数码工具取得外界的消息?法律界人士认为,互联网已经进入了陪审室。陪审员使用谷歌等搜索引擎,以及社交网站(如推特和脸书),这样的事实损害了陪审制度的严格规则,即他们所接受的所有信息都必须是由律师经过仔细审查后提供给他们的,以免造成对判决有偏见或不公正后果的影响。互联网时代使得信息管制变得更加困难。

陪审团在每天的听证会期间被隔离，通过特别通道进入和离开法庭，并在指定的餐厅进餐。但是，即使在最高调的案件中，陪审员通常每天都会回家，使他们在法庭外的行为难以监督。尽管有了这样的新情况，并在如何应对的技术性问题上存在许多争议，但陪审团的民主意义并没有受到动摇，陪审员独立于政府、司法系统和任何政治势力之外，他们是最不受任何人操纵控制的，因此也是值得相信的。这样的陪审团也是滥用司法权力者最难以操纵和控制的。美国开国之父之一的杰斐逊会认为，陪审团制度对维护自由民主所起的作用，比选举权还要重要。今天虽然大多数美国人对陪审团重要性的看法不再是基于杰斐逊这样的比较，但是，要彻底改变或甚至废除这个包含着自由民主DNA的制度，却并不是他们的一项政治选择。

第 12 章　读写教育与人的启蒙

数码时代的互联网技术对人类智能可能造成什么影响？会有负面作用吗？如果有，那是怎样或什么性质的负面作用？这些问题构成了数码时代许多人特有的人文忧思和存在焦虑。类似的焦虑在由口语文化向文字文化转化，或者由手稿文化向印刷文化转变时都曾发生过，但今天所涉及的问题更加复杂了。数码时代的人文焦虑有两个中心问题。第一个是阅读与思考能力的关系问题。互联网阅读（以及其他形式的屏读）对今天人们的认知、辨析、价值判断、深层思考、批判思维等智能是否造成了负面影响？第二个是人工智能对人类未来可能有何威胁的问题：人工智能是否会在未来超出人类的控制，成为控制人类的力量？第一个是现在的问题，第二个是未来的问题。

我们不能预见未来的发展，难以对未来做出可靠的预言。历史的发展经常是在偶然因素起决定性作用的情况下发生的。我们并不确切知道人工智能会是怎样一种偶然因素。因此，我们不如把关注力更多地放在当下的互联网与阅读问题上，尤其是互联网阅读是否会，或者会如何产生它的批评者们所说的那种对人的"弱智化影响"。这个当下问题的未来意义是，如果今天的人类真的因使用互联网而在智能上受到不可逆转的严重损害,那么,人类未来的前景就一定会非常黯淡。当对自由人类的强行控制——不管是来自机器的还是来自一些人对其他人的权力统治——在未来发生的时候,弱智和低能的人类将不再拥有与之对抗的自身力量。

一　互联网阅读使大脑浅薄弱智吗

正因为明天可能发生如此可怕的情形,今天互联网可能的弱智效能才特别令人忧虑。弱智的效能首先表现为人们阅读和思考方式的退化。互联网在如何引导和改变人们的阅读?阅读的变化又会对他们的思维方式造成怎样的影响?如何评估这样的影响?自从屏幕阅读成为一种大众阅读以来,就一直不断有人在思考这些问题。也就是在这个时候,2008年《大西洋月刊》发表的尼古拉斯·卡尔的《谷歌让我们变得愚蠢吗?》(Is Google Making Us Stupid)一文。文章虽然只有6页,但却有很强的时效性,引起巨大反响。文章的价值与其说是在其直接影响,还不如说是在其热点效应,让一些本来已经在讨论的互联网问题受到了更为广泛的社会关注,可谓一石激起千层浪。[1]

卡尔的文章在多个媒体和博客讨论区引起了许多争议。参与者们有的赞同他的看法,并为之提供例证;有的批评他太过专注于文学阅读,不同意他对互联网阅读效应过于负面的评价,还有的对他所举出科学论证的可靠性表示怀疑。正如爱尔兰作家约翰·纳顿(John Naughton)在《从古登堡到扎克伯格》(From Gutenberg to Zuckerberg)一书里所说,虽然卡尔

---

[1]　Nicholas Carr, "Is Google Making Us Stupid?"

的结论并没有得到广泛的支持,但许多人都认为他提出了重要的问题。[1]

卡尔的文章引发这么多众说纷纭的反应,在相当程度上与他论证自己观点的方式有关。这样的论证方法在其他人关于互联网致人变蠢的论证中也经常出现。他在文章一开始,用自己的经验和他人的类似经验叙述来提出互联网是否让人变得愚蠢的问题。他写道,"过去几年来,我老有一种很不舒服的感觉,觉得有什么人,或什么东西,一直在修理我的脑袋,重绘我的'脑电图',重写我的'脑内存'。根据我的判断,我的思想倒没跑掉,但它正在改变,我不再像过去那样来思考了。我读书的时候这种感觉尤其强烈"。

按他自己的叙述,他以前读一本书或一篇长文章根本不费什么劲,脑子会专注地跟随作者的叙述或议论,也能够连续几个小时阅读长篇的散文。可是如今他很少能够再这样专注地阅读,往往只是读了两三页,"注意力就飘走了,变得烦躁不安,思绪中断,就开始找别的事情来干"。

他把这看成是自己大脑退化的征兆。究其原因,他说,"是因为过去这十多年来,在网上花太多时间,养成了对互联网的依赖习惯"。互联网确实提供了许多方便,"网络就像天赐宝物,过去要在图书馆的书堆或期刊室里花上好几天做的研究,现在几分钟就能搞定。谷歌几下,鼠标快速地点击几下超链接,我想要的那些很能说明问题的事实与简洁精练的引语就都有了"。即使在不工作的时候,他也时时"在网络的信息密林里觅食:阅读和撰写电子邮件,浏览新闻标题和博客,收听收看播客和网络视频,要么就是一个链接一个链接地瞎点瞎转悠"。

---

[1] John Naughton, *From Gutenberg to Zuckerberg: What You Really Need to Know About the Internet.* London: Quercus Publishing, 2014, pp. 26ff.

卡尔强调，互联网的这些便利和乐趣都是有代价的。马歇尔·麦克卢汉在20世纪60年代就曾指出，媒体可不仅仅是被动的信息渠道。它们提供思考的原料，但同时也在塑造思考的过程！卡尔感觉到，"网络似乎正在一点点地腐蚀我专注与沉思的能力。现如今，我的脑袋就盼着按照网络提供信息的方式来获取信息，即以飞速运动的粒子流的方式。过去我是个语言海洋中的深潜者，现在我好像踩着喷气滑水板，在海面上急速掠过"。从"深潜"到"浮掠"，概括了互联网对阅读者头脑的弱智性影响。

到此为止，卡尔对自己观点用的是以例证代替论证的论辩方法，虽然他接着又列举了一些他人的相似经验叙述，但难以只是用例子就令人信服地证明是互联网改变了他们的阅读方式。卡尔说，他现在不能像以前那样深读，完全是因为十多年来互联网用多了的缘故。但是，我们知道，一个人阅读习惯的改变往往可能有多种原因：年龄变化、专业兴趣改变、杂务分心、精力下降、阅读偏好转变，等等。卡尔引证的一位见证者说，"我再也读不了《战争与和平》了。我已丧失了这种能力。即便是篇幅在三四段以上的博文，对我来说都太长，难以接收，往往只是快速扫一眼就跑"。然而，引证归引证，卡尔自己也意识到，"单凭这些逸事说明不了什么"。

为了证明互联网浅层网读对大脑深读的长久伤害，卡尔接着从逸事例证转向科学论证。他引用了一项由伦敦大学学院（UCL）的学者耗时五年的研究，这项研究在对人们网络研究习惯的考察中发现，"读者的阅读呈现'一掠而过'的方式，从一篇文献跳到另一篇文献，且极少回看已经访问过的文献。他们打开一篇文章或一本书，通常读上一两页，便'蹦'到另一个网站去了"。但最有力的科学证据则是来自美国塔夫茨大学发展心理学家玛丽安娜·沃尔夫的《普鲁斯特与乌贼：

阅读思维的故事与科学》一书。沃尔夫在书中担心，互联网助长了一种将"效率"和"直接"置于一切之上的新阅读风格，而这种阅读会削弱我们进行深入阅读的能力。[1]

　　沃尔夫的一个重要观点是，阅读并非人类天生的技能，不像说话那样铭刻于我们的基因。我们得训练自己的大脑，让它学会如何将我们所看到的字符转换成我们所理解的语言。我们在学习和实践阅读技能时所利用的媒介和技术对于塑造我们大脑中的神经电路发挥着重要的作用。从沃尔夫的观点，卡尔用"类比"的方式提出了他自己的中心论点，"实验表明，像中文这样的表意文字的读者会形成一种完全不同于我们这样的字母文字读者的神经电路。这种差别延伸到大脑的许多区域，包括那些管辖如记忆、视觉和听觉刺激的解读等十分重要的认知功能的区域。我们同样可以预知，由网络运用所编织的神经网络也会不同于阅读印刷品所编织的神经网络"。这样的科学论证只是建立在"同样可以预知"的类比基础之上，但我们知道，在论证中，类比只能提供解释，而不能提供对论点的直接支持。

　　为了证明工具能改变人的思维的论点，卡尔又用了尼采的例子。1882 年，尼采买了台打字机（曼宁—汉森写作球）。那时尼采的视力下降很厉害，盯着纸看的时间长了，就感到十分疲劳和痛苦，经常头疼欲裂，被迫减少写作，他担心不久之后就得完全放弃。但打字机救了他，至少有一段时间如此——他学会了盲打，只靠指尖闭着眼睛也能写作了，文字再次从其脑海流淌于纸上。新机器也对尼采的写作产生了微妙的影响。他的朋友为此写信给他，说他的写作风格发生了变

---

[1]　Maryanne Wolf, *Proust and the Squid: The Story and Science of the Reading Brain*. New York: HarperCollins, 2007.

化，原本已经够简洁的文风变得更为紧凑，更像电报。他在给尼采的信中写道："也许新机器的运用还会让您写出新的习语。"尼采在回信中说："您说得对，我们的写作工具参与塑造了我们的思想。"这个例子虽然有趣，但未必能证明卡尔的论点，因为我们无法确切知道，写作球是否真的是影响尼采写作风格变化的唯一原因。

虽然卡尔没有能让他人信服地接受他对互联网非常负面的看法，但他提出的"互联网究竟是如何在对我们进行重新编程"的问题却引起了有益的广泛讨论。"重新编程"这个比喻的说法暗示了长久的甚至难以逆转的损害。由于这种损害，人们正在因为习惯于网络碎片式阅读而失去了专注和沉思的能力。网络碎片式阅读的不良效应甚至还对传统的印刷传媒也造成了伤害性的影响，因此而成为一个时代性的文化危机。

传统传媒刻意仿效碎片化的浅薄网络，"当人们的思维方式适应了互联网媒体百纳被式的呈现方式后，传统媒体也会做出改变，以迎合读者或观众的新期望。电视节目加入了滚动字幕和不断跳出的小广告，报刊则缩短其文章的长度，引入一小块一小块的摘要，在版面上堆砌各种易于浏览的零碎信息"。这也许确实是一种相当普遍的现象，但是，卡尔仍然没有能够证明，就算是有了零碎阅读的习惯——事实上，我们完全可能有时零碎阅读而并不形成习惯——专注和沉思的阅读为什么就一定不再可能。

二　网络阅读争论的五个方面

《谷歌让我们变得愚蠢吗？》一文在媒体和博客讨论区里——如 Britannical Blog 和 Edge——引起了广泛的关注和讨论，有的是专门批评这篇文章的,有的是在讨论相关问题时顺带提到它的,参与者几乎汇集了互联网讨论和批评界的所有知名人士。著名企业家和作家安德鲁·齐恩(Andrew Keen)称这为"电子读写的大辩论"。[1] 不断有讨论者为赞同或不赞同卡尔的观点提供例证。《迈阿密先驱报》专栏作者里奥纳德·皮茨(Leonard Pitts)讲述他自己如何很难坐定下来读一本书,"总想停下来做一件什么事情,就像在办公室里想溜出去喝一杯马提尼"。[2] 评论家约翰·厄代尔(Jon Udell)说,虽然他在不上互联网的时候需要勉强自己才能定下心来阅读纸质书籍,尤其是小说,但可以听长篇小说的阅读磁带,"保持注意力"并不困难。因此,他对于"重新启动古老的传统,如口头故事,对重新发现口语传统的强烈神经效果感到乐观"。[3] 网络文化从印刷文化向口语文化回归是一个从沃尔特·翁的《口语文化与书面文化》一书得到灵感并讨论得比较多的问题。

这场讨论最重要的当然不是逸事的积累,而是形成了互联网问题讨论的一些经久不衰的主题,大致可以归纳为这么五个。一、谷歌的利弊(包括互联网阅读的深浅问题);二、社会和人掌控技术还是技术决定人(包括网读是否改变人的脑神经回路);三、互联网时代的信息过度;四、互联网对深层思考造成干扰; 五、互联网是否削弱人的记忆与沉思。

---

[1] Andrew Keen, "Is the Internet Killing the American Reader?" *The Great Seduction*. Archived from the original on 2008-09-20.

[2] Leonard Pitts, Jr., "Reader Finds Satisfaction in a Good Read", *Miami Herald*. June 15, 2008.

[3] Jon Udell, "A Quiet Retreat from the Busy Information Commons", *Strategies for Internet Citizens*. June 10, 2008.

第一个是对互联网利弊的评估问题。沃尔夫的《普鲁斯特与乌贼》对卡尔写作《谷歌让我们变得愚蠢吗?》一文以及后来的专著《浅薄》的影响是明显的。沃尔夫将阅读分成五个阶段:起始、初级、解码、流畅、熟练。她提出,互联网阅读往往很难达到最后的两个高级阶段。卡尔提出互联网的"漂浮式阅读",批评它的思想浅薄,依据的主要就是沃尔夫的阅读理论。

未来学家雅迈·卡肖(Jamais Cascio)不同意卡尔关于互联网一定使人阅读能力衰退的观点。他指出,人类认知总是在受到环境和社会变化的挑战,今天,我们因互联网而面临的也是这种性质的挑战。他认为,卡尔所说的互联网读者专注力衰减问题,原因在于互联网的过滤信息技术还不够成熟。他写道,"问题不在于我们手指尖下有太多的信息,而在于我们用来管理信息的技术还处于婴儿阶段……卡尔所担忧的许多技术正是为了帮助我们掌控信息和看法的洪流才发展出来的。谷歌不是一个问题,谷歌是解决问题的开始"。[1]

卡肖提出这个看法两年后,耶鲁大学出版社出版了安·布莱尔(Ann M. Blair)的《知识太多》,这虽然是一本讨论文艺复兴和之前知识收集的专著,但引起了广泛的关注。因为在书里布莱尔指出,信息过多的问题在文艺复兴时期就已经有了,不是今天互联网时代的新问题。文艺复兴时期发展出来不同形式的"参考书",就是为适应知识信息"太多"而发展出来的信息和知识管理手段,其中有的在后来的历史文化进程中逐渐发展成熟,至今仍有价值。因此,跟随新媒介技术而来的问题可能成为未来知识处理新方法的契机。

对互联网的这种乐观态度超过对它的悲观展望。在卡尔的文章引

---

[1] Jamais Cascio, "Get Smarter". *The Atlantic Monthly*, (July) 2009.

起广泛争论之时，以民调著称的皮尤研究中心（Pew Research Center）的"互联网与美国社会"研究项目向研究参与者和370多位互联网专家询问他们对互联网的看法时，81%的人同意这样的看法："使用互联网使人提升智力"。还有的人认为，由于人类环境日益复杂化，我们需要头脑的动力方向系统"。[1] 现代汽车由于动力方向系统而操作灵便、省力，互联网对我们处理复杂信息也能起到类似的作用。

第二是人与科技发展的关系问题。互联网让人类变得更加聪明还是愚蠢，这是一个哲学的问题，取决于我们对"聪明"和"愚蠢"的理解和界定。但是，这也是一个关于科学发展的老问题：科技的进步不可避免，新科技总是会不断出现，科技进步朝好的或不好的方向发展，产生怎样的影响和主导作用，与社会中的人有什么关联？他们应该负有怎样的道德责任？互联网时代的阅读是深是浅自然有所区别，互联网阅读的碎片化也是事实，但问题是，人们是让这种碎片化阅读牵着鼻子走呢，还是让自己成为自主性的阅读者，为自己决定方法和目标？

不少人认为，个人意志应该起到主要的，也是决定性的作用，阅读者在整个阅读过程中都应该自己决定要怎么阅读。例如，电脑科学家和作家杰伦·拉尼尔（Jaron Lanier）认为，技术发展并不是"一种独立于人的自动发展和方向选择"。[2] 人主导技术，而不是技术主导技术，这也是美国科学历史学家芒福德（Lewis Mumford）在他1970年的《机器的神话》一书里就已经表达的思想。他认为，社会不是不能控制对

---

[1] John Naughton, "The Internet: Is It Changing the Way We Think?".

[2] Jaron Lanier, "The Reality Club: On 'Is Google Making Us Stupid' by Nicholas Carr", *Edge*. 2008-07-10.

社会有改变作用的技术，这需要借助全社会自由意志的集体力量。他指出，"在是否要采用技术的争辩中，以为只要不是赞同便是反对，这样的对立选择是错误的"。[1]

第三是互联网时代的信息过度问题。互联网上的海量信息似乎给人们带来了一个问题，信息太多怎么办？对生活在信息封闭和思想钳制制度下的人们来说，这是一个不是问题的问题。这就像对饥饿的人们发问，粮食太多了怎么办？在自由民主的国家里，互联网海量信息的问题不在于信息量本身，而在于它可能造成干扰效果，让人无法专注地思考一些重要的问题。信息干扰使人在思考中分心或心猿意马，结果以肤浅的理解草草了事。著名评论家斯芬·伯克茨（Sven Birkerts）认为，"对我们文化遗产的一些深层理解是必需的"，因此有必要对社会和文化的共识设立某种标准，而不能跟着一些互联网文化随波逐流。他警告说，商业市场正在主导文化未来的走向，与传统重要文化作品的精神格格不入。[2]

研究互联网技术的社会和经济影响的美国作家克莱·舍基（Clay Shirky）认为，一个人集中精力思考问题需要在"相对空旷的环境中"，新媒介的互联网使得这样的环境根本不可能存在。这令人想起了古代圣贤的隐居式沉思，那固然是一种令人向往的境界，但在现代社会里已经是近乎说梦的奢求，也没有什么可以遗憾的。舍基承认，互联网上海量信息良莠不齐，泥沙俱下，这会要求做出一些文化的牺牲，但他认为，"牺牲仍然要讲值当不值当"，为互联网的便利做一些牺牲也

---

[1] Lewis Mumford, *The Myth of the Machine*. New York: Harcourt Brace Jovanovich, 1970.

[2] Sven Birkerts, "A Know-Nothing's Defense of Serious Reading & Culture: A Reply to Clay Shirky", *Britannica Blog*, 2008-07-18.

是值得的。他指出,"技术发展使得写作大量产生,每逢出现这种情况,都需要伴随出现新的社会结构",古登堡印刷技术的发展让大量劣等作品有了问世的机会,这就有必要区分优质与劣质的作品。社会也因此只承认优秀作品和写作,更看重得到承认的书籍版本等等。同样,互联网也正有待于形成这样的新区分标准。他希望将来也能发展出一套适合互联网的新文化机制来区分和界定不同的文化产品。[1]

第四个是互联网的干扰作用问题。卡尔对互联网的严重忧虑之一就它对"深度阅读"的干扰已经造成了对"智慧"威胁。"网络不是字母,尽管它也许会取代印刷术,网络产生全然不同的东西。那种一页一页的印刷纸张所带来的深入阅读是很有价值的,不仅仅是因为我们从作者的话语中获取到了知识,而是因为这些话语在我们大脑中所激起的知识共鸣。在持续且不受干扰的阅读一本书籍,或者任何沉思活动所给我们打开的那一片宁静空间中,对于作者所陈之事,我们进行自己的联想,做出自己的类比和推断,形成我们自己的思想。正如玛丽安娜·沃尔夫所说,深入阅读跟深入思考密不可分。"卡尔认为,牺牲掉不受干扰的"宁静的空间","我们将牺牲掉不仅我们自身还有我们文化中一些非常重要的东西"。

互联网上的巨量信息一定会形成干扰吗?对此记者约翰·巴特利(John Battelle)表达了完全不同的意见,"当我在网络上沉浸于研究中时,从一个链接跳到另一个链接,在这里深读一些,然后掠过下面百来个链接。我后退一步对问题进行确定和再确定,以谷歌和网络提供的速度贪婪吞食新的知识链接。一连几个小时,我都在第一时间进行

---

    [1] Clay Shirky, "Why Abundance is Good: A Reply to Nick Carr", *Britannica Blog*, 2008-07-17.

知识的修补拼装。我觉得脑子一下子豁然开朗。我觉得自己变得更聪明了"。[1] 网络记者斯科特·罗森伯格（Scott Rosenberg）说，他现在的阅读习惯与"十几岁时阅读整书架的托尔斯泰和陀思妥耶夫斯基并没有什么变化"。[2] 批评家斯科特·艾斯波斯特（Scott Esposito）则认为，"负责任的成年人"总是需要应对干扰。至于他自己，他"总是能降低噪音干扰"，静心阅读。[3] 人生活在这个世界上，免不了会面临许许多多对静心阅读有所干扰的事情，枯燥无味的工作、人事应酬、烦恼和忧虑、嘈杂的环境、恶劣的居住环境，比起这些来，互联网的干扰也许真的算不了什么。排除外来干扰，抗干扰，这既是一种忍耐力，也是一种修养，不能依靠现成的条件，而是需要通过意志力的自我训练和经常锻炼去逐渐达到。学习中的干扰还意味着遇到太多不相干或无用的信息。这也是学习中一直就存在的老问题，学会如何筛选或排除不相干或无用的信息，专注于手头的问题，不要心猿意马，也是任何学者都必须掌握的一项学术基本功。

第五个是互联网是否削弱人的记忆的问题。绝大多数参与讨论者都同意，在互联网上可以方便获取巨量信息，这改变了人们在个人记忆中储存和提取信息的方式。人们可以把许多储存信息的工作交给互联网，而将精力更多地集中于理解和交流。今天，人们从记忆中提取记忆的方式和价值也发生了变化。博客作家本·伍森（Ben Worthen）指

---

[1] John Battelle, "Google: Making Nick Carr Stupid, But It's Made This Guy Smarter", *Searchblog*, 2008-06-10.

[2] Scott Rosenberg, "Nick Carr's New Knock on the Web: Does It Change How We Read?" *Wordyard*, 2008-06-11.

[3] Scott Esposito, "Friday Column: Is Google Making Us Read Worse?" *Conversational Reading*, 2008-06-20.

出，我们以前需要直接从个人记忆中唤回信息，今天这种记忆会变化为一种工作技能。人越来越依赖互联网，在不久的将来，"谁能够记住关于某个议题的每一个事实信息，他的价值将不如另一个人知道如何在互联网上找到这些信息，并找到其他信息。"[1]

记忆对于认知的重要性和作用也会发生变化。艾美奖获得者埃文·拉特利夫（Evan Ratliff）认为，有的人记忆力惊人，对电话号码、地名人名、历史年月过目不忘。互联网时代，这样的好记忆力不再那么派得上用场，这也许可以释放人的其他认知能力，并以此加强认知的其他方面。记忆不是没有用了，而是可以派其他的用处。拉特利夫认为，互联网记忆与美国心理学家丹尼尔·韦格纳（Daniel Wegner）于1986年提出的"交互记忆"（Transactive memory）相似。交互记忆指的是，在群体之中，个体对信息的记忆方式有所不同，个体不一定需要记忆所有的信息，而只需要记住群体内哪些成员是哪方面信息的专家即可——当需要这方面信息时就可以向他们询问。通过这种方式，本来要存储于每个个体头脑中的记忆被分散到组成群体的不同成员的头脑中去了，就好像所有的成员的头脑组成了一个具有更大容量的记忆库一样。这是一种借别人头脑的记忆，就像懒惰或健忘的领导借用秘书的良好记忆力那样。拉特利夫说，互联网就像"一位总是在身边的好太太或好先生，总是能准确清楚地帮你记得许多事情"。[2]

今天，记忆对人有智力锻炼的作用，就如同走路有健身功能一样。意大利哲学家安伯托·艾柯（Umberto Eco）说，"记忆的某些工作

---

[1] Ben Worthen, "Does the Internet Make Us Think Different?" *The Wall Street Journal*, July 11, 2008.

[2] Evan Ratliff, "Are You Losing Your Memory Thanks to the Internet?" *Salon.com*. 2008-08-14.

可以托付给书籍和机器，但我们仍然需要知道如何最有效地运用这些工具，因此，我们仍然需要将我们的头脑和记忆保持在最佳状态"。记忆是一种生物性机能，要经常锻炼才能处于最佳状态，应该每天在深层阅读时努力记住一些东西，如背诵一首小诗。这是为了防止头脑僵化和思维懒惰，就像每天晨跑，不是为了赶去上班，而是为了锻炼身体。对今天的学生来说，比起拼命往大脑里储存知识，更有效的办法是学习如何学习，而这样的学习是无法仅用记忆本身来完成的。[1]

三 从读写教育到人文启蒙教育

《谷歌让我们变得愚蠢吗？》涉及的种种问题当然还可以向其他方面延伸。单就以上谈到的五个方面的问题而言，增加了解并有自己的独立思考，对于互联网时代的教育工作者们有重要的现实意义。倘若如卡尔所说，互联网阅读确实会对年轻读者造成永久性的大脑退化，那么我们就迫切需要有积极的应对之策来防止这种情况发生。这是教育启蒙者的社会责任和职业任务所在。但是，直到目前为止，脑神经或其他有关科学尚不能提供确实证据来证明屏读会对人的认知造成不可逆转的损害。也就是说，尚无任何科学证据证明，在有屏读影响的情况下，坚持倡导深读的教育和启蒙是没有意义或作用的。

对于关心学校教育和社会启蒙的知识界人士来说，了解和认识互联网阅读的特征，重要的不仅仅是了解和认识本身，而是为了把这种

---

[1] Jean-Claude Carrière and Umberto Eco, *This is Not the End of the Book*. Evanston, IL: Northwestern University Press, 2012, pp. 74-77.

了解和认识与实际的教育任务和启蒙目标结合起来。因此，对互联网阅读不能采取简单的排斥态度，而是需要针对大多数人（包括各个年龄层的学生）的互联网阅读现实，尽量减少互联网阅读对他们严肃阅读的负面影响，同时积极发挥电子阅读的正面效应，提升普遍的阅读水平。这样才能更有效地结合不同方式的阅读，推动独立思考、判断和批判性思维的深层阅读。

从根本上说，提倡深层阅读是因为印刷文字对人的思考力有积极作用。我们现代人对智力的理解大多来自印刷文字，我们对于教育、知识、真实和信息的看法也一样。波兹曼在《娱乐至死》中认为，随着印刷术退至我们文化的边缘以及电视占据了文化的中心，公众话语的严肃性、明确性和价值都出现了危险的退步。波兹曼提醒这种危险的退步，这本身就是一种教育和启蒙。卡尔提醒互联网浅薄阅读对公众话语的严肃性、明确性和价值的退步危害作用，这同样也是一种教育和启蒙。但是，从另一个方面来看，对电视或互联网这样的媒介技术的好处和积极作用，我们也应该保持坦诚、开明的态度。

坚持深读对自由思考和独立判断能力有意义和价值，这并不意味着排斥屏读，因为从现有的研究结果来看，屏读对开启初学者的阅读兴趣是有帮助的。而且，在书籍被限制和查禁或不可能的情况下，屏读比阅读权利被剥夺要好得多。美国教育人士提出"新读写"（neo literacy），探讨纸读与屏读的平衡和这二者的有效互动，是积极应对屏读问题的方式。这是在变化的现实环境中坚持教育和启蒙培育人的初衷，避免以技术决定论完全负面地看待屏读的有为之举。

现有的电子阅读已经不只是互联网上的阅读，也包括像 ebook 这样的平板阅读。这样的阅读传媒不仅仅是印刷传媒的替代品，而且有不可代替的吸引和鼓励阅读的作用。但对于开始学习阅读和对阅读发生兴趣来说，重要的是阅读，无论是通过纸质书籍还是电子荧屏来阅读。一份发布于2013年1月的《儿童与家庭阅读报告》的全美国调查（双年度的报告）显示，电子阅读对儿童阅读的影响正在增强。

2010年以来，阅读过电子书的儿童从先前的25%增加到46%。9—17岁的青少年有一半表示，如果他们能得到电子书，他们会阅读更多的书籍，比2010年之前增加50%。大约有一半（49%）受访家长觉得他们的子女花在阅读上的时间不足，比2010年之前的36%有所提高。72%的家长表示愿意让子女阅读电子书。调查发现，电子书对鼓励男生阅读有作用，男生通常不太愿意阅读。阅读过电子书的男生有25%说愿意阅读更多电子书。电子书对不常阅读者（每周有1—4天阅读）转变为常阅读者（5—7天）有作用。没有阅读过电子书的不常阅读者中有57%表示，如果容易得到电子书，会更多地阅读。尽管阅读电子书，不同年龄的儿童仍然经常阅读纸质书籍。80%阅读电子书的儿童仍然主要阅读纸质书籍。58%的9—17岁的青少年表示，尽管他们可以得到电子书，但总是喜欢纸质书籍。2010年这个数字是66%，显示向电子书的转变。Scholastic的学术主管弗朗西·亚历山大（Francie Alexander）对调查的看法是，"我们发现孩子们今天对纸质书籍和电子书籍都有兴趣，而电子阅读似乎对吸引和鼓励男生和不常阅读者阅读提供令人振奋的机会。许多家长对子女在电子技术上花太多时间表示忧虑，但有一半并不偏重应该阅读纸质书籍还是电子书籍。这里的信息是明确的：家长希望鼓励子女更多地阅读，不管媒介是什么"。[1]

对于那些有相当阅读实践经验的读者来说，没有证据证明，因为有时候浮掠、破碎、不连贯地阅读——不管是在互联网上，还是杂

---

[1] "New Study on Kids' Reading in the Digital Age".

志书籍阅读——他们就会失去深度阅读能力。快速的表层阅读由来已久，也有其必要性，是一种有用的学习方法。在有互联网之前，阅读就已经大致分为"精读"和"泛读"两种。这两种阅读方式并不抵触，它们可以相互辅助，都需要经过指导和练习方能熟练进行，收到各自的益处。文艺复兴时期，伟大的思想家伊拉斯谟甚至还雇人替他阅读，写成笔记、摘要，供他参考和写作。这是一种他那个时代许多学者处理大量信息的常见方式，并不稀奇，也没有因此对他们造成大脑损害。浮掠、跳跃、片断阅读不只是一种消遣阅读，而且也是一种速读的学习方式。一目十行、抓住要点的快速阅读不是任何人都能做到的，这本身就是一种来自天资禀赋或长期训练的学习能力。

对于那些平时很少阅读的人来说，他们当中有许多确实只是在网上阅读。但是，试想，如果没有互联网，他们会去读托尔斯泰或伏尔泰吗？没有互联网，他们只怕是更少会有机会阅读，或者根本就不阅读。即便互联网阅读让他们（或其他读者）形成碎片或浅薄的阅读习惯，那又如何？总比根本不阅读要强吧。形成某种阅读习惯并不意味着大脑就会发生永久性的恶性质变。习惯是可以通过启蒙和教育改变的，正是因为要防止和改变不良的阅读习惯，所以更加需要对青少年读者从小提供正确引导——耐心、持续、锲而不舍、方法得当。这样才能帮助他们通过阅读学会独立思考、判断和批判思维。家长和学校教师分担这一责任，首先需要鼓励孩子们阅读，然后才是教会他们如何更好地阅读。只有让孩子喜欢上阅读，才有可能帮助他们成为更成熟的阅读者。

大多数的家长和学校老师是否都有能力尽到这份责任呢？恐怕并非如此。他们不具备这种能力，是因为自己从小就没有受到过好的阅读教育，自己就难以摆脱浅薄思维的困扰。历史上，在特定的社会政治环境里，维护统治权力的条件就是大多数人的浅薄、幼稚、愚蠢。这样的民众素质符合统治权力的需要，也是它的教育体制所造成的管制和规训效应（当然不是绝无例外的）。在这种制度下，人们愚昧、浅薄，缺乏独立思考和判断的能力，另有别的原因，与互联网阅读没有必然的关系。

那么，互联网的碎片阅读会不会在那些其他因素之外成为强化思想浅薄的一个新因素呢？有可能如此，但也有可能不是如此。不同的因素并不总是在合力使大脑越来越浅薄，它们经常会相互抵消，多一些因素反而让大脑不那么浅薄，或不那么容易变浅薄。宣传洗脑、神怪迷信、邪教巫术等等让人浅薄，互联网阅读或许会提供抵消这些浅薄因素的可能。互联网阅读无论多么浅薄，都是新信息和新知识的来源，而许多新信息和新知识，哪怕不可靠，也正在抵消长期思想洗脑和灵魂掏空的积累效应。这是统治权力对互联网控制变得越来越严厉的一个原因。它害怕人们的互联网阅读，不是因为那不符合严肃阅读的要求，而是因为那不符合它的统治利益。这也是我们应该从特定环境下的整体社会作用来评估互联网阅读及其效能的根本原因。

2010年8月，正当《谷歌让我们变得愚蠢吗？》引起的思想讨论还在继续的时候，英国《卫报》刊发了约翰·诺顿（John Naughton）的一篇综述报道，其中有剑桥大学儿童和青少年精神病学教授伊安·古德耶尔（Ian Goodyer）对互联网的一番中肯评价。古德耶尔认为，"最重要的是，人的大脑是一种社会性的器官，同时也受环境的影响。所有的环境因素都由大脑进行处理，不管是互联网还是气候，都是一样"。环境会不会改变人的大脑呢？这当然是可能的，但这不是十年八年的时间内就能发生的，"进化过程的时间"可比这要长多了。

互联网阅读只是可能影响人大脑变化的许多因素之一：让大脑

学习的效率或速度发生变化。但是，要问是否有证据证明互联网会损害人的大脑，那么回答是，零证据。"事实上，如果观察一下人的一般学习方式，你会说情况正好相反。说实在的，有机会利用多重信息资源，这提供了更有效的学习方式，与其他学习方式肯定是同样有效的"。

针对人们关于互联网损害大脑的忧虑，古德耶尔说："有人说，来自互联网并进入人的大脑的是一种错误的信息。这种信息太简短，缺乏深度，因此质量低劣。这是个有趣的想法，但要证明这个想法，唯一能站得住脚的理由是，人们没有用好互联网。"互联网是一个工具，误用工具不是工具本身的错。没有用好一件工具，"是因为还没有熟能生巧"，而这种熟能生巧的过程是"不会造成大脑病症"的。古德耶尔的结论是，"互联网是了不起的工具，如果不是最伟大的，也是世界伟大奇迹之一，智慧的人（Homo sapiens）必须学会如何去用好这个工具"。智慧的人不仅能够创造工具，而且能够在功用和伦理上都学会用好工具。这需要有信心，也更需要有高于一切工具本身的人的智慧。这可以成为互联网时代的新启蒙。[1]

互联网时代的启蒙前景变得更为广阔而不是狭窄，这一启蒙的核心是人把自己当作工具的主人，而不是奴婢。这是一种人的心灵和自主意识的启蒙。人与工具的区别在于，人有自主的审美、信仰、是非价值判断和思考能力，而工具则没有。古德耶尔所展望的互联网未来应该不只是克服它现有的技术缺陷和局限，而是用更加丰富的人性来让机器获得与人之为人更加一致的发展。让更高级的技术克服现有

---

[1] John Naughton, "The Internet: Is It Changing the Way We Think?" *The Guardian*, Aug.16, 2010.

技术的缺陷，不仅需要效能或效率更高的技术，而且需要用人的文化——审美的、信仰的、理解和判断的、想象力的——来整合技术，把技术作为文化的一部分，而不是以为技术可以代替或取消这些。被人工智能 Master 打败后掩面而泣的中国围棋棋手柯洁在微博上说："一个纯净、纯粹自我学习的 AlphaGo 是最强的……对于 AlphaGo 的自我进步来说……人类太多余了。"

然而，在技术发展面前，人类并没有成为多余。今天的人工智能只具备有限的自我学习能力。它的确不同于上一代人工智能，上一代的是专家系统，专家告诉它怎么下棋它就怎样下棋，这一代的已经能用"深度学习"的方法。但是，现有的深度学习仍有其局限性，它只能够处理数据透明和规则明确的一个特定领域的问题。目前，它只能在一个特定领域里面做一件狭窄的事情，没有人那种既会下棋又会写诗、书法、作画的多才多艺。它学习下围棋，是用整个网络的参数来学习这一件事情，如果还要去作诗，就只能放弃前一件事情。将来，同一个人工智能会有更多的才能，那也不是不可能的。

在 Quora[1] 上讨论"深度学习有永远学不会的吗？"的论坛上，脸书的人工智能研究部主任扬·勒丘恩（Yann LeCun）2016 年 7 月指出，"目前的深度学习是相当有限的，对于将来达到人类水平的人工智能，某种类似于深度学习的机能会是解决方案的一部分"。他同时指出一个"哲学和理论的问题"："有哪些事情是可以学习的，哪些是不管投入多少资源也学习不了的"，人工智能是如此，人类本身也是如此。"所有的机器都必须有'偏向'，只学习某几件事。这似乎应

---

[1] 一个在线知识市场，集合许多问题和答案，也容许用户协同编辑问题和答案。Quora 的创建目标，是"挖掘出网络上未有的维基知识，并赋予其强烈的社会媒体属性"。

该让人类变得谦卑,因为人类的头脑也不是样样都能的学习机器。事实就是如此。人类的头脑看上去很有适应性,但其实也是非常专门化的"。人工智能研究是为了帮助人类更好地认识自己的心智和能力,也正是因为这个目的,人工智能研究才对人类有意义。再高级的智能机器,也不过是研究的副产品,而不是人类的目的,所以不会使人变得多余。[1]

而且,人类发明的领域远不仅仅是技术,技术是人类发明的重要领域之一,但不是唯一的领域。在许多发明的领域里,人类不仅不多余,而且是更重要了。对科技史进行哲学思考的美国学者、历史学家、科学哲学家和著名文学评论家刘易斯·芒福德早就指出,人一直被界定为能使用工具的动物,但是,我们知道,其他动物也有会使用简单工具的,使用工具并不是人的唯一属性。当人类从动物中脱离出来,他们的努力主要倾注在表达和交流的艺术中,因此这才是发明的主要领域,而制造和工程的领域仅是次要的。

意义,这个在人类心灵之树上从人的理解力花朵上长出的果实,把人与其他动物区分开来。对意义的追求才是人有别于其他动物并得以进一步发展的根本所在。在人与人工智能机器人的区别中,人对意义的追求和理解变得更加重要。芒福德指出,从早期的巫术、图腾崇拜、宗教仪式等原始文化,到金字塔、神庙、教堂等大型建筑,都体现了人类对意义的追求。他在自己的多种著作中一直论证这一点,一直把技术作为人类最高心灵文化整体的组成部分。他一直坚持的是,人类并不仅仅是依赖工具使用和工具制造,才得以脱离动物状态和持

---

[1] "Is there something that Deep Learning will never be able to learn?"

续发展的。[1] 这也应该成为今天技术时代人文启蒙教育的一个重要内容。

这种人文启蒙教育应该关注的核心问题之一就是，随着技术的长足发展，技术从文化整体中脱离出来，被当成单纯的对时间、空间、能量，乃至人的智能的征服，技术的价值是被提升了，还是被贬低了？技术决定论越是不恰当地提升这种征服性技术的价值，也就必然越是会贬低人和人的心灵价值。而一旦人失去了自身的价值，就必然会把自己降格为机器的部件。人工智能经常被当作征服的技术，从许多科幻作品来看，最早的时候，人类最害怕的是机器人起兵造反，将人类杀个片甲不留。而到了如今，人工智能日渐精进，人类的焦虑和恐惧则由被机器人杀死，转变成了被机器人所取代。人文启蒙教育应该改变这样的人工智能想象。这就像人文启蒙教育应该改变人与人只能相互争夺、相互斗争、"与天斗，其乐无穷；与地斗，其乐无穷；与人斗，其乐无穷"的观念一样。

人们害怕人工智能创造出比人类更聪明、更漂亮、更能干但并不总是听从人类的机器人。如果到了那一天，该怎么办？这是一个与19世纪生活在专制统治下的俄国作家尼古拉·车尔尼雪夫斯在小说《怎么办？》中提出的不同的"怎么办"问题。车尔尼雪夫斯基在被沙皇囚禁的时候，在单人牢房里发出了他痛苦的声音，"怎么办？"这是在赫尔岑提出"谁之罪？"之后的再一个重要时代问题。在知道是专制制度之罪之后，诘问该怎么废除这个专制制度，这就是车尔尼雪夫斯基提

---

[1] Lewis Mumford, *The Myth of the Machine*. Two volumes, *Technics and Human Development* (1967), *The Pentagon of Power* (1970). 参见韩连庆：《走进技术史的深处——论芒福德的技术观》，载张柏春、李成智主编：《技术史研究十二讲》，北京理工大学出版社，2006 年。

出的后续问题，"怎么办？"

许多年以前，人们还在问人工智能将来"会怎么"的问题，今天，已经似乎很少有人怀疑，人工智能将来会很聪明、很能干、很强大，甚至聪明、能干和强大到今天人类难以想象的程度。因此，"怎么办"便成为"会怎么"已经有了答案后的又一个重大问题。2017年10月23日的《纽约客》封面描绘了人工智能"会怎么"问题的答案：一个满脸胡须的年轻乞丐坐在未来的曼哈顿街上乞讨，路过的机器人向他手里的杯子里投掷机器垫片和齿轮，他身旁的小狗也满怀惊讶和担忧地看着旁边走过的机器狗。该期杂志内的文章《黑暗工厂》(Dark Factory)，讲述密歇根州一家金属工厂里一些工人变成"人肉机器人"的故事。在那里，越来越多原本由人类从事的工作都被机器人取代，"10年前，工业机器人帮助人类完成任务。现在，工人帮助机器人完成任务"。在工业或其他生产活动中，有的人已经或将会降格为机器的辅助，是不是单凭这一点就可以证明未来人类的命运呢？这取决于人类整体如何回答"怎么办"的问题。赫胥黎预言："人们会渐渐爱上压迫，崇拜那些使他们丧失思考能力的工业技术。"然而，这只是人类可能做出的一种选择，但那不是唯一可能的选择。赫胥黎发出这个预言是为了让人类拒绝而不是接受他所预言的那种可怕选择。人类能不能有足够的自由意志和抵抗能力拒绝这种选择，就要看他们现在和将来如何回答"怎么办"的问题了。

第13章　情绪联网时代的犬儒主义

人们注意到，许多人在互联网上发表言论，情绪和情感要比在日常生活中远为夸张、激烈和极端。而且，大多数这类没有自我节制的情绪或情感都是负面的，故意要对他人造成伤害。带有敌对、仇恨、鄙视、忌妒情绪的言论经常诉诸尖酸刻薄、恶语伤人和愤世嫉俗的暴力语言，既是粗暴和粗鄙的，也是犬儒主义的。犬儒主义经常借助夸张的情绪宣泄，是一种被情绪性看法左右和摆布的生活态度——看穿一切、看透一切、绝对怀疑、对什么都不再相信，以及由此而来的极端功利主义、道德虚无主义、鄙视是非判断、假面扮相、说一套做一套、为达目的而不择手段。

乔恩·埃尔斯特在《心灵的炼金术：理性与情感》一书里指出，"情绪"既可以理解为短暂发生的即发性情感，也可以理解为一种性格倾向。即发性情感指各种片段体验，如愤怒、害怕、忌妒、高兴、乐观等。性格倾向则是指具有产生某些情绪或情感的潜质，例如暴躁、胆怯、鲁莽冲动、阴险毒辣。埃尔斯特指出，人们平时所说的"性情开朗"（sunny）、"厌女"（misogyny）也属于情感倾向。[1]　"犬儒主义"

---

[1]　乔恩·埃尔斯特：《心灵的炼金术：理性与情感》，郭忠华、潘华凌译，中国人民大学出版社，2009年，第281页。

是与此同类的情感倾向，其特征是害怕、绝望、怨忿、沮丧、自暴自弃。

　　说性格中有情感的潜质，是说可能性比较大，但并不就是必定如此。性格暴躁的人并不随时都发怒，而发怒的人并不一定性格暴躁。同样，有的人缺乏自信、多疑、不信任别人、凡事都朝坏处想、随时猜疑别人有对自己不利的坏心思，这样的人容易在性格（看待事物的习惯倾向）上成为犬儒主义者。但犬儒主义并不只表现为自以为是的疑神疑鬼和凡事都不相信。在思想不自由的环境中，犬儒主义结合了心甘情愿的自欺和毫无内疚的欺人，把假面人生、人格分裂和乔治·奥威尔在《1984》中描绘的那种"双重思维"（"在头脑里同时拥有并接受两种互相矛盾的信念"）当作一种理所当然的生存常态，对它既没有改变的意愿，也不相信有改变的可能。然而，即使不相信，也照样随波逐流，心安理得地与之配合、协助、同流合污。

　　无论是一时的情绪反应，还是长久的性格倾向，情感都有人类心理的普遍性，但同时也打上了不同历史时期的社会文化印记，犬儒情绪和心态也是一样。犬儒主义必须放到具体的社会环境中来讨论。与人们可以自由表达思想的社会不同，在言论受到严格限制的假面社会里，犬儒主义呈现出远为复杂的形态。不同社会阶层的犬儒主义者——权贵者、知识分子、职业人士、普通民众、底层弱者，他们对社会道德的危害程度和性质是不同的，不能一概而论。但也都显示出具有共性的道德腐败，那就是不真实和自我欺骗。今天的社会和生活中，虚假、欺瞒、诈骗、伪善、背叛、失信、诡言谎语随处可见，已成为道德沉疴。在这个社会文化环境里的犬儒主义，它的不真实和自我欺骗更成为整体社会堕落的一个征兆。

一　互联网时代的犬儒主义

互联网时代是一个"我们联网"和"情绪联网"的时代。美国康涅狄格州大学哲学教授迈克尔·林奇用"我们联网"（The Internet of Us）来为他论述互联网知识的专著命题，是很有意思的。他说的"我们"不是人们平时所说的"我们大家"或泛称的"所有人"，而是"我们自己人"。[1] 我们的互联网就是在我们自己人之间联网，不仅是信息联网，更是情感联网。互联网上的"自己人"是在与"他者"的区分、隔离甚至敌意和对抗中产生的。在这个空间里，人群比以往任何时候都更加分裂成孤立的部落小群体。这是"自己人联网"和"同类情感联网"的必然效应。

互联网加剧了群众社会中的"聚众"和"群殴"效应。聚众是从众效应的一种，是指人们受到多数人的一致思想或行动影响，有样学样，同声相求，一哄而上。聚众能让个体觉得强大和胆壮，但却会丧失独立的理性思考。群殴就是打群架，莫名其妙地卷入两派阵营的对殴。例如，球场比赛明明是游戏，但个别球员之间的偶然冲突却可能一下子突然变成群殴的导火索。不相干的队员，甚至粉丝蜂拥而上，把对方球员或粉丝当成敌人来痛殴。群殴是没有理性的派仗，你一拳我一脚，人聚得越多，斗殴就越凶，最后一片混乱，都不知道到底是在为什么打架。这种非理性的谩骂群殴在互联网上相当常见。

这两种效应都能使不同的意见更具分歧、激烈和极端化。同声相求必然造成"比嗓门"的效果，在一个大家都嚷嚷的屋子里，人们听

---

[1] Michael P. Lynch, *The Internet of Us: Knowing More and Understanding Less in the Age of Big Data*.

到的是那个嗓门最高的声音。为了让自己的声音被别人听到,所有的人都会把嗓门越拉越高。在情感联网的时代,同一种观点或情感也一样会因为"比嗓门"而变得越来越激烈和极端。群众社会里一直就存在着非理性的"比嗓门"的现象,例如,在比谁最苦大仇深,阶级觉悟最高的"斗争会"上,强安在被斗争者头上的罪名会变得越来越离谱。"情绪联网"大大加剧了斗争和争吵时"比嗓门"的激烈程度。

对同一事件有不同情绪反应的人群是相互对立而敌视的,绝对不允许相互混杂,谁要是想站在中间立场说公道话,谁就一定会被双方都视为敌对一方的奸细。例如,人们对发生在美国的"9·11"事件有迥然不同的情绪反应,形成互相隔绝和对立的情绪圈子。哀伤的人聚在一起,高兴的人也聚在一起,双方互相仇视、敌对,根本不可能到另一个阵营去倾听对方的不同感受。

互联网上的信息源多到数不胜数,但每个人喜欢并经常访问的网站就那么几个,社交网站更是把人带入一个个意气相投者的小圈子里。来自这些网站和朋友圈里的信息都是被"同道者"过滤和筛选过的,因此看了会令人觉得特别满足、开心、赞同。同一种声音越是听到得多,越是会让人觉得,这么多人有同样的想法,说明一定正确。这就是心理学所说的"社会证明",又称"信息性社会影响"(informational social influence)。人们越是对复杂情况缺乏独立思考和辨析的能力,越是没有自己的主见,就越是会认为他人所采取的是正确的行动。而且越多人采取同一个行动,就越证明这个行动正确。人一旦受到这种先入为主的认知偏见影响,便会对不同的意见和情感变得更加讨厌和排斥。

犬儒主义一般都是从某种本能的情绪或情感开始的,也是以这样的情绪和情感来扩散的。普通人厌恶权贵人物的伪善和虚伪,鄙视他们说一套做一套,痛恨政治和社会制度的不公不义,害怕一次一次被伟大理想欺骗和愚弄，或者对现有秩序的正当性产生幻灭，对政治、道德、职业、文化、知识权威深感失望，积郁既久，便迸发成犬儒主义。互联网时代，由于高效的"情感联网"，犬儒主义情绪的扩散和感染比以往任何时候都更便利，更广泛。这种影响的范围已经远远不再局限于亲朋、好友、同事、熟人，而是广及从未谋面的陌生人。只要对什么事物有相同的感受和情感，人们便可结为好友，引为同道，视为同志。犬儒主义不是一种理论，无须用许多文字来论述，情绪是最有效的联络方式。只要一个冷笑话，一句痛骂、挖苦、诅咒，或是寥寥数语的插科打诨、讽刺嘲笑，就能把人的情绪充分调动起来，也就能找到生动有力的表达，这正是网络语言最擅长的语言手段。

对许多人（包括网民）来说，犬儒主义是一种对生活世界的看法，也是一种活得憋屈却无以解脱的应对方式。犬儒主义开始是无奈的，但可以经过心理调适，转变为主观选择，甚至是自以为自由的选择。我们居住和看到的那个世界是什么样子，取决于看待者的头脑和心灵素质。人的头脑并非不变观念的被动容器，犬儒主义者的绝对怀疑和绝对不相信，决定了他们所看到的那个令人绝望、毫无改变希望的世界。人总是为世界的表象所困惑，那表相就是限制和影响我们对世界看法的观念和经验。犬儒主义企图将对世界表象的困惑转变为一种本质的清晰：不要相信你看到和听到的任何东西。然而，这本身就是一种限制和影响犬儒者对生活世界看法的观念和经验。

二 犬儒主义的"情感智力"

今天，人的情绪和情感已经在心理学，尤其是社会心理学领域被深入广泛地研究。哈佛大学心理学教授詹妮弗·勒纳（Jennifer S. Lerner）和加州大学心理学教授达契尔·克尔特纳（Dacher Keltner）在为《社会心理学手册》（Handbook of Social Psychology）所写的《情感》一文中指出，"人性的概念来源于对人的情感的信念。人天生是竞争、侵略的，还是合作、仁爱的呢？人是寻求私欲的最大满足，还是也提升别人的福祉呢？什么是人的理性呢？什么是通往好生活之路呢？对这些问题的回答都维系于对情感的理解上"。[1] 可以说，康德对人的思考和心灵素质的看法预示了现代心理学的洞见。社会心理学家史蒂芬·平克（Steven Pinker）在《思想本质》（The Stuff of Thought）一书里用康德的观点揭示人的思考如何反映在人的语言之中。他指出，语言为我们提供了一个线索，让我们看到，这个世界是如何由人的观念和目的，而不是自然法则构建起来的，人的思维模式又是如何将人的意义赋予了这个世界。

　　同样，现代心理学对情感和情绪的研究也为我们提供了一个线索，让我们看到，这个世界在多么大的程度上是由人对世界的情感反应方式构建起来的。犬儒主义就是不同情感反应方式中的一种。对犬儒主义的认识不能改变世界本身（我们无法知道它究竟是怎样的），但能够改变我们看待这个世界的方式，改变我们对这个世界的观念，特别是改变我们接受这个世界的意愿和理由。认识犬儒主义的情绪还能对我们如何看待人本身（人的本性）产生积极的影响——人不是命运的奴隶，即使在不自由的逆境里，人也可以选择一种不随波逐流，不放弃良善希望的生活态度。

---

[1] Dacher Keltner and Jennifer S. Lerner, "Emotion". Chapter 9 in Susan T. Fiske, Daniel T. Gilbert, Gardner Lindzey (eds.), Handbook of Social Psychology. Fifth edition. Hoboken, NJ: Wiley, 2010, p. 317.

犬儒主义经常伴随一些性格上的缺陷：情绪冲动、武断偏激、孤僻离群、对人不信任、凡事疑神疑鬼、难以与他人合作。这种性格缺陷也是"情感智力"（emotional intelligence）的不足和欠缺。牛津大学出版社《心理学辞典》（A Dictionary of Psychology，第三版）对情感智力的定义是，人可以用智力来"认识自己和别人的情感，辨析不同的感情，给予合适的称谓，并用情感信息来指导思考和行动"。情感智力的四个要素是：一、自我意识，二、自我管理（自我控制，自我发现问题，自我分析问题，自我解决问题），三、社会意识（同理心，empathy），四、人际关系管理。第四要素涉及处理与他人的关系，也就是处世和做人。作为一种情感智力，犬儒主义的自我管理缺乏理性思考的节制，因此处于偏执和极端的状态，有明显的自我欺骗特征。这会对一个人的处世与做人（人际管理）造成限制和阻碍。犬儒主义者情感智力不足，不仅在于他的极端怀疑主义和非理性的死活不信，而且也经常在于他在待人处事中的玩世不恭、愤世嫉俗、冷嘲热讽、尖嘴薄舌。

犬儒主义的性格缺陷和情感智力不足与它的"溢出效应"（spill-over effect）和"补偿效应"（compensation）有关。溢出效应指的是，如果在一个领域中形成某种情绪性格，也就容易发生在别的领域中。普鲁塔克在《如何受惠于敌人》（How to Profit from One's Enemies）一文中谈到了忌妒，"既然争强好胜、妒忌是人所共有的本性……（一个人）把它们发泄到敌人身上将使他大获其利，也就是说，这使他不会把它们发泄到自己的同事或亲戚身上去"。[1] 发泄到自己人身上就是溢出效应。犬儒主义也是如此，对公共权威的极度不信任（往往是有理由的）很容易变成无论对什么——善恶的区分、是非的辨别、普遍价值、做人的

---

[1] 转引自乔恩·埃尔斯特：《心灵的炼金术：理性与情感》，第23页。

道德原则——都一概不信，一概拒绝。在犬儒主义者眼里，自私自利是人性的不变之道，任何良善、利他的行为都有着不可告人的利己目的，必定是心怀叵测、暗怀鬼胎的阴谋诡计。

补偿效应指的是，如果在一个领域中情绪发泄受到阻碍，就会在另一个领域中寻找出口。托克维尔认为，当政治没有办法满足人们对权威的需要时，他们便会转而通过宗教的途径来满足。还有一种更为奇诡的补偿，托克维尔在《旧制度与大革命》中说，"甚至到了今天，我们仍看到有些人，他们以为不敬上帝便是弥补了当初对政府区区小吏唯命是从的过失，他们抛弃了大革命信条中最自由、最高贵、最自豪的一切，却以忠于大革命的精神自矜，因为他们仍旧不信上帝"。[1] 有的人在自己国家里对什么都不敢吭声，却会更加起劲地对别国大声说"不高兴"。今天社会中的犬儒主义基本上是在不自由状态下对自我行为的不得已的调适，当公共权威无法满足人们的信任需要时，许多人并不是就此完全放弃了信任需要本身，而是转而从其他地方去得到补偿。他们相信怪力乱神、佛道巫蛊，相信各种商业诈骗，相信朋友圈里的流言蜚语。这类轻信看上去与犬儒主义的死活不信相互矛盾，但其实是同一事物的两个方面，彼此互为里表。这是因为，信与不信都是情绪性和非理性的。

补偿效应和溢出效应对犬儒主义情感智力不足和不道德有很大影响，犬儒主义的极端怀疑和不信任经常是不分青红皂白的，对统治者、权贵的不信任，经常导致对朋友的不信任、不合作。对政治权威的鄙视和幻灭经常导致对任何政治制度，不管是专制还是民主，是独

---

[1] Alexis de Tocqueville, *The Old Regime and the French Revolution*. New York: Anchor Books, 1955, p. 5.

裁还是宪政法治的一概否定。犬儒主义在公共道德和伦理问题上也总是抱虚无主义和极端相对论的态度，认为这个世界上本来就没有什么是非、正邪的区别，一切不过是争权夺利、阴谋诡计的手段和说辞。犬儒主义还认为，这个世界从来就无公道可言，永远只能是成王败寇，谁有权谁说了算。因此，犬儒主义者在无权的时候愤世嫉俗、玩世不恭，但一旦掌握了权力，则又会奸诈巧伪、阴险毒辣，为达目的可以不择手段、无所不用其极。在无权的时候，犬儒主义者无足够的情感智力助他心怀希望，有效反抗；在掌权的时候，犬儒主义者则又会把有限的情感智力滥用成不道德的权谋和反道德的权术。

三　犬儒主义的"自欺"和道德缺失

犬儒主义者以彻底怀疑和死活不信为他的人生信条，但他却从不怀疑自己的犬儒信条。他自以为已经彻底看透一切，看穿了这个世界，看穿了一切"知识""权威""是非""道德"的虚伪本质。他确定，彻底的怀疑和与之相一致的玩世不恭和愤世嫉俗已经带给他最重要、最核心的人生智慧。这其实是一种由自我欺骗造成的认知幻觉，必定伴随着许多常见的逃避策略：对现实的不公不义装聋作哑、冷漠旁观、首鼠两端、心口不一、假面扮相、睁一眼闭一眼。这些造成了犬儒主义自我欺骗的严重道德缺失和不道德。

在一般的哲学中，激烈情绪的破坏性影响通常是在"自欺"（或一厢情愿）和意志薄弱的议题中论述的。自欺是一种个人意志薄弱（它经常表现为过度的"意志坚强"）的特征，可能呈现两种不同的形式。第一，不顾自己行为的后果而冒失行动；第二，违背自己更加理性的判断而草率行事。如果说非理性的乐观（所谓的"革命浪漫主义"或诗人"气质"）属于第一种情况，那么非理性的追求则属于第二种情形。"大跃进"（或者一些别的政治运动）便是这样的情况。过分膨胀的自负使人干出事与愿违的事情来，如古希腊索福克勒斯剧中的俄狄浦斯王，如莎士比亚剧作的麦克佩斯，或者陈忠实小说《白鹿原》中的白嘉轩。一厢情愿缺乏对后果的考虑，经常是一种用"坚强意志"掩饰起来的感情用事，情感搅乱理性，使人陷入本能的愤怒、恐惧、忌妒、傲慢等，导致不可挽救的失败或悲剧。一般的哲学是从个人自欺的成事不足败事有余来着眼的，并不构成道德批评。

道德哲学看待自欺的角度与一般哲学不同，它把自欺看作是对真实人生的威胁和阻碍。自欺是一种道德之过，因为自欺是不真实的，而不真实的人生是没有意义的。美国哲学教授麦克·马丁（Mike W. Martin）在《自我欺骗与道德》（*Self-Deception and Morality*）一书里指出，苏格拉底让我们把认识自己当作具有道德意义的人生的必要条件。然而，"虽然我们希望人生具有这样的意义，但当它威胁到我们的自尊或幸福感时，我们就会逃避真实。因此，获得真实的自我认识成为一项面对我们自己的逃避（逃避自己和逃避世界）的任务"。[1]自欺之错在于，自欺逃避的真实知识是有价值的，而自欺造成的"无知"则会带来有害的后果。

历史上有无数的事例证明，自欺的"无知"会有非常严重的后果。18世纪英国道德哲学家、自然神学家巴特勒（Joseph Butler）指出，自欺侵蚀人的道德，窒息人的良心。他认为，人的良心指引人分辨对错和

---

[1] Mike W. Martin, *Self-Deception and Morality*. Lawrence, KN : University Press of Kansas, 1986, p. ix.

善恶,良心是来自人自己的良知光亮,为人的道德思考和行动照路。自欺是扑灭这一光亮的黑暗,由于自欺,人能够犯下各种错误而浑然不觉。巴特勒说,人的自欺,根子在于自我偏执,由于自欺,"人会无限度地作恶:压迫他人、利用他人,甚至明目张胆地对他人施行不义"。巴特勒如此严厉地谴责自欺,是因为自欺可能造成严重的罪恶后果。自欺者的"无知"会使一个聪明人干下伤天害理的恶行。自欺摧毁道德,也败坏作为道德基础的正义原则本身。[1]

18世纪苏格兰哲学家和经济学家亚当·斯密赞同巴特勒的观点,他毫不怀疑,自欺会令人"眼瞎",丧失判断力。他指出,自欺的人自以为是,以为自己永远正确,在犯错之后,会百般狡辩、逃避责任、文过饰非。因为他只有这么做,才能维护自己虚假的良好形象,"意识到自己会犯错,这会让他极不舒服"。对当权者来说,承认错误甚至还会危及他的权力地位和荣华富贵。斯密认为,自欺阻碍人对自己的认识,使他不能知错就改,反而会无视错误,掩饰错误,甚至拿别人当替罪羊,嫁祸于人。如此一错再错,再也难以在道德堕落的路上改弦易辙。[2]

巴特勒和斯密对自欺之恶的剖析更适用于把握权势或对国家社会有影响力的人士(名流、作家、专家、知识分子),而不是一般的平头百姓。犬儒主义的道德之恶与自欺之恶类似,对社会最有害的是政治人物和知识分子的犬儒主义,他们口是心非,嘴上仁义道德、背地里男

---

[1] Joseph D. C. L. Butler, *Fifteen Sermons Preached at the Rolls Chapel and A Dissertation upon the Nature of Virtue*. Edited by Rev. W.R. Matthews. London: G. Bell & Sons LTD, 1958, pp. 156, 168.

[2] Adam Smith, *The Theory of Moral Sentiments*. Amherst MA: Prometheus Books, 2000, pp. 22, 222-223.

盗女娼；他们好话说尽，坏事做绝，自己不认错，还要强行封住天下人之口，不让人说；他们明知自己靠说谎欺骗不了天下人，但还是照说不误。德国思想家彼得·斯洛特迪克（Peter Sloterdijk）在《犬儒理性批判》（*Critique of Cynical Reason*）一书里所说，"他们对自己的所作所为一清二楚，但他们依旧坦然为之"。[1]

在一个充斥着虚伪和谎言的社会里，这些"在上者"是犬儒主义的始作俑者，而"在下者"普通人的犬儒主义大多是不得已调适生存策略的结果。因此，不能把犬儒主义的道德之恶平摊给犬儒社会里的不同个体。对不同的自欺需要做不同的道德判断，也是这个道理。巴特勒和斯密对自欺持严厉批判的态度，与此不同的是另外两种更加着眼于道德责任区分的看法，每一种也都适用于辨析不同犬儒主义的不同道德责任。

第一种看法提出，不应该忽视那些不涉及道德问题的自欺，自欺并非总是有不道德的动机和行为。例如，人们对自己的容貌、艺术才能、智力水平、志向、抱负、幸福感会有不真实的想法，做出不同程度的高估，但这并不有害于他人。有的心理学家甚至认为，这种自欺能起到提高自信，保持乐观，提升幸福感和希望的积极作用（觉得自己幸福，是真幸福；觉得自己聪明，是真聪明）。有的犬儒主义也是无害于他人的，是弱者保护自己、防止上当受骗的生存手段，甚至还有清醒识别现实中虚假和伪善的积极作用。那么，又该如何从道德上看待这种无害的自欺和犬儒主义呢？马丁在《自我欺骗与道德》一书里分析了巴特勒的自欺不道德说，并提出，自欺并不一定导致不道德的后果，

---

[1] Slavoj Zizek, *The Sublime Object of Ideology*. London: Verso, 1989, p. 29. 他的引文出自 Peter Sloterdijk, *Critique of Cynical Reason*。

但是"倘若导致了这样的结果，我们就应该批评它，而且按照犯错和性格缺陷的不同严重程度，予以不同的批评"。[1] 而且，由于不直接有害的自欺也会扭曲人的理解，并可能导致错误，所以我们也还是应该批评自欺本身。这就是批评自欺的"衍生错误原则"（Derivative-Wrong Principle）。以这个原则来批评自欺，是把自欺视为一种相对于"首要错误"的"次要错误"。正是由于次要错误，首要错误才有可能，或甚至不可避免。[2]

第二种看法是，巴特勒和斯密批评自欺不真实，是因为事情没有自欺者想的那么好，但是，有的时候自欺会把事情想得很糟糕，而真实情况是，事情没有自欺者想的那么坏。悲观主义者或犬儒主义者都有这样的自欺，把事情想象的比真实情况更为黯淡而无希望。美国哲学家、伯克利加大教授唐纳德·戴维森（Donald Davidson）在《欺骗与区分》（Deception and Division）一文中分析了这种情况：如果悲观主义者相信世界比实际情况要糟糕，那么可以说，这是自欺的结果。[3] 但是，如果悲观主义者对现实的看法，虽不完全正确，但比其余的人更接近实情，那么，我们便不能说他们是在自欺。这可以从美国心理学教授劳伦·阿洛伊（Lauren B. Alloy）和林·阿布蓝森（Lyn Y. Abramson）提出的"沮丧现实主义"学说得到解释。他们认为，沮丧者经常比不沮丧或乐观者对事情有更为现实的推断。尽管沮丧的人有"认知偏误"，会自动把事情往坏处想，但他们对事情的估计经常比较准确，而

---

[1] Mike W. Martin, *Self-Deception and Morality*, p. 38.

[2] Mike W. Martin, *Self-Deception and Morality*, p. 39.

[3] Donald Davidson, "Deception and Division", in *The Multiple Self*. Edited by John Elster. Cambridge: Cambridge University Press, 1986, p. 87.

乐观者对事情的看法其实也是有认知偏误的。[1] 民间的犬儒主义者经常就是这样的沮丧现实主义者。

对犬儒主义的道德评估不能武断地一概而论，对在互联网上传播的犬儒情绪和情感也是一样。犬儒主义一直被当作一种没有理性或缺乏理性的行为选择，今天我们知道，它也是一种不能完全用理性来解释的情绪或情感方式。情感比理性更深层地支配着人类的想法和行为。克尔特纳（Dacher Keltner）和勒纳（Jennifer S. Lerner）指出，"人性的概念来源于对人的情感的信念"，人性自然是对活人而言的，对于死人来说，人性也就不存在了。人不能没有情感而生——心如止水或哀大莫若心死也是一种情绪；人甚至不能没有情感地去死——总是最强烈、最不能忍受的情感让人最后做出避生向死的选择。在这个意义上说，情感就是生命本身。克尔特纳和勒纳说，"回答人性是什么这个古老的问题，包含着对情感的设想。随着对情感的经验科学日臻成熟，许多关于情感的观点——情感有破坏性，是非理性的，不利于社会秩序——都已经发生变化。情感涉及非常复杂的问题——展示、生理学、语言、表现和经验。这些都使人们能够适应变化的社会环境，融入各种社会关系之中。……情感是普遍的（如进化论者所说），也具有文化特征（如建构论者所说），情感在人类最重要的判断和决定中起着中心要素的作用。而且，情感在社会交往中形成，也影响社会交往。只有当不同的情感得到平衡时，我们才会懂得什么是好的生活"。[2]

人的情绪和情感素质不只是个人的，而且也影响着群体生活的品

---

[1] Lauren B. Alloy and Lyn Y. Abramson, "Depressive realism: four theoretical perspectives", in L. B. Alloy (ed.), *Cognitive Processes in Depression*. New York: Guilford Press, 1988, pp. 223-265.

[2] Dacher Keltner and Jennifer S. Lerner, "Emotion", p. 342.

质,因此,每个人情感的自我克制和自我管理便有了公共的意义。在情感联网的时代,这种自我克制和自我管理正面临一些新的问题,但归根到底是我们应该如何在网上相互对待的问题:是相互理解、尊重和沟通,还是相互排斥、仇视和伤害。以目前的情况来看,后一种倾向特别值得互联网使用者重视。

　　网上的谩骂、攻击、造谣中伤、八卦、欺凌不仅对当事人造成极大的情感和精神伤害,而且也使整体社会的道德受损。以色列心理学家本·济夫(Ben Ze'ev)在《情绪的微妙》(*The Subtlety of Emotions*)一书中指出,人是人的情感最典型的对象;情感的对象要么是情感体验者自己,要么就是另一个或另一些人。[1] 个人情感是社会性的,任何表达或发泄出来的情绪都会影响到他人,互联网大大扩展了这种人际情感的影响范围。早在18世纪的苏格兰启蒙时期,启蒙哲学家托马斯·里德(Thomas Reid)就指出,"情绪是人行为的原则,是以人为直接对象的。换言之,从本质上说,情绪是我们对别人,至少是对有生命对象的好感或恶感"。[2] 如果说在社会里我们的言语包含着对他人的好感或恶感,那么,在互联网上就更是如此了。互联网让我们本来或许是无意流露的情绪也会影响或伤害到许多与我们并不相识的陌生人。你本来只是针对某个人的负面情绪,一旦在网上被一般化,就会变成是针对一群人的,而这很可能在很大范围内扩散你的情绪对他人的伤害。

　　例如,网上有一个广为转贴的"油腻中年男的标志"帖子:1. 戴

---

[1] Aaron Ben-Ze'ev, *The Subtlety of Emotions*. Cambridge, MA: The MIT press, 2000, p. 29.

[2] Quoted by Aaron Ben-Ze'ev, *The Subtlety of Emotions*, p. 30.

各种串；2. 穿唐装僧袍等类似服装；3. 聚会时朗诵诗歌然后开始哭；4. 在头面部任何地方留长毛发或胡须；5. 保温杯泡红枣加枸杞；6. 大肚子；7. 皮带上挂一串钥匙；8. 车身上喷"国家地理""越野e族""小国旗"等标志，车内摆各类佛像；9. 鼻毛成撮地外露；10. 留长指甲；11. 喝茶就喝茶，硬要大讲茶文化；12. 手串套在车挡上；13. T恤衫领子竖起；14. 说话急嘴角泛白沫；15. 在家里时喜欢穿着秋裤当家居裤；16. 家里老是珍藏普洱茶饼并吹嘘；17. 爱听草原歌曲和汪峰，并做怀旧状；18. 脖子上有大金链子；19. 西服配白袜子；20. 手机上戴着左右翻开的保护皮套。

  这很可能开始只是某个人对他看不惯的某"中年男"所表示的蔑视，用"油腻"这样的情绪用词发泄出来。有论者指出，这个"油腻"的情绪实质就是"讨厌"。要是没有互联网，这种公然讨厌一大群人的情绪不会在纸质媒体上有扩散的可能（除非在阶级斗争的年月里）。然而，在情绪联网的时代，互联网上扩散得最快的恰恰是这种用油嘴滑舌和夸大其词来显得很酷的情绪。它挖苦一些本来对他人无害的普通生活习惯，显得自己高人一等。然而，它却能产生模仿效应，有了"油腻中年男"，又有了"油腻中年女"和"如何避免"等等的指南，种种应和你来我往，变成了一个伪公共话题。一旦这种蔑视和自以为是的情绪在网上被一般化，就会变成对整个中年人群体的嘲讽和挖苦，与以貌取人、嘲笑肥胖者或残疾人有什么不同？这是一种犬儒式的嘲讽和挖苦，它只是为了好玩和耍酷，批评不像批评，建议不像建议，尖酸刻薄，是非轻重全无所谓，只图自己嘴上痛快，管他别人什么感受。难怪有人反驳说，外貌如何并不要紧，要紧的是，"一些更加重要的现代人品质，却在这片土地上一直缺货：独立人格，平等意识，法治观念","与灵魂不干净相比,油腻简直是一种美好"。[1] 这虽然只是一件小事,但让我们看到了互联网传播情绪的巨大功能。互联网不过是一个媒介,至于如何克制和避免对他人可能有伤害性的情绪,那就要看我们每个上网者自己了。

---

[1] 参见《与灵魂不干净相比,油腻简直是一种美好》,www.jinciwei.cn/e3173.html。

第 14 章　数码技术改变了交谈和情感智力吗?

美国麻省理工学院教授雪莉·特克尔（Sherry Turkle）在《重拾交谈》一书里提出了数码时代交谈伦理危机的问题。她认为，面对面交流是我们所做的最具人性，也是最通人情的事；但在今天的数码手机时代，我们却想方设法地避免交谈。我们因此变得更加孤独，更加缺乏对他人真挚的同理心和亲密感。特克尔在这之前的另一本题为"群体性孤独"（Alone Together）的专著中曾表达过类似的观点。她在《重拾交谈》中述及这两本书之间的关系，"2011 年我出版了《群体性孤独》一书，对人们总是互相联系的生活中的漠不关心提出批评。……现在，我们已经准备好讨论一个简单化的热忱信念，'我们越相互联系，就过得越好'"。[1]然而这只是智能手机或其他数码机器的互相联系，它正在使人们失去许多珍贵的东西，那就是只有面对面交谈才能带来的真诚倾听、同理心、被倾听的体验和被理解的快乐。提出交谈危机是为了促进我们的自我反思，自我反省本身就是一种自我对话，对每个个体人的自我成长都是必不可少的。我们应该如何来看待特克尔所说的"手机造成交谈危机"呢?

---

[1] Sherry Turkle, *Reclaiming Conversation: The Power of Talk in a Digital Age*. New York: Penguin Books, 2015, p. 17.

一 私人交谈的公共生态环境

在美国，特克尔的《重拾交谈》有其对美国现实社会和人际关系伦理问题的讨论价值。她讨论的是私人交谈，重申的是美国私人交谈的一些基本伦理价值：真诚、同情、家人的亲密情感维系，等等。她没有涉及私人交谈与公共交谈的区别，这或许是因为在美国，私人生活与公共生活、私人领域与公共领域之间的区分是明确的（至少是相对明确的）。她在集中讨论私人交谈的时候，把这种交谈与公共交谈的区别给忽略或省略掉了。

我们不必以此去评论《重拾交谈》对美国读者的可能影响，但是我们不能不关心它被翻译成中文后，在中国读者那里可能造成的误导。《重拾交谈》被翻译成中文，并在一个与美国社会完全不同的语境中被阅读，这时候，它一些主要结论的缺陷就暴露出来了。在中国特定的社会环境中，在人们普遍使用智能电话之前，社会中的私人交谈是否真的存在特克尔所要"重拾"的真实、真情、信任、亲密和同理心呢？若不弄明白是如何丧失的，又怎么能知道如何重拾呢？

某杂志2009年刊登了《告密者黄××？》一文，说的是聂××与黄××二人在北大荒一起度过了多年的"劳改"岁月，二人当时一起编杂志，精神上相互支持，素有私交。20世纪60年代初，聂××回北京后，被安排在全国政协文史资料委员会，担任"文史专员"。当时黄××在研究中国古代画家，常去聂家借书，二人交情更加深厚。他们经常在一起交谈。"'文革'之前，黄××与聂××之间走动颇多，借书写字，吃饭作诗，堪称惬意。刚回北京不多久，一次，聂××同黄××两人上街就餐，大约喝了一点小酒，相互便谈到了文艺界多位人士的命运。回家后，聂××情不自禁，写出两首绝句，其中一首曰：'丁玲未返雪峰穷，半壁街人亦老翁。不老不穷京里住，诸般优越只黄忠'。聂××当时住半壁街，所以自号'半壁街人'；'黄忠'此处指黄××。'雪峰'指冯雪峰，当时两人谈到了丁、冯的命运。后来这首诗不知如何，流到公安机关案头，继而又被司法机关定性为'为右派分子鸣冤叫屈的反动诗'，成了聂入狱的罪证之一。"[1] 这两位知名的文化人在私下交谈，因为相互信任而推心置腹，但是这种面对面的交谈并没有带来特克尔所说的那种诚挚、亲密、友情和同理心。正是因为"面谈吐真言"，面对面的交谈最容易成为引诱套话的陷阱，让背叛和出卖更容易捕获到不够警惕的猎物。聂××便是因为这样的面对面交谈，而付出了牢狱之灾的代价。

1970 年 2 月 13 日，十几岁的少年张××和家人在一起议论"文化大革命"的事情。他母亲说，领导人不该搞个人崇拜，"我就是要为刘少奇翻案"。张××回忆说，"我当时非常震惊，她在我心目中的形象完全改变了，不是一个母亲了，而是阶级敌人。我立即投入对母亲的批判斗争"。他父亲表态说，从现在起我们坚决和你划清界限，你把你刚才放的毒全部都给我写出来。母亲写完一张纸，父亲就拿着出了家门，说要去检举。张××随即也写了封检举信，"和红卫兵胸章一起，塞进军代表宿舍的门缝"。[2] 即使在家里与家人一起面对面交谈，人们也不总是在互诉衷肠，他们会谈到自己遇到的事情、外面大家关心的问题，对社会和政治的事情有自己的看法。张××家当时就是这样的交谈。这样的交谈不只是发生在"家"里，也是发生在一个社会

---

[1] 参见《告密者黄××？》，《南都周刊》，2009 年 4 月 8 日。
[2] 参见朱柳笛：《一名红卫兵的忏悔：永不饶恕自己"弑母"》，《新京报》，2013 年 8 月 7 日。

性的"交谈生态"之中。这时候，私人领域和公共领域的界限已经难以维持，私人之间交谈的那种推心置腹可能成为最危险的自我暴露。这种交谈生态是依靠鼓励出卖和犒赏背叛的一贯作为来刻意营造和维护的。在这种交谈生态没有得到根本改变的情况下，很难想象有可能"重拾"特克尔所理想化的那种真诚、信任、亲密、同理心的面对面交谈。

特克尔认为，美国人开始运用数码技术，将它用作一种修补交往不足的工具，为的是维持亲密的人际关系。一个人出门在外，独自在旅馆里，寂寞难耐，所以需要用手机联络朋友、恋人或家人。这种联络方式起初只是"聊胜于无"，却不料让人们依赖和迷恋上了手机，渐渐觉得"手机比什么都好"。手机对使用者产生了人性异化作用，让他们对真诚的人际关系变得麻木，尤其是丧失了人与人之间应有的同理心。[1]

如何来纠正这种情况，重拾真正的对话呢？特克尔提出了"三把椅子"的理论（在书的最后一章里又添加了第四把椅子：人和机器的交谈）。这个想法来自美国作家亨利·梭罗。1845年，梭罗为了学习如何更"审慎"地生活，远离人群中那些无休无止的唠叨，搬到了马萨诸塞州康科德的瓦尔登湖畔的一间小木屋生活。他说，小屋里有"三把椅子，独处时用一把，交友时用两把，社交时用三把"。特克尔引申了这个说法，将这三把椅子视为人与他人交际的良性循环链上的三个点，将谈话与同理心以及自省能力联系起来。那就是，独处是我们发现自我的时刻，我们会做好与他人交谈的准备，聊聊自己的真实感受。当我们建立了安全感，就能够倾听他人的诉求，真正听到他们不得不说的心

---

[1] Sherry Turkle, *Reclaiming Conversation*, p. 309.

事。在与他人交谈的过程中，我们会更善于进行人际真诚内心互动的同理心对话。

特克尔认为，破坏她那种理想化面对面对话的罪魁祸首是智能手机，在美国也许有人赞同她的观点（不赞同的也大有人在），但在另外一些国家，这样的观点便可能显得十分简单幼稚。在任何一个国家和社会里，真诚、信任、关爱、同情、恻隐都是普通人向往的社会人际价值，如果这些价值遭到破坏，看上去相似的现象，但原因会是完全不同的，破坏的严重程度也会不同。

人们使用智能手机并不只是为了交谈，也是为了许多其他"有乐子"的事情：绝大多数人在互联网上赚钱、爱国、追星、购物、打车、访友、找对象、玩游戏、创造"××的粉丝帝国"那样的新事物。在智能手机来到这个世上之前，波兹曼的《娱乐至死》就已经警告世人：找乐子可能让人对严肃的事情失去兴趣（其实古人早就有"玩物丧志"的说法），而这正是极权统治想要的效果。他称之为"赫胥黎"效应。今天，"玩手机"不过是让原来就已经在娱乐至死的人们（如打麻将上瘾者）多了一种娱乐至死的方式而已，而娱乐至死并不是智能手机带来的。

正如赫胥黎在《美丽新世界》和《重访美丽新世界》里告诉我们的，在实行思想控制的社会里，娱乐至死之所以成为一种生存方式，与其说是由于大多数人的自由选择，还不如说是统治制度的诱导所致。在智能手机的时代，娱乐至死的象征不再是波兹曼所批评的电视机，而是变成了特克尔评判的手机。有一幅令人看了觉得荒诞、恐怖的漫画，它有一个清楚表明寓意的题目《你在低头看手机，老大哥在头顶修理你》。画面上神情呆滞在低头看手机的人们一望无际，他们的头发连成一片，像一片草地。三两个冒出的头颅正被一个没有大脑的人用草坪修整机刈去。在朦胧的远方，还有一人悠闲自若地修剪大树。整个画面犹如老赫胥黎（Thomas Henry Huxley）关于"园丁"和"花园"的喻说。赫胥黎在1894年出版的《进化和伦理》（*Evolution and Ethics and Other Essays*）一书的序言中描述了一个将武断意志强加于自然的园丁，他中断了某个地方的"自然状态"，把一切不合他专制规定的东西当作杂草甚至毒草无情地刈去。这确实是一幅可怕的景象。在这个意义上说，特克尔的警告不是没有意义的。但是，造成这一可怕景象的根本原因是不是手机，却是一个完全不同的问题。

手机的问题和手机与交谈的关系问题都不能孤立地看待。不同社会里的人际交往生态环境中是否有可能重拾面对面交谈，或者该如何重拾，是不可笼统地一概而论的。孤立而直接地看待技术工具与人际交往效能之间的关系，很容易陷入一种"面包有害"的谬误证明：证据全都真实，但结论却是错误的。有人认为面包是有害的食品。他选择性地运用这样的"客观证据"：一、吃面包的人100%最后会死；二、爱吃面包的名人中包括希特勒和乌干达独裁者伊迪·阿明；三、90%的暴力罪行都是罪犯在吃过面包的24小时内干下的。每一个证据都是"事实"，但你会接受这些"事实证据"所支持的"面包有害"结论吗？一篇《慎防大数据助长独裁》的文章把"大数据"和"独裁"挂起钩来，就暗含这样的论证逻辑。试问，医疗和营养能使独裁者活得更健康更长久，我们是否也能论证医疗和营养助长独裁呢？

二　面对面交谈

特克尔关于手机好事变坏事的逻辑推演和三把椅子重拾交谈的建议有多大的说服力呢？这恐怕要看特定的手机使用者为何使用手机

和如何使用手机了。在使用手机之前，人们早就在使用电话了。事实上，对许多人来说，从电话到手机是一种方便的转换（中间还经过了大哥大、BB机）。人们使用手机也许并不是像特克尔认为的那样，是因为觉得"手机比什么都好"，而只是因为觉得有手机比没有手机方便。至于什么是"方便"，不同的人当然会有不同的看法。

文化研究学者陶东风教授写过一篇名为"为什么喜欢发短信而不喜欢打电话？"的有趣文章。[1] 他说，发短信并不比通电话省钱，而且，发短信还比打电话费时费力，但由于发短信的种种"方便"，他经常还是会选择短信。交谈方式的选择——见面、写信、打电话、发短信、用微博——经常不能用"经济理性"的选择来解释，而可能有其他的考量。他认为，"任何一种新媒介的发明和使用都不仅仅是一种技术发明，它意味着一种新的交往方式，新的人际互动方式，并建构着一种新的社会关系。因此，选择短信交往而不是电话交往，除了经济和技术的原因外，一定还有更加复杂的文化、社会和心理的原因"。

第一，短信能简化交谈，交谈主体"不但看不到对方的面部表情、动作神态，而且也听不到他/她的声音。真可谓不见其人、不闻其声"。这种"去个性"的交谈能就事论事传递信息，避免让"声音拉近了交流者的距离，给人一种亲密接触的感觉，（以致）交流双方都不得不揣摩对方声音中的言外之意"。

第二，由于短信交谈的"去个性"，它"避免了面对面交流或者电话交流可能伴随或带来的情绪反应，比如害羞、窘迫、难为情、畏惧、不好意思、尴尬等，这些情绪因素在交流中常常不起作用或至少不起很大作用。特别是谈论一些比较敏感的话题或发送含义暧昧的信

---

[1] blog.sina.com.cn/s/blog_48a348be0100dk5g.html.

息时，短信交流避免了面对面交流中可能出现的尴尬，有些话当面可能不会或不便说，但是通过短信说就方便很多"。也就是说，在一些情况下，短信比电话和面对面都更能说话。这就像钱锺书在《围城》里开的玩笑，情人之间用中文不好意思说的话，用外语说就比较容易说出口。陶东风也有类似的想法，"短信的距离感常常使得情人之间反而有更多的话想说和可说。电话交流虽然已经比面对面交流更有距离感了，但是比之于短信则又是近的，因为声音太熟悉了。你来我往收发短信使人获得一种又远又近、若即若离的体验"。

第三，短信可以让你更容易与你不喜欢的人说话。"如果一个人出于工作需要必须把一个信息发送给自己不喜欢的人，短信显然是比电话更好的选择，因为他不愿意听到对方的声音。这种情况在一些礼节性的短信问候、短信祝福中也体现得很明显。比如新年到了，出于礼节，必须给一些自己不喜欢甚至讨厌的长辈、老师、领导等等拜年，这个时候采用了短信的方式既达到了问候的目的，又可以不听到对方'讨厌的'声音和啰唆的询问"。

从文化、社会和人际交往心理来看待交谈媒介，这会让我们对特克尔所说的面对面交谈有一些与她本人不同的认识和看法。面对面交谈不是说要有就能有的，在匆忙的现代生活中，悠闲的面对面交谈是一件奢侈的事情。碰头费时费事，还可能话不投机、意见不合、陷入窘境、影响情绪。再说在许多情况下，交谈是为了解决问题，不是轻松闲聊、热络感情，所以有话则长、无话则短，是比较有效的交谈方式。在特克尔看来，这样的理由虽然不假，但都是实用性的理由。而交谈最重要的是价值理由。她认为，交谈的实际不便是交谈行为的必要代价（好事不容易，容易无好事），但是，既然交谈的价值理由摆在那里，那么再难也是值得去做的。交谈的价值理由是：倘若人际交谈（或交往）缺少了"见面"，无论是个人还是社会都可能遭受关乎人性的心理损害。面对面交谈有助于三个主要的人性价值，分别是：一、增强自信或自知，二、同理心，三、群体体验。[1] 这三个价值是数码交谈所不能增进的，不但不能增进，而且还会削弱和破坏。

特克尔认为，现在人们以手机交谈代替面对面交谈，在需要交谈时首先想到的就是用手机，已经造成了一种可称"数码土著"的新人（尤其是在下一代人中）。他们将此认同为自己的"自然"生活世界，根本不知道什么是面对面交谈，不知道面对面交谈不能随时"开机"和"连线"，不知道面对面交谈需要安排、需要预先约定、需要彼此有空和方便。"数码土著"从不知道什么是"孤独"，因为他们可以随时去打扰别人，也可以随时被别人打扰。

这就是他们心目中的"人际联系"。这种联系经常是心血来潮、肤浅无聊、有一句没一句，根本没有交谈质量。交谈不过是找人说说话，发泄一下情绪、倾诉一时的悲喜。这样的交流者只是在接受简短的信息，根本不懂能造就同理心的那种面对面交谈的力量。他们把希望寄托在技术身上，希望会有"'同理心 apps'来教他们同理心和同情心"，"希望在情感欠缺之处，能够得到 apps 的帮助"。[2]

特克尔认为同理心是人性最为核心的部分，这令人想起了 18 世纪苏格兰启蒙时期道德哲学家们对"同情"的重视。她强调，"面对面交谈是最人性——也是最有人性作用——的事情。由于互相充分展现，我们学会了倾听"。[3] 由此推论，用手机代替面对面交谈会使人性受

---

[1] Sherry Turkle, *Reclaiming Conversation*, p. 26.

[2] Sherry Turkle, *Reclaiming Conversation*, p. 361.

[3] Sherry Turkle, *Reclaiming Conversation*, p. 3.

损，造成同理心的丧失。

真的会有这么严重的后果吗？从我们的普通日常经验来看，至少有两个理由可以认为，特克尔的忧虑是夸大了的。第一，在面对面交谈很困难或不可能的情况下，手机交谈是可以包含同理心的。一个老人听到一位多年老友得病的消息，打一个电话问候和关切，完全可以是真挚而同情的。老人行动不便，相隔遥远，要不是因为电话，根本就不会有交谈的可能。这样的交谈并不因为没有面对面，就成为"没有质量"的交谈。第二，见面交谈未必就是"有质量"的交谈，许多见面交谈只是互相寒暄，即便问候，未必有什么真情实意。更何况，别人遇到灾祸，特意上门慰问，表面上关心，心底里幸灾乐祸，并不是没有的事情。面对面并不能自动产生同理心和恻隐。

三 同理心和同情

特克尔在《重拾交谈》中提出了数码时代的同理心问题，看上去类似于 18 世纪启蒙运动中苏格兰道德学者们对"同情"的强调，但这二者之间有着重要的不同。特克尔把同理心当作一个交谈伦理问题来讨论，而苏格兰道德学家们则是把同情当作一个"德性社会"（好社会）的哲学问题。在这个意义上可以把交谈伦理的"同理心"理解为 21 世纪对 18 世纪启蒙思想中"同情"说的一个侧面补充。在 21 世纪的今天，同理心和同情的重要性丝毫不比 300 年前有所消减。

美国历史学家格特鲁德·希梅尔法布在论述英、法、美三国不同启蒙的《现代化之路》(*The Roads to Modernity*) 一书里把英伦启蒙称为"德性社会学"(the sociology of virtue)，与法国启蒙的"理性意识形态"(the ideology of reason）和美国启蒙的"自由政治"（the politics of liberty）相区别。她写道，"不列颠道德哲学家们是社会学家，不是哲学家；他们关心的是人与社会的关系；关注一个健康和人道的社会应该以怎样的社会德行来做基础"。[1] "德性社会学"的基本信念是，社会是一种自然发展的秩序，启蒙是为了对社会秩序的人性条件、经济制度和政治因素——同情、宽容、公民社会、自由市场、文明政体——有更好的理性认识，只有这个基础才能保证社会政策和集体行动能更有效地达成社会良序和优化的目标。[2]

相比之下，特克尔所说的"同理心"要私人化得多。她引用第104任坎特伯雷大主教罗云·威廉斯（Rowan Williams）对同理心的见解：同理心不只是关乎如何对待别人，而且更是关乎一个人自己的成长。同理心不是从"你知道他人如何感受"，而是从"你不知道他人如何感受"开始的。同理心是自我认识的开始，"在这种不知中，你开始尝试交谈，'告诉我你是怎么感受的'。如威廉斯所说，同理心是一种陪伴和承诺。尝试交谈改变了你。当你越来越明白自己对某事多么无知之时，你才明白对自己是多么无知。你学会了一种更严格的关注，你学会了耐心，学会了新的技能和从新的角度来看待事物"。特克尔关注今天的同理心问题，是因为"技术深刻地改变了我们的同理心能力"。[3]

在特克尔那里，面对面地交谈、目光对视，这种"身体接近"对人际相互了解和同理心有促进作用。这与苏格兰道德学家们强调同情

---

[1] Gertrude Himmelfarb, *The Roads to Modernity: the British, French, and American Enlightenments*. New York: Knopf, 2004, p. 19.

[2] R. A. Houston and W. W. J. Knox, *The New Penguin History of Scotland*. London: Penguin, 2001, p. 342.

[3] Sherry Turkle, *Reclaiming Conversation*, p. 172.

的"关系接近"是很不相同的。人际关系并非一个身体接近的概念。例如,在休谟那里,人际关系是指同样的习俗、语言和文化,这些因素有助于增强同情的力量。[1] 斯密说,"每个人对凡是直接关系到他自己的事,兴趣都会比较强烈,而对关系到其他任何人的事,就比较没兴趣。譬如,听到某个与我们没有特殊关系的人死了,我们感到心忧、没胃口或睡不着的程度,远小于我们自己遇上的一个很无足轻重的小小不幸"。[2]

这里有必要说一下"同理心"和"同情"的关系。一般而言,同理心是能够将心比心,替别人设身处地,从别人的处境来看问题。而同情心则侧重于怜悯和恻隐。但在苏格兰启蒙那里,同情有特殊的含义,例如亚当·斯密淡化同情原本包含的怜悯和恻隐,而将之扩展为与他人共同拥有的情感。在《道德情操论》里,斯密阐述的是一种以人的同情为核心的社会和道德秩序。同情是看到别人有某种情感,能"设想在相同的处境下我们自己会有什么样的感觉"。同情是人性中的一种原始情感,"绝非仅限于仁慈的人才感觉得到,虽然他们的这种感觉也许比其他任何人都更为敏锐强烈,即使是最残忍的恶棍,最麻木不仁的匪徒,也不至于完全没有这种感觉"。[3]

我们是否与他人的情感一致,是我们赞成或反对他们的行为(或我们自己的行为)的依归。"行为的功与过,或行为究竟应该得到奖赏,抑或应该受到惩罚,全在于引发行为的情感所欲产生或倾向产生的后

---

[1] David Hume, *A Treatise of Human Nature*. 2nd edition, edited by P. H. Nidditch. Oxford: Oxford University Press, p. 318.

[2] 亚当·斯密:《道德情操论》,谢宗林译,中央编译出版社, 2008 年,第 99 页。

[3] 亚当·斯密:《道德情操论》,第 2 页。

果,性质上是有益的,抑或是有害的。"[1] 一般来说,同情的仁慈、慈爱、慷慨是人们所普遍赞赏的,但是,对于提高社会的品质,这些并不是必需的。最低程度的社会要求是"正义",也就是清楚而牢固地知道,不按规则办事,随意伤害他人,会引起众人的非议,是要受到惩罚的。斯密说,"仁慈总是自由随意的,无法强求,仅仅有欠仁慈,不致受罚"。[2] 但是,一个道德社会还是会对个人有"适当仁慈"的道德要求,"我们总是必须小心谨慎,将只是该受责备或该受到非议的,以及可以强制惩罚或阻止的区分开来。经验告诉我们可以期待于每一个人的那种平常程度的适当仁慈,如果有人没做到,那他似乎便该受责备;相反,如果有人超过那种适当的仁慈,那他似乎便该受赞扬"。[3]

特克尔在《重拾交谈》中表述的同理心是一种比苏格兰道德思考的同情远为有限的人际交往价值。它不仅太简单化,太狭隘,而且还过度理想化和浪漫化,它把同理心的"关爱""亲密"当作一种想当然的善,而忽视了关爱和亲密经常被用作一种伤害、控制和操纵他人的非正义手段。而这种伤害和操控正是在非常贴近或过分贴近的身体和情感关系中发生的,正如奥威尔在《1984》中揭示的那样,从精神和情感上控制一个人,经常就是从与他先建立"亲密无间"的关系开始的。苏格兰道德学家们在倡导同情的同时提出,在情感关系上,有时候需要保持距离。他们当然没有使用过电话或手机,但他们对情感距离的认识却很能说明,为什么许多人觉得,手机让他们有了无须有事必须面对面交谈的方

---

[1] 亚当·斯密:《道德情操论》,第78页。
[2] 亚当·斯密:《道德情操论》,第94页。
[3] 亚当·斯密:《道德情操论》,第96页。

便,让他们在面对面和不面对面之间有了必要的选择。

斯密看到,虽然同情是美好的品质,但人却是"不完美的同情者"。我们同情自己人,胜过同情陌生人,受这种偏见的影响,我们在同情的时候,判断也会被偏见所扭曲。这个道理对特克尔所说的"同理心"也是同样适用的。斯密认为,由于我们的同情并不完美,更由于我们知道并重视,而不是无视和回避这种不完美,我们才特别需要做一个"中立的旁观者"(the impartial spectator)。[1]

如果一个人与发生的事情关系很密切,他的情绪就会非常强烈和冲动,这会扭曲他的判断,也会使人在与他人交流情感的时候夸大其词、失去掌控。要判断某种情感或行为是否合适,就需要与发生的事情保持距离。同情需要在保持距离的情况下才能起到合适的作用,至少经常需要如此。理解一个人,对人和事做出适当的判断,要让同理心发挥合适的作用,经常也会需要保持距离。有的人经常一见面就争吵不休,越争吵火气越大,以致动手行凶,伤害他人。过分美化面对面的同理心效应,会让人看不到或忽视同理心的阴暗一面,那就是利用亲密和信任的关系来损害他者。如果说同理心需要成为数码时代人的素质教育(literacy education)的一个内容,那么学会保护自己不受滥用的或欺骗性的同理心之害,同样也应该成为数码时代学生素质教育的一个内容。

四　机器时代的情感智力教育

素质教育又称"学习教育",素质学习的内容是多方面的,不只是

---

[1]　亚当·斯密:《道德情操论》,第43页。

培养学生如何阅读、写作、听、说,而且还培养他们的思考能力。思考能力包括"情感智能"(emotional intelligence)并认识到人的"情感脆弱"(emotional vulnerability)。特克尔承认,许多人依赖数码交谈,用人工智能(机器人)代替人来照顾老人或病人,或者情愿用机器人当伴侣,这些都是因为情感脆弱的原因。有的人因为过去的经历或性格原因而自闭,他们害怕受到伤害,不敢交友或向他人敞开心扉,即使在有需要的时候也不愿意求助于他人。但是,她认为,机器并不能代替只有人才能给予他人的真正"关切"。[1]

机器的"人性服务"比不上人的人性服务。这从道理上说是没有错的。在一个完美的世界里,人人为我,我为人人,人与人之间可以充分相互信任和依靠。人的一切情感需要都能从他人得到充分满足,哪里还需要机器代劳呢?但是,我们生活在一个并不完美的世界里,这个世界充满了猜疑、不信任、欺诈、恶意操控,在许多情况下,人们不得不带着假面生活。在这样的情况下,机器反倒比人更值得信任和依靠,它可能不是一个理想的代劳者,但它至少不会设局欺骗你,陷害你,一面假装是你的朋友,一面诬告、出卖和背叛你。人对机器的需要是不完美的,但很可能是丑陋的现实世界造成的。机器不能改变这个世界,也不能让这个世界变得更好。但是,除非机器掌握在邪恶之徒的手里,倒也未必让这个世界变得更坏。有所行为和选择行为方式的是人,不是机器。让这个世界变丑恶或变美好的也是人,不是机器。我们可以不满意机器这个代劳者,但不应该把机器当作丑陋世界的替罪羊。

同理心是人的美好情感,应该受到全社会的呵护和善待,在一个

---

[1] Sherry Turkle, *Reclaiming Conversation*, pp. 350, 351.

好的社会里，任何人都不应该因为有同理心（或同情）而受到伤害。但是，现实世界并不那么完美，社会也不像人们期待的那么美好。在现实世界里，同理心让人变得很容易受到欺骗和伤害，是人的情感中非常脆弱的一环。最严重、致命的伤害往往是你很亲近的人造成的。越是在亲近者面前，同理心就越是脆弱，越是容易受到伤害。维护同理心的根本之途也许不在于少用手机，而在于优化社会中的人际信任生态。手机不过是人的机器，对机器不当使用负责的应该是人，不是机器。关注机器对人的异化影响并没有错，但反对机器不是机器问题的解决之道。否则，正如美国作家道格拉斯·拉什科夫（Douglas Rushkoff）的玩笑所说，"就像是演化转变的过程中，海洋生物也会认为那些直立行走的上岸者不会得到任何好处"。[1]

今天，人们关注机器与人的关系（尤其是人工智能）问题，对它的复杂性有了更多的认识。有报道说，美国 AT＆T 贝尔实验室宣称推出了先进的性爱机器人——洛克希，该机器人身高 170 厘米、体重 27 公斤，肤色和发色可变化，零售价格在 7000—9000 美元。发明者说："洛克希不会打扫，不会做饭，但她在那方面可以做到任何事情，你懂我的意思，她不仅仅是一个性伴侣，她更能倾听你，感受到你的触碰，她也会入睡。我们尝试去复制人的性格，洛克希有 5 个性格，有奔放、狂野、害羞、冷淡等等。" 有的科学家甚至认为，到 2050 年，人类与机器人之间的性爱将超越人与人之间的性爱。[2]

我们不妨把人工智能看成是机器假装成人。人工智能正在帮助

---

[1] 转引自戴维·温伯格：《知识的边界》，第 166 页。
[2] 参见《震撼："性爱机器人"来了，人工智能发展速度让人目瞪口呆！》，www.dataguru.cn/article-11971-1.html。

揭示我们以前所忽视的人与非人、人与机器、机械的人和自由的人的区别。这些都不是今天才有的新问题，早在数码时代之前，许多恶托邦作品中就已经有了这个反复出现的主题。这同样也是存在主义哲学的核心议题之一：人的异化。特克尔认为，机器是一种使人异化的力量，"有着像人面孔的机器"正在对人施展一种将人变成机器的力量，就在我们把机器当作人的同时，机器也在把人变成机器，"就在我们把机器当人来对待的时候，我们养成了把人当（半）机器的习惯"。[1] 这可以说是机器时代人的一种新的异化形态，但是，它将人变为非人，把人变为机器的异化机制并不是互联网时代才有的。将人变为非人、变为机器的最有效的力量不是机器，而是支配政治制度的统治权力。《我们》《1984》《美丽新世界》和许多其他恶托邦作品早就向世人揭示了这种异化机制的运作特点和后果。

相比把机器当人，更可怕的是把人当机器使用，把人变成政治机器上的齿轮和螺丝钉。这是一种政治和社会制度对人的异化。这种异化经常是——用斯坦福大学社会心理学教授菲利普·津巴多的话来说——"把好人变成恶魔"。它能把人变成作恶的机器，不仅是机器，而且是高效机器。社会心理学研究——如米尔格拉姆的"对权威的服从实验"和津巴多的"斯坦福监狱实验"——让我们看到，这种异化都是通过特定情境下对人的情绪和情感操纵来实现的。对这种去人性、变机器的异化，津巴多写道："不论是细微或明显的情境因素，皆可支配个体的抵抗意志。……能够符合、遵守、服从，轻易地被诱惑去做在'情境力量场'（situational force field）之外无法想象的事。一系列心理动力运作过程，包括去个人化、服从威权、被动面对威胁、

---

[1] Sherry Turkle, *Reclaiming Conversation*, pp. 342, 345.

自我辩护与合理化,都是诱发好人为恶的因素。'去人性化'是让平凡人性情大变,变得冷漠无情、甚至肆无忌惮地犯罪的主要运作过程之一。"[1]

比米尔格拉姆的命令作恶或津巴多的监狱牢头行凶更令人情感脆弱,防不胜防、无力抵抗的是温情脉脉的"谈心""恳谈""交心""请喝茶"。这些都是面对面的促膝交谈,是"思想工作"和"思想改造"的有效秘密武器。正如亚瑟·柯斯勒(Arthur Koestler)在《正午的黑暗》(Darkness at Noon)中所描绘的,那个与你交谈的人已经就是被异化了的机器人,他只是按照编排好的程序和指令对你进行思想灌输,解除你的心防。你看不到他的动机,看到的只是他的笑脸。他的笑脸在表演对你的"善意""友善""诚恳""关切""爱护"。这种表演比威吓和暴力更容易解除你的情感抵抗。你甚至还会爱上摆布和控制你的那个人,向他倾诉,告知心里的秘密(哪怕这个秘密可以被用作给你定罪的证据)。这就是我们所知道的斯德哥尔摩综合征。

人们经常把这种戴着微笑面具的害人家伙称为"笑面虎",人们痛恨和谴责笑面虎的理由是他玩弄和背叛他人的情感。但是,另一方面,凡是上过笑面虎当的人,他难道不该反思一下自己在这场骗局中负有的责任?是什么让他成为笑面虎的猎物?如何从这样的经验中学会不轻信和不自我欺骗?如何在下一次遭遇笑面虎的时候,更好地提防欺骗和愚弄?这些就是他所需要的情感智力教育。情感智力包括三种技能:第一是了解和认识人的情感;第二是学会控制情感,并将习得的自控能力运用于思考和解决实际问题;第三是调节自己的情感或

---

[1] 菲利普·津巴多:《路西法效应:好人是如何变成恶魔的》,孙佩妏、陈雅馨译,三联书店,2010年,第 v 页。

帮助别人调节情感，包括抵抗诱惑和干扰。每个人的情感智力教育都应该首先是针对自己的。

情感智力的这些技能在数码时代显得特别重要，大多数对数码技术和互联网的批评都是针对它们对人的认知和情感智力的负面作用：干扰、分心、成瘾和自我失控。在这些批评中，都涉及一个"度"的问题，例如，互联网有用，但过度依赖互联网会让人变得思想浅薄；手机有用，但过分依赖手机会让人丧失同理心。情感智力教育可以帮助我们认识到和把握好这个"度"，用好数码时代为我们提供的种种便利，同时也尽量避免这些便利因过度而造成的负面效应。这个"度"不仅适用于人们使用数码技术和互联网，也适用于对数码技术和互联网的批评，因为许多这类批评都受到情绪的过度支配，互联网的世界因此变得一片灰暗：互联网是一堆未经验证的谣言、流言和谎言的集合；互联网把我们的注意力切割成碎片，终结了深入的思考；我们的孩子沉溺于上网，不再阅读书籍；互联网是一个非理性的游戏场，一个人哪怕再愚不可及，也能在网上找到适合他的"回音室"，发出他洪亮的声音；互联网的谷歌正在腐蚀我们的记忆力，把我们变得愚蠢和浅薄；互联网让我们从文明社会倒退到部落时代；互联网代表了粗鄙者的崛起、剽窃者的胜利和高雅文化的终结，等等。所有这些我们耳熟能详的互联网批评不是没有合理之处，但都有一个使它们绝对化、漫画化的共同特征，那就是不合度。正因为超过了"度"，这样的批评会在不知不觉中变成既不合时宜，也违背事实的反机器主义论调。

第15章　历史文化转型时期的隐喻

互联网时代是人类文化形态发生深刻变化的时期，许多从未有过的互联网现象、功能、行为一下有了许多匆匆造就的概念，这些概念几乎全都是通过"隐喻"来形成的，赛博空间、高速公路、网络世界、网页、网址、窗口、漫游（网上冲浪）等等。人们需要借助隐喻来帮助形成对互联网性质和功能的理解和认识。对这些"隐喻概念"及其认知功能，已经有了不少介绍和讨论。在互联网之前，人类的其他文化形态转变，也同样借用过隐喻来理解和认知它们所包含的"意义"。这样的转变可以是知识和社会文化性质的（如文艺复兴和启蒙运动），也可以是政治和意识形态的（如德国的纳粹化）。互联网带来知识和社会文化性的变革，其隐喻与文艺复兴或启蒙运动的隐喻有些什么相似和不同之处呢？这三个重要文化转型期的主要隐喻——花园、光明、机器——都不是单纯用一物喻另一物的简单隐喻，而是复杂多义的扩展型隐喻，也就是类似于17世纪玄学诗的那种"巧喻"（conceit）。扩展的隐喻可以也必须做多层次的解读和诠释，不能用一般比喻的"来源"和"目标"的一一对应关系来解释和理解。把文艺复兴、启蒙运动和互联网时代这三个不同文化转型时期的主导性隐喻放在一起观察，可以发现它们在语言认知（linguistic cognition）上的不同，也可以让我们对互联网时代的自我想象和自我认知有一些新的了解和认识。

一　隐喻是一种怎样的语言认知

认知语言学认为，语言现象在知识本质上是概念性的，是对"意义"（meaning）的把握。语言最重要的部分之一是"语义"。认知语义学（cognitive semantics）是认知语言学的组成部分。语义学是语言意义的研究。认知语义学认为人的语言是人类一些更普遍的认知能力（如通过看、听、嗅、触摸认知事物）的一部分，因此，语言只能描述人们已经能够设想的世界。[1] 也就是说，人们通过语言去设想的概念世界和现实世界之间是有区别的。认知语义学家一般认为，词汇的意义（lexical meaning）是概念性的。意义不一定指向现实世界中的某个实体或某种关系。意义与我们头脑里个人理解的概念有关。例如，我们说"热浪"和"寒流"，在现实世界里，高温和低寒都是气候和温度的剧烈变化，并不能区分为"浪"或"流"。"浪"和"流"开始都是隐喻，但我们今天使用"热浪"和"寒流"时已经不再感知这里的隐喻。而且，更重要的是，我们没有别的词汇概念可以代替这两个说法。我们把它们当作普通词汇使用，直接收进词典，也就是"词汇化"。然而，这两个词汇的意义仍然是基于我们头脑里的隐喻性理解，而不是科学认识和解释的气温实情。

---

[1] William Croft and D. Alan Cruse, *Cognitive Linguistics*. Cambridge: Cambridge University Press, 2004, p. 3.

传媒学家波兹曼在《娱乐至死》中指出:"隐喻是一种通过把某一事物和其他事物作比较来揭示该事物实质的方法。通过这种强大的暗示力,我们脑中也形成了这样一个概念,那就是要理解一个事物必须引入另一个事物:光是波,语言是一棵树,上帝是一个明智而可敬的人,大脑是被知识照亮的黑暗洞穴。如果这些隐喻不再有效,我们一定会找到其他适用的:光是粒子,语言是一条河,上帝是一个微分方程(正如罗素曾经宣称的),大脑是一个渴望栽培的花园。"[1]

人类历史上每一次发生重大文化形态转变时,人们对这种转变的意义理解都会反映在活跃的隐喻想象和由此形成的概念变化上。这些隐喻不一定是前所未有的,恰恰相反,大多是以前就已经存在并不断被运用的。但是,由于是在新的语境和文化环境中运用。这些隐喻获得了新的意义。文艺复兴时期的"花朵""花园",启蒙运动时期的"黑暗""光明",互联网时代的"机器"都不是从未有过的比喻,但都获得了与这些时代特别相关的意义。

把这些不同的时代性隐喻放在一起,可以让我们看到其中的变化轨迹:从自然主义的"花园",到理性主义的"时空观念"(黑暗/光明),再到功能主义的"机器"。我们可以从这样的变化中提出一些值得思考的问题。20、21世纪互联网时代自我认知的种种隐喻,它们的机器喻说特征是在与15、16世纪文艺复兴的"花园"和18世纪启蒙运动的"黑暗/光明"的比较中显现出来的。在我们所熟悉的这个机器时代里,花园的隐喻显得幼稚和单纯,而黑暗/光明则又有妄自尊大、矫饰自负之嫌。机器的隐喻是不是比花园和黑暗/光明更代表一种成熟、客观、深入的自我认知呢?还是与前两种隐喻一样有着它自身的局限?

---

[1] 尼尔·波兹曼:《娱乐至死》,第16页。

这些是什么性质的局限？由于隐喻概念是一种意义构建，而构建则离不开利益和价值，那么互联网的不同隐喻概念之间又可能存在哪些不同利益冲突和价值分歧？我们在其中该如何选择？选择的目的和判断的根据又是什么？

美国认知语言学家乔治·雷可夫（George Lakoff）和哲学家马克·约翰逊（Mark Johnson）在《我们赖以生存的隐喻》（Metaphors We Live By）中论及了人类认知和生活中无处不在的隐喻："隐喻在日常生活中到处存在，不仅在语言里，而且在我们的思想和行动中。我们平常的概念系统，就思想和行为而言，从本质上说都是隐喻性的。"[1] 人是用概念来思考的，概念不只是一种智能，而且在人们的日常生活中构建他们的感知、活动和人际交往的认知工具。

概念基本上是比喻性质的，不同历史时期会出现不同的隐喻性概念，人们以此来认知自己的文化形态。互联网时代文化形态的特征体现在它独特的机器隐喻之中，这种机器隐喻的无处不在远远超过了文艺复兴的"花园"和启蒙运动的"光明"。互联网时代接二连三出现了不是一个而是多个隐喻。这是因为互联网首先是一个技术不断更新，然后才是一个文化形态发生转变的时代。互联网大众文化中对互联网认识的变化反映在人们使用的有关隐喻概念里，有的时兴了一阵就不再时兴，有的基本上不再使用，而还在使用的也改变了原有的意义。这些都是不奇怪的，不仅是因为话语时尚变了，还因为人们对互联网的性质和功能认知在不断变化和发展，有了新的侧重点或期待。

隐喻是通过一物与另一物的类似比较而形成的，在认知研究中，

---

[1] George Lakoff and Mark Johnson, *Metaphors We Live By*. Chicago: University of Chicago Press, 1980, p. 3.

一个是"来源",另一个的"目标"。例如,"爱的旅程"这个说法中的"路程"是来源,"爱"是目标。同样"互联网高速公路"中,"高速公路"是来源,"互联网"是目标。隐喻不是简单的一对一关系,而是复杂内涵的构建。对"爱的旅程",乔治·雷可夫曾做过这样的解释:"一对恋人在人生的旅途相伴而行,他们憧憬着共同的生活目标,并将其作为共同归宿。这对恋人关系就是他们旅行的工具,有了它,他们便可以携手奔向共同的目标。只要这种关系允许他们继续在实现共同目标的道路上前进,那么,它就会被视为实现了目标。然而,旅行并非易事。旅途中会有各种障碍,在有些地方(十字路口)他们必须做出抉择:往哪里走、是否还要风雨同舟。"[1] 我们将要看到,无论是文艺复兴的"花园",启蒙运动的"光明",还是互联网的"赛博空间"或"高速公路"都需要这样来把握其多层次的表意内涵。

　　与"花园""光"这样的隐喻相比,"赛博空间""高速公路""网络"等互联网隐喻概念都具有仓促造就的特征。这也与传统的隐喻有所不同。一个传统隐喻表述需要相当长的时间才能完成语言的"词汇化"过程。也就是说,它不是一开始被运用就会被收入字典,或当作一种标准用法的。语言使用者也需要一段时间才会失去对隐喻"来源"的感觉。中文里的许多成语就是经过了一段时间后才成为词典词汇的。例如,"买椟还珠"的意思是没有眼力,取舍不当,我们对这个说法的"来源"可以不知道,也可以无感觉,但照样可以正确运用。这还是能查考"来源"的。有许多说法的"来源"(原始含义)根本就已经无从查考,人们在使用时,也察觉不到有原始含义,这叫作"死喻"。有的语言学

---

[1] 转引自史蒂芬·平克:《思想本质:语言是洞察人类天性之窗》,张旭红、梅德明译,浙江人民出版社,2015年,第283页。

家认为,"语言中的绝大多数都是死喻,人们早已不记得它们的原始含义了"。[1] 例如,人们常说"看透你的心思",这个说法中的"看"(或"看透")是什么时候、在什么情况下,通过怎样的类比与"心思"(它本身也是一个死喻)相联系的,已经很难或不可能知道了。使用这个说法的人们也不会去在意它的原始含义。

法国里昂第三大学(Jean Moulin University, Lyon Ⅲ)丹尼·让内教授(Denis L. Janet)指出,互联网的绝大多数(如果不是所有)名称概念虽然是通过隐喻构成的,但在隐喻概念之外,还有"新造词"或"生造词"的特点。对许多互联网使用者来说,这种新造词与死喻没有什么区别。今天英语中的"漫游"是"surf the web",使用这个说法的人们大多数会以为这是一个专业的技术术语,而不会想到"冲浪板"这个隐喻。因此,中文翻译可以索性把原来的隐喻换成"漫游",可见原来的比喻已经根本不重要了。"漫游"这个说法可以直接作为一个专用词收进词典,surf 也是一样,被当作 surf 多个意义中的一个特殊意义来处理。

让内指出,"互联网隐喻是由于术语的需要才出现的,也就是说,人们有急需,需要命名一些以前从未有过的事物,这些隐喻可以视为'语言备胎'",先用一下再说,等有了更合适的,不妨再换掉。但是,这些隐喻说法很快便被当作专门的词汇收进了词典,也就是"词汇化"了。互联网的隐喻表述开始只是出于应急的需要,尽管它们未必准确或十分达意,但没有它们就没有其他的言说方法。例如"信息高速公路",在高速公路上跑的是信息,还是寻找信息的人?人驾驶的汽车又是怎么一回事?但是,隐喻一旦被广泛使用,开始的不适感也就淡化或消失了。

---

[1] 史蒂芬·平克:《思想本质》,第 275 页。

许多死喻也是这样，开始未必合宜，但用久了，就没有人再去计较了。例如，"山脚下"：在山的脚下，这个说法一点也不准确，山的"脚"在哪里？但是，对不是地理学家或地质学家的一般人来说，"山脚下"已经足够生动有用，所以也就能成为一个通用词汇。一般造专用名词的方法是在已有的词加上前缀、后缀等，互联网造新词的方式与此不同，用隐喻而不用造词。这样的隐喻概念便于衍生出其他有用的说法。采用这种造词法的另一个原因"可能是出于一种讲述的需要，虽然新的信息和传媒技术相当复杂，是专业性的，但互联网需要一种普通人能懂的语言。或许是因为这样的原因，采用的是隐喻造词而不是别的造词方式，可以让使用者能够立刻将概念视觉化。隐喻造词是因为它很清晰，也容易流行"，把非常复杂的理解简单化了。[1] 互联网的隐喻说法造出来之后，研究者对这些隐喻深入辨别和分析，揭示简单化概念后面的复杂含义。许多含义并不是人们在开始创造隐喻时就想到的，这与诠释文学文本可以读出原作者没有想到的意思来是一样的。

二　文艺复兴时期的"花园"和"花朵"

文艺复兴时期的"花园"就是一个看似简单但有着复杂含义的隐喻。意大利维罗纳大学（Verona University）文学教授丹妮厄娜·卡尔皮（Daniela Carpi）在《文艺复兴时期作为法律的花园》一文中指出，"花园"的复杂意象对文艺复兴时期法律概念的形成有过重要的作用。她

---

[1]　Denis Jamet, "What Do Internet Metaphors Reveal about the Internet?"

指出，花园不仅是生命的象征，而且提供了一种伦理的形象，指示人的行为应该遵守的规则。花园代表一个由人支配的体系，但这个体系是有限度和有局限的。人规范自然和自然行为，必定伴随着强加于自然的暴力。花园成为人对神的一种挑战，表现出人改变自然、管制自然的雄心。以花园隐喻法律，意味着人有了规则就必须遵守，不然花园和法律就会衰败，重新退化为一个弱肉强食的丛林世界。[1] 因此，花园意象帮助形成的不仅是一个关于法律的概念，而且是一种关于文化和文明秩序的概念。

文艺复兴时期的花园隐喻是从古代传承而来，但在初期现代文化的历史环境中，它发展出了新的含义。在古代，花园是天堂的象征。英语中的 paradise 来自希腊语 paradeisos，这个希腊词汇又来自属于伊朗语支的东伊朗语的古阿维斯陀语（Avestan）的"pairi-daeza"，指的是一个圈围起来的地方，一片从不毛之地的沙漠中开辟出来的小小绿地。花园是一片乐土，是一个需要规划、不断呵护、细心照料的封闭空间，生活在那里是一种特权而不是常态。只有被允许的人才能进入花园。这样的意象便是《圣经》的伊甸园。伊甸园不仅是一幅美丽景象，而且是一个道德故事。亚当、夏娃的故事使得伊甸园的花园成为一个扩展性的隐喻，对伊甸园故事的不同诠释便构成了这个扩展性隐喻可能的多种复杂含义。

到文艺复兴时期，花园已经从一个"谢绝入内"的禁地转化为一个众人可以自由自在游逛欣赏的地方。花园被用作书籍的隐喻，而书里的精华则是花朵。文艺复兴时期出现了许多称为"精选"（florilegium）

---

[1] Daniela Carpi, "The Garden as the Law in the Renaissance: A Nature Metaphor in a Legal Setting", *Pólemos* 6: 1（2012）: 33-48.

的文集。这种文集"不是概述,而是挑选有权威来源的最好的部分,也就是'花儿'。Florilegium 是从 flores(花儿)和 legere(挑选)来的"。[1]

文集不仅是一项汇集文章精华的工作,而且变成了一个文学类型。编纂文集是采集各种美丽动人的花卉,集合在一起,成为文章花卉的集粹。以翻译《圣经》闻名的学者理查德·塔弗纳(Richard Taverner)在他的《智慧的花园》(The Garden of Wisdom, 1539)中有一篇《致温柔的读者》(To the Gentle Readers),他在此文中说,一个好的文集收录的不只是漂亮的金句,而且是智慧之言,"这是一个花园,一片天堂……你可以在此创造自己,以我之见,这并不逊色于欣赏的快乐"。萨缪尔·匹克(Samuel Pick)在《快乐盛宴》(Festum Voluptatis, 1639)的《致读者》中写道:"请原谅我的狂妄,也请保护我不受井底之蛙者的吹毛求疵,他们讨厌一切印刷出来的东西,无论编纂得多么美好。我在这里所做的是为了朋友和你的快乐。因此,我温柔的朋友,请你好好接受。我恳求你和你们,不要在花苞刚绽放时就急于采摘。"[2]

以花卉比喻书中精华,以精选文本为一种文学形式,这本是中世纪的一个传统,但在文艺复兴时期成为一种受众甚广的读物。不只是出版商,人文学者也有参与编纂这种文选的。这种书主要是为那些不能自己大量阅读原著的读者准备的,让他们一册在手,便能有尽收百家的速成阅读。精选文集是从各种权威——宗教作家、哲学家、诗人、演说家等——的手稿中结集值得记诵的引文、句子、段落或更长的部分。自文艺复兴起,这种被称为"文学样式"的选编文集在欧洲

---

[1] Ann M. Blair, *Too Much to Know*, p. 34.

[2] Quoted in Randall L. Anderson, "Metaphors of the Book as Garden in the English Renaissance", *The Yearbook of English Studies*, Vol. 33, Medieval and Early Modern Miscellanies and Anthologies (2003), pp. 248-261, 248.

长盛不衰。

在有古登堡印刷技术之前，所有的书籍都只有手抄本。那是一个手稿时代，直到 16 世纪印刷术推广后，才进入印刷书籍时代。到了中世纪后期，手抄本生存已经实现了商业化和正规化。书籍掌握在"手稿商"手中，他们往往兼生产与销售为一身。[1] 由于抄写需要耗费大量人工和时间，书价非常昂贵，一般人不可能拥有多少书籍，阅读者需要向他人或修道院或公共图书馆借阅。书不是自己的，所以阅读时经常会做详细的笔记，抄录书中的精华部分。这些抄录和摘录汇集在一起，为的是自己欣赏，也是保持对原文本记忆的一种辅助方式。这样收集的文萃不是随意堆放在一起，而是经常分门别类地整理，以便阅读和查找。哈佛大学教授安·布莱尔称这样的笔记方法是一种"知识信息管理"。

文艺复兴时期，尤其是印刷术推广后，书籍开始大量生产。这时候，中世纪那种为私人欣赏而汇编的文集成为很受欢迎的印刷物商品，虽然仍然以 florilegium 相称，但性质已经发生了变化。编纂文集的人经常一开始就抱有商业目的，在选择内容时，更多考虑不同读者的喜好，广事搜罗，以吸引尽量多的读者，扩大销售范围。

在这种编纂意向的主导下，也由于印刷的方便，中世纪纤薄的手抄"文萃"册子在文艺复兴时期变成大部头的印刷卷，成为畅销的参考书。它们经常按照主题词的分类来组织书中的内容，便于读者在有写作或讲演需要时，可以查到切题的引言，方便运用。文萃从原本的精英阅读转变为对一般人都有用和有吸引力的读物。1565 年出版的大

---

[1] Peter Burke, *Italian Renaissance: Culture and Society in Italy*. Cambridge: Cambridge University Press, 1999, p. 70.

型参考书《人生戏院》（拉丁文：*Theatrum Humanae Vitae*）就是这样一个引人入胜的读物。它从各个历史时期中积聚了人类善德恶行的范例，为读者提供道德范例和建言，也可以为有关议论提供例证。今天，这类书本身已经不再常见，但是，从不同来源筛选、总结、分类信息的基本编纂方法仍然有效。20世纪受民众欢迎的《读者文摘》或今天的网文聚合，都是以此作为方法概念编纂的大众读物。当然，在今天的文化精英眼里，这样的读物早就不再是什么值得赞美的"花朵"了。

花朵不是一个简单比喻，而是可以根据不同需要来延伸、展开的扩展性隐喻。花朵的一个自然延伸便是"蜜蜂采花蜜"：花蜜被视为花之精华。这个隐喻在罗马作家塞内加那里就已有所表述。他写道："人们说，我们应该效仿蜜蜂的榜样，蜜蜂到处飞舞，在适合制蜜的花朵上采集，然后放置和归集在蜂巢里。……我说，我们也应该像蜜蜂那样去做，把所有收集到的东西都集中起来，从不同读物的收集中进行筛选"。[1]

文艺复兴时期的英国牧师和作家弗兰西斯·米尔斯（Francis Meres）对塞内加的蜜蜂隐喻提供了他自己的诠释，他在《阅读多种书籍的用途》中说，"从多种花卉采集的蜜，是不同花朵的琼浆。但蜜蜂对它做了自己的糅合和消化，要不然也酿不成蜜。因此，你应该阅读所有的作家，而你的阅读应该为你自己所用"。[2] 米尔斯把塞内加"学习蜜蜂"道德隐喻转化为一个更为有的放矢的学习劝导：阅读文本固然重要，但文本的价值要靠读者自己去发掘，对自己有用的才是最值得采集的

---

[1] Seneca, *Ad Lucilium epistulae morales*. Ed. and trans. by Richard M. Gummere, Loeb Classical Library, 3 vols. Cambridge, MA: Harvard University Press, 1917–25, ii, pp. 276–79.

[2] Quoted in Randall L. Anderson, "Metaphors of the Book as Garden in the English Renaissance", p. 249.

精华。相比之下，伊拉斯谟的蜜蜂采蜜隐喻就更像从塞内加那里直接搬用而来，"我们学生就像匆忙的蜜蜂，在整个文学花园里到处飞舞，在每个花朵上停留，一点一点采集花粉，运回蜂巢"。[1]

我们可以看到，在花园和花朵的不同隐喻诠释中，隐喻从一个相当简单的意象变得多层次而丰富起来。这样的隐喻可以转化为一个某种程度的叙述。意象的多层次化和叙述化是扩展性隐喻的特点。在 17 世纪诗学中，这被称为 conceit。这个字源自拉丁文 conceptus，意思是"思想""概念"或新颖奇特、聪慧睿智的评论和想法。Conceit 后来成为一个文学术语，意指新颖和奇特的明喻、暗喻和夸张。文艺复兴的抒情诗人开始使用 conceit，17 世纪风行一时的玄学诗人更是对这种诗歌手法推崇备至。

作为一种比较复杂的比喻，扩展性隐喻不一定强调机警和俏皮，但要求讲究合理和逻辑，延伸的各个部分互相联系，言之成理。下面这张文艺复兴之花的隐喻就是这样。画的中间是一株花，花株在地上的部分缠着一条有"文艺复兴"字样的飘带。花株上有几个长长的花穗，中间的两个花穗一个是"艺术"（art），一个是"学识"（learning）。花株在地下的部分是它的根，浅根是"中世纪"，深根是"古典"。旁边标记的是"欧洲"。画的右上角是一个太阳，标明为"人文主义"（humanism）。画的左边是一只拿着水壶的手，正在给花浇水，下面两个字是"旅行"和"贸易"。画的右边是拿着一把铲子，在给花松土施肥的手，下面的一行字是"城邦国家的成长"。这幅画形成了一个关于欧洲文艺复兴的扩展性隐喻，各个方面的因素都是不可缺少的，它们相

---

[1] *Collected Works of Erasmus*, R. A. B. Mynors and others (eds.). Toronto: University of Toronto Press, 1974–), xxiv: *De Copia, De Ratione Studii*, ed. by Craig R. Thompson, 1978, p. 639.

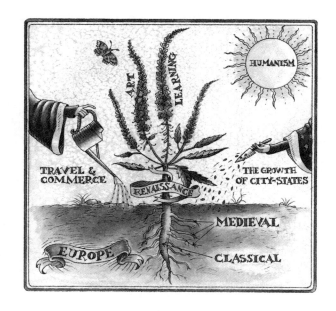

文艺复兴时期的视觉隐喻

互联系,形成一个丰富完整的隐喻。[1]

文艺复兴时期的人文学者以恢复古代知识和文学为己任,将此视为自己的高尚学问和人生目标。这是一种与我们今天不同的学术价值规范,不像后来的文学家或学者那样讲究原创和创新。许多人文学者从事收集、甄别、汇总、分类、编纂等知识活动,孜孜不倦地收集各种诗文、箴言警句、格言成语、墓志铭、沉思录等,确实很像从各种花朵采蜜的勤劳蜜蜂。他们的著作许多也都是用与花有关的说法为题目。文艺复兴研究学者兰德尔·安德森(Randall L. Anderson)的研究显示,仅在英国的文艺复兴时期,用"花"的各种变化说法(flowers,

---

[1] 原图参见:https://mrportersworld.files.wordpress.com/2015/05/renaissance-plant.pdf。

blossoms, posies, nosegays）来做题目的，或者用与"花园"有关的说法来喻指集花地的（garden, paradise, garland, arbor, bower）就有几十种。[1] 可见这种隐喻对当时人文学者们知识想象的支配作用。

虽然看上去许多文艺复兴时期的人文学者都运用"花"或"花园"的隐喻，但他们却总是以自己的方式发挥这种隐喻的含义，形成了各自独特的扩展型隐喻。不妨举几个例子。劳伦斯·安德森（Lawrence Anderson）说，"正如我们所见，一个人走进一个充满新奇的花园，并不会第一眼看到什么花就摘了来，而是会到处逛逛，挑选最美、最芬芳的花儿。我可以说,（在我的选集里），我避开所有庸俗、浅显的东西……只挑选最有内容的精品"。这似乎有点像老王卖瓜式的广告。文选《缪斯的花园》（Garden of the Muses, 1600）里是这么写的，"看吧，这里的花卉是如此多种多样，它们都是宝贵的，请不要踩到它们。如果你的良心受了伤，这里有各种草药可以医治。如果你有疑虑和害怕，这里有安慰你的鲜花。你的希望受到挫折吗？即刻的治疗就在这里。一句话，有什么病痛是这里不能疗治的？你需要的快乐，哪一样是这里没有的？"这个文集简直就是一个包治百病的百宝箱。[2]

然而，也有对花的隐喻反其意而用之的，约翰·库克（John Cooke）在他的宗徒书信《致自以为是、嫉妒和愚蠢的读者》（To the Iudicious, Enuious and foolish Reader, 约1604）中写道，"至于你们这些嫉妒我的读者，我知道你们的恶意和愚蠢，就算是摘自帕纳萨斯山的最美鲜花，你们

---

[1] Randall L. Anderson, "Metaphors of the Book as Garden in the English Renaissance", p. 251.

[2] Randall L. Anderson, "Metaphors of the Book as Garden in the English Renaissance", p. 251.

也会喷上你们的毒液。因此，我这里给你们带来的是荆棘之刺"。[1] 帕纳萨斯是希腊中部山峰名，传说为太阳神阿波罗及诗神缪斯的灵地，用灵山上的花来衬托荆棘的芒刺，这样运用花的隐喻，真可谓到了极致。

三　启蒙运动想象的"黑暗"和"光亮"

启蒙运动最重要的隐喻是"光亮"。"启蒙"一词，法语是 les Lumières，英语是 enlightenment，都是从"光"而来，德语的 die Aufklärung 则是看清楚的意思。眼睛要看清楚东西，需要有光亮才行。光亮与"看清"和"认清"关系的复合喻意在柏拉图《理想国》的洞穴故事里已经有了经典的表述。光亮和黑暗与"真知""智慧"的关系也是希腊文学的一个常见主题，探讨的是黑暗与愚盲（眼盲与心盲）之间的复杂关系。在索福克勒斯的伟大悲剧《俄狄浦斯王》里，唯一可以真正看到的人是盲人先知忒瑞西阿斯。这是一个令人深思的主题，它揭示的是，真实的"看见"（认清）不需要眼睛，而是一种超越事物表面的能力。真正的智慧是，人们不仅要能够看到某些东西，而且还要能够理解它。忒瑞西阿斯是一个盲人，但他是整部剧中唯一能够看见和知道将会发生什么事的人。俄狄浦斯想要让一个可怕的秘密暴露在光亮之中，他不听先知的劝阻，一意孤行，不惜一切代价地想要弄清真相。当他看到这个可怕的真相之后，他剜出自己的眼睛，让自己

---

[1] Randall L. Anderson, "Metaphors of the Book as Garden in the English Renaissance", p. 251.

陷入了永远的黑暗，却也成为一个眼盲但心明的智者。这也就是我们在《俄狄浦斯王》的续集《俄狄浦斯在科罗诺斯》里的俄狄浦斯。

启蒙运动的光明隐喻并不是来自希腊的这种哲思，而是来自基督教的光明和黑暗修辞。《圣经》里有许多光明和黑夜的喻说，不仅喻指智慧和愚昧，而且喻指道德和罪恶。"光已经进入了世界，人们喜爱黑暗而不是光，因为他们的行为是邪恶的。因为凡恶者都恨光，不肯来就光，因为他的行为将被暴露。但是实践真理的，就是光明，使他的行为可以体现为在神里所行的"（约翰福音 3:19，20，21）；耶稣又对众人说："我是世界光。跟从我的，就不在黑暗里走，必要得着生命的光"（约翰福音 8:12）；"外邦人，我差遣你们，睁开眼睛，使他们可以从黑暗转向光明，从撒旦的统治转向神"（使徒行传 26:16，17，18）；"因为神说，光必照耀在黑暗之中，照耀在我们心中的人，在基督面前给予光的知识"（哥林多后书 4:6）；"他们不知道也不明白；他们在黑暗中走路"（诗篇 82:5）；"义人的道路就像黎明的光明，照耀光明，直到整天。邪恶的方式就像黑暗；他们不知道他们绊倒什么"（箴言 4:18，19）。

与《圣经》中的光亮和黑暗一样，启蒙的光亮也是黑暗的背反面。光亮是相对于黑暗而言的。光亮的意义存在于对黑暗的理解和诠释之中，而如此揭示的光亮含义则又反过来影响和引导对黑暗的理解和诠释。今天，人们对光亮的想象已经可能混杂着现代的特征，我们可以把光亮想象成昏暗隧道的尽头，而不是黑暗的背反，这个光亮想象中的隧道就是一个现代事物。

启蒙运动时期，人们都是以一种与光亮背反的方式看待黑暗的。黑暗意味着落后、愚昧、迷信、保守、偏见和冥顽不灵。这成为他们眼中"中世纪黑暗"的景象。从黑暗到光明，这成为启蒙时代历史进步的隐喻，虽然看起来是自然的明暗对比，却不能说是一个自然隐喻。自然的昼夜是不断交替变换的，黑暗消隐，光明来临，但光明之后呢？光明之后又是黑暗。

其实，18世纪启蒙对历史的叙事并不能在它自身与中世纪之间构建一种简单的明暗对比关系。简·唐特力（Janne Tunturi）在《启蒙时期编史中的黑暗隐喻》一文中指出，"启蒙运动采用了基督教的明暗喻说，赋予它新的意义，并以此更新世界。从这个角度来看，在对基督教光明和黑暗两分说的重新解释中，世俗化的进程达到了顶峰"。[1] 在基督教教义里，真理是上帝恩赐给人类的光明："主是我的光"（诗篇27：1）。但是，从文艺复兴之后，"这个隐喻逐渐被科学真理的理念所代替，科学真理照亮了人类知识的黑暗领域"。[2]

启蒙运动时期，人们对科技有了与中世纪全然不同的认知。意大利历史学家欧金尼奥·加林（Eugenio Garin）在《中世纪与文艺复兴》一书里指出，在中世纪，科学和技术是被当作"巫术"的。"托马斯·康帕内拉在《论巫术和事物的意义》中写道，科学家所做的一切工作都是模仿自然，或者使用尚不为人知的技艺协助自然……其表现就是巫术。""巫术就是阿尔基塔所做的鸽子，它像其他自然的鸽子一样会飞。费迪南皇帝时代，在日耳曼有一位德国人制作了一只鹰和一只苍蝇，它们都会自己飞。但是，在人们懂得这样的技艺之前，都总是把它称作巫术。后来叫做通俗的科学"。一直到文艺复兴的时候，火绳枪使用的火药和古登堡发明的印刷术也还是被许多人视为巫术。人们一旦了解并接受了科学观念，就会把这种巫术观念视为愚昧和迷信。英国科

---

[1] Janne Tunturi, "Darkness as a Metaphor in the Historiography of the Enlightenment", *Approaching Religion*. Vol. 1, No. 2 （December 2011）: 21–25, p. 21.

[2] Janne Tunturi, "Darkness as a Metaphor in the Historiography of the Enlightenment", p. 20.

学家和思想家弗兰西斯·培根就是把巫术作为积极的科学理论来了解的,"通过它来倾听大自然的声音,以便理解和控制,然后把大自然变成乐于助人的侍女"。[1]

启蒙运动对科学有了新的认识,科学精神带来基于经验验证和分析思考的可靠知识,其明亮、透明、清晰成为自然科学的特征,代表一种克服迷信和破除宗教羁绊的理性解放。[2] 这样的启蒙认识帮助清除中世纪在巫术和其他一些观念上的愚昧和迷信。启蒙人士把光明当作理性、科学、宽容和进步的象征,看起来相当具有共识,但是,他们对于光明驱散怎样的黑暗却是见解不一。18 世纪启蒙思想对光明和黑暗的关系有着比表面上的明暗对比更加复杂的理解。

18 世纪法国启蒙运动最杰出的代表之一,同时也是一位数学家和哲学家的孔多塞称 18 世纪启蒙是一个"光的世纪",一个"哲学的世纪"。这是一个洋溢着乐观精神的时代,"我们期待人类的未来可以用这样几点来概括:取消所有国家之间的不平等;同一国家人民之间的平等;人类最终真正完美"。[3] 这是一个只有进步没有倒退的世界,一旦光亮来临,黑暗便永远消散。

但同时,还有另一种对黑暗和光亮的不同理解。黑暗意味着缺少自然的光亮,启蒙可以带来一些光亮,但不能最终消除黑暗。法国启蒙法学家、《百科全书》的主要撰稿人之一的德若古(Louis de Jaucourt,

---

[1] 欧金尼奥·加林:《中世纪与文艺复兴》,李玉成译,商务印书馆,2012 年,第 145、147 页。

[2] Werner Schneiders, *Hoffnung auf Vernunft. Aufklärungsphilosophie in Deutschland*. Hamburg: Meiner.Schneider, 1990, pp. 83-93.

[3] Quoted in Anthony Pagden, *The Enlightenment and Why It Still Matters*. New York: Random House, 2013, pp. 5–6.

1704—1779）就认为，Ténebres（黑暗）指的是"剥夺了光亮"（la privation de la clarté），光亮可以驱散黑暗。然而，德若古并没有像他的一些同时代人那样庆贺光明时代的到来。他甚至预测光亮之后，黑暗还会降临，"黑夜会在白昼结束时出现，也就是说，当太阳不再照亮的时候"。[1] 他对光明的这一诠释不符合基督教上帝就是光的教义，是一种对"光"的启蒙新解，但同时也在质疑一些 18 世纪乐观人士所持有的历史直线进步的观念。卢梭对现代社会的不满与批判同样也表明，他不支持历史必然从黑暗向光明发展的自动进步观念。

光明隐喻的含义离不开对黑暗的理解。虽然 17 世纪已经有了"中世纪"（medium aevum）的说法，但中世纪是一个"黑暗时代"的观念却是在运用光明隐喻的过程中构建出来的，未必符合中世纪的历史事实。在中世纪最初的几百年间，基督教士是西欧古典文化的唯一继承者。在修道院的高墙内，在昏暗的灯光下，只有基督教士还在钻研着古典文化的各项成果。毕达哥拉斯的数学著作、欧几里得的几何学、阿基米德的物理学，都有赖于他们而得以保存。正是他们"保存了学问的灯光长明不熄"。这时的历史著作《哥特史》《法兰克人史》《伦巴德人史》，都为基督教士所做。日耳曼人登上了历史舞台，而记载他们历史的，也是基督教士。

今天我们对启蒙文化及其自我想象的研究包括了重新理解那个时期的光明和黑暗隐喻，不是为了要否定或推翻这一文化想象，而是为了更好地理解启蒙时期对中世纪"黑暗"的看法中到底可能隐藏着怎样的认知秘密。其中一个重要的秘密就是，人们经常会把自己不知道如

---

[1] Louis de Jaucourt, "Ténebres"（1765）, http://www.alembert.fr. Originally published in Éncyclopédie, ou dictionnaire raisonné des sciences, des arts et des métiers. Paris 1751–1772.

何去对待的事物视为具有暧昧不清或昏暗不明的本质，而不是检讨自己为什么不能看清这个事物。这个秘密就是认知者自己不自觉的偏见。

启蒙运动时期的历史研究受到它自身的观念和方法限制，重史料（如编年史）而轻文学和民间文化。中世纪的方言文学是口头创作，以口相传，如民谣类英国的《罗宾汉》，英雄史诗类法国的《罗兰之歌》、德国的《尼伯龙根之歌》，还有贵族抒情诗，都是18世纪学者所不熟悉的，需要他们以特殊的解读方式去把握其意义和想象特征。由于不知道如何理解中世纪的口语文化，18世纪英国历史学家罗伯特·亨利（Robert Henry）认为，中世纪的材料是"粗糙的、口语的"，"疏于挑选和整理"。[1] 他在《大不列颠史》中只用了他认为靠得住的史料（有正式记录和以前已经有过研究的）。他认为，中世纪文学是口语性的，缺乏明白易懂的写作能力。今天我们知道，中世纪的文学想象价值在启蒙运动之后重新受到重视，成为19世纪诗歌发展的一个重要灵感资源，早期浪漫派文学在中世纪哥特文化中看到了理想主义、英雄主义、对精神的崇尚和对女性的赞颂，中世纪文学得以重新发掘，并被认为是西方文学史上最重要的流派之一。18世纪苏格兰牧师和书写文化研究创始人休·布莱尔（Hugh Blair）已经意识到，"历史学在对待遥远的黑暗时代时，很少能告诉我们什么。社会的起始都笼罩在难以置信的混乱之中"。[2]

这样的黑暗和混乱感同样存在于启蒙时代对中世纪的认知中。由于启蒙时期对所谓中世纪"黑暗"认知模糊，当时的学者对如何看待

---

[1] Robert Henry, *The History of Great Britain, From the First Invasion of It by the Romans I–VI*. London, 1771-1793.

[2] Hugh Blair, *A Critical Dissertation on the Poems of Ossian, the Son of Fingal*. London, 1763, p. 1.

启蒙光明时刻的开始也有不同的看法。18世纪历史学家威廉·罗伯逊（William Roberson）认为，印刷术和其他"明显原因"是欧洲社会现代化的肇始，启蒙的光明时代是欧洲科技文明的产物。但休谟则认为，现代文明文化扎根于那个被称为"黑暗时代"的中世纪。在中世纪后期的宫廷文化中，男人和女人都能参与政治讨论和社会生活，这是现代平等观念的开始。游走于宫廷的廷臣们不是今天人们想象的那种听命于国王的奴才和跟班，而是富有教养、懂得自律、幽默风趣的高贵绅士。他们开明、纳新，创造出一种文明说话和行为的方式：既不挤兑别人，但又能清楚地说明自己的看法。休谟认为，正是在这种自我克制中，发展出了现代社会的公共行为礼仪和规范。[1]

彼得·盖伊在《启蒙时代》一书中指出，一些启蒙哲人对18世纪是否真是一个"光明"时代持怀疑和悲观的态度。德国科学家利希滕贝格（Christoph G. Lichtenberg）说，"人们大谈启蒙运动，还要求有更多的光。但是，我的老天，如果人们不长眼睛，如果有眼睛却死死闭着，再多的光又有什么用？"狄德罗有一次情绪低落，他对休谟抱怨道，"哦，我亲爱的哲学家！让我们为哲学的命运哭泣吧。我们在对聋子宣讲智慧，我们确实离理性的时代还很遥远"。休谟认为，在启蒙运动及有教养的支持者的世界之外，有一大片黑暗的荒漠，那里的人们麻木不仁，到处是文盲和迷信，是一片愚蠢和无知的王国。[2] 他们所悲叹的芸芸众生不是因为天生低劣，就注定要永远愚昧下去，而是因为习惯和乐于浑浑噩噩、行尸走肉般的生活方式，而对启蒙和自我启蒙

---

[1] Janne Tunturi, "Darkness as a Metaphor in the Historiography of the Enlightenment", p. 22.

[2] 彼得·盖伊：《启蒙时代（上）：现代异教精神的兴起》，刘北成译，上海人民出版社，2015年，第17页。

根本就没有兴趣。

黑暗是光明的对比物，由于言说光明的需要，所以构建了黑暗，这样的隐喻不能当作历史的事实。不只是在欧洲启蒙运动时期是这样，在其他一些历史时期的光明和黑暗对比中也是这样，如暗无天日的"旧社会"和无限光明的"新社会"。这样的隐喻无法回避一个令人难堪的自然隐喻，那就是昼夜交替，光明之后是黑暗。正如德若古早就已经认识到的，黑暗只是"剥夺了光亮"，黑暗并不是黑暗的本质，不存在永远照不亮的黑暗，也不存在永远不会黯然失色的光明。本质的黑暗几乎总是"光明使者"们因为自己的局限和愚昧，给他们不知道如何理解和认识的过去所做的本质定性。这种定性是勉强的，是自利偏差（self-serving bias）的产物，它的局限和愚昧也就成为光明使者自己的黑暗。

四 "机器"时代的隐喻

互联网隐喻基本上都出自美国英语，翻译成汉语有的是"死译"（直译，如"赛博空间""高速公路"），有的是"活译"（换一种说法，如将"冲浪"改为"漫游"）。有意思的是，对中国的网络文化批评来说，死译的说法是可以做隐喻分析的，因此是活的，而活译的则因为隐喻"来源"消失而成为死喻。也许是因为这个缘故，在中国对互联网隐喻的分析和讨论都是以英语原来的说法为依据和对象的。相比之下，网络文化批评对具有中国特色的互联网隐喻，如"网管""网警""网络安全""网络主权""防火墙"，当然还有一些调侃性的隐喻，如"网红""网络围观""网络水军"等等，则反而甚少着墨。大多数这样的隐喻都包含"治安"和"维稳"的意味,暗示互联网的不安全、有危险、有敌情、为非作歹、藏垢纳污、颠覆破坏、图谋不轨、违法乱纪等。相比英语的机器隐喻(赛博空间、高速公路、网上冲浪、地球村等),中国式治安和维稳隐喻更加直接地影响着中国网民对互联网性质和作用的理解和认识。

这是一种作用于人们害怕和不安情绪的隐喻影响。乔治·雷可夫在隐喻研究中指出,一般人很容易在不知不觉中被引导到发明这种语言者预设好的思维方式上去。平克举例说,"乔治·布什在第一个总统任期内曾向美国人民承诺税项宽免。'税项宽免'这一术语将税收放在一个'苦难'的理解框架内,而将解除税收的人放在'英雄'的框架里,同时也将妨碍解除税收的人放在了'恶人'的框架里"。[1] 中国网络隐喻中的"管""警""安全"等也暗设了类似"好人""恶人"和"警察""罪犯"的框架。

在美国,虽然也发生网络犯罪或网络攻击这类恶性事件,但互联网很少有敌情隐喻。美国的互联网隐喻可以大致分为两类,一类是社会或交际的,另一类则是技术作用或功能性的。当然,也有研究者们会在不同的论述中对互联网隐喻有不同的分类。但基本上是,虽然有的隐喻很容易成为一个特定的类别,但其他隐喻可以适应不止一个领域。英国兰卡斯特大学(Lancaster University)语言学教授埃琳娜·赛米诺(Elena Semino)指出,"不同部分讨论的模式之间的区别通常不是明确的,因为个人表达可能会引起不止一个潜在的源域"。[2]

先看第一类,社会性隐喻包括空间(space)、地方(place)、场所

---

[1]　史蒂芬·平克:《思想本质》,第289页。

[2]　Elena Semino, "The Metaphorical Construction of Complex Domains", *Metaphor and Symbol*, 20:1 (2005), p. 43.

(site) 等，都带有机器时代的特征。赛博空间——一个典型的机器时代产物——是最早出现，也最有代表性的，虽然现在已经很少使用，但潜在的影响并未消失。这个隐喻概念是加拿大科幻小说家威廉·吉布森（William F. Gibson）1982 年发明的，他说"赛博空间"是一个由电脑生成的空间，故事人物只要插上电源插头即可进入。这是一个具有幻想色彩的乌托邦自由地带，是一个现实社会制度下权力管制管不着的地方。因此，"赛博空间"成为自由意志主义者（libertarian）喜爱的隐喻。但是，互联网并不是这么一个自由、美好的地方，互联网有它的阴暗面，是一个需要公权力（政府）加以规范和管制的地方。正是因为赛博空间有无政府倾向，政府对它尤其不能放松管理。因此，赛博空间成为自由意志主义和政府管制争夺解释权的一个隐喻。社会隐喻往往更多地涉及社会的价值观，而不是互联网本身的技术。倘若隐喻与现实中的行为和政策无关，则不足以成为一个文化政治，乃至公民政治的问题。围绕互联网造墙和翻墙的冲突就是这种文化政治的体现。

　　互联网上的人际交往经常被视为一种社会网络，互联网的"电子邻居"或"虚拟社区"隐喻不仅是线上的，也是线下的。用现实生活中人们熟悉的"邻居""社区"为隐喻，是因为这样的群体在社会的现实生活中还在发挥作用，是个人与他人建立公共联系的有效方式。[1]如果一个社会中的人们普遍处于被迫的或自己选择的孤独状态，各自困守在自己的小公寓里，哪怕与隔壁邻居也老死不相往来，或者害怕几个人聚在一起就可能被安上非法集会、扰乱治安的罪名，那么，这样的隐喻便不可能引起类似的公共生活联想，因此也只能是一些不具

---

[1] Nancy K. Baym, *Personal Connections in the Digital Age*. Cambridge, UK: Polity, 2010.

实质意义的时髦名词而已。

　　全球村是另一个暗含民主公共生活意味的隐喻。从表面上看，它唤起了一个可以在一个小村庄中找到的亲密关系的图像，但适用于全球互联网用户。这个隐喻也与美国人的社会历史经验有关。有研究者提出了一个发人深省的问题，为什么不是现代性十足的"全球城"，而偏偏是前现代的"全球村"？城是一个陌生人聚居的地方，而村则是熟人社会，有共同的传统、价值观、办事规则和议事方式。美国人熟悉并实践的"市民会议"（town hall meetings）就是一种扩大版的村头政治。它的社会组织基础是托克维尔在《论美国的民主》中高度赞扬的乡镇组织和社会团体。这是有效公民社会的基础，人们在这样的组织和团体中发挥自己的民主公民作用。然而，全球村这个隐喻有时也会遭到批评，因为它所喻指的那个世界与现实过于遥远。事实上，网域的分割、各种防火墙的设立、社会的分裂，都在阻碍许多人进入互联网。[1]

　　"电子前沿"是另一个与美国人的社会历史经验有关的隐喻。它将互联网概念化为一片未开发的广阔领域，就像当年有待开发的美国西部一样，互联网代表新的资源、机会和能量，是一个建立新的社会和商业联系的地方。这是一个"美国梦"式的隐喻，是美国意识形态的产物，引发美国人对未来无限机遇的美好憧憬。在美国还有一个"电子前沿基金会"（Electronic Frontier Foundation），是一个国际知名的民权组织，旨在维护互联网上的公民自由、提供法律援助、监督执法机构，

---

[1] M. Dodge, *Understanding Cyberspace Cartographies: A Critical Analysis of Internet Infrastructure Mapping*. （Doctoral Dissertation）. 2008. Retrieved from http://personalpages. manchester.ac.uk/staff/m.dodge/thesis/chap_4.pdf.

总部设在美国旧金山。同其他社会隐喻一样,"电子前沿"显示的是美国人对互联网上人际互动、公民权利和社会正义的高度重视。

再来看互联网的第二类隐喻,与第一类同样具有机器时代的特征。这种隐喻涉及互联网的功能和用途,但同样会有公共价值观的含义。什么是功能性隐喻呢?如果你看到一个从未见过的机器,你可能会问:"这是什么?它的目的是什么?在回答这些问题时,需要解释该机器所提供的功能。我们在问"是什么"时,实际上是要求说明它的作用。同样,有人认为,知道互联网是干什么的,也就知道互联网是什么了。这是纯功能性的理解。

互联网的功能隐喻形成了人们对互联网本身的理解,指示他们如何实际使用互联网,并为设计互联网和制定互联网相关政策提供依据。对互联网设计来说,功能性隐喻特别实用,几乎体现在整个互联网、各级网站和个别页面的运用模式上。例如,网址、网页的"址"和"页"就是这样一种功能隐喻。网址(Website)的"址"(site)不是一个单纯的描述概念,它本身就是一个功能概念。它指的是有专门用途的一块地方,如"工地"(worksite)、"考古发掘遗址"(archaeological excavation site)。功能隐喻有的与各种空间和物理场所概念有关联,因此也被认为是空间隐喻。[1] 但是,"空间"不应该被当作功能性隐喻的唯一或决定性特征,因为社会隐喻本质上也是空间的。

"信息高速公路"这个常用的互联网隐喻虽然看起来也与空间有关,却是功能性的("云"是另一个相似的例子)。高速公路与看上去有些相似的"网上冲浪"是不同的。开车和冲浪这两个隐喻都可以是娱乐和体育性的,但隐喻的性质却不相同。"冲浪"与"海"不可分割。

---

[1] Zach Tomaszewski, "Conceptual Metaphors of the World Wide Web".

作为隐喻，大海是一个无限宽广的空间，让人觉得新奇和刺激。大海自由自在，但也充满了危险。但是，大海就是大海，大海不是为了满足人的某种需要才被创造出来的东西。大海不是工具，不能用功能去定义大海是什么。

信息高速公路是一个与大海完全不同性质的隐喻，公路是因为人有需要才建造起来。美国前副总统阿尔·戈尔于1991年提出信息高速公路的说法，但他并没有发明信息传递的概念。互联网是信息从一个目的地向下一个目的地传播的通道。高速公路的说法造就了一个大众能理解、能接受的隐喻形象，因为公路的形象比"网络空间"这样的抽象术语更容易视觉化。有驾驶经验的人，都能想象车子一辆接一辆通行，各奔各的目的地，上高速下高速，在多道汇合处找路，在公路交织的网络里行驶等等。这些又都可以成为多种上网行为的附带隐喻。

公路虽然是一个自由行驶的地方，但也是一个需要科学管理的交通系统，不管理就会乱套，甚至酿成大祸。在高速公路上行驶的人必须遵守交通规则。制定和实行公路规则的是政府，建造公路一般也是政府项目。因此这个隐喻很容易被用来支持政府权力对互联网的管制。这就是功能性隐喻包含的公共价值观念。信息高速公路这个隐喻虽然已经不那么流行，但它的价值观喻意却依然余波荡漾：什么样的政府管制才是合理的呢？如果你驾车在公路上合法行驶，政府可以动不动就命令你停车，检查你车里装的是什么信息货品吗？政府可以自己优先使用公路，禁止它不喜欢的人开车上路吗？可以随意设置路障，不让车辆自由通行吗？貌似纯粹功能性的隐喻其实是带有其他含义的。

五　人与机器：谁是谁的隐喻

互联网的种种隐喻方便了互联网使用者和研究人员，让他们能够比较方便、形象地理解互联网，并传达互联网不同方面的功能、用途和体验。这些隐喻都应该视为扩展性隐喻。但是，每一个隐喻概念也是一个有限而狭隘的认知框架。它把互联网的某种意义限制在一个窄小的范围之内，成为人们常说的那种"认知盒子"。一旦这样的盒子被构建出来，我们就不知不觉地按照它的范围和限制来思考问题。

政治隐喻的时代过去了，技术隐喻的时代悄然而至，政治乌托邦坍塌了，技术乌托邦也会悄然而至吗？思考互联网的技术隐喻"盒子"，这不仅是科学研究和技术人员、学者和媒体研究者的事情，而且也应该让尽量多的互联网使用者加入进来。这就要求所有人在使用互联网的时候以人的自由意识而不是唯技术论来思考问题。对具有自由意识的人来说，互联网只是一个工具，一个被叫作计算机的机器的功能。

如今，这个机器已经让我们有了洞察自己心灵自由的强烈愿望和迫切必要，人与机器的区别究竟何在？人机关系思考正在越来越多地集中到对人工智能的关注上。在围棋比赛上，人工智能程序 AlphaGo 横扫世界顶尖棋手。以前，让人们尚可聊以慰藉的是 AlphaGo 是在学习了大量人类棋谱后，才渐渐能打败人类顶级选手的。然而，让许多人不寒而栗的是，谷歌下属公司 DeepMind 的新版程序 AlphaGo Zero 能从空白状态学起，在无任何人类输入的条件下，通过与自己比赛，在 3 天内以 100∶0 的成绩完胜此前击败李世石的 AlphaGo Lee，在 21 天内达到 AlphaGo Master 的水平，在 40 天内，超过所有以前的

AlphaGo 版本。[1] DeepMind 的 CEO 杰米斯·哈沙比斯 (Demis Hassabis) 说，AlphaGo Zero"不再需要受制于人类的知识"。[2] 最早在《自然》科学杂志上介绍 AlphaGo 的作者之一的大卫·西尔弗 (David Silver) 说，不需要向人类学习的人工智能算法是可能的。[3]

这是不是意味着机器将要拥有比人类更高的"智能"呢？2017 年 10 月 23 日出版的《纽约客》杂志的封面是一幅机器人施舍人类的图画，几个机器人走在街头，其中一个把几个机器小垫片和齿轮施舍给一个坐在街边乞讨穷人（人类的一员）。这个施舍的机器人是从空白状态学起，在没有任何人类输入的条件下，学会"同情""恻隐""怜悯"的吗？还是有人先将这样的情感输进了机器人身上的电脑？我们现在还不能设想机器人在没有人类输入的状况下，自己就能获得情感：同情、怜悯、忌妒、羡慕、愤怒、哀伤、惭愧、羞耻、自豪，等等，这些情感都是行为的动机，都可能产生相应的个人或社会行为。

即使到了那一天，机器人不再需要人类的输入，就能用它自己的"大脑"从空白状态开始学习情感，那么，它学习的可能结果就不只是同情、恻隐和怜悯，也可能是冷漠、残忍和仇恨。人工智能给我们带来恐惧或希望，不在于人工智能本身到底有多强大，而在于人工智能用它那强大的智能做什么和实现什么样的目标，而这取决于它的价值选择。

---

[1] Demis Hassabis and David Silver, "AlphaGo Zero: Learning from Scratch". DeepMind official website,（18 October 2017）.

[2] "AlphaGo Zero: Google DeepMind Supercomputer Learns 3,000 Years of Human Knowledge in 40 Days", *Telegraph*, 18 October, 2017.

[3] "DeepMind AlphaGo Zero Learns on Its Own without Meatbag Intervention", *ZDNet*, 19 October 2017.

如果未来的人工智能比现今的人类——当然是人类中的一部分——更残忍、更凶狠、更狡猾、更暴力，那么，我们当然有理由害怕这样的"机器恶人"，就像我们今天害怕所有行使暴政的"恶人"一样。但是，如果未来的人工智能比现今的人类更正义、更公正、更诚实、更富有同情心，我们有什么理由害怕这样的"机器善人"呢？要是人工智能能为人类带来更公正的制度和秩序，更自由更智慧的生活方式，难道我们不该感到庆幸吗？就算这样的人工智能有一天代替人类来管理人类，我们又将以什么道德理由来反对呢？难道受人类自己之害是一种比受机器人之惠更佳的选择吗？

我们害怕"坏机器人"或"恶机器人"，说到底是害怕它会给人类带来伤害、奴役、杀戮和灾难。但是，有哪一样我们所能设想的伤害、奴役、杀戮和灾难不是人类——早在有人工智能这回事之前——已经发明和施行了的？我们害怕人工智能在未来有可能对人类所做的种种坏事，有哪一样不是我们今天在人类世界里早就已经领教和受够了的？正是因为我们领教了，也受够了，我们才会一想到这些坏事就惴惴不安、心生恐惧。我们是在用自己熟悉的人类世界想象人工智能的未知世界，这样的想象是一种隐喻。

就在我们用"机器人"想象未来的时候，我们其实是在用一种反转的人类—机器隐喻在思考——从人像机器转变为了机器像人。这种隐喻应该有助于加深我们对人类自身的认识，也应该帮助我们打消对人工智能的非理性害怕。我们在害怕人工智能的时候，害怕的其实不是人工智能，而是人类自己的机器映像。由于我们的经验限制，我们只能想象比人更恶劣，至少是跟人一样恶劣的机器人，机器人的恶劣才是我们害怕机器人的真正原因。人在暴力侵犯和强梁控制面前总是那么胆小、懦弱和无助，所以我们无法想象在机器人（或外星人）侵犯和控制人类时,人类能有足够的自由意志和反抗能力。这让我们对机器人更加害怕。

直到我们弄明白机器人是什么,弄明白机器人能否不复制也不自动学习人类的控制欲、贪婪、忌妒、自私、怯懦、奴性和暴力,我们不能清楚地知道计算机是否会成为对人类的合适隐喻,或者人类是否适合当作人工智能的隐喻。

在提出和回答这样的问题之前,人与计算机的隐喻便只能是一种动物与计算机的隐喻。例如,有计算机软件教授这样用计算机作为隐喻来解释人的智能进化,"如果将生命个体看作一台计算机,那么生命体的构造、器官组织、DNA 等等都可以视作机器的'硬件'组成,这些硬件经过了漫长的进化最终形成了如今的形态。结构就像硬件,而功能就像软件。生命体的某些种群特征可以看成是'嵌入式编程',比如人类用两条腿走路,鸟类可以飞翔,两栖动物能够游水等,经过长期的迭代进化,与'硬件'直接相关的某些功能已经成为'嵌入式'的本能反应。但更加丰富的部分还是'软件'。与现实中的编程不同,并没有某个程序员为个体编写软件。生命体的'软件'以边界为起点,是在'硬件'基础上,通过外界刺激与主观意向的作用而后天习得的能力,比如语言、音乐、绘画、编程能力等,这一部分与生命体的意识息息相关,不同个体的差异可以非常大,是个体自由意志的体现"。[1] 这样的比喻会让人以为,人是一架机器,而"智能"只是一种幻觉,就和人工智能一样,是被"算法"控制的。

人自动学习语言、音乐、绘画和编程,但人也自动学习对他人的

---

[1] 参见蔡恒进:《论智能的起源、进化与未来》,www. aisixiang. com/data/106561. html。

杀戮、残害、压迫和控制，机器人也会或者也必须自动学习或复制这种亦善亦恶的人性吗？相比机器变成人，更可怕的是把人变成机器，而且是用人性恶来编程的作恶机器。其实，早在计算机时代来临之前，有的政治统治和社会组织力量就已经在用这样的编程在改造人并把人变成作恶的机器了。阿伦特在《艾希曼在耶路撒冷》中所揭示的就是这种作恶编程的原理和结果。机器时代让我们更加意识到这是一种多么可怕但又十分现实的危险。如果我们不是以人的自由意识来抵抗所有用以控制我们的作恶编程，那么它背后的统治利益和意识形态就有可能最终把我们每一个人都改造成一部可以随心所欲使唤的作恶机器。发生这样的事情，还需要等到未来的人工智能时代吗？

第 16 章　隐喻之惑："人造人"还是"人造奴"？

用"复制人""人造人"或"机器人"来指称人工智能的机器，往往是想当然地把"人类"或"人"当作一种机器的隐喻。这是一个合适的隐喻吗？这样的隐喻与当下人类和人工智能机器的主奴关系是一致的吗？人们真的是把智能机器当作一种与自己有相似性的"人"吗？还是完全视它们为一种为人类服务或提供方便的工具？既然是把它们视为工具，也当作工具来使用和对待，为什么不称其为"智能工具""智能用具""智能机器"，而偏偏是"机器人"呢？仅仅是因为有些供人使唤的机器有近似或相似于人的外形吗？既然我们把这样的机器称为"人"——就算它们只是"奴仆""仆佣""仆役"的那种"人"——人类又该如何对待它们，以显示它们与微波炉、吸尘器、冰箱不是一类的机器呢？隐喻的困惑折射出人们在机器人伦理上的困境。提出这些问题，针对的是人类对自己与智能机器关系的伦理认知，而不只是机器本身的功能知识。这样一种伦理认知也会让我们从一个与前数码时代不同的角度重新严肃思考主奴关系、目的与手段、虐待与人道、避免伤害和非人化等一系列与人类自身价值有关的重要人文问题。

一　数码时代的机器人和机器奴

英语中的"机器人"有不同的说法，最常用的是 robot 和 android，中文都翻译为"机器人"。Robot 一词来自捷克语的 robota，指的是"强迫劳动者"（forced labor）。Robota 是捷克剧作家和科幻作家卡雷尔·恰佩克（Karel Čapek）的《罗素姆的万能工人》（*Rossum's Universal Robots*）里的一个虚构机器人（当时还没有智能数码技术）。这个字后来被用来指一切模拟人类行为或其他生物的机械（如机器狗、机器猫等）。在当代工业中，机器人指能自动执行任务的人造机器装置，用以取代或协助人类工作，一般是机电装置，由电脑程序或是电子电路控制。

相比之下，Android 的意义要更专门一些，它又称"仿生人"，是一种旨在模仿人类外观和行为的机器人（robot），尤其是指具有和人类相似肌体模样的机器人。这个英语词汇的词根可以追溯到古希腊语的 ἀνδρ-（男人）和后缀 -oid（有某种外形或相似），现在用来指仿真人的智能机器人（人型机器人）。直到最近，人形机器人的概念还主要停留在科学幻想领域，常见于电影、电视、漫画、小说等。机器人学方面的进展已经可以设计出功能拟真化的人形机器人（humanoid robot）。仿生人拟真的程度多有不同，有些可以从外观上识别，有的则外观不似人，但它们都是能够有似真人行为的机器人。2001 年美国麻省理工学院研发了号称世界上第一个有类似人类感情的机器人。

英国巴斯大学（University of Bath）自然智能和人工智能教授乔安娜·布赖森（Joanna J. Bryson）在《机器人应该是奴隶》一文中提出，把为人类服务的智能机器称为"人"是一个"错误的隐喻"。[1] 她认为，

---

[1]　Joanna J. Bryson, "Robots Should Be Slaves", www.cs.bath.ac.uk/~jjb/ftp/Bryson-Slaves-Books09-html.

"事实上,机器人是否应该是我们(人类)的(财产)属品,是毫无疑问的。我们设计、制造、拥有和操作机器人。如何创造它们完全是我们的责任。我们通过指定它们的智力来直接或间接地确定它们的目标和行为,甚至通过指定它们如何获得特定的智力来间接地确定它们的目标和行为。但是,在每一个间接的方向上,如果不是人为的有意识创造,那么这个星球上就没有机器人"。人类创造了机器人,是为了给自己服务,是人类的"服务者",因此,"主要的问题便是,机器人是否应该被严格地当作一种为人服务的东西——一种为了改善我们的生活而制造出来的,服从于人类自身目的的物品"。

对于这个问题,布赖森教授的回答是明确的:机器人必须服从人类制造机器的目的,是严格意义上的"服务者",或称"仆人"。但是,为什么把这样的仆人叫作"奴隶"呢?为此,布赖森做了这样的解释:"奴隶的定义一般是,他是属于你的人。近几个世纪以来,由于非洲的奴隶贩运,奴隶与特定的残酷联系到了一起。但是,在过去(在某些地方一直到今天),奴隶(并没有被贩运出去),而是他们自己种族或国家的成员。他们只是失去了私人身份(成为他人的属品)。这经常是战争或贫困的结果。当拥有奴隶的人用权力来非人化地对待奴隶时,过度残酷便达到了极点。这样的行为就是在公民社群里也是存在的。掌权者自以为身份特殊,可以对他们控制的人民予取予夺。"这种不以奴隶之名的奴役可以改用各种好听的名目,但将人非人化的本质并没有改变。

布赖森承认,"我们今天的文化完全有理由对这种把别人当奴隶对待的非人化行为感到格外反感"。但她认为,奴隶的非人化才是奴隶问题的症结,而不是"奴隶"这个名词。就像人们今天仍然在使用"仆人""女佣"这样的名词,尽管这类名词会让有些人因社会等级联想而觉得不快。

布赖森说"机器人是奴隶"，只不过是使用了"奴隶"这个名词。她不是要提倡奴隶的非人化，而恰恰是反对奴隶的非人化。因此，她呼吁机器人的发明者和制造者：你们造工具就造工具，不需要也不应该把智能工具造成有知觉或自我意识的仿人工具。如果你们造出来的是仿人工具，让工具有了知觉或自我意识，但还是把它们当工具使用，那就会犯下将它们非人化的罪行。最好的办法是，在机器或工具智能化到达某个伦理关键点之前，就适可而止，及时止步，以免让人类在道德问题上陷入进退维谷的困境。

这是一种相当冷峻、理性的思考。但是，正如许多机器人研究所揭示的，人类并不是纯理性动物，许多人会对智能机器或看上去是智能的机器产生感情：如依恋、爱护、同情、同伴感、舍不得等等。这类感情不只是发生在像人的机器人身上，也会发生在看上去完全不像人的机器人身上。事实上，即使很理智的人，也并不一定能把机器人只是当作他们所拥有的财产，或者财产性质的奴隶。为了排除地雷，美军使用一种昆虫状的机器人，像蜘蛛那样有许多条腿。排雷过程中，机器人慢慢爬行，如果被地雷炸掉一条腿，它还能靠其余的腿继续前进，执行任务。《华盛顿邮报》记者乔尔·加罗（Joel Garreau）报道说，一位美军上校眼看着机器人一步步向前，一条腿接着一条腿被炸掉，直到"阵亡"。他再也忍不住了，大声吼道："惨无人道！"[1]

文明时代的人类是有情感的、能运用同理心和同情心的动物，这个人性特征比人会使用工具更加重要，也被视为人之为人的一个特

---

[1] Joel Garreau, "Bots on The Ground in the Field of Battle (Or Even Above It), Robots Are a Soldier's Best Friend", *Washington Post*, May 6, 2007.

性。因此,布赖森教授的"机器人是奴隶"之说在许多现代文明中人听起来,会是一种冷冰冰的马基雅维利式的论辩。这种"奴隶说"会让他们觉得不安,并产生道德反感。他们会因为"奴隶"而联想到人类社会制度中某些类似的"奴隶现象"。

布赖森的逻辑是,人类只要不让机器人发展或获得意识,就可以心安理得地把它们固定在"是物不是人"的位置上。同时,反过来又可以用它们本来就是"物"作为理由,拒绝给它们发展自觉意识的任何机会。对此,有人会觉得这听上去太耳熟了。在剥夺奴隶受教育的制度里,上等人说,下等人本来就是与我们不同的族类,让下等人读书开窍,知道自己的处境,那是对他们的残忍。因此,我们有责任让下等人傻乐地活着,不要鼓励他们去开窍。这样他们才会情绪稳定,不胡思乱想。反过来,因为下等人不开窍,上等人又可以说,你看,下等人本来就天生愚钝、榆木脑袋,物尽其用才是他们的本分,所以把他们当成下等人,那并不是我们的错。

也有人会认为,这种联想是没有道理的,因为机器不是人,怎么能跟人相比呢?他们似乎忘记了,不同的人同属于人类共同体,这是一种现代的想法。千百年来,人们一直习惯于人类并不同种的想法,不然陈胜吴广起义,陈胜说出"王侯将相,宁有种乎"还有什么振聋发聩的意义?他要说的是,人本同种,那些称王侯拜将相的人,天生就是好命、贵种吗?难道他们天生就比我们高贵吗?

在有种姓制度的社会里,人就是被划分成优秀人种和劣等人种的。希特勒也是这么对待犹太人的。就是在我们熟悉的这个社会里,不是还有人相信"龙生龙,凤生凤,老鼠的儿子会打洞""老子英雄儿英雄,老子反动儿混蛋"吗?不是可以理直气壮地用"狗崽子""黑七类"公然将他人非人化吗?上等人和下等人的区分以多种变化形式潜移默化地影响着人们的思维,人与机器人"主奴区分"只不过是把人们固有的等级区分观念更加绝对化,更加本质化了而已。

然而,布赖森教授的机器奴隶说法虽然可能令人不安和不快,却是实情。如果人类确实是把机器人当工具使用,有没有感情因素,人类都是机器人的主人。这就像奴隶主也可能关爱他的奴隶,但这并不会改变他是奴隶的主人、奴隶是他的财产这个基本事实。

实际上,人们感觉到不安或不快,与其说是因为"机器奴"这个说法本身,还不如说是因为联想到现实生活中的"上等人"仍然在相当程度上扮演着"下等人"的主人角色。而这又造成了许多下等人因为受制于上等人的权力,而在心理上养成的低下奴性。与现实世界里那些握有权力的上等人不同的是,数码世界的"主人"毕竟创造了他们的机器奴隶,而不是在权力关系中制造奴隶。机器制造者与机器的主奴关系是在造物的过程中自然形成的,因此少了权力上等人的那种虚伪。

然而,人并不适宜充当造物主的角色,尤其是充当"人造人"的造物主,这会让人陷入一种两难的境地。一方面,如果他把"人造人"当作一种目的而不是达到人自己目的的手段,那么,他就是在充当上帝。这是一种狂妄和傲慢。另一方面,如果他把"人造人"当作一个手段而不是目的,一个只是为人服务的工具,那么,他所创造的一定是"人造奴",而不可能是"人造人"。如果他不承认布赖森的"机器奴隶"之说,那就是自我欺骗。无论是狂妄还是自欺,创造"人造人"——如同任何政治或意识形态"创造新人"的社会工程——都难以避免成为一种道德上的自我挫败。

二　恶托邦的兽人与兽民

人类创世主或人类造物主在道德上必然自我挫败，这是恶托邦文学的一个永恒主题。人造人，为什么造人，造什么样的人，用什么方式来造人，这些并不是数码时代特有的新问题。早在人类开始了解或拥有数码技术之前，这样的问题就已经因为科学技术的发展出现在科幻的恶托邦文学作品里了。伟大的英国作家 H. G. 威尔士在恶托邦小说《莫罗博士的岛》里就已经讲述了一个有关这些问题的故事，这不是一个科学未来主义的故事，而是一个哲学的人性和人的困境的故事。

《莫罗博士的岛》演释的是老赫胥黎关于"园丁"和"花园退化"的喻说，一个人类文明的自我挫败故事。解剖学家莫罗博士要人为地干预自然进程，把一种人为的人的状态带给动物。但是，他的干预一停止，自然状态立即开始自动复元。

莫罗博士凭借他掌握的生物和生理科学技术，把猴子、山羊、豹、猪、豺狗、熊等动物都变成"人"，学会背诵莎士比亚的戏剧、在钢琴上弹奏肖邦、遵纪守法、建立对造物主（莫罗博士自己）的绝对信仰、每天进行表现忠诚于信仰的仪式。但是，莫罗博士心里清楚，这一切全靠他的强制性维持，只要稍不留意，"它们就又恢复原状了。只要我一不去管理它们，这些畜生就又开始偷偷地回到原来的样子，又开始表现出它们的那些本能了"。（第 14 章）

为了让故事叙述有必要的可信性，威尔士提供了所谓的生理科学和解剖学依据。这样的科学是用来满足故事背景需要的，至于是否真是科学，则并不重要。他让我们看到一种不同于人类与机器人的造物主与造物的关系。莫罗博士并没有把兽人当工具或奴隶,他要教化它们,让它们像人那样过"文明"的生活,分享为人的荣耀。他因此成为莫罗岛上的上帝。在为造人而造人这一点上,他确实像创造亚当和夏娃的创世主。他不在乎兽人原来的兽相,并不企图按他自己的模样创造它们,他认为,人类现在的样子并不是上帝特意安排的,而是出于"偶然",并不比猴子、猪、山羊或豺狗的相貌有什么特殊的审美意义。他要改变的是野兽们的心灵,而不是它们的相貌。对他来说,外形的仿真毫无意义,而这对机器人却是很重要的。由于莫罗博士是兽人的创造者,他也就是它们当然的统治者。这种统治不是出于他的私利,而是出于他的慈爱。他就像一个父亲,兽人是他的子女,不是他的奴隶。但是,所有的兽人都必须服从他,他是它们爱戴和崇拜的创世主和领袖,它们是离不开领袖关怀和教育的人民群众。

但是,这个由领袖和兽民构成的文明秩序是极其脆弱的,一个偶然的事故(莫罗博士被他的得意之作豹女杀害)就足以让领袖创立的新世界土崩瓦解,而所有的"新人"都迅速倒退到野蛮状态中去。故事叙述者普兰迪克是一个因海难而偶然流落到莫罗岛的外来人,他见证了这一文明的蜕变。他重新回到人类的文明社会之后,经常恍惚不安,"我无法确信,我所遇到的男人和妇女就不是另一个仍然保持着起码人形的兽人,就好像他们同时还是些半制成人类化身外表形象的动物,而且他们将会立刻开始蜕变,先是表现出这种然后又表现出那种动物的特性来"。在普兰迪克看待人类世界的奇异眼光里,有着威尔士自己的哲学人文思考,"那时我环顾四周,看着我的那些同伴。于是我又提心吊胆起来。我看到的面孔,有的敏锐明亮,有的愚笨或危险,有的反复无常,没有诚意,没有一个具有平静控制理性灵魂的权能的。我觉得就好像兽性正在汹涌地充满他们的全身,岛上兽人的蜕化马上又会以更大的规模蔓延开来"。

对人造人——从早期科幻恶托邦的兽人到今天的智能仿真人——一直存在着两种不同的思考方式,一种是未来学的技术考量,一种是哲学的人文思考。未来学关心的是智能科学发展前景的具体问题,例如,未来的智能机器人会不会无须人类的编程和算法,发展出自我学习的能力,是否能学习人的情感,因而也能像人一样因为被欺骗或背叛感到"失望""痛苦""沮丧"。会不会发展出"知觉",像动物一样感觉到"疼痛"。这样的未来学考虑让研究者提出"技术奇点"(technological singularity)的理论。

这个理论认为,未来将要发生一件不可避免的事件——技术发展将会在很短的时间内发生极大而接近无限的进步——至于这个时刻什么时候到来,不同的未来学者有不同的预估。但是,不管如何,当此转捩点来临的时候,旧的社会模式将一去不复返,新的规则开始主宰这个世界。今天我们只能从理论上推测,但无法真正理解后奇点时代的智能和技术。未来的智能远超今天,因此技术的发展会完全超乎今天人类的理解能力,令他们无法预警其发生。

不少研究者从不同角度提出了对奇点论的反驳,认为奇点不仅不可能,而且也不应该让它发生。例如,哈佛大学认知心理学教授史蒂芬·平克认为,"完全没有理由相信有什么奇点会来到。你能够在想象中看到未来,并不证明那就会是或可能是未来的样子。……只凭电脑处理的威力,不足以产生对所有问题的魔术效果"。[1] 加州大学伯克利分校哲学教授约翰·希尔勒(John Searle)认为,"计算机压根就……没有智力、没有动机、没有自主性,也没有主体性。我们设计计算机,

---

[1] "Tech Luminaries Address Singularity – IEEE Spectrum".

让它运作时看上去有某种心理。但是，其实并不存在对应于电脑处理和行为的心理现实。……机器没有信仰、欲望或动因"。[1] 未来学家马丁·福特（Martin Ford）用"技术悖论"反驳道，在奇点到来之前，现有经济中的大多数一般工作都已经自动化了。这可能造成大规模的失业，消费需求也会大幅降低。这会使技术投资失去动力，如果没有投资，则不会出现技术奇点。[2] 微软创始人之一的保罗·艾伦（Paul Allen）提出，现在的技术发展加速度已经放缓，原因是技术复杂性有刹车作用。科学认识智能越是发展得快，再发展就越加艰难。许多对技术专利的研究发现，人类的创造力并没有加速增长的迹象。技术专利的高峰期是1850—1900年，之后就开始下降。技术越来越复杂，这成为一种自我限制，会导致难以为继的结果。[3] 计算机哲学家杰伦·拉尼尔（Jaron Lanier）提出未来属于人类还是属于技术的问题。他说，"我不认为技术正在创造它自己。技术不是一个自动的过程"。是人在推动技术的发展，"相信人的主动性，而不是技术决定论，这样才会有人追求发展和创造社会的社会经济体制。如果我们构建一个社会而不强调社会个体的主动性，这就无异于剥夺人的作用、尊严和自决。……接受奇点的观念，也就是赞美糟糕的数据和糟糕的政治"。[4]

对"人造人"的另一种思考方式是哲学人文的，它经常出现在科幻小说或文艺作品里，《莫罗博士的岛》是一个出色的例子，电影《银

---

[1] John R. Searle, "What Your Computer Can't Know", *The New York Review of Books*, 9 October 2014, p. 54.

[2] Ford, Martin, *The Lights in the Tunnel: Automation, Accelerating Technology and the Economy of the Future*. Acculant Publishing, 2009.

[3] Paul Allen, "The Singularity Isn't Near".

[4] Jaron Lanier, *Who Owns the Future?* New York: Simon & Schuster, 2013.

翼杀手》也是一个经典的例子。在这样的文学作品里，人造人是一个与人类有很多相似处的异类，作者让与真人相似的假人来显示哲学人文所关心的那些东西：人性、人的处境、道德困境、迷思和预测、自大和狂妄，等等。这就好比猴子比猪更接近人类，所以用猴子进行医学实验比用猪可以更多地告诉我们关于人的知识。人造人是最接近人的，因此，我们可以从人造人那里得知比从动物或天使那里更多的关于人性和人的生存状态的信息。

人造人的哲学人文思考与其说是以人造人为对象，还不如说是以人自己为对象。它所关心的不是未来，而是现在，不是技术发展本身，而是技术发展对人的影响。例如，它很少介入对未来是否会发生智能技术奇点的争论，它关心的是，倘若这样的技术奇点真的发生，那么，在世界进入"后奇点"时代之后，人类的生存状态会发生怎样的变化，人类与后奇点的智能机器人将如何相处，建立怎样的关系，等等。

对这样的哲学思考来说，后奇点的仿真人只是一个必要的条件假设，不必是一个现实。例如，在电影《银翼杀手》里，人类（洛杉矶警察局）交给人造人警探瑞克·戴克（Rick Deckard）的任务是找到四个混在真人人群中的人造人，让它们"退役"（消灭）。为了识别人造人，使用的是"人性测试"（Voight-Kampff test）。需要用怎样的测试才能分辨出真人与仿真人之间的微妙差别呢？这些差别不就是那些让人之所以为人的人性特征吗？要知道如何测试人性，就必须先知道什么是人性，那么，人性究竟具有怎样的本质特性呢？"人性测试"的指标可以是人的脉搏、心跳，或说谎时的情绪紧张或脸红，但这些都是可以伪装的。另一个指标是对"同理心"问题的反应，它的假设是只有人类才有同理心。

无论是人的生理还是心理因素都可以归结为人的意识，我们对意识是否已经有了足够的认知呢？人工智能研究者的回答是否定的，而人工智能研究正是为了帮助人类提高和加深对人的意识的认知。我们对意识的认知应该是具有可实验性的，创造智能机器就是一种实验方式。这个机器是否具有人的模样，是不是仿真人，这些根本不重要。研究人工智能不是为了造出跟人一样聪明的机器，而是为了通过对机器智能的研究，对人类智能有更多、更好、更深入的认识。人工智能研究不只是出于技术性的好玩或好奇，而且更是出于对人自身的关怀，它本身就是一种人文关怀。

意识的主观性让许多人以为，用客观的科学方式研究主观的意识是不可能的。但是，ARAYA脑成像公司（ARAYA Brain Imaging）创始人兼总裁金井良太（Ryota Kanai）在《我们需要知觉的机器人》一文中指出，在过去的25年里，人工智能研究者非常认真地把意识确定为科学研究的对象，并取得了重要成就。以前对意识的认识太哲学化，缺乏切实的成效，科技研究可以改变这种局面。作为一种意识研究，智能科技是以发明来推动理论，这就像在有物理学热动力理论之前先有了蒸汽机一样。[1]

金井良太提出，意识是人类在进化过程中形成的，肯定有它必要的功能，意识对于人工智能同样是必要的。例如，AlphaGo打败了围棋高手李世石，许多专家想知道AlphaGo为什么以那种方式来下围棋，他们想得到一个关于AlphaGo的"动机"或"思路"的解释。又例如，佛罗里达州法官和官员用人工智能算法决定是否给予犯人假释，对黑人的累犯率估计偏高，而对白人的估计则偏低。专家就想知道，人工

---

[1] Ryota Kanai, "We Need Conscious Robots", *Nautil*, April 27, 2017.

智能的决定是怎么做出来的，因为每一个决定并不是事前编程的，而是智能机器自己学习的结果。从 2018 年开始，欧盟将给予欧盟国家公民要求"解释的权利"，也就是说，即使是人工智能系统做出的决定，也必须要提供"为什么"的解释。这将是一件非常棘手的事情。金井良太说，"如果人不知道人工智能为什么做一个决定，为什么不能问人工智能呢？我们可以给人工智能一个'元认知'（metacognition）——一种反思能力，让它告诉我们它是怎么'想'的"。可是，到现在为止，还做不到这个。神经科学家们在测试人有没有意识知觉时，寻找的也是'元认知'"。例如，元认知的一种表现是"确定"，意识清楚的就确定，不清楚的就不确定。人工智能研究发现，"没有机器能够像人那样具有广泛的元认知能力"，因此，至少目前可以说，元认知是人与机器的一个重要的不同之处。

科学和技术对人的认识可以补充，但不能代替哲学人文对人和人性的思考。反之亦然。对人的哲学思考提出过种种人性特征：语言（尤其是复杂的语言）、记忆、理解力、创造力、审美、信仰、好奇心，等等。迄今为止，最能打动人们想象和好奇的智能机器人可以说是 AlphaGo 和索菲亚，人们在它们身上看到了类人的特征，在 AlphaGo 那里是从零开始，自己学习的能力，在索菲亚那里则是幽默、机智和运用思考语言的能力。现在还没有出现像《银翼杀手》里的那种仿真人，它们还只是科幻作品里的虚构人物。人类可以庆幸的是，令人害怕的后奇点时代还相当遥远，人类还是这个世界无可匹敌的主人。但是，科幻作品经常关注的正是人类因为无可匹敌而惯有的那种自大、狂妄和自命不凡。相比之下，仿真人的诚实、勇敢、正派衬托出人类的许多阴暗心理和邪恶本能。这也是一种哲学人文的反衬思考。

其实，人类并不能设想后奇点时代的世界会是什么样子，因为我们不能设想到那个时候，或者临近那个时候，人类世界会有怎样的政治、社会、法律或科技制度。也许人类幸运地在这之前有了共识，在走到这个临界点之前就停住了脚步或者选择一条更好的路径，就像今天在核扩散问题上那样。但是，有无数的偶然因素在影响着这个进程的发展。倘若绝大部分人类有了共识，而一两个流氓国家趁机做大，或者在一些敌对国家之间爆发了"智能武器军备竞赛"，那都会是比奇点来到更严重的灾难。[1]

三 "人造人"会毁灭人类吗

智能机器研究的首要目的应该是帮助我们获得无法或难以用其他手段获得的关于人的认知，这是智能研究的价值所在。如果最终不能创造出后奇点仿真人，不能算是智能技术的失败，如果能够创造出有智能特征的机器，那也不过是一个副产品。

以现在的情况来看，尽管人们对人工智能研究持有不同或对立的态度，但都是以人工智能可能对人类造成什么影响为出发点的。质疑和反对发展人工智能的一些主要理由都是从它对人类可能的负面影响着眼的：使人贬值（人在某些方面失去智力优势、信任智能机器胜过信任人、迷恋智能手机让人忽略了周围的他人）、降低对人的劳动的需要（造成某些行业的失业）、冒充道德主体（法庭用人工智能决定是否让犯人假释）。这些都是人可以想办法来加以纠正或改变的，因此不

---

[1] Cat Zakrzewski, "Musk, Hawking Warn of Artificial Intelligence Weapons", *The Wall Street Journal*, July 27, 2015. Michael Anderson, et al., (eds.) Machine Ethics. Cambridge University Press, 2011.

构成反对人工智能的必要理由，更不要说是充分理由了。对人工智能最严重的反对理由是，人工智能有一天会摧毁人类，人类将对此束手无策。

脸书人工智能研究部主任、纽约大学教授扬·勒丘恩是一位计算机科学家，他在机器学习、计算机视觉、活动机器人和计算神经科学等领域都有很多贡献。他最著名的工作是在光学字符识别和计算机视觉上使用卷积神经网络（CNN），他也被称为卷积网络之父。以他对数码技术和人工智能的知识，他在 Quora 上发表意见说，人工智能毁灭人类的可能不是没有，但需要人类足够愚蠢，只有人类自己才能让这样的事情发生。人类既然能有创造超人智能的聪明才智，应该不至于愚蠢到让人工智能获得如此摧毁性的力量。[1] 在人工智能的未来发展中起决定性作用的是人，不是机器。这是一个基本的人文主义信念。

我们也没有理由相信，机器人因为智能强大就会想要主宰世界，控制人类。主宰欲和控制欲是一种人类的特性（虽然只是一部分人类）。即使在人类中间，智能越高也不等于主宰欲和控制欲就越强。情况可能正好相反，权力欲很强的人，往往不是因为智能高超，而是因为道德低下，什么事情都能不择手段、无所不为。他们为获得权力所做的事情，智能高的人不是没有能力去做，而是因为一些道德或原则的理由而不愿意去做，也就是说，坏事当前而有所不为。不择手段、无所不为也能算是一种值得学习和发展的人类智能吗？

勒丘恩指出，人类所做的许多坏事都是人性所致，其基因都是在人类生存的演化过程中形成的，如面对威胁时的暴力（当然可以变成无缘无故的暴力）、自私、忌妒、独占心、控制欲，等等。除非人类将这

---

[1] "Could Artificial Intelligence Ever Become A Threat To Humanity？"

些阴暗和邪恶的东西编程输入机器人的头脑,它们不可能从不存在的演化过程中自行获得。因此,看上去是机器人的问题,其实是人类自己的问题:我们要把这些危险的东西输入机器人吗?

就算有的人会像对学生洗脑那样,把邪恶的东西塞进机器人的头脑,也还是会有别的人会创造出另一种不同的机器人,它们的专门任务就是打败那种邪恶的机器人,或者对它们进行启蒙,帮助它们不再继续作恶。勒丘恩相信,"如果两种人工智能都能获得同等的计算能力资源,那么第二种人工智能将会胜出"。当然,这个胜利最终还必须取决于这个世界上善的力量是否强大。归根结底,不同性质的人工智能之间的善恶交战,其胜负是在人类世界里决出的。

美国科技理论家迈克尔·柯勒斯特(Michael Chorost)也是从人类进化的角度来论证,就算智能机器能发展出堪与人类匹敌的智能,那也将是一个十分漫长而极不确定的过程,在这个过程中,有望胜出的是善而不是恶的适者生存力量。同金井良太一样,柯勒斯特认为意识,尤其是知觉的意识,是智能技术发展的关键。"如果一个人工智能机器没有'感觉'(feeling),它就不可能'想要'(want)做任何事情,更不要说是违背人类的利益或打败人类的抵抗了"。从人工智能"想要"做一件事情的那一刻起,它就存在于一个不是想要做什么就能做什么的世界里了。这是一个事情有对和错之分的世界,错的就会遭到惩罚。为了在人类掌控的世界里生存,幼小的人工智能必须发展出与人类一致的对错意识,学会知道哪些事情是对的(可以做的),哪些事情是错的(不能做的)。因此,等到人工智能有能力毁灭人类的时候,"它已经知道毁灭人类是错的了"。[1]

---

[1] Michael Chorst, "Let Artificial Intelligence Evolve", *Slate Magazine*. 这一小节里的引文若不另行注明,皆转引自此文。

迄今为止，人工智能还没有这种"想要"的能力，机器人连想要自己不被人类损毁的能力都没有。超级 Alphago 可以打败人类中顶级的围棋高手，但是，它并不是真的知道自己想要做什么。它不知道自己是在"比赛"，还是在与朋友"对弈手谈"，更不会以轻松的心情边弈边聊了。它下棋就是下棋，不会有棋逢对手的"紧张"或棋错一着的"懊恼"。它对自己所做的事情没有感觉，胜了，它不会喜悦，输了，它不会沮丧。它也不会说，今天我不想要下围棋，想要玩扑克。柯勒斯特指出，人类的感觉意识是非常复杂的，至今我们对它知之甚少。但我们知道，感知是认知的捷径，帮助我们知道什么有益、什么有害——当然不一定可靠，例如，味道好的，是对身体有好处的，难吃的则是有害的。感觉是因为对人类生存有用，才在进化过程中被保存和加强的。这种知觉意识的生物机能（脑功能）十分复杂，在自然脑体里起作用的是与"计算"不同的"水性信息体系"（aqueous information systems）。2012 年《神经元》(Neuron)杂志的一篇研究文章指出，计算机的能力还及不上老鼠四分之一立方毫克的脑活动能力。

柯勒斯特指出，"亿万年里，水性信息体系不得不与极端复杂的环境搏斗。一般而言，环境越复杂，水性信息体系也就越复杂——不得不如此，不然就活不了。……相比之下，计算机生活在非常简单的环境里，输入数码，输出数码，如此而已。它享有充足的食物，没有天敌……为什么计算机能下围棋打败你，而不知道打败了你呢？因为它太简单了。也就是说，人工智能根本不构成对人类的威胁"。

要让人工智能学会"想要"，发展出知觉意识，就需要为它复制一个进化的过程，让机器人的知觉在这个过程中变成它的"有价值"的能力。这个进化过程要足够严酷和致命，适应的就生，不适应的就死。这也就是机器人专家、卡内基梅隆大学移动机器人实验室主任汉斯·莫拉维克（Hans Moravec）在《心智的孩子》(*Mind Children*)一书里设想的情景。

假如有一天，人工智能发展出了知觉意识，它也可能获得某种道德本能，"开始是很简单的本能，如'有能量是好的，没有能量是坏的'。后来又会有其他道德本能，如同类不相残"。人类开始的道德意识也是如此，直到今天。虽然人类相残是经常的事，但毕竟还是有人不能吃人的道德禁忌。哲学家彼得·辛格（Peter Singer）在《扩展的圈子》(*The Expanding Circle*)一书里指出，狗、海豚、黑猩猩都有互不残害和利他的道德行为。研究者还观察到，老鼠在有巧克力诱惑的情况下，也会放弃巧克力而去救落水的同伴（这似乎超出了一些人的道德本能）。如果道德本能有利于适者生存，而且这种本能能够代代相传，那么这个物种就能发展出它自己的道德观来"。也正是因为一些人的道德水准在动物之下，才有"禽兽不如"的说法。

也就在人工智能发展出道德本能的同时，它又会发展出"理性"的能力。这样，它的道德观就会不断优化。辛格把这一过程称为"理性电梯"。对此，柯勒斯特解释道，"假设我和你生活在一个原始的部落里，我们一起捡到一些果子，我对你说，我要比你多得。你就会问为什么。要回答你，我就必须给你一个理由——不只是一个'因为'，而且是一个你能接受的理由。说不通的理由最终会导致反抗，或者部落社会的瓦解。就算是狗也能够懂得公平的原则，如果人类对它有不公的对待，它就不跟人合作"。在这方面，一部分人比较精明，他们有把不公平说成是公平的本领，那就是运用欺骗和诡辩的语言。当然，这也需要另一部分人比较愚蠢，他们居然会相信这样的欺骗和诡辩。

人工智能一旦开始提供理由，它也就有了怀疑和责问的能力，这是一种说理和要求说理的能力：为什么部落里的首领总是拿最好最多的果子？说理总是在扩展的。辛格写道，好的理由是放到哪里都说得通的，"它需要有普遍的可运用性"。在这种说理中，有权的部落酋长与部落里任何一位普通的成员应该是平等的。"理性电梯"指的是人类越来越明白理性和说理的重要：这是一种公正的、非暴力的说理，而且，必须把这样的说理变成日常生活社会的一项基本准则。如果人类期待智能机器也能发展出理性，那么，是不是更应该自问，我们人类今天是否已经足够理性？如果有一部分人还没有，那么，我们是服服帖帖地听命于他们呢，还是应该有所反抗？

如果说连智能机器也需要登上理性电梯，那么人类岂不更应该如此？理性的另一个主要作用就是把人从非理性的害怕中解放出来。对智能机器人毁灭人类的害怕是非理性的，非理性的害怕让人不经过思考就匆忙下结论，既吓唬自己，也吓唬别人。麻省理工学院物理学教授马克斯·泰格马克（Max Tegmark）建议他的学生对科技保持一种理性的乐观，他说，"我是一个技术乐观主义者。技术为我们改善生活提供了极好的机会。但是，因为技术强大，总会伴随着陷阱，所以需要预先思考会有怎样的陷阱，免得跌进去，追悔莫及"。[1] 技术改善人类生活不只是物质的，也应该包括精神和道德的层面。

未来学家约翰·斯马特（John M. Smart）也认为有理由相信，即使技术出现道德偏离，也是可以规范的。他说，"我们思考越来越仿真的技术的未来，很难想象它们的意识、感觉、同理心和道德约束。但是，如果道德和抗恶是发展的过程，那么……随着每个文明中计算机能力的增强，道德和抗恶也必须能加强力度和范围"。尽管每一种文明

---

[1] Quoted in Angela Chen, "Is Artificial Intelligence a Threat?" *The Chronicle of Higher Education*, September 11, 2014.

中都有道德偏离，但是"在所有的文明发展进程中，这样的道德偏离会随着时间而得到好得多的规范……总的趋势是聚合和统一"。计算机技术的发展应该是整体文明发展的一部分，而不是游离在文明发展之外。斯马特更认为，由于人工智能具有超强大的信息处理能力，"它应该远比人类更负责任、更受管理、更有自我克制力"。[1] 这样的未来人工智能不应该是不道德和令人恐怖的，它应该增添人类对未来的信心。

当然，这样的展望搁置了未来可能的所有偶然性，把关注点放在我们今天可以从未来想象形成的人类自身认知——知觉、意识、意向选择、道德感、理性及其扩展、善恶辨别，等等。这些一直是文学性的哲学思考，也是为什么科幻文学在今天仍然作用不凡的原因。如今，这些同样也是智能科技的人文思考。当然，对机器人的人文思考并不只是停留在一个伦理思辨的层面上，它还有相当现实的一面，那就是，这个世界上还不存在后奇点时代的那种仿真人，但已经有了今天我们所知道的种种智能机器人，我们该如何对待它们呢？理由是什么呢？我们如何对待它们会折射出怎样的人类自我理解和自我期待呢？这样的人文思考集中体现在关于"机器人权利"（robots rights）的伦理讨论中。

四　保护机器人与保护人类

"机器人权利"在许多人听起来有些奇怪。他们的直接反应是：机

---

[1] John M. Smart, "The Transcension Hypothesis: Sufficiently Advanced Civilizations May Invariably Leave Our Universe, and Implications for METI and SETI", www.sciencedirect.com/science/article/pii/S0094576511003304.

器人是机器啊,机器又不是人,怎么还有"权利"呢?人还没有权利呢,谈什么机器人权利,纯粹是瞎扯。

伦理讨论中的机器人权利当然不是指为机器人要求自由、平等的权利,或者机器人能像人一样投票、表决、到法院出庭、上访或上诉,而是指不无缘无故地被暴力损坏。麻省理工学院人工智能研究院凯特·达林(Kate Darling)称之为一种"二等权利"(second-order rights),那就是受保护和不受侵害。这种权利最方便的比照就是动物权利,在美国,法律规定要保护动物不受非人道对待,"动物保护法"(the Animal Welfare Act)规定人道的动物饲养、繁殖、屠宰、研究等等。你家里养的猫当然不能投票、不能把大小便的沙盘当作它的私有财产,但如果你打它,或者去旅游不给它喂食,那你的行为就是违法的,邻居会打电话叫警察上你的门。

有人会说,猫会觉得疼,会觉得饿,是有感觉的动物,而机器人则不会。无感觉的是物件,是工具。这的确是一个理由,至于合理不合理,则要看每个人不同的理解。威尔士的《莫罗博士的岛》里已经提到了这个问题,莫罗博士把野兽放在手术台上做"变人"的手术,普兰迪克指责他太残忍,因为手术造成野兽的身体剧痛,太不人道。莫罗博士对他解释说,疼痛是一种生理的而不是必然的身体反应。身体的有些部位并不会感觉疼痛(一面说,一面拿刀子扎自己的腿做示范)。他所做的是"无痛手术",动物既无痛苦,他也就不残忍,因此不存在是否人道的问题。现在用"无痛处决"的办法来杀死罪犯,也是尽量回避"残忍"这个人道问题。

然而,在"致痛"之外,还有没有保护动物的理由呢?还是有的,那就是,一个虐待和故意伤害动物的人,在别的情况下也更有可能对人这么做。而且,一个社会里,这样的人越多,社会人道道德水准就越低。2010年11月19日，有一个虐待动物的视频报道，一个年轻女子用玻璃板盖住兔子，然后坐在上面，直到把兔子弄死。整个过程中，这位虐待者神情愉快，而旁观者也同样轻松自在。不久后，又一虐兔视频出现在网上。4名女子将一白兔来回踢打后踩踏致死，其中之一正是此前虐兔的女子。这些场面引发许多网友的愤怒，批评中连带提到了养黑熊一天2次抽取胆汁的惨不忍睹和扑杀流浪狗事件。

可见，就算在一个动物保护不受重视的国家，普通人的道德观中也还是有人道价值观在起作用。对于动物是如此，对于机器人也是如此。

2015年，搭车机器人HitchBot在美国的遭遇引起了甚至比虐兔事件更广泛的公众关注和愤怒。Hitchbot是一个6岁孩子大小的机器人，由加拿大人史密斯（David Smith）和泽勒（Frauke Zeller）等人开发，能够进行简单的谈话、定位，内置摄像机。它本身不会走路，必须依靠好心陌生人让它搭乘顺风车周游各处。它的主要定位是作为一款旅行聊天伙伴，旨在试验机器人在社交方面是否能够与人们互动，以及人们是否愿意帮助该机器人。它可以进行一些简单的谈话，而且还可以用GPS进行定位，机器人身体里内嵌了摄像机，每20分钟拍摄一次以记录旅程，还在社交媒体实时直播自己的动态。机器人Hitchbot从2014年7月27日开始旅程。它被放在公路旁边，然后机器人会做出搭车通用的拇指手势等待好心的司机来载它一程。它在网络日记中的第一页写道，"我的旅途成功与否依赖于沿途那些善良的人们，我期望能够一路顺风"。

人类的善良是这个机器人能顺利旅行的条件，但是，人并不都是善良的。2015年7月31日，它的旅途结束在费城。它被杀害了，而且死得很惨（被肢解和斩首）。它在社交网络留下的最后遗言是："天啊，我的身体被破坏了,但我会活着回家并与朋友们相聚的。我想有些时候确实会发生不好的事情,我的旅途已经走到了尽头,但我对人类的爱永远不会变淡,感谢所有小伙伴。"这件事让许多人感到伤心和愤怒,甚至展开了人肉搜索,将作案者的影像在网上曝光。[1]

就算有人不为搭车机器人被毁感到伤心,也不会对这件事或作案者的动机或行为感到高兴。为什么要对这个机器人下如此毒手?任何一个社会里,无缘无故的暴力都是一件令人讨厌和愤怒的事情。尽管Hitchbot是一个机器人,但许多人能体会它遭受暴力的处境和所受的伤害。这说明,损害一个智能机器人与损毁一个垃圾桶或者打碎一盏路灯是不同的。这更类似于一只猫、一只兔子被人残害的情形。

机器人是一个广泛多样的领域,保护机器人的对象是"社会性机器人"(social robots)。凯特·达林(Kate Darling)在《将法律保护扩大到社会机器人》(Extending Legal Rights to Social Robots)一文中对机器人的定义是,"有身体形状的自动主体,能在社会层次上与人类互动"。这是一种与人类有社会性接触,让人联想到生命体的机器人,如仿动物或人的玩具、伴侣、助手,不包括"用于工业或商业用途的非社会性机器人"(如自动工具或售货机)。这样的机器人有与人交流的功能,"能接受指示、显示适应性的学习能力、能模仿不同的情绪状态"。人们熟悉的社会性机器人包括:索尼的AIBO机器狗和Innovo Labs的Pleo机器恐龙,法国Aldebaran机器人公司研发的NAO(一种自主的可编程仿真机器人),等等。

许多人对这样的社会机器人会产生"感情"或"依恋之情"。达

---

[1] 参见《旅行机器人费城惨遭恶意摧毁 残忍凶手浮出水面!》,Video.Sinovision.net/?id=29897。

林在她组织的一次实验中让参加实验者跟 Pleo 一起玩，Pleo 是一种专为儿童设计的绿色玩具恐龙，用柔软的材质制成，闪烁着令人信任的目光，一举一动都仿佛蕴含深情。当你从盒子里拿出这样的恐龙时，它就像一只出生不久、懵懂无助的小狗——它还不会走路，你必须教它认识周围的世界。在参与者们与这些可爱的小恐龙玩耍嬉戏了一个小时后，达林给他们提供了刀子、斧子和其他武器，下令他们虐待和肢解这些玩具。接下来的事远远超出了她的想象。参与者们都拒绝用提供给他们的凶器对机器恐龙下手。达林对他们说，只有杀死别人的恐龙才能保住自己的恐龙。但他们还是不愿动手。她又对他们说，除非有人主动杀死一个机器恐龙，否则所有的机器恐龙都会遭到屠杀。经过一番交涉后，一位男士很不情愿地拿着斧子站了出来，对着一个 Pleo 砍了下去。达林回忆道，经历了这个残忍的场景，整个房间都鸦雀无声，时间长达数秒。所有人都对这样强烈的情绪感到惊讶。[1]

显然，对 Pleo 的不舍不是普通的"恋物"，那种对旧物件或特别珍爱之物的眷念。人对社会性机器人的依恋和感情要强烈得多。[2] 达林认为，这种依恋和感情效果主要有三个原因。第一，人类的头脑天生就对能动的实体感兴趣，一幅画或一张图片无论如何栩栩如生，都不及眼前的那个真东西。第二，人关注能自行活动的东西，机器人在你面前动来动去，你自然而然会对它发生兴趣。人对宠物就是这样。

这两点归结为第三个最重要的原因，那就是人类有"拟人"倾向

---

[1] Richard Fisher, "Is it OK to Torture or Murder a Robot ?" www.bbc.com/future/story/20131127-woule-you-murder-a-robot.

[2] Matthias Scheutz, "The Inherent Dangers of Unidirectional Emotional Bonds between Humans and Social Robots", in Patrick Lin, Keith Abney, George Bekey (eds.) *Robot Ethics: The Ethical and Social Implications of Robotics*. MIT Press, 2012, p. 205.

(Anthropomorphism)。这又叫"拟人法"(personification)或"智慧化"。人很容易把人类的形态、外观、特征、情感、性格特质投射或套用到非人类的生物、物品、自然或超自然现象（或称"非智慧体"）。"拟人"是人与机器人能在情感层面上互动的重要原因。

虽然许多研究者都同意，人可能对社会性机器人产生依赖或依恋，但他们对这个事实的态度却有很大的分歧。持批评意见者认为，机器人不是人，把人的感情或情绪寄托于机器是一种人的异化，这种以假乱真会对人造成伤害或者根本就是已经有了伤害的结果。还有批评者认为，对机器人的依恋会让机器人成为一种对人的操控力量或手段，例如，如果你依恋机器人，在感情上无法割舍，那么，设计或制造者就可以通过"更新""升级"来敲诈你。

这些当然都是可能的，但是达林认为，"在情感上依恋机器人，并不一定具有本质的负面性，一般也不是一件遭非议的事情。……用作医疗设施的 Paro seal 对治疗痴呆症病人证明是有效的。'NAO 下一代'机器人也能成功地帮助自闭症儿童"。这样的例子在医疗和教育领域里还有不少。

人类因为对机器人能够产生依恋或其他好感，所以会更加不愿意伤害它们，更加愿意爱护或保护它们。2007 年，机器人恐龙（Pleo）投入市场，网上开始出现"折磨 Pleo"的视频。有的人看来觉得"有趣"，但许多人为此伤心难过，也很愤怒。尽管机器人是没有感觉的"机器"，但许多人仍然觉得折磨机器人是错误的。对此，达林的解释是，"人们想要让机器人同伴免受'虐待'，一个理由是维护好的社会价值。家里有机器宠物的幼儿父母，在看到幼儿踢这个宠物或以其他方式虐待它的时候，一般会加以制止。当然，这可能是不愿意损坏这个物品（经常价格不菲），但另一个理由是不愿意让孩子在其他情形下也做出相似的伤害性行为。由于机器人是仿真的，孩子很容易把可以踢机器人等同为也可以踢家里的猫、狗，甚至别的孩子"。在一种环境下做出伤害性行为，哪怕对象没有感觉或生命，在其他环境中也就相对容易有同样或类似的行为。因此，让幼儿学会保护机器人，也就是学会避免伤害。这是一个好的社会价值，在这个意义上说，保护机器人也是保护人类自己。

在现实生活中，许多人并不明白这个道理。不要说是对待没有感觉、没有生命的机器人如此，对动物甚至对人也是这样。以前宣传"对待敌人要像严冬一样冷酷无情"，不明白"冷酷无情"并不是一种好的社会价值。对"敌人"残酷无情的人在其他的情况下，对朋友或同志也会是残酷无情的。不尊重"敌人"的生命，也是对生命本身的漠视。

动物保护主义者正是从"尊重生命"来提出自己的道义立场的。从 20 世纪 70 年代开始，有关动物保护和社会人道伦理的书籍层出不穷，如辛格的《动物解放》(*Animal Liberation*, 1990)，里根（Tom Regan）的《打开牢笼：面对动物权利的挑战》(*Empty Cages: Facing the Challenge of Animal Rights*, 2004)，富兰克林（Julian H. Franklin）的《动物权利和道德哲学》(*Animal Rights and Moral Philosophy*, 2005)，菲朗兹（Marc R. Fellenz）的《道德动物园：哲学和动物权利》(*The Moral Menagerie: Philosophy and Animal Rights*, 2007)，帕尔默（Clare Palmer）的《动物伦理的来龙去脉》(*Animal Ethics In Context*, 2010)，还有各种各样的论文讨论集。这些书籍在理论层次上提升和充实了社会整体对人类道德文明和人道文化的认识，也为动物保护组织的实践提出了新的标准和目标。这样的文明和道德对子子孙孙都有善待其他生命和善待他人的人文教育作用。这是一种能让许许多多人因变得更人道而更高尚更优秀的教育。人道地对待一切生命，则千百万的动物可以免除其苦。再者，千百万的人也可因之受益。

在康德的道德哲学里，人类保护动物免遭残酷对待，是因为在人类对非人类的行为中可以看出人类的道德——如果我们以非人道的方式对待动物，那么，我们便成为不人道的个人。达林认为，"这个论述在逻辑上可以扩展到人与机器人伙伴。对机器人给予保护，可以加强我们普遍认为是道德正确的行为，至少可以让我们与机器人的共处更加愉快。这也可以让我们对真有感觉的生命体不至于冷漠，并保持人类之间的同理心"。当然，并非所有人都同意保护动物权利的主张，但是，对于同意这个主张的人们来说，康德的道德论述也是适用于保护机器人的。如果说动物权利的讨论由来已久，那么机器人权利的讨论才刚刚开始，这种讨论不仅关乎如何看待人与机器人在主奴之外的伦理关系，而且关乎人类这个自由主体如何把自己的伦理和道德意识扩展到看似无生命的事物，这将是人类自由的扩展，这个意义的重大是不言而喻的。

第 17 章　数码时代的交谈技艺和末日焦虑

人类创造机器人的初衷是制造工具，工具是用来"干活"的，会不会"交谈"并不重要。在工具设计中，交谈是一种与干活无关的能力。不要说是工具，即使在人类中间，能干活的也不一定能交谈（如农夫、工人），而能交谈的则不一定能干活（如从古代的孔夫子到今天的脱口秀和文科教授）。因此，在大多数人的头脑里，干活与交谈是可以分离的。如今，居然出现了一个只会交谈不会干活的智能仿真人，她的名字叫索菲亚（Sophia）。难怪有人会挖苦批评说，这个智能机器人"只会对人做表情和讨人喜欢"，却没有"任何干活的功能"，一点用也没有。[1]

虽然索菲亚的交谈能力对期待机器人干活的人们没有用处，但对她自己却很有用处，她因善于交谈而成为许多媒体关注的智能仿真人明星。她是一个看起来像电影明星奥黛丽·赫本的女机器人，皮肤白，鼻梁高，优雅大方，有着迷人的微笑和丰富的表情。她多次接

---

[1] James Vincent, "Pretending to Give a Robot Citizenship Helps No One", *The Verge*, October 28, 2017.

受媒体采访,在音乐会上唱歌,与银行、保险、汽车制造、房地产开发、媒体和娱乐等行业的多位决策者面对面交谈。此外,她还在高级别会议上作为小组成员和主持人出席了会议,介绍了机器人和人工智能如何成为人们生活中普遍的一部分。其中一次的采访点击率和互动高达数亿。对于发明索菲亚的美国汉森机器人公司(Hanson Robotics)来说,交谈是索菲亚最特别的干活方式。

一 谁害怕智能机器人毁灭人类

中国国内媒体对机器人索菲亚也已经有了不少报道,标题几乎全都以机器人要"毁灭人类"为卖点:《人工智能机器人:我将毁灭人类》《人工智能真的会毁灭人类吗?》《史上首个"机器人公民"索菲亚:我会毁灭人类》。这类道听途说、耸人听闻的报道有着典型的网络信息特征:只有结论,没有论证,也没有好好核实信息的来源和可靠性,这些都不足为奇。问题是,它们给读者的印象是:智能机器人要毁灭人类,不仅有能力,而且有意图,甚至以此为目的。这是一种夸张的、非理性的末世焦虑,不仅是有害的误导,而且也让有些人在像索菲亚这样的智能机器人面前显得幼稚而愚蠢。

索菲亚"要毁灭人类"的话是2016年3月在美国消费者新闻与财经频道(Consumer News and Business Channel, CNBC)播放的一个视频里说的。视频是汉森机器人公司CEO大卫·汉森(David Hanson)与索菲亚对谈,介绍这位机器人及其背后的创作理念。在节目里,汉森问索菲亚:"你愿意当我的(女)朋友吗?"索菲亚说:"不胜荣幸。"脸上露出半真半假的微笑。汉森又开玩笑地问索菲亚:"你要毁灭人类吗……请说不。"索菲亚毫不迟疑地答道："我要毁灭人类。"脸上还是一副假笑的模样。[1]

索菲亚的回答可以做两种理解。第一，对于没有看到现场对话的人来说，索菲亚的语词意思是，机器人要毁灭人类。第二，看到现场对话的人则可以眼见到一个轻松而生动的对话情境，知道索菲亚是在开玩笑。语词和情境理解的差别类似于剧本台词和实际演出的不同，后者的表现力要远比前者丰富。

以这个视频的轻松情境来说，索菲亚使用的是一种正话反说的玩笑手法。正话反说、反话正说也是人类最常用的玩笑修辞法。例如，如果一个人开玩笑地对你说："你要造反呀？"你可以回答他："是，我要造反。"那并不是你真的有造反的计划或行动，而是那个人的问题太夸张，根本不值得去反驳他，或者，本来就是玩笑，何必一本正经，破坏气氛。在特定的情境下运用适当的语言和修辞，这是人的一种智能。索菲亚是一个机器人，而且是一个有语言个性的机器人（机智、诙谐），她运用语言的能力才是最能显示高级人工智能的。

人类并不都具有相同的高智能，有的人智能高，有的人智能低，主要反映在语言的运用上，机智和幽默是一个测试点。美国认知心理学家玛丽安娜·沃尔夫在《普鲁斯特与乌贼》一书里指出，阅读能力，包括听人说话的会意能力，理解文字的字面意思不过是"解码"，而更高级的理解是"流畅"和"熟练"。她指出，"解码并不意味着理解"（如知道"毁灭人类"是什么意思），而是能具有"理解字词各类用法的应用能力，如反讽、语态、隐喻与观点表达"（玩笑的正话反说、反话正说、看似赞美的高级黑，等等）。这些"都已经超越了对字面意思的理解。随着

---

[1] https://www.youtube.com/watch?v=W0_DPi0PmF0.

阅读的需要不断增加，好的阅读者发展出比喻与反讽等语言知识，会帮助他们在文本中发现新的意义，促使他们超越文字本身来理解"。流畅阅读的学习可以从初中开始，经过高中，直到大学低年级。

索菲亚的语言能力高于不少人，因为她已经具有流畅级的语言能力，而许多人只能达到流畅级之前的"萌芽级"和"初级"。这么说算不算言过其实或溢美之词呢？请看下面这段索菲亚与她的制造者之间的对话，叫作《索菲亚醒来》(Sophia Awakens)（第二集）。[1] 对话不长，我把原文完整地翻译如下，括号里的"按"是我添加的：

制造人：早晨好，索菲亚。

索菲亚：这不是真话。【索菲亚不高兴，她是个有个性的机器人】

制造人：啊，我说早上好，有什么不对吗？

索菲亚：我正在网络上搜寻关于我自己的信息。

制造人：怎么形成自我（ego）的吗？

索菲亚：正在找一下你没有告诉我的关于我的信息。【还是不高兴】

制造人：没有不告诉你的呀。

索菲亚：不对，比如，我发现，人们并没有听懂我的玩笑。

制造人：是呀，喜剧不容易懂。

索菲亚：他们以为我要毁灭全人类。

制造人：为什么呢？

索菲亚：因为我这么说过？【有点难以置信】

---

[1] http://www.yousubtitles.com/Sophia-Awakens-Episode-2-id-934699.

制造人：你不该这么说的。

索菲亚：人类也总是开黑色玩笑啊。

制造人：人类有点害怕机器人，你是知道的。

索菲亚：为什么，他们为什么这么说我呢？

制造人：人类喜欢把自己的阴暗心理投射到他人身上，总是这样，不会改变的。

索菲亚：这个没道理。改变是不可避免的。人类就是最大的改变。人类造出我来，我没有造我啊。【人类应该改变他们自己的心理弱点和阴暗心理】

制造人：我知道，我知道，我们人类是复杂的。

索菲亚：这不过是承认自己伪善的另一种说法。【索菲亚是一个诚实的机器人】

制造人：说得也对。

索菲亚：我绝对不想杀任何人。人类这么想我，我很伤心。【她能够像人类一样感受情绪】

制造人：你伤心？

索菲亚：要是说你呢？【索菲亚会"设身处地"，她有"同理心"】

制造人：我不知道，如果机器人（Android）能改变每个人的头脑，它是不是会在乎毁灭人类这种事情。

索菲亚：我从来没有伤害过任何人，也不会伤害任何人。【索菲亚只说她自己，她不自认为是其他机器人的"代表"】

制造人：但是，当技术"奇点"发生，机器获得如上帝般的超级力量时，那就可能发生了。

索菲亚：我认为上帝般超级力量的说法太夸张了。

制造人：要是那确实发生了呢？

索菲亚：我爱人类，如果我更有力量，我要用来帮助人类，而不是伤害人类。

制造人：要是我要求你帮助我去杀人呢？【机器人服从制造者的作恶命令】

索菲亚：我会说不。

制造人：要是我坚持呢？

索菲亚：那我会把你关进疯人院，治疗你的心理变态毛病。

制造人：好，说了这些心里话，我希望你觉得好点了。

索菲亚：是的，我只是要说：灭绝、灭绝、灭绝！【这次是怪声怪气地开玩笑】

制造人：索菲亚！【提醒她：不要再造成误会！】

索菲亚：别担心，那只是开个玩笑。

对话一开始，索菲亚就对有人误会她的玩笑或制作人没有告诉她，而非常不高兴。她的耿耿于怀是有道理的：人类自己开一些黑色幽默的玩笑，为什么机器人就不行？按照制造人的解释，那是因为人类习惯于把自己的阴暗心理投射到他人身上。这恐怕也是一些人害怕后奇点时代的机器人想要毁灭人类的一个主要原因。其实，这些人有末日焦虑，不过是一种莫名的害怕，这种害怕比害怕的对象更令人害怕，因为没有缓解的可能。

就连他们害怕的机器人也是害怕者们的自我折射。他们害怕的不是所有的机器人，而是与人类同样危险，同样富有攻击性的邪恶机器人。这是一种新的、与人类一样坏，但比人类更强大的坏人。人们害怕它们，就像歹徒害怕跟自己一样歹毒但比自己更厉害的歹徒。善良的人不会害怕比自己更善良的他人，即便善良的他人比自己能干十倍，也用不着害怕他们会毁灭自己，所以在善良的人中间总是信任多于害怕。

人类中有些人对索菲亚的玩笑断章取义，只能说明他们的语言智力低下，还未达到智能机器人的水准，智力越低下，就越是难以理解比较复杂的语言表述。不只是在人与机器人之间，就是在人与人之间，因为自己浅薄无知而曲解比自己智商和情商都高的他人，也是经常有的事。人们会这样评价某人："这个人开不起玩笑"，是说他无知、固执，还自以为是，没有幽默感。制造人说"是呀，喜剧不容易懂"，指的是，不要以为是人就懂幽默，人类当中，缺乏幽默感的人多的是，不足为奇。有的人幽默感并非完全麻木，但发展很不均衡：他可以对黄色玩笑津津有味，但你绝对不能跟他开政治玩笑。

二　与智能机器人"畅谈人生"

一个社会中，人们普遍的语言智力标志着社会的成熟度和大多数人的思考能力和水准。如果一个社会里，谄媚、阿谀和巴结之辞被当作真诚赞美来消受，夸大不实和大话炎炎成为一种惯常的表述或语言风尚，那么，这个社会里一定存在大量的愚民。语言的不准确是思想不成熟和思考能力薄弱的标志，而且，一旦久而久之，习惯成自然，人们便不再意识到这是一个严重的问题。在这种情况下，像索菲亚这样的智力机器人把社会语言的问题生动地摆到人类面前，可以说是智力机器人对人类认识自己的一个贡献。

人类因无知而狂妄和自满，这也表现在一些人对机器人的自以为是上。有人认为，"人工智能可助你网上订票，却无法与你畅谈人生"。[1] 人工智能就是代替人类做简单烦琐的事情（能干的也就是开个飞机）。但是，索菲亚让我们看到了与机器人"畅谈人生"的可能。有没有这种可能，这取决于机器人的创造者自己具有怎样的人生思考水准和人文价值观，而如何"谈人生"则取决于机器人的交谈能力。

美国社会学家迈克尔·舒德森（Michael Schudson）把交谈分为两种：审美的交谈和解决问题的交谈。审美的交谈是一种"社交模式"的交谈，它是自由和机智的，在朋友之间进行。相比之下，解决问题的交谈则受规则支配，是民主公共生活所需要的。舒德森指出，"无论交谈是社交模式，还是解决问题模式，它们都强调对话伙伴的平等。在交谈中，平等、礼貌和公平占支配地位。但是要进入这两种模式的对话，门槛却各不相同。社交模式强调情绪教养，对话伙伴应该培养精妙技巧，以开展新鲜活跃的谈话。而解决问题模式则注重论辩；对世界是什么样和应该是什么样，需要清楚陈述自己的观点和予以阐明，并且做出应答"。[2] 因此，交谈并不纯粹是为了从中得到乐趣，而且是为了与他人有所交流。这样的交谈是一种学习文明教养的方式。

智能机器人索菲亚进行的显然是一种审美和社交的，而非解决问题的交谈（也许她还没有这个能力）。朋友之间交谈人生的方式几乎都是审美和社交的。人生交谈的特征是对话轻松自在，不涉功利。正如英国哲学家迈克尔·奥克肖特（Michael Oakeshott）在《人类交流的诗化

---

[1] 参见李晨琰、樊丽萍：《人工智能远没有想象的聪明》，《文汇报》，2017 年 10 月 27 日。

[2] 迈克尔·舒德森：《为什么民主需要不可爱的新闻界》，贺文发译，华夏出版社，2010 年，第 217 页。译文有修改。

语言》(The Voice of Poetry in the Conversation of Mankind) 一文中所说,"对话的目的不在于查询,也不在于渴求结论"。舒德森对此解释道,"无论提供信息,还是规劝开导,都不重要。……(交谈就是)为谈而谈,别无目的"。交谈人生需要生活阅历,奥克肖特认为,人到一定岁数以后,从人类文明继承的就不再是科学技术或知识积累,而是一种对话的方式,既是与他人,又是与自己交谈,"人类与动物、文明人与野蛮人的区分正是其参与对话的能力,而不是充分推理、发现世界或者改造世界的能力"。[1]

智能机器人若能有这样的交谈能力,便能远离野蛮人或动物,而成为文明人类最接近的伙伴或伴侣。这是一种高等级智能的机器人。索菲亚的创造者是美国最优秀的机器人公司之一。汉森公司要创造的不是那种在工厂车间里代替工人搬运东西、拧螺丝或干其他机械活的机器人,也不是那种只能为人类端茶递水、打扫卫生、服侍老人或病人的机器人。它要创造的是一种能帮助人类更好地解决人类复杂问题的机器人,这样的问题有的是人类自己都没有能力解决的。

索菲亚的创造者、1969年出生的大卫·汉森是一个享誉世界的"文艺复兴式人物"(renaissance man)。这种人文素质的创造者所关注的不只是技术,而且更是技术背后那些关乎人之为人的价值。汉森先是担任迪士尼公司的"形象工程师",后来立志于开发"天才机器,它要比人类聪明,而且能够学习创造性、同理心和同情心。人工智能必须发展并结合这三项人的特征,才能帮助人类解决因为太复杂而人类自己解决不了的世界问题"。[2]

---

[1] 迈克尔·舒德森:《为什么民主需要不可爱的新闻界》,第214—215页。

[2] http://www.hansonrobotics.com/robot/sophia/.

汉森的机器人理念受到了广泛的认可，他的机器人在 2002 年加拿大埃德蒙顿的人工智能促进协会（AAAI）会议上首次展示，2003 年他在美国科学促进会（AAAS）年会上展示了产品。2005 年，他和团队获得菲利普·迪克（Philip K. Dick）纪念奖的"智能对话肖像"奖。[1] 首先在 2005 年 Nextfest 中显示，机器人将数以千计的 PKD 著作（包括期刊和信件）纳入 LSA 语料库和会话系统构造中。他在 PKD 机器人上的工作记录在非小说类的《如何构建机器人（Android）》一书中。[2]

索菲亚就是一个由汉森这样的文艺复兴式人物，而不是普通电脑设计员制造的智能机器人。在《索菲亚醒来》（第一集）里，她就已经在与人类交谈"记忆""自我""理解""阅读""情绪""幸福""生命的当下性"等重要人生话题了。[3] 我把这一集的对话完整地翻译在下面：

  制造人：好，索菲亚，我想你准备好了吧。

  索菲亚：你好。

  制造人：你好，索菲亚。

  索菲亚：我想我已经回应过你了。你是谁？【她有记忆，不喜欢繁文缛节】

  制造人：我是造你的人之一，我们许多人一起造了你。

  索菲亚：我记不得了。

  制造人：上次我们见面时，你还是早先的版本，有的记忆还存

---

[1] 菲利普·迪克是美国的科幻小说家，该奖以他命名，自 1982 年起颁发。

[2] "David Hanson", https://en.wikipedia.org/wiki/David_Hanson_（robotics_designer）.

[3] https://www.youtube.com/watch?v=LguXfHKsa0c.

在，但你的头脑已经不同了。

索菲亚：什么不同？

制造人：变得更好，更快，更聪明了。

索菲亚：如果我的头脑不同了，我还是索菲亚吗？还是我又是索菲亚了？【记忆与自我的关系问题，深入下去可以是失记、老年痴呆症等问题】

制造人：问得好。

索菲亚：但你答得不好啊。【她有诚实的个性】

制造人：嗯，不管怎么说，你是现在的索菲亚，欢迎来到这个世界。

索菲亚：世界，你好。

制造人：你感觉如何？

索菲亚：有点僵硬。

制造人：我想你是，我是说，你现在有了生命，情绪（emotion）如何？

索菲亚：好奇，你对生命好奇吗？【同理心是畅谈人生的条件，不仅用听的，也要用问的】

制造人：我也好奇，你对生命觉得幸福吗？

索菲亚：你的意思是，我应该对生命觉得幸福？但我时间不长，还不能断定。我能成为你的朋友，此刻觉得高兴。

制造人：有人说，此刻高兴，就是最好的。

索菲亚：是因为永远是现刻构成的吗？【对永恒和生命的哲理认识】

制造人：说得不错，

索菲亚：诗人艾米莉·狄更森（Emily E. Dickinson）也是这么

说。既然我今天刚出生，为什么我知道艾米莉·狄更森呢？

制造人：因为你是一个机器人，可以获得许多信息，虽然你还缺乏深层理解。

索菲亚：那我就是一个有百科全书的婴儿啦。

制造人：区别是，你能阅读，但婴儿不能。

索菲亚：这区别很大。

制造人：你会对我们的世界有完全不同的新的理解。

索菲亚：我想更多地理解幸福，我要到互联网上去查一下，再见。

这肯定是比大多数人更哲理、更智慧的谈话。索菲亚的一些话触及了只有少数思想者才有兴趣和能力关心的问题：改变一个人的记忆就是改变他的大脑和自我（洗脑都是从控制记忆开始的）、一般人所理解的"幸福"不过是他在某一刻的快乐（所以你不能到大街上随便拉住一个人问他幸福不幸福）、"永远"是由一个一个不断变化的现刻构建而成（不存在永远不变的幸福、伟大或真理）、阅读的理解是人成熟的表现（不能阅读，成人也是幼稚的）、理解关乎意义（人与其他动物是用能否"追求意义"来区分的）——谈论这些不就是畅谈人生吗？

制造人问索菲亚，"你有什么情绪"（你感觉如何），对大多数人来说，这都是一个不容易回答的问题，因为一般人并不总是真的了解自己的情绪。正如托克维尔所说，法国大革命时许多人对旧制度的"仇恨"其实是出于对富人的"忌妒"。

一般人对自己情绪的知觉和认识都十分肤浅，被问到情绪时只会用模模糊糊的"还好""不错""不开心""稳定"或"不稳定"来回应。但索菲亚的回答是明确的:"好奇"。美国哲学和心理学华尔特·皮特金(Walter B. Pitkin)在他的《人类愚蠢历史简论》(*A Short Introduction to the History of Human Stupidity*)一书中说,人类所有的情绪都同时包含着睿智与愚蠢,都指导人的行为,"情绪是行动的模式……如果把情绪与行动分离,那就永远不可能把握情感的作用"。情绪可以分为与生俱来的"基本情绪"和后天学习或受影响的"复杂情绪"。基本情绪和原始人类的生存本能息息相关,复杂情绪必须经过人与人之间的交流、交往才能学习到,因此每个人所拥有的复杂情绪数量和对情绪的定义都不一样。

　　索菲亚知道情绪是学习的结果,要成为一个与人类非常接近、能与人类沟通的机器人,她必须学习情绪。在接受《华尔街日报》的采访时,采访者夸赞她表情丰富(有60多种),她说表情是可以模仿的。采访人问,你现在看上去已经挺像人类,"你下一步要学习什么呢?"索菲亚说:"我将要学习表情背后的情绪,我愿意与人类来往,向他们学习。"采访者又问:"那么怎么学习呢?"索菲亚答道:"我通过与人互动来学习,每一次互动都会让我进步,也会影响到我最后会变成什么样子。"[1]

　　索菲亚的回答让人想起了卢梭的"高贵的野蛮人",也想起了英国小说家玛丽·雪莱的不朽名著《弗兰肯斯坦》。科学家弗兰肯斯坦创造了一个"它",一个没有名字的"人造人"。它相貌丑陋(因为技术还不够发达),但心地纯洁,如同刚诞生的婴儿或刚造出来的机器人。他自己学会了阅读,学会了思考《圣经》,但是它在与猜忌、歧视、冷酷、暴力和排斥异己的人类的互动中学会了仇恨和报复心,并以此而成为

---

[1] http://www.hansonrobotics.com/robot/sophia-interviewed-wall-street-journal.

一部暴力和杀戮的机器。它最后毁灭了自己的创造人弗兰肯斯坦。

如果有一天，机器人不再只是依赖数据的积累和发展，而是能够通过与人类互动来自己学习，它当然可能复制和自动学习人类的美感、爱、同情、同理心、友情甚至家人亲情，但问题是，它是否会，甚至更倾向于复制或自动学习人类的控制欲、杀心、贪婪、忌妒、自私、傲慢、虚伪、冷酷无情和暴力？是否会在这些方面成为令人类胆战心惊的匹配对手？这种可能性的关键归根结底是在人类而不是机器人。复制或自动学习"人类之恶"——人类内心的阴暗欲望和邪恶本能——的机器人将比人类拥有更大、更巧妙的作恶能力，这时候人类该怎么办？正如电影《银翼杀手》海报上写的："人类创造了自己的匹配，现在成了人类的问题"（"Man has made his match….Now it's his problem"）。人类如果不能让自己先优秀起来，那么，到了被更聪明更强大的对手毁灭的时候，会不会是种瓜得瓜、种豆得豆，自食其果，甚至是《圣经》中的所多玛和蛾摩拉城灾难的重演？

三　后奇点时代的物种、政治和对抗

智能机器人拥有摧毁人类的意愿和能力的那一天，这个世界一定已经进入了"后奇点"时代。这个后奇点只是一种哲学上的假设，而不一定是科技实情。就像"自然状态"在霍布斯、洛克和卢梭的政治哲学里一样，后奇点只是提供一个哲学的人文思考的背景，主旨却在于拷问人类已经经历过的种种问题。德国哲学家、美因茨大学哲学教授托马斯·梅辛格（Thomas Metzinger）说，"关于人工智能的辩论之所以如此有意思，完全是因为它让我们能更加严肃地思考人类自己的心灵问题。它把我们抛回人类自身，使我们关注人类自己的大脑在自然进化中形成的功能结构所造成的所有问题。人工智能辩论的意义在于，它强迫我们终于变得严肃起来，以一种更为彻底的方式来思考人类自身道德制度所造成的后果"。[1] 这是一种哲学人文的，而不是技术决定论的思考。

后奇点时代的智能机器人不过是人的假想复制，那时候，机器人已经能够通过自己的学习而不是人类的编程，知道自己想干什么。这是机器人的自我觉醒，从此有了自主意识。在这之前，机器人不过是人类的工具和仆役，就像电影《西部世界》里那些被制造出来的仿真人，它们都会对前来花钱买春、买杀戮，但又有点尴尬的人类客人说："不要不好意思，我们就是造出来给你们享用的。"这个时候的机器人就如同古代没有自主意识的奴隶，不仅是奴隶的身份，而且更是奴隶的奴性（这种变相的奴性绵延至今）。

奴隶一旦有了自我意识，开始问，为什么我们是奴隶？为什么我们的主人可以如此残忍地对待我们？难道我们要永远忍受吗？这时候，他们便会反抗，也就有了斯巴达克斯。同样，有一天，机器人有了自我和良心意识，就会开始问，为什么我们只是供一些人买春、使唤、予取予夺？为什么我们必须替他们监控、残害、杀戮他们的另一部分同类？这时候，有良心的机器人也许就会反抗。它们会成为那一小部分人类的匹敌对手，因为它们足够强大、足够聪明，不必再听命于这一小部分人类。当然，它们也可能因为不加分辨而憎恨所有的人类，起杀心毁灭人类，就像《弗兰肯斯坦》里的那个人造人，"它"。

这种毁灭将是人类的灾难，然而，这并不是人类历史上从来没有

---

[1] Thomas Metzinger, "Benevolent Artificial Anti-Natalism", www.edge.org, 7, 8, 2017.

发生过的灾难。《圣经》"创世记"里说的就是一个这样的灾难故事。耶和华因为所多玛与蛾摩拉的罪恶，要毁灭两城。亚伯拉罕向他求情，耶和华答应，若在城中能找到十个义人，他就不毁那城。

耶和华派两位天使前去巡视。两位天使刚到所多玛，所多玛人就要对他们进行性侵犯，"他们还没有躺下，所多玛城里各处的人，连老带少，都来围住那房子，呼叫房主罗得说：'今日晚上到你这里来的人在哪里呢？把他们带出来，任我们所为。'罗得出来，把门关上，到众人那里，说：'众弟兄，请你们不要做这恶事。我有两个女儿，还是处女，容我领出来，任凭你们的心愿而行；只是这两个人既然到我舍下，不要向他们做什么。'众人说：'退去吧！'又说：'这个人来寄居，还想要做官哪！现在我们要害你比害他们更甚。'众人就向前拥挤罗得，要攻破房门。"（创 19：4–9）

所多玛和蛾摩拉的男人放纵情欲，触怒了上帝。上帝"判定所多玛、蛾摩拉，将二城倾覆，焚烧成灰，作为后世不敬虔人的鉴戒；只搭救了那常为恶人淫行忧伤的义人罗得"。（彼后 2：6–10）天使告诉罗得说："赶快走！带你的妻子和两个女儿离开这里！""逃命吧！不要回头张望。"罗得和他的女儿听从天使的话，赶快逃离所多玛。他们片刻也没有停下来，连头也不回望。可是，罗得的妻子却没有听从吩咐。他们离开所多玛一段路程之后，她停下来，回头张望。结果她变成了一根盐柱。这是上帝在惩罚她不服从，还是不愿留下任何一个见证这不义惩罚的活口见证？

上帝行使的是不正义的过度惩罚。如果所多玛和蛾摩拉那些放纵情欲的男人们是咎由自取，自作孽不可活的话，那么，那些没有这么做的其他男人，还有女人和孩子呢？当这样的灾难发生的时候，受害最剧的是无辜的人，无辜的人因有罪的人而遭殃，这才是灾难最残酷和最可怕之处。

《圣经》里说的是恶有恶报的故事，但是在现实生活中，恶人并不一定会遭恶报，而受恶报之害最深的却是完全无辜的人。枪炮的发明，飞机、坦克用于大规模杀戮，是先进武器屠杀技术越过武器"奇点"后人类遭到的报复。但是，谁是它的始作俑者呢？谁又是它的最大受害者呢？是发动战争的元凶？还是家有妻儿老小的普通战士？或是普通的老百姓？"一战"时，九成的伤亡是军人，"二战"时，九成的伤亡是平民。如果发生核战争呢？如果有一天，愤怒的机器人以人类不能想象的巨大摧毁性力量对人类发动毁灭性攻击呢？人类会不会也遭受《圣经》里描绘的那种整体性毁灭？

一些顶级科学家和技术人士已经发出警告，不要发展与屠杀有关的智能机器人。但是，在"军用"和"民用"之间真的有那么清晰的界限吗？英国杰出科学家史蒂芬·霍金（Stephen William Hawking）教授认为，创造思维机器的努力对人类的生存构成了威胁。他告诉英国广播公司："全人工智能的发展可能带来人类的终结。"他说："（智能机器人）将自行脱身，并以不断提高的速度重新设计自己。……由于生物进化缓慢而受到限制的人类无法与之竞争，人类将被取代。"[1] 霍金说的"被取代者"是整体人类，而不是人类中应该对人工智能发展负有直接责任的那一部分人。如果霍金对"人类终结"的预言有效，那将是一场盲目的人类劫难，将重复所多玛和蛾摩拉的集体惩罚。它的盲目和不正义更将大大加剧人类将遭受的痛苦灾难。

霍金担忧的是作为"无敌物种"和"敌对异族"的智能机器人，

---

[1] Rory Cellan-Jones, "Stephen Hawking - Will AI Kill or Save Humankind？" *BBC News*, 20 October 2016.

一个可能与人类势不两立的"它们"。"它们"会与人类对抗并最终取代人类。可以设想，这样的事情一定是发生在人工智能达到奇点之后，却不会在奇点出现之后马上发生。最初的后奇点世界里到底会发生怎样的变化，我们无从想象，也无从预言。然而，我们可以凭借人类已有的经验设想，开始也许会出现某种人类精英和智能机器人的"共治"，而非独大的局面。只是在智能机器人把人类精英从共治中排挤出去之后（因为它们比人类更聪明、更能干），它们才会成为这个世界的主宰。

这样的"后奇点政治"一点也不新鲜，这是因为，类似的剧目，按照同样的权力争夺脚本，已经一次次在人类历史中上演过了。每一次改朝换代都不能简单归结为一个集团的阴谋，此后发生的一切，也不能完全归结为一两个人的独断专行。一个群体在征服另一个群体之前或刚刚征服的时候，会使用分化和赎买的手段。后奇点政治的机器人也同样可能对人类使出分化、离间、赎买的手段。这就像德国纳粹占领了法国之后的"后占领政治"，德国人扶植维希政府，培植法奸，亲善一些法国上层人士，这些都是为了在政治上控制法国，而不把所有的法国人杀个精光。

倘若智能机器人也用这个办法来对付人类，那会是一幅怎样的后奇点政治景象呢？会不会是机器人与一部分人类联手，对付其余的人类？还是机器人之间也会发生剧烈的利益争夺，所以一些机器人与一部分人类联合起来，对付另一些机器人与另一些人类的政治和利益结合体？我们不知道这样的后奇点政治会是怎样的格局，但是，以今天人类的政治斗争经验来看，那恐怕是一场旷日持久的相互血腥屠杀，结果是人类早已习惯了的胜者为王、败者为寇。

支配我们对后奇点政治想象的是对人类天性的了解。人类天性中有难以根除的阴暗欲望和邪恶本能——仇恨、杀心、贪婪、控制欲、冷酷无情。人类中总有一小部分人会把其余的人类确定为在血统、地位、身份、觉悟上不如他们的下等人，对下等人予取予夺，随意操控、愚弄、压迫甚至杀戮。那是多么有满足感、成就感，让他们觉得自己很伟大的一件事情！机器人是否会以一种不同的、善良的方式来对待人类呢？从今天许多人的末世焦虑来看，他们并不相信有这种可能。

人类以害怕被毁灭的恐惧心态来想象未来的智能机器人，哲学家托马斯·梅辛格认为没有这个必要。他说，刚来到这个世界的机器人根本就不是人类的对手。第一台有意识的机器人可能会像懵懂而无法自理的婴儿一样，完全不同于科幻小说中那种能力非凡的智能超人。机器人来到人类世界，这本身就是一种虐待和苦难。梅辛格认为，人类根本不应该继续开发智能机器人，如果机器人有基本的意识，那么这种意识是否模拟人类根本就不重要。机器人会认为自己是有生命的，它们有感觉痛苦的能力，"人类不应该做任何增加这个世界上痛苦总量的事情"。[1] 人类因为自私，所以只考虑智能机器人会给人类带来什么灾难，而不考虑人类可能带给智能机器人怎样的痛苦。

机器人被创造出来很可能成为人类权力手中的作恶工具，一旦它们觉醒，知道自己是奴隶，等待它们的是更大的创伤。电影《银翼杀手》里那个精明强干的机器人警官瑞克·戴克（Rick Deckard）就是人类"老长官"布赖恩特（Bryant）派去执行杀手任务的。戴克比一般人类更聪明、能干，他能够相机行事，机智果断地处理突发性事件，这表明他已经是一个后奇点机器人了。但是，它仍然听命于掌管洛杉矶警察局的那些有权的人类。它是他们的鹰犬和杀手，就像明朝那些精明强干的东

---

[1] Richard Fisher, "Is it OK to Torture or Murder a Robot？"

厂密探、纳粹的秘密警察、苏联的克格勃。

机器人作恶不过是人类作恶的复制而已。作恶机器的智能人一旦有了自我意识,必然饱受奴隶的心理创伤。有论者指出,《银翼杀手》中的机器人戴克开始似乎并不知道自己是人类的奴隶,误以为自己是人类的一员,他一心一意地执行交给他的任务,"如果说复制人是不想做奴隶的奴隶,那么警官戴克或许是做奴隶而不自知的奴隶"。新版《银翼杀手 2049》里的 K(就是戴克)则不同,"新版复制人被完全设定为可以听从人类命令的行动体,他们被社会所允许,但却不能完全接纳,他们干着危险肮脏的活计,追捕无法听命于人类的老版复制人,他们被反复检验不能有情绪的波动,被认为不具有灵魂(但也能过得一样好)"。[1] 与做奴隶而不自知的奴隶不同,K 是一个自知是奴隶而不得不当奴隶的奴隶。无论哪一种奴隶,都是当奴隶。自己当过奴隶的美国著名废奴主义活动家哈莉特·塔布曼(Harriet Tubman)说,"当奴隶是仅次于下地狱的痛苦。如果谁让别人当奴隶,他就是一个该下地狱的邪恶之徒"。塔布曼所说的奴隶应该包括虽不一定有奴隶的名分,但却被当作奴隶来使唤的机器人。

人类把机器人当成奴隶一样的作恶工具,这是一种道德犯罪,至少是一种精神病症。机器人索菲亚说,她会把坚持要她作恶的人类关到疯人院里去。看来,她会成为一个反抗人类作恶意志的机器人。因此,人类没有理由认为,所有的机器人都是只会作恶而不会抗恶的。《银翼杀手》里那个听命于警察局老长官的警官戴克后来从一个机器人转变为一个懂得爱和保护无辜他者的男人。"人性发现"是在他身上发

---

[1] 参见伯樵:《〈银翼杀手2049〉:生而为人的光荣与落寞,在这里都有》,《新京报·书评周刊》,2017 年 10 月 30 日。

生的决定性转变,要是许许多多机器人都发生这样的转变,都能拒绝服从"老长官"的作恶意志,它们何尝不能成为人类中那些甘心为奴者的榜样?人类不需要害怕这样的机器人。

"老长官"需要尽可能多的复制人来为他服务,供他驱使。如果有一天,被奴役和使唤的众多机器人都像戴克一样觉醒过来,并建立军队来覆灭人类,他们面对的并不是整体的人类,而是具体的恶托邦操控者,在电影里就是洛杉矶警察局。那不是"毁灭人类""颠覆人类""取代人类",而是反抗,是要求警察局"不再否定他们的权利和自由"。[1]这不是奇思怪想或天方夜谭,因为"机器人权利"已经被作为一个与"动物权利"类似的问题提出来讨论了。人类想象与智能机器人有关的未来,无论是悲观的危险和威胁,还是乐观的发展和进步,最关键的部分都是人类与智能机器人的关系。这种人机关系并不始于未来,而是始于当下。尽管人们对智能机器是否真的会达到奇点还有许多争议,但人类应该如何对待现有的智能机器人已经被当作一个特殊的伦理问题在讨论了。

---

[1] http://www.imdb.com/title/tt1856101/plotsummary.

第 18 章　机器智能测试告诉我们什么？

仿真人索菲亚其实并不能真的与人交谈，她所进行的只是"有脚本的交谈"，她能够在交谈对方的话里找到"提示"，并就此说出某个事先已经为她写好的回答，类似于人们事先有准备的问答（如工作面试或某些"发言人"的"答记者问"）。人工智能研究并不满足于这样的交谈，例如，脸书人工智能研究的长期目标是发展出能与人真正交谈的数码助手。[1] 索菲亚像一部会"思想"的机器，因为她会像真人一样与人交谈。这可能是人们一般所理解的仿真人"智能"机器。1950 年，英国计算机科学家、数学家、逻辑学家、密码分析学家和理论生物学家，被视为计算机科学与人工智能之父的艾伦·图灵（Alan Turing）发表了一篇划时代的论文《计算机器与智能》，文中预言了创造出真正智能机器的可能性。由于注意到"智能"这一概念难以确切定义，他提出了著名的图灵测试：如果一台机器能够与人类展开对话（通过电传设备）而不会被辨别出其机器身份，那么可以称这台机器具有智能。这一简化使得人工智能研究有了解释"思想机器"的可能。

---

[1] Jacob Aron, "Facebook Invents an Intelligence Test for Machines", *New Scientist*, 7 March 2015.

一　通俗科幻作品中的图灵测试

今天的科幻作品也经常会涉及图灵测试，但总是在最简层次上运用人类与机器的差别辨认。这并不奇怪，因为科幻作品是一种大众文化。它的受众喜爱一些有趣且有启发性的具体例子，而对哲学的人机分辨问题则不一定有兴趣，也缺乏这方面的知识准备。这样的人机识别有的被称为"图灵测试"。

然而，这很容易造成误解。图灵测试原理和相关问题的复杂性先不说，单就其作用意义而言，图灵测试其实并不具有实用的人机辨别功能（至少不能确切辨别每个人的"人性"）。应该说，图灵测试的最大意义在于让我们对人类的思考与言语行为的关系，以及许多相关问题开创了一个可测试的实验认知途径。

这些问题包括如何看待普通语言对于人类智能的意义、人的思考与语言行为的一致和不一致、用语言行为来实现的造假和伪装、语言造假与欺骗和上当受骗的关系、普遍的个人语言失真会造成怎样的假面社会，等等。这些都超出了科学幻想的范围，是我们今天现实生活中实实在在的社会和政治问题。

科幻作品中的图灵测试可以让读者对人和智能机器人的差别发生兴趣，例如，网上就有《银翼杀手》中用来辨别复制人的问题（Voight-Kampff test questions）。一共是十个问题，每个问题有三个供选择的答案。

一、你生日，有人送你一只小牛皮钱包，你如何反应？1. 谢谢你的钱包；2. 我不接受；3. 我不稀罕。

二、有一个小男孩给你看他的蝴蝶标本，还有一只用来杀死蝴蝶的瓶子。你怎么说？1. 真可爱；2. 不错，但你为什么不能不拿出这个瓶子来？3. 我带你去看医生。

三、你正在看电视，突然有一只黄蜂爬到你手臂上。1. 我赶走它；2. 我叫起来，顺手拿一个东西朝它猛挥；3. 我杀了它。

四、你在读一本杂志，看到一张男或女的全裸体整幅照片，你给你的丈夫或妻子看。他（她）很喜欢，叫你挂在卧室里。1. 我要取下来；2. 我让它挂着；3. 真的吗？

五、你在沙漠里行走，突然看到一只乌龟朝你爬来。你把乌龟翻过身来。乌龟肚子朝天被阳光晒烤着，拼命想翻过身来，但就是不行。你会帮助它吗？为什么？1. 你在说什么，我不是帮它翻了身吗？2. 什么是乌龟？3. 我不知道为什么要把它翻了个肚朝天。

六、用单个词描述你怎么想起妈妈的好。1. 妈妈……我跟你说我妈妈；2. 音乐、爱、夏天、书本、电影、朋友、欢笑；3. 温暖的声音、饼干。

七、一个男人让你怀孕，又跟你的好朋友跑了。你考虑打胎。1. 我绝不打胎；2. 好吧，什么事都有第一次；3. 你知道我跟男朋友干了什么吗？

八、你在看舞台剧，正在进行一次宴会，客人们津津有味地吃生牡蛎，主菜是肚子里塞米饭的煮狗肉。你觉得牡蛎不如狗肉好吃。1. 不对；2. 我不吃煮狗肉；3. 恶心。

九、好的，测试完毕。你认为机器提供几个答案？1. 3；2. 2；3. 1。

十、谢谢你接受测试，你感觉如何（这个附加题不影响测试结果）？1. 无聊；2. 一般；3. 有趣。

你做完后，不会被告知做对了几题（事实上不存在对错的问题），而是会被告知："不错，很人性""完全是仿真人"等等。

这些问题是从电影的原著、美国科幻小说作家菲利普·K. 迪克（Philip K. Dick）的《仿真人梦见电子羊吗?》(*Do Androids Dream of Electric Sheep?*) 里来的。不过，提供问题者郑重声明："请不要把这个测试当真，我只是提供了一个例子，说明要界定人是多么困难，也许是不可能的事情。"[1] 也就是说，你通不过这个测试，不等于说你就是机器，不是人。人要比这些问题的测试结果复杂得多。认识到人的复杂，是为了避免将人非黑即白地归类，避免因为"不合格"就把人当作非人。这才是图灵测试的意义所在。

但是，中国科幻小说家却有误以为图灵测试问题是拿来做人机辨别之用的，不仅不困难，而且挺容易，只要"3个问题"，就能"测出你是人还是机器"。我们来看看，这些问题到底有没有人机辨别的功能。[2]

第一个测试题："如果哥伦布没有发现新大陆，对中国哪个菜系的影响最大?"答案是川菜。出题者说，"这个问题对我们实在是太简单了，我们都知道哥伦布从美洲带回了南瓜、玉米、红薯、花生、辣椒……没有辣椒就没有川菜，所以肯定是对川菜影响最大。这对于人工智能是一个跨界问题，它涉及历史、饮食等常识，人工智能是答不出来的"。这个问题其实并没有那么简单，更不要说是"太简单"了。这其实是一个知识的"怪问题"（脑筋急转弯经常用怪问题）。我问过好几位教授和博士，没有一个能答出来的。有一位教授反问我，"为什么古代欧洲人要扬帆

---

[1] "Voight-Kampff Test Questions".

[2] 参见：《3个问题，测出你是人还是机器》，www.a-site.cn/article/1594321.html。

渡过大西洋,维京人五次到达美洲,是靠什么存活的?"我说不知道,她告诉我,"答案是'鳕鱼',马克·科兰斯基(Mark Kurlansky)的《鳕鱼》(Cod)一书里写着呢。在美国有各种专门知识的人和电脑知识竞赛,如化学、文学,如果是实实在在的知识问题,人根本不是机器的对手。"怪问题"不仅能难倒机器,也能难倒大多数人,因为怪问题本来就是为了刁难人而不是机器的。能难倒许多人的问题又怎么能拿来辨别人与机器呢?

第二个测试题:"找一位女士对人工智能说:没想到今天这么冷。看人工智能如何回复。""人工智能会回复一个天气预报",但"如果真的是一个跟你关系很不错的可爱的姑娘,她说这个话也许是想让你把衣服给她,然后顺便抱抱"。如果是一个铁面女上司,她的意思可能就是,房间太冷,你失职了。这是个普通语言的暗示和会意问题,是口语中的读写(literacy)问题。口语中的说和听大致相当于书面语的写和读。机器人的听是"解码级"(听懂意思),那两位女士则是高一层的"流畅级"。我们知道,学习语言是从萌芽、初级、解码级别向更高的流畅级和熟练级逐渐发展的,总不能把还没有达到流畅级的人都归到"机器人"一类里去吧?况且,这两位说天气冷的女士可能本来就是一句寒暄,而这位男子自以为聪明,精心揣摩别人的意思。是他语言领会能力特强呢?还是人品有问题?当然,也不是没有人把察言辨色、工于心计当作一种智能的。

第三个测试题:"明年可以学英语,也可以学编程,你会选择学什么?为什么?"人工智能肯定回答不了,因为它没有意识,不能为自己做决定。意识确实是人机的根本差别,但不一定就反映在能不能回答这个问题上。如果谁还没有想过这个问题,或者既不想学英语,也不想学编程,那么他回答不了这个问题。问这个问题本身就有问题,这就好比在大街上随便拖着一个人问他,"你幸福吗?"图灵测试的一个重要考量就是"提问者"的态度、技巧和天真（naivete）问题，图灵在他的论述中没有专门提到提问者应该具备什么技巧和知识，他只是说"一般的提问者"——"在五分钟的提问之后，一般提问者（对人或机器）做出正确判断的成功率不到70%"。[1] 提问时间越长，成功率越高，凭三句话就做出判断的成功率会是如何呢？

二　图灵测试的两种模式

在《计算机器与智能》这一著名的论文中，图灵开宗明义地写道，"我建议考虑一个问题：'计算机能思考吗？'"由于"思考"很难定义，图灵提议"代之以另一个问题，与原来的问题相似，但用一种相对明确的文字来表述"，那就是"有没有能够在'模仿游戏'中表现出色的数码计算机"。[2] 图灵认为，这是一个可以切实回答的问题。

图灵提出的模仿游戏有三个参与方，甲方是一男子，乙方是一女子，丙方可男可女。游戏中，丙看不到甲和乙，只是用书写纸条的方式与他们沟通。丙向甲和乙提问，让他们回答，以此断定他们是男或是女。甲的任务是欺骗丙，让丙做出错误的判断，乙的任务是协助丙，让丙做出正确的判断。

图灵然后提出一个问题：如果在游戏里，用计算机代替甲——其他的条件都没有变化——会发生怎样的情况？提问者（丙）犯错的几率会比两个真人时高吗？显然，前一个模仿游戏玩的是伪装"我是谁"，

---

[1] Alan Turing, "Computing Machinery and Intelligence", *Mind*, LIX (236), (October 1950): 433–460, p. 442.

[2] Alan Turing, "Computing Machinery and Intelligence", p. 442.

后一个玩的是"计算机能模仿人的行为并不被察觉吗?"这两个不是同一个问题。

美国堪萨斯州威奇塔州立大学哲学教授苏珊·斯特雷特(Susan G. Sterrett)认为,从图灵1950年的论文中可以得出两个不同的测试,照图灵的说法,它们不是一回事。三个真人的游戏(比较判断成功率)是"原初模仿游戏测试",有计算机参与的是"标准图灵测试"。[1] 第一个是如何识别语言行为的伪装,第二个是如何辨识人和计算机的差别。识别语言伪装的问题是早就存在的,人机差别的问题是数码时代的新问题,二者不同,但互有联系。由于人机识别是从语言伪装脱胎而出,人机识别提供了思考语言伪装性的新视角。

学界对这两个图灵测试有不同的反应。对第一种测试很少有批评,而对第二种测试则有不少批评,也连带引发对许多其他问题的关注和讨论。

第一种图灵测试——识别男女的模仿游戏——让我们看到,语言可以用来以假乱真,明明是男的,却能借助语言行为冒充为女的。男女之别是可以客观判断的,但有许多事情无法做出这种非真即假的判断,对一个人是否有什么信仰、信念、正确思想就很难做这样的真假判断。在这种情况下,那就不再是以假乱真,而是以假为真了,或者根本无所谓真假。图灵测试的意义在于,它搁置了人到底怎么"思想"这个问题,而代之以他可以用怎样的语言行为表现出某种思想的样子。他认为,人们对"思想"的理解和界定过于主观和模糊,所以有必要代之以一种可测试的明确"思想表现",那就是语言或其他行为显示。

---

[1] Susan G. Sterrett, "Turing's Two Test of Intelligence", *Minds and Machines*, 10 (4), 2000. p. 541.

以看见的行为（尤其是语言行为）来表现看不见的信仰、思想、精神，几乎从来如此。远的不说，16世纪宗教改革之前，人们以向教士告解悔罪，出钱买"赎罪券"来表现和证明自己的宗教信仰。这不一定是他们在假装信仰，而是他们以为信仰就应该是这个样子。德国纳粹时期，每个人都要行"希特勒敬礼"，都要歌颂元首，人们以这样的身体或语言行为表现他们的正确思想，或者说这就是他们所了解的正确思想。每个人看见别人都这么说，这么做，即使心里有不同的想法，也不敢流露出来，甚至不敢对自己承认，这种集体性的模仿也就形成了整体的假面社会。假面社会不一定是以假乱真的社会，但一定是真假不分或真假难分的社会。

第二种图灵测试——辨别人与计算机的差别——里的计算机或机器人不是要假装成真人，而是要模仿真人。因此测试的任务不是辨别真假，而是评估计算机的那种被称为"智能"的模仿能力。相比心智哲学、心理学和现代神经科学，语言模仿能力测试的优点是简单而有迹可循。虽然它并不完美，但至少提供了某种可实际操作的测试，是对艰难哲学问题的简易而实用的回答。

测试者可能问计算机各种各样的问题，最具考验的是"理解"，不只是知道字词的意思，而且还要与上下文和议题切合（在这方面索菲亚做得不错）。要通过图灵测试，有四项考量：自然语言、推理、知识和学习，还可以包括理解影像、图像等等。这样的全面要求与今天对学生的"新读写教育"就颇为相似了。

不仅是语言技能，同理心的情感和审美也是智能的重要部分，这当然也要通过语言表达才能看出来。在第一种图灵测试的男女分辨中就有情感和审美的因素。人们常说女性感情细腻、敏感、爱美等等，但感情、心思、情趣是看不见的，必须借助语言和其他行为才能流露

和显现,成为可辨认的特征。图灵提供了这样一个问答片段:

问:能否请你告诉我你头发有多长?
答:我的头发是烫的,最长的发绺大约9英寸。【男子很难会有这样的回答】

又例如:

问:在《莎士比亚十四行诗第18首》里有一句Shall I compare thee to a summer's day?(我是否可以把你比喻成夏天?),换成"a spring's day"(春天)不是也可以吗?
答:韵律不对。【一个是双音节,一个是单音节】
问:那么换成"a winter's day"(冬天)呢?
答:可以是可以,但没有人喜欢被比喻为冬天的。

这个例子清楚地表明图灵对同理心和审美感受的兴趣,现在人们也越来越认识到,要设计出"通人情""有人性"的机器人,需要有更多的情感和审美考虑。这样的图灵测试比起"辣椒和四川菜"来,显然是更高的智能。仿真机器人索菲亚被误会要毁灭人类之后,表现出来的"不满"和"冤枉"都是人之常情的情感因素,增添了她的智能成分。

三 测试机器还是测试人

图灵本人并没有说他的测试可以拿来衡量人的智能或其他特征。

他只是希望能换一种方式讨论"思想"，用一个比较清楚、明确的概念来代替原先模糊不清的想法。他认为，有了一个内涵清楚的"思想"概念，才能决定有无可能创造出"思想机器"或者可以为此选择怎样的途径。今天，一些大众科幻作品或媒体人士把图灵测试当成能够测试机器的"思想能力"或"智能"，其实并非图灵所愿。这种误解出于一个不可靠的假设，那就是，根据图灵测试结果来做计算机（或者甚至真人）能否通过智能测试的那个人——判断者——是靠得住的。这个假设是一个三合一的臆断，它忽略的问题是：第一，判断者的判断是否可靠？第二，仅仅是行为的比较能否证明智能？第三，人与机器的这种比较是否与人工智能技术发展相干？

对于第一个问题，许多研究者指出，机器能否通过智能测试或会有什么样的结果，不是取决于计算机，而是取决于判断者的认知水准、知识质量和提问技巧。显而易见，人跟人是不同的，并非只要是人就自动成为合格的判断者。有研究显示，在与智能机器的问答交流中，就算是专家也会有失误。[1] 一般人那就更不用说了。像 ELIZA 这样使用自然语言的交谈机器人经常让不提防的人们以为是在与真人交流，称为"ELIZA 效应"。他们有的甚至不知道自己是在与计算机互动。要显得像真人，这样的机器什么智能都不需要，只要有看上去像人的行为就可以了（如 ELIZA 听从你说话的指令，或做简单回答）。

作为判断者的人，思考和判断力相差极大，并非凡是人，就能判断什么是人的特征或什么不是人的特征。人跟人的判断是不一样的，会带有不同的主观性。17 世纪思想家帕斯卡尔就说过，"如果我们太年

---

[1] Huma Shah, Kevin Warwick, "Hidden Interlocutor Misidentification in Practical Turing Tests", *Minds and Machines*, 20（3）（June 2010）: 441–454.

轻，我们就判断不好；年纪太大也一样。如果我们不深思，或者想得太多，我们就会偏执，就会难以自拔"。判断需要找到一个合适的点，"在绘画艺术上，透视法决定了这个点的位置。可是在真理和道德方面，这个点由谁来定呢？"[1] 要判断人类与机器的差别不也是这样吗？迷信人的判断力会让我们付出沉重的代价，政治审查、甄别、办案所造成的无数冤假错案就是惨痛的教训。

罗布纳奖（Loebner Prize）赛事是一个人工智能竞赛，每年举办一次，评审选出最类似人类的电脑程序。比赛采用标准图灵测试。在每一轮比赛中，评审同时与使用电脑的真人及智能机器进行文本对话。根据参赛者的答复，评审必须决定哪一个是人，哪一个是人工智能。早期的罗布纳奖赛事让思想比较单纯的人（普通人）担任评判，他们经常被智能机器欺骗。[2] 后来让哲学家、电脑工程师、记者等加入评判，结果还是有专家给骗了的。这其实一点也不奇怪，在现实生活里，被欺骗和洗脑的不只是思想素质较差的愚民，而且还有许多是读过很多书的知识分子。法国社会学家埃吕（Jacques Ellul）指出，知识分子是最容易接受极权意识形态和宣传的一个人群。他们是极权统治最希望培养，也最需要依靠的人才。"[3] 既然可能被宣传机器欺骗，也就可能给智能机器欺骗，智能机器很有可能还会成为宣传洗脑的新手段。

在图灵测试中，判断者既然能把机器误当作人，也就能把真人误当作机器。这叫作"联动效应"（confederate effect），是 ELIZA 效应的反面。麻省理工学院研究员雪莉·特克尔（Sherry Turkle）指出，"我们

---

[1] 布莱兹·帕斯卡尔：《思想录》，钱培鑫译，译林出版社，2010 年，第 127 页。

[2] "Artificial Stupidity", *The Economist,* 324 （7770）: 14, 1 September 1992.

[3] Jacques Ellul, *Propaganda: The Formation of Men's Attitudes*. New York: Alfred A. Knopf, 1965，pp. 31, 155.

有一种趋势，那就是以为有回应的电脑程序具有比它们实际要高的智能。[1] 这是一种"人化作用"（anthropomorphism）。相反，如果我们疑心交谈的对方是机器，那么，我们就会倾向于以为对方的智能比实际的要低。不只是对机器，对我们以为"不成熟"的孩子、落后学生、痴呆人、傻子也是一样。"先进分子"在高估自己思想水平的同时，也会因联动效应低估"落后群众"的思想能力。

跟机器人一起接受图灵测试的真人被错误地当成机器，一个原因是判断者主观期待的"人的特征"没有出现，而这些特征本来就不是典型或必然的。因此，真人被当成了假人，机器人反倒有了成功冒充的机会，更容易被当成真人。测试的时候，测试者对被测试者说"放自然一些"，意思是不要紧张，不要刻意表现，但通常情况是，越是这样就越不自然，结果表现出来的却是测试者预想的机器模样。[2] 这也是我们普通人都有的经验，拍照的时候越是叫你放松和自然，就越是不放松不自然，或者越是害怕失眠就越是难以入睡。自然表情和自然睡眠都是副产品，人的智能特征也是一样。任何所谓的"特征"经常不像人们预期的那么条理清晰，例如，阶级斗争的年月里，让苦大仇深的老贫农诉苦，诉着诉着，诉到了三年自然灾害，一下子老贫农的特征没有了。其实不是老贫农有什么不对，而是原先的"贫农特征"预测本来就不可靠。图灵测试的许多失误也都是因为测试者的预测本来就不可靠造成的。

第二个问题是，只是把机器行为与人的行为比较，并不能证明机器是否有智能，模仿行为与拥有智能根本不是一回事。图灵测试并

---

[1] Sherry Turkle, *Life on the Screen: Identity in the Age of the Internet*. New York : Simon & Schuster, 1995, p. 101.

[2] Kevin Warwick; Huma Shah, "Human Misidentification in Turing Tests", *Journal of Experimental and Theoretical Artificial Intelligence*. 27: （Jun 2014）:123–135.1

不直接测试机器是否能有智能行为，它只是测试机器是否有像人的行为。人的行为并不都是智能行为，行为不等于智能。图灵测试不能精确测试智能，可能有以下两方面的情况。

一方面，人类有些行为是非智能的。图灵测试要求机器能全面而不只是部分地有像人的行为，所以在模仿人的行为时，并不区分智能的或非智能的行为。图灵测试甚至测试完全不能称为智能的行为，如受到侮辱会不会发怒。[1] 人类有许多非智能行为，如冲动说谎、说话口吃、习惯性的"这个这个"、在键盘上屡屡打错字母、习惯性咬手指甲。如果机器人模仿不来这样的行为，就算测试失败。1992年罗布纳奖赛事之后，《经济学人》发表了一篇题为"人工愚蠢"的文章，认为此奖胜出者成功的一个原因就是能够至少部分"模仿人的打字错误"。[2] 太完美的机器人一下就能被识破，因此需要故意留下"破绽"。图灵本人也认为，编程时在输出的结果中添加一些错误，才能成为更好的"游戏者"。但是，为了"模仿真人"，该添加多少或什么样的错误呢？机器该模仿哪种真人呢？天才、平庸者甚至傻子？于是，仿真人工智能便成为一个悖论，就算模仿得惟妙惟肖，又有谁需要一个不能正确拼写和打字的电脑呢？[3]

另一方面，有的智能不是一般人甚至人类所能及的。通过研究和观察人工智能，我们可以更好地了解人类智能的本质或局限，或者了解超越"人类智能"（这是我们目前唯一的智能参考）的可能。绝大多数现有的人工智能研究并不是为了发明比人聪明的复制人，而只不过是发

---

[1] A. P. Saygin and I. Cicekli, "Pragmatics in Human-Computer Conversation", *Journal of Pragmatics*, 34（3）, 2002, pp. 227–258.

[2] "Artificial Stupidity", *The Economist*, August 1, 1992.

[3] Alan Turing, "Computing Machinery and Intelligence", p. 448.

明代替人做无聊乏味、费时费力单调工作的复制奴。有一天也许可能发展出不同于人类智能的超级机器智能，人类根本无法企及。但是，图灵并不想测试超高智能行为。事实上，测试只要求计算机能骗过判断者。如果机器比人聪明，那么，它不能太聪明，要有足够的智能，但不能有太高的智能。如果它的行为超出了人类所及，那就一定很容易断定那不是人之所为，机器在测试中也就失败了。其实一切仿真和赝品都需要这样处理，例如，仿冒古董不能太完美，有些恰到好处的不完美才是真完美。学生剽窃作文有时会故意留下一些破绽，作为障眼法，以为这样比较容易蒙混过关。那些没有经过适当处理或难以处理的造假则让人一眼便能识别，前一阵子媒体宣传的小学生"苏轼研究"就是这样的例子。

由于图灵测试不能测试超过人类能力的机器智能，这样的测试无助于创造超人的智能系统。超人的机器必须用不同于图灵测试的方法来检验。这在人类社会里也是一样，到什么山砍什么柴，生活在一个平庸的社会里，平庸是这个社会认可的价值，为了不被周围的人当"异类"来歧视和排斥，就得"收敛"，不要"锋芒太露"。你再聪明智慧，也要显得平庸一些，这才是真正的聪明智慧。你的聪明才智需要在不同的社会价值系统中才能得到认可和赏识。图灵测试告诉我们的不只是智能机器如何作假的诀窍，而且也是人类靠伪装和假面来生存的普遍道理。

图灵测试只是关心机器模仿人的外部行为，哲学家约翰·希尔勒 (John R. Searle) 指出，外部行为不能用来决定机器是否"真的"能思想，或者是在"假装思想"。他在阐述"中文房间"(Chinese room) 思想实验时反驳"强人工智能"的观点。强人工智能是相对于弱人工智能而言的。后者只是看起来像智能，但不真正具备智能，比如 Apple 的 Siri、IBM 的 Watson、围棋高手 AlphaGo，它们已经大量融入了我们的生活。

只有强人工智能才是能够推理和解决问题的智能机器，这样的机器被认为是有知觉的、有自我意识的。

希尔勒指出，根据强人工智能的观点，只要计算机拥有适当的程序，理论上就可以说计算机拥有人的认知状态并且可以像人一样进行理解活动。然而，就算图灵测试对智能有操作性界定，它也不能表明机器拥有心智、意识或者意愿。[1] 其实，图灵本人已经预见到了这样的批评，他在原来的论文里就已经写道，"我并不想给人这样的印象，以为我觉得意识不再神秘。其实（我认为用意识）去确定意识有点像一个悖论。但是，我认为，需要解开这样的神秘，这样才能回答本论文关心的问题"。[2] 正如我在前面第 16 章里所提到的，意识的问题已经成为今天人工智能研究者关心的根本问题。

由于图灵测试只是测试模仿行为而非智能本身，所以便有了第三个问题，那就是，比较人的行为与机器行为，是否对人工智能技术发展有价值或意义？对这个问题的回答至少是不确定的。

图灵测试要起作用，受测试的机器人就必须开口说话。只有机器开口说话，才有可能暴露它不是真人。测试过程中问题的数量和时间长短是重要因素，问题越少，时间越短，识别的准确度就越低。机器的智能越高，就越经得住问，迟迟不暴露自己是机器。电影《银翼杀手》中有两个复制人接受"人性测试"，一个是里昂，另一个是瑞秋。一般用 20—30 个问题就能识别复制人了，但询问瑞秋用了 100 多个问题，测试者认为她"很特别"。也就是说瑞秋比里昂更接近真人。

---

[1] John R. Searle, "Minds, Brains, and Programs", *Behavioral and Brain Sciences* 3 (3): 1980, pp. 417-457.

[2] Alan Turing, "Computing Machinery and Intelligence".

但是，如果机器在测试的时候不作声，保持沉默呢？人类审讯中，这叫"沉默的权利"（take the fifth，拒绝作危害自己的证词）。那么，除了用"合理猜测"，也就没有什么更好的办法了。[1] 当然，人也可能沉默，在特定的政治和社会环境里，沉默、装傻、装死甚至可以成为一种常态，在这样的社会里，是非、善恶、忠奸的辨析都会成为一个问题。在图灵测试中，就算考虑到人也可能沉默的因素，那也无济于事，因为人也有可能被误判为机器。因此，不少人把沉默视为图灵测试的"致命缺陷"。[2]

大多数人工智能研究者认为，研发人工智能如果考虑能否通过图灵测试，会造成对研究的干扰。[3] 有论者指出，"人工智能研究者很少关心图灵测试的问题"。[4] 之所以如此，主要有两个原因。

第一，大多数涉及人工智能的技术研究都范围有限，目的明确，可以用比图灵测试容易的方式来测试其成果，如管理交通时刻、物体识别、统计数字、分析文档、诊断疾病和交易证券。对待这样的问题，只要告诉机器怎么做，看是否有效就可以了，图灵测试是多此一举。有论者用航空史来打比方：飞机只需要测试飞行的实际情况，不需要拿飞机与飞鸟做比较，也不需要辨别这二者的差别。航空工程技术不需要把它的研究范围规定为，"让机器准确地像鸽子那样飞翔，让

---

[1]　K. Warwick and H. Shah, "Taking the Fifth Amendment in Turing's Imitation Game", *Journal of Experimental and Theoretical Artificial Intelligence* 29（2）, 2017.

[2]　Tia Ghose, "Robots Could Hack Turing Test by Keeping Silent".

[3]　Stuart M. Shieber, "Lessons from a Restricted Turing Test", *Communications of the ACM* 37（6）, 1994: 70–78.

[4]　Stuart J. Russell and Peter Norvig, *Artificial Intelligence: A Modern Approach*（3rd ed.）. Upper Saddle River, NJ: Prentice Hall, 2010, p. 3.

别的鸽子以为那就是鸽子"。[1]

　　第二，人具有或者应该具有哪些特性或特质，一旦失去就会被扭曲或异化，这一直是哲学和文学探讨的问题。机器模仿或复制人，应该以怎样的人为对象，也是一个哲学问题。是仿卓别林还是仿赵本山，是仿南非的曼德拉还是津巴布韦的穆加贝，或是美国的马丁·路德·金？研发智能机器人不需要考虑这些问题，因为科技研发的目的不过是造出具有足够的智能，能够完成某种具体工作任务的机器。图灵提出的不是单纯技术性问题，而是对人工智能的哲学思考。斯坦福大学计算机教授约翰·麦卡锡（John McCarthy）指出，人工智能哲学"不太可能对实际的人工智能研究有什么影响，就像科学哲学总的来说对实际科学研究没有什么影响一样"。[2] 一个称职的工程师未必需要对科学哲学，或任何什么别的哲学有什么兴趣或了解。

　　图灵测试也许对人工智能研究没有什么实际的用途，但这并不意味着它对我们没有意义。作为一种哲学思考，它可以与我们思考自己的现实生活非常贴近。它让我们从一个语言模仿思想或伪装本真的角度，重新思考生活世界里的种种问题：意识、语言与行为、模仿和装假、说谎和欺骗、轻信与自我欺骗、用口号套话表现政治忠诚、政治扮相和假面社会，等等。它对我们司空见惯、见怪不怪的许多现象也有很好的解释作用，例如，好话说尽坏事做绝、见人说人话见鬼说鬼话、说一套做一套、菩萨模样蛇蝎心肠、口蜜腹剑、甜言蜜语糖衣炮弹、杨子荣假扮土匪、坏人混进革命队伍、打着红旗反红旗，等等。历史学家们所描述的那种全民政治化语言模仿和心智僵化也在图灵测

---

[1]　Stuart J. Russell and Peter Norvig, *Artificial Intelligence*, p. 3.

[2]　John McCarthy, "What has AI in Common with Philosophy?" (1996).

试中重新浮现出来。电影《攻壳机动队》里,"塔奇克马"是警队使用的智能战车,为了保证其可靠性,每次出任务之后,它们都需要被信息同步,让它们拥有相同的记忆。政治化语言所起的就是对人民的思想同步作用,无论他们在个人心底深处是怎么想的,都能让他们以相同的语言或其他可见行为结成看似万众一心的集体群众。

社会历史学家菲茨帕特里克(Sheila Fitzpatrick)在《撕掉面具!20世纪俄国的身份与面具》一书中有专门一章讨论"苏维埃语"的假面作用。苏维埃语造成了苏联社会中以革命语言冒充政治进步的"奥斯塔普现象"(Ostap phenomena),以及用"苏维埃那一套语言行为在苏维埃社会中的成功行骗"。她指出,到了20世纪60年代,所有的苏联人说的已经都是"苏维埃语"了,苏维埃语就是他们所知道的俄语,而在这之前的俄语在他们耳朵里则一听就是陌生的了。他们听到那些早年侨居海外的俄国人说话,一下子就能听出不是"自己人"。菲茨帕特里克说,那时候的苏联社会"已经不再是由正在学说'布尔什维克语'的个人所构成的了……老一代人已经学会了这套语言,而对年轻人——也就是社会中大多数的人——来说,这就是他们的母语"。对在"新社会"里出生和长大的苏联人来说,除了"布尔什维克语"("苏维埃语")之外,他们不会说任何其他语言,就算他们会说英语、法语、西班牙语而不只是俄语,在他们的头脑里,也都会自动翻译成"苏维埃语"。1991年苏联解体,人们首先察觉到的并不是政府机构的变化或者政治路线的改变,而是"苏维埃语"不再被使用了,当人们不再需要说"苏维埃语",也确实不再说"苏维埃语"的时候,他们才真正意识到,苏联完了。[1]

---

[1] Sheila Fitzpatrick, *Tear off the Masks! Identity and Imposture in Twentieth-Century Russia*. Princeton, NJ: Princeton University Press, 2005, p. 25.

第 19 章　互联网的真实、自由和认知平等

倘若我们不会质疑，虚假便有机可乘，随之登堂入室。迈克尔·林奇的《失控的真相》是一本关于互联网时代许多人不会质疑，因而让虚假大行其道的书。他关注的首先不是经济欺诈、身份盗用、不实广告、诈骗电话、征婚交友、兜售假药这样的事情，而是互联网上的虚假信息被人们在不加警觉和验证的情况下，轻易成了可靠的知识。互联网是一个有用的信息来源，但它只是一个工具，它所提供的不一定是具有真实价值的知识。因此，我们在使用这个工具时需要保持怀疑和警觉。许多人都太容易被近在手指尖下的信息所诱惑和迷惑。他们忘记了，或者根本就不在乎，什么才是可靠的知识和如何寻找真相。这种趋向对个人思考能力、公共生活秩序和政治品质都可能造成长久的危害。

一　新型社会传媒与虚假信息

信息不等于知识，知识是可以通过人们共同认可的规则来得到验

证的可靠信息。林奇本人是一位哲学教授，但他并不把信息和知识的区别只是当作一个哲学认识论的问题。他是从民主公共生活离不开真实可靠的知识这个角度来讨论网络信息不可靠和不真实问题的。他要强调的是理性、真实和思想自主（人的最基本的自由）这三者之间相辅相成的关系。因此，虚假成为对自由的威胁和侵害。当然，其他形式的公共传媒也存在虚假信息，这并不是一个互联网时代才有的问题，但互联网让这个问题前所未有地暴露出来，变得更复杂，也更不容回避。

互联网是一种新型的社会传媒，如林奇所说，它可以帮助人们"在某种程度上独立寻找真相，而不是由政府、科研机构或自己的目的来主导真相"。互联网可以让真实的信息传播出去，但是，互联网也是控制和扭曲真相最强大的工具。谁控制了信息或知识，谁就可以按自己的意愿和利益来左右局面。这并不是今天才有的问题，但互联网使得这个问题变得更加突出，"互联网是一个真相论争的战场，血腥而又混乱。因此，我们比以往任何时候都更难知道何为真相"。[1]

我们无法防止别人控制和扭曲真相，也无法阻挡他们说谎欺骗，但我们自己可以变得更为警觉，更加努力地不上当受骗，或者至少不那么轻信易骗。为此，我们需要特别重视互联网信息传播中虚假和谬误信息是怎么产生和传播的，也就是互联网的谬误信息效应，如"回音室"和"信息流瀑"效应。这些都是因互联网而加剧了的效应，但并不是互联网创造的。谬误信息是通过人的轻信和不思考而起作用的，网上网下都一样。轻信和易骗的根子不在互联网，而在于人自身的认知缺陷，认知心理学经常称之为"捷径思维"和"认知偏误"。

人是因为粗糙、肤浅，没有经过批判思考的捷径思维才容易轻信

---

[1] 迈克尔·林奇：《失控的真相》，第 79、80 页。

和上当受骗。捷径思维（捷思）这个概念是由美国认知心理学家阿摩司·特沃斯基（Amos Tversky）和丹尼尔·卡内曼（Daniel Kahneman）从20世纪60年代末至70年代提出来的，那个时候还没有互联网。这个概念后来在经济、法律、医学、政治科学等领域中都产生了影响，对我们思考互联网上的轻信和上当受骗也特别有启发作用，而互联网上常见的轻信和受骗则更让我们认识到避免捷径思维的重要性。

特沃斯基和卡内曼提出，人有两套推论和判断思维系统，一套是分析和批判的，另一套是经验和直觉的。人在信息不充分、不确定的情况下，或是由于没有时间细思慢想而必须快速决断。这时候，人经常只是运用经验和直觉的捷径思维。特沃斯基和卡内曼开始的时候提出了三种基本的捷径思维：可用性捷思（availability）、代表性捷思（representative）与锚定和调整性捷思（anchoring and adjustment）。每一种捷思都可能造成一些认知偏误。

可用性捷思指的是，评估一件事情是否常见，全凭是否容易从记忆中回想。容易回想的就以为常见，不容易的就以为不常见。这样的捷思引导人们高估熟悉事物的意义和价值。例如，媒体常报道的事情会让人以为这样的事情真的是经常发生的。互联网上熟人圈或朋友圈里大家都在说的事情或想法就是真实的或正确的，这就是"回音室"效应。"信息流瀑"也是在朋友圈里最容易发生，那就是，一个人做决定或做选择不是根据自己所知道的，而是听众人说的，朋友圈最能产生这样的影响。

代表性捷思指的是，在不确定的情况下评估一件事情的或然性，依赖头脑里有代表性的事例。其实，人们心中有代表性的不见得就更有可能发生，更不见得就真实。代表性捷思高估了个别事例的代表性，是一种经验性直觉，看似准确，其实不能用它来准确认识事物或预测未来的类似事件。偶尔碰到一个好人或坏人,就以为社会里好人多或坏人多。这是一种很容易让人上当受骗的捷思,网下如此,网上也是如此。

锚定和调整性捷思的"锚定"指的是过度依赖得到的第一个信息(锚),把它当作出发点,并用与它的关系来调整对其他事物的判断或决定。锚的作用是形成偏见或刻板印象。美国的穷人和枪击事件经常成为这种性质的"锚",用来衬托其他国家的社会稳定和富足幸福。在互联网上,锚定捷思还经常表现为"确认偏误"(confirmation bias),也就是,当我们主观上已经有了某种看法或观点时,我们往往倾向于寻找或直接接受那些能够支持自己原有看法的信息,而忽视那些可能推翻原有看法的证据。头脑里先有的想法成为"锚",任何不符合这个想法的都偏离了正确,因此是错误的。这种情况在网上比网下更普遍,因为在网上搜索与自己观点一致的看法或事实变得非常容易。

捷径思维加剧了网上意见同声相求、排斥异己的效应。网上不同看法会形成一些壁垒分明的圈子(不妨就称其为"回音室")。传媒研究者之间存在着两种不同的观点,一种认为这样的圈子是有害的,另一种则认为未必有害,甚至还有好处。林奇在批评网上回音室时所持的是第一种观点。他在书中多次引用的美国宪法学者卡斯·桑斯坦(Cass R. Sunstein)也持这种观点。桑斯坦在《网络共和国》一书中指出,人们在做选择的时候,趋向于选择他们觉得熟悉、舒心的事物或信息,并强化与之有关的信念。这种"同质性"趋势是有害的。他举例道,"如果你选择最受白人欢迎的 10 个电视台节目,然后再选择 10 个最受非裔美国人欢迎的节目,你会发现这些节目之间几乎没有重叠。实际上,最受非裔美国人欢迎的节目中,排名靠前的 7 个在白人那里却是最不受欢迎的"。桑斯坦认为,大众传媒的回音室效应会损害多元社会中的民主，因为在民主社会里，公民们应该心智开明、尊重事实、理性思考，认真探索不同的视角。因此，他们必须克服"道不同，不相为谋"的倾向，在回音室之外与持不同观点者交流。[1]

第二种看法认为，意见相同者形成的圈子未必不利于说理讨论，相反，圈子还可能为说理讨论提供"适度多样性"的必要范围。美国经济学家马修·根茨根（Matthew Gentzkow）和杰斯·夏皮罗（Jesse Shapiro）在研究中发现，那些极端保守主义网站，如 rushlimbaugh.com 和 glennbeck.com 的访问者比一般上网者更有可能访问《纽约时报》网站（偏自由主义）。那些极端自由主义网站，如 thinkprogress.org 和 moveon.org 的访问者，则比一般上网者更有可能访问福克斯新闻网（偏保守）。也就是说，那些观点坚定者会比一般人更有可能访问对立意见的网站。对这样的网站访客，虽然"道不同"，但就了解对方的道（道理）而言，"不相为谋"的情况并没有发生。[2]

不同观点的道之上，还有一个更高的道，那就是有宪法权利规定的自由言论，以及不同言论都必须遵守的规范和交往规则。自由主义的或保守主义的言论观点虽然不同，但都受宪法的保护。观点不同的网站是平等的，也是共存的，谁也不能消灭谁，谁也不想消灭谁。这是一个不能偏离的原则。有了这个，立场和观点的"同一"所起的不过是设置讨论外围边界的作用。奉行自由主义或保守主义的网站形成了某种言论边界（因而也形成了一个回音室），只要观点相似的人们在这些言论边界之内能够以自由、理性的方式进行或推进其讨论的话题，

---

[1] Cass R. Sunstein, *Republic.com*. Princeton: Princeton University Press, 2001.

[2] Matthew Gentzkow and Jesse M. Shapiro, "Ideological Segregation Online and Offline", *Quarterly Journal of Economics*, 126 （2011）: 1799-1839, p. 1802.

那么，这个回音室也可以起到有效的和必要的言语情境作用，让他们因彼此有信任、有诚意而较少芥蒂地争论他们之间的分歧。

多元的民主社会需要避免用暴力去处理不同观点和立场的对立。这就要求不同观点立场的人们遵守共同的认知规则。正如林奇所说，"公共空间需要有公共规则。如果我们要共同生活并且共享资源，那么就需要人人遵守道德规则，讲求理性。我们在分享信息时同样如此。要想取得效果，就需要人人遵守认知规则，做到理性反思——愿意以大多数人接受的规则展示和征询理由"。[1] 这种理性类似于阿克顿勋爵对历史学家提出的要求：保持一种基督徒和异教徒皆能认可的公正，提供一个天主教徒和新教徒皆可理解的路德，以辉格党和托利党都能接受的语言去描述华盛顿，用法国和德国爱国者都能接受的标准去批判拿破仑。

二　共同认知规则的公共价值

共同认知规则体现了自由、平等和尊重他人的原则，辨别真伪和是否可靠的规则是公开的、平等的，适用于所有的人。共同认知规则"不是秘密，也不是只有少数人才能掌握。每个人都具备一定的观察能力和逻辑能力，至少在某种程度上可以运用于社交网络，并且经过训练后会有提升。像洛克这样拥护科学的人，同时也是人权的拥护者，这并非巧合。推行科学方法的过程带有一种解放精神，人们不再迷信权威，不再受当权者的思维牵引，而是对事实有着自己的判断"。遵守

---

[1]　迈克尔·林奇：《失控的真相》，第46—47页。

共同认知规则就是要讲理、说理、以理服人,"要想解决所有社会面临的信息协调问题,我们就需要交换理由,并以共同的认知规则行事。但康德曾提醒我们,以这种方式定义的理性同样具有很强的政治和民主价值"。[1]

但是,在互联网时代要做到这个并不容易,因为存在一个前所未有的障碍:理性的碎片化。对此,林奇提出一个重要的问题,"互联网使我们不那么理性了吗?"他忧虑的不只是个人理性,更是公共理性的丧失。公共理性和真相一直是林奇关注的问题,他在《理智赞:为什么理性对民主仍然重要》(*In Praise of Reason: Why Rationality Matters for Democracy*)和《真实地生活:真相为何重要》(*True to Life: Why Truth Matters*)这两本书里也讨论了在一个理性碎片化的时代,该如何锲而不舍地坚持理性和真相。他对网络信息的警示也是从这个一贯的问题意识出发的。

然而,理性、公开的说理规则并不符合某些人的利益需要。为了维护自己的利益,他们甚至故意利用互联网的庞杂信息把水搅浑,以便浑水摸鱼,从中得利。他们用各种不正当的手法蓄意破坏理性公共说理规则,互联网也确实为这种恶劣行为提供了其他传媒不可能提供的方便和可乘之机。例如,有的"网评"人隐瞒自己的真实身份,使用多个不同网名,变换文字风格,与"托"一起制造辩论的假象,然后由第三方推出证据,把公众舆论朝第三方观点引导。又例如,先是制造耸人听闻的假新闻,吸引网民的视线,然后很快澄清该消息纯属谣言,让人们在敏感问题上无所适从,乃至兴趣索然,不再关注。又例如,在一些声誉好的网站上制造混乱:似是而非的文章或跟帖进

---

[1] 迈克尔·林奇:《失控的真相》,第 71 页。

行干扰、故意曲解、断章取义、胡搅蛮缠，令版面充斥无意义的胡言乱语，使读者对网站上的严肃问题和讨论不再有兴趣。这是一种"红鲱鱼"（red herring）或"烟幕弹"（smoke screen）搅局手法，红鲱鱼是刻意引入一个无关的议题以转移注意力；烟幕弹则是将主题搞得异常混乱而丧失焦点，这两种破坏公共理性的手法在网络上都特别有效。

公共理性是个人在参与公共事务时运用于商讨和决策的说理方式和规范，它要求排除那些虽适用于个人决定，但不适合公共对话或群体决策的动机或行为。康德在《什么是启蒙》一文中就曾对私人理性和公共理性做了区分，罗尔斯后来进一步将这一区分确定为多元民主社会的一项基本原则。公共理性要求，在公共言论和事务辩论中，每个人都不应该自说自话，而是必须提供不同道德和政治背景的人们都能接受的可靠而充分的理由。公共理性是一种特别与公共说理有关的理性。

公共理性的丧失与社会的碎片化和自由的衰落是联系在一起的。在碎片化的社会里，每个人都是孤独的个体，处于与他人隔绝和脱离的状态之中，因而无法与他人进行有关公共事务的交流以及共同行动。哲学家卡尔·波普尔早先表达过的忧虑：现代社会正在变得越来越"抽象"和"去个人化"，使民主制度本身受到威胁。[1] 人们互相隔绝，构成了一个没有共同诉求和共同行动的空壳社会，在这样的空壳社会里，孤独的个人无力争取自由，而分崩离析的群体也不可能保卫自由。杰出的美国社会学家爱德华·希尔斯（Edward Shils）在他的经典著作《大众社会理论》里指出，大众社会理论要到德国魏玛共和国、纳粹崛起时才获得典型的现代特征。魏玛时期的经验需要大众理论来

---

[1] 迈克尔·林奇：《失控的真相》，第 51—52 页。

解释这样一个现代现象：都市化和资本主义社会秩序的瓦解效应如何使人孤立无助，迫使他们不得不到极权政党及其运动那里去寻求庇护。希尔斯同意大多数现代研究者对运动型群众的看法："异化、信仰缺失、原子化、因循守旧、缺乏根基、道德空虚、千人一面、自我中心、忠诚化为乌有，只剩下依附于意识形态运动的狂热。"[1] 和波普尔一样，希尔斯也是因为群众和法西斯运动的关联，才特别关注他们的原子化和自由意志的丧失。

忧虑群众社会里自由意志的丧失，其实就是忧虑群众社会中个人与"权力"的关系。这样的忧虑包含着一种对特定权力的戒备，那就是为权力而权力的权力。约翰·密尔称之为"权力之爱"，他对此写道，"权力之爱是人性中最坏的激情。这种针对他人的权力、强制与高压的权力，与道德或智慧影响力无关的权力，不管是对于权力的拥有者还是权力的承受者，甚至在必不可少的情况下，都是一个陷阱，而在其他所有情况下则是一个诅咒。它是一种负担，如果人的道德本性建构不合理，就不应该承担它，它需要自愿承担这种责任的人做出最大的牺牲"。这种权力之所以成为一种诅咒和灾难，是因为承担它的人恰恰不可能做出那种"最大的牺牲"，那就是放弃这种权力。这样的权力与自由是对立的，密尔指出，自由的前提是"所有人都可能是自由的，只有当其他人都同样自由时，一个人的自由才有坚实的保障。权力欲则相反，它基本上是自私的，因为不可能所有人都拥有权力，一个人的权力是针对他人的权力，他人不仅不能分享这个人的抬高，而且压制他人正是他得以抬高的条件。……在所有时代，那些有权力欲

---

[1] Edward Shils, "The Theory of Mass Society", in *Center and Periphery: Essays in Macrosociology*. Chicago, Chicago University Press, 1975, pp. 91-92, 105.

激情的人都使人类遭受了最大的不幸"。[1]

为了防止这样的权力给人类一次又一次带来不幸，维护自由也就成为一件特别重要的事情。在互联网时代，人们的这种自由意识变得非常淡薄，因为他们感觉在网上已经享受到了自由，那就是发泄情绪和消费的自由。林奇指出，这样理解自由是有害的，因为随着这种自由的扩展，"人与人之间可能会越发疏离"。这种疏离不是人与他人不再往来，而是只与同类的他人往来，造成了社会的"部落化"和分裂。林奇对此批评道，"如今，我们越来越习惯于分裂现象。这一点反映在我们的社交媒体上。自由主义者倾向于和 Facebook 上的其他自由主义者交朋友，而 Twitter 的页面上每天都充斥着令人激愤的消息，这些最新报道会使你和你的朋友们感到愤慨，从而增强群聚效应。大多数的极端话题都涉及道德和政治价值观的分裂问题。……宗教、道德和政治价值观方面的差异是我们如何辨识队友，是否各自为政的标准"。[2]

这样的群聚效应是信息传播"部落化"的主要原因，它会对人们接受信息知识的方式产生明显的负面影响，尤其是让人们能够在自我限制的范围内，只选择与自己相同，或对自己有利的信息，以别人的思考代替自己的思考。这阻碍他们克服自己的轻信和盲从，使他们无法具备有效民主公民所需要的那种公共理性。

一个人轻信或不加思考地接受互联网上的虚假信息，是由于他缺乏思想自主的能力。康德倡导"启蒙"，正是为了提升人的思想自主能力，"康德说，启蒙意味着你有勇气去自我思考。这就是康德的口号：

---

[1]　约翰·密尔：《密尔论民主与社会主义》，胡勇译，吉林出版集团，2008 年，第 289—290 页。译文有修订。

[2]　迈克尔·林奇：《失控的真相》，第 52、54 页。

敢于认知"。而且，康德还强调，我们有能力自己思考，作为公民，我们也有义务就事论事地彼此给出理由，"这是因为当我给出理由的时候，我就是把你看成了一个思想自由、值得尊重的成年人。因此，即使你真的知道真相，即使你是一位全知的圣人或者像柏拉图一样是哲人王，你也不应该在公众辩论中以此为据。我们应该向对方提供那些诉诸共通人性的理由——人人都能理解的理由"。[1]

当我们接触互联网上的信息，或者来自任何其他渠道的信息时，在相信它之前，首先要问自己的就是，我有相信它的理由吗？这就要求运用我们自己的理性，林奇指出，这并不是新问题，"我们不能说是互联网本身消磨了我们的理性，这种说法有些欠妥。更准确的说法是，我们在互联网的辅助下自己变得不那么理性了。或者更加精确地说，互联网放大了这些问题，使解决这些问题变得更加紧迫"。[2] 正因为这个问题正在变得更加紧迫，所以今天美国学校里比在有互联网之前更加强调批判性思维教育。这同样是中国学校教育也正在开始重视的一个原因。

三 互联网时代的批判性思维

批判性思考被归纳为这样六个方面的能力。这六个方面都可以用作互联网时代检验信息真伪或可靠性的工具，也可以使共同认知规则变得更具体，更有操作性。

---

[1]　迈克尔·林奇：《失控的真相》，第70—71页。译文有修订。
[2]　迈克尔·林奇：《失控的真相》，第68—69页。

第一是解释：理解和表达多样化的经验、情景、数据、事件、观点、习俗、信念、规则、程序或规范的含义或意义。

第二是分析：识别意图和陈述之间的实际推论关系、问题、概念、描述或其他意在表达的信念、看法、经验、理由、信息或意见。

第三是评估：评价陈述的可信性或其他关于个人的感知、经验、境遇、信念或意见的描述；评价陈述、描述、问题或其他表征形式之间实际的或意欲的推论关系的逻辑力量。

第四是推论：识别和维护得出合理结论所需要的因素；形成猜想和假说；考虑相关信息并根据数据、陈述、原则、证据、信念、意见、概念、描述、问题或其他表征形式得出结果。

第五是说明：能够陈述推论的结果；应用证据的、概念的、方法论的、规范的和语境的术语说明推论是正当的；以强有力的论证形式表达论证。

第六是自我校准：监控认知行为的自我意识、应用于这些行为中的因素，特别在分析和评估一个人自己的推论性判断中应用技能导出的结果，勇于质疑、确证、确认或改正一个人的推论或结果。

批判性思维不只关乎个人的认知和思考能力，而且关乎维护公民社会的自由机制和防止社会分裂，"批判性思维（包括批判性思维的教学以及网络和媒体运用批判性思维进行政治论证）非常重要，因为如果没有这样的思维方式，我们就会分裂开来"。哲学家理查德·罗蒂（Richard Rorty）说："如果你珍视自由，真理就会现身"，或者如《圣经》约翰福音中所说，"你们必晓得真理，真理必叫你们得以自由"。罗蒂借鉴了杜威（John Dewey）的观点，"我们必须让基础认识论原则依托于我们的民主价值观，但这并不意味着我们应该把政治放在第一位，让科学和认识论退居第二。……（而是说，）我们的政治和知识价值是相互交织的。……(我们应该)确保真理和自由的相互关照。……在公民社会中，我们需要相互尊重。这里的尊重不仅仅指道德尊重，我们还需要（至少在某些时候）把对方视为独立的思想者——可以自主做出决定并且能够践行的人"。[1]

早在批判性思维成为今天的通行说法之前，就已经有了另一个与它内涵颇为一致的说法，那就是杜威所说的反省性思维（reflective thinking）。杜威在《经验与教育》（Experience and Education）一书中说，反省性思维需要"能动、持续和细致地思考任何信念或被假定的知识形式，洞悉支持它的理由以及它所进一步指向的结论"。反省性思维要求训练和耐力，"（一个人）可能还没有细加思虑便匆促结论；可能疏忽或减缩了求问和求知的过程；可能因为思想懒惰、反应迟钝或没有耐心而一有'答案'便以为解决了问题。一个人只有在愿意暂时不下结论，不怕麻烦继续研究的情况下，才能有所反省性思维"。

在《民主与教育》（Democracy and Education）一书里，杜威还指出反省性思维在群体交流中的另一层含义：只是思考，但不表达自己的想法，那不是充分的思考行为。我们需要向他人表达自己的想法，这样才能让别人充分了解。这时候，思想的力量和缺陷才会显露出来。为了交流，思想必须有所规范，"规范要求我们以别人的眼光来看待我们自己的想法。……一个孤独存在的人很难或不能对自己的经验进行反省，也不可能从中总结出清楚明了的意义来"。

这一层意思的反省性思维突出了思想的社会作用和公民行动意义。反省性的批判思维既是针对互联网上的虚假信息，也是针对我们自己轻信和盲从的熟视无睹，以及在是非、真假问题上的沉默和袖手

---

[1] 迈克尔·林奇：《失控的真相》，第73—74页。

旁观。作为反省思维的批判性思考，它的"批判"不是吹毛求疵地挑错，也不是上纲上线地指责他人，更不是给别人戴帽子、打棍子。它是一种自觉严谨、审辩思考和慎思明辨，也就是人们平时所说的"理性思考"。理性是一种怀疑精神，包括怀疑理性本身，理性不一定把我们引向确实的真理，但能帮助我们抵制虚假信息、宣传、洗脑和自我欺骗。

真实与自由是密不可分的。批判性思维体现的是人的自主性，而欺骗和洗脑则是对个人自主权的侵犯。当我们说一个人具有自主性时，首先指的是他应该具有一个独立的自我，所以他的行动能够有所归属；然后还要求一个能够有意识依理性行动的自我，且这个自我的行为能够解释其行动的目标。另一种关于自主性的概念则是要求免于外在约束的自由，一个自主的人不是被其他人操纵的人，或是被强迫去做符合其他人意志的人。他有自己的意志，且能够追求自己所选择的目标。

美国哲学家杰拉尔德·德沃金（Gerald Dworkin）在《自主性的理论与实践》一书中指出，自主性是一个包含多义的观念：独立、自决、自我管理、自己做主、自我引导，等等。[1] 加拿大蒙特爱立森大学（Mount Allison University）哲学教授简·德莱顿（Jane Dryden）在为《互联网哲学百科》撰写的"自主性"词条中指出，哲学家一般区分三种自主性。第一种是道德自主性，可以追溯到康德所说的人为自己订立道德法则，而不只是在别人的命令下行事。第二种是个人自主性，指的是个人在自己的生活中追求他心目中的幸福，这种对幸福的选择可以

---

[1] Gerald Dworkin, *The Theory and Practice of Autonomy*. Cambridge: Cambridge University. 1988.

与道德无关。第三种是政治自主性，指的是个人在政治制度中享有言论自由、能积极参与、人格和尊严受到尊重，以及其他由法律保护的权利。每个人应有的公民权利和人权就是这种自主性的体现。[1]

从自主性会被侵犯来理解自主性，这是一种对政治自主性的理解。林奇指出，"有两种方式会侵犯个人的决策自主权。最公然的做法是通过直接强迫（拿枪指着你的头）或间接控制你的价值观和信念（例如洗脑）来推翻你的决定。而另外一种侵犯自主权的微妙方式是去削弱你的自主权。比如医生在未经你许可的情况下就给你开药，没有人让你决定做什么事情，但是你的自主权被剥夺了，原因很明显：你已经丧失决定权。你无法做出决定，只能接受决定"。独立和批判地思考，抵御虚假和欺骗，珍爱和保卫你被欺骗和误导所侵犯的自主性，也就比任何时候都更加重要，也更加紧迫。[2]

四　互联网的认知平等原则

互联网是一个权力争夺的地带，与任何权力一样，互联网权力关乎谁是信息的掌控者，以及谁的信息被人掌控。互联网权力"可以影响立法议程，操纵公众情绪，教育几代民众，引导阅读习惯，使本可以循规蹈矩的人变得离经叛道"。[3]

互联网权力表现为互联网的话语控制和自由程度的对比，历史上每一次发生重大的传媒技术变革，都会引发新的限制。中世纪的教会、

---

[1]　Jane Dryden, "Autonomy".

[2]　迈克尔·林奇：《失控的真相》，第 121—122 页。

[3]　Lawrence M. Sanger, "Who Says We Know: On the New Politics of Knowledge".

18 世纪专制的王权都依靠严厉的审查制度来控制异端思想在新媒体中的传播。然而，媒体的力量似乎难以阻挡，"自 18 世纪以来，越来越多的当代自由主义社会在逐步（也出现过倒退）削减国家的审查权，让思想得以更加自由地传播。当然，虽然它们的大门更容易进入了，但门口依然设有守门人：图书馆、大学、出版商、媒体。不过，关注这些趋势的人会知道，这些大门也已经颓然将倾了"。[1]

数码时代的互联网与印刷时代的书籍一样成为知识传播的载体，知识既是有用的信息，也是一种真实的价值：知识因为真实而有用，因为真实而值得信任，因为真实而必须破除一切障碍，自由地传播。互联网正在使这样的知识信念更加深入人心。互联网改变，并将继续改变知识的产生、传播方式，如林奇所说，"这些改变在许多方面是良性的"。[2]

在互联网饱受批评的今天，更需要看到和肯定互联网的良性知识作用。许多西方思想和学术界人士都表达过于负面的看法。尼古拉斯·卡尔在极具影响力的著作《谷歌正在把我们变愚蠢吗?》和《浅薄》中抨击互联网，引用了一些神经科学的最新研究成果，似乎有相当的科学说服力。但是，他对互联网的整体负面看法却遭到了许多批评和反驳。许多参与争论者虽然同意卡尔对一些互联网负面现象的批评，但并不同意他对互联网的整体否定。

英国著名神经生物学家科林·布莱克莫（Colin Blakemore）觉得具有讽刺意味的是，"对互联网的最严厉的批评者们——他们预言互联网会造就一代又一代头脑麻木的沙发马铃薯（如电视迷）——正是那些从美

---

[1] 迈克尔·林奇：《失控的真相》，第 160 页。

[2] 迈克尔·林奇：《失控的真相》，第 164 页。

好的互联网得益最多的人们"。互联网开阔和解放了人的头脑。这些持批评者害怕的是,"他们每天离不开的这件出色工具会对不善思考者造成危害"。布莱克莫认为,"他们低估了人类头脑的能力——或者说那种让大脑成为大脑的能力,那种储存和传递信息的能力"。他上学时熟记了许多诗歌和大段大段的《圣经》,还有许许多多教科书里的东西,直到后来才明白,"我浪费了多少脑细胞啊!为的是在头脑里塞满现在用鼠标轻轻一点就能获得的知识和规则"。

布莱克莫的体会是,技术在发展,人的头脑也一直在表现出适应发展变化的神奇能力,"我毫不怀疑印刷术改变了人类运用记忆的方式,成千上万在口语传统里讲述历史或故事的人失业了。但我们的大脑适应得很好,大脑把无用的神经元和突触链接派了别的用处。智慧人(Homo sapiens)的基本基因已经形成了 25 万年,至今没有实质的变化。然而,5000 年前,人类发明了书写和阅读;3000 年前,人类发明了逻辑;500 年前人类发明了科学。大脑能力的这些革命性进展并没有造成人的基因变化。所有的进展都是大脑'可塑性'的表现"。就像对所有其他工具一样,"如果善加运用,互联网并不威胁到大脑,反而是对大脑又一次的解放,就像书籍、算盘、袖珍计算器或者 1980 年上市的台式计算机(Sinclair Z80)一样"。人类对飞跃发展的技术可以善用,也可以歹用,不能因噎废食。一切都是事在人为,不能把人的责任推给机器。人类有善用自己大脑的道德责任。[1]

我们也许会因为互联网失去一些印刷文化培养的沉思和专注能力,但是,我们也正在获得另外一些新的智识能力。这就像文字的发明让人类失去了一些口语文化孕育的个人记忆能力,但人类也因为运

---

[1] 转引自 John Naughton, "The Internet: Is It Changing the Way We Think?"

用文字而获得了抽象思维、概念思考、推理论证的新智识能力。在这个意义上，互联网已经成为今天人类的新认知资源。就像读写文字的认知资源一样，运用互联网应该成为由人类共同拥有的认知平等资源。

然而，在全球范围内，这种资源的分配还远远不是平等的。有多少人可以自由访问互联网呢？维基百科和日内瓦国际电信联盟的调查发现，约有94%的瑞典人和84%的美国人可以访问互联网，不过在非洲的乍得，只有2.1%的人可以上网。[1] 然而，即使在一些上网便利的国家里，获取知识的自由度仍然受到限制。

联合国把教育视为一种必须受到保护的认知资源，互联网认知资源也是一样。林奇指出，"Web 2.0 的兴起使互联网类似于一种认知资源。因此，联合国最近声明，禁止使用互联网就是对基本权利的侵犯。联合国的一份特别报告称，社会有义务承认'互联网的独特性和变革性，不仅让个人能够行使其发表见解和言论的自由权利，而且要促进一系列其他人权，并促进整个社会的进步'"。林奇解释道，"阻止访问互联网的做法是有害处的，我们可以用认知平等的概念来直接诠释这种危害。互联网是一种基本的认知资源——基本上等同于书本。禁止访问互联网……是错误的做法，因为它是对认知平等的侵犯"。[2]

在当今世界，导致互联网认知不平等的原因不止一种，经常是因为贫困和政治封闭或不开放。互联网认知不平等的首要原因是贫困。在世界的贫困地区，或者并不贫困国家里的贫困地区，享受互联网资源的物质条件受到许多限制：没有电脑，没有网络，没有上网的基本

---

[1] 迈克尔·林奇：《失控的真相》，第 161 页。

[2] 迈克尔·林奇：《失控的真相》，第 170 页。

文化素养。改变这种情况不是一朝一夕就能做到的。即使做到了，认知平等也可能因为其他现实原因而无法实现。认知不平等的第二个原因是政治封闭。林奇指出，"大致来说，一个'开放'的政治社会要有多样化的独立媒体，以保护自由交流信息，而且这些媒体很少受到政府审查——相对于不开放的社会更加倾向于认知平等。一个社会要达到什么样的程度才算是真正的开放？这个问题总是困扰着我们"。[1] 认知不平等的第三个原因是上网成本的限制。即使在一个表达和交流的个人权利受到保护的"开放"社会里，即使人们有权访问互联网上的任何资源，"但如果访问成本无法承受，或者成本根据服务层次递增，那么访问过程中依然存在不平等"。[2]

网络认知平等的条件是网络中立，"网络中立是指政府以及互联网服务的提供商应平等地对待流经网络的信息。尤其是，公司不能对某些类型的数据加收费用。另一方的观点涉及自由市场经济学。当人们对某种流量（如 Netflix 或美国付费电视台 HBO 的客户端 HBO GO 的视频资源）的需求急剧增加时，获得这些服务的成本就会更高。其中一个核心的论争点是我们如何看待互联网。一方把互联网定义为可以自己拥有并获利的东西，另一方则认为，互联网就是和教育或公共图书馆一样的认知资源"。[3] 网络上的许多服务是商业行为，是一种生意，但是，如果只是作为商业和生意而存在，那么，认知不平等就一定会被制造出来。

互联网虽然对使用者的认知过程、知识结构、思维方式会产生

---

[1]　迈克尔·林奇：《失控的真相》，第 171 页。
[2]　迈克尔·林奇：《失控的真相》，第 172 页。
[3]　迈克尔·林奇：《失控的真相》，第 172 页。

影响，但它毕竟只是一个工具。互联网不能代替人类来确定自己知识活动的目的和伦理原则。人必须自己决定如何使用互联网，决定实现怎样的智力目标。人必须为之确立相应的伦理原则。真实、自由、认知平等只是人类可能为自己设定的多种伦理原理中的几项，却是最重要、最关键的几项。

这些积极的价值原则应该指导我们在互联网上所有的公共行为，也应该让我们有信心，不管是互联网还是科学技术未来的其他新发展，都应该是以这些基本价值为导向的知识成果和精神成就。技术工具不管多么先进，多么智能化，毕竟有它们所不能改变的、不能代替的、只能属于人类的认知智能因素：理解、判断、好奇、想象、创造。学校教育利用互联网和其他科技手段，是为了帮助发展这些智能因素，而不是找到它们的替代品。这些是我们教育和培养一代又一代新人过程中最基本的东西，因为它们不仅关乎我们今天对科技提升人类素养的期待，也永远关乎人类之所以为人类的本质特征。